ŒUVRES
DE
J. F. COOPER

IMPRIMERIE DE H. FOURNIER ET Cᵉ, 14 RUE DE SEINE.

J. F. COOPER

TRADUCTION

par Defauconpret

LE PILOTE.

Paris.
FURNE & Cie CH. GOSSELIN,
Éditeurs.
1850

OEUVRES
DE
J. F. COOPER

TRADUITES

PAR

A. J. B. DEFAUCONPRET

TOME TROISIÈME

LE PILOTE

PARIS
FURNE ET Cᵉ, CHARLES GOSSELIN
ÉDITEURS

M DCCC XXXIX

A
WILLIAM BRANDFORD SHUBRICK,

OFFICIER DE LA MARINE DES ÉTATS-UNIS.

Mon cher Shubrick,

Chaque année efface tristement quelque nouveau nom dans la liste aujourd'hui bien courte de mes amis et de mes camarade de la marine. La guerre, la maladie et les hasards multipliés de la profession de marin diminuent de plus en plus ce nombre déjà si limité, tandis que les morts sont remplacés par des noms qui me sont étrangers. Quand je réfléchis à ces tristes vicissitudes, c'est avec un intérêt particulier que je chéris le souvenir de ceux avec qui j'ai vécu dans l'intimité : leur réputation croissante m'inspire un sentiment de triomphe qui égale presque le juste orgueil qu'ils ressentent eux-mêmes.

Ni le temps ni l'absence n'ont ébranlé notre amitié, mon cher Shubrick, et je sais qu'en vous dédiant ces volumes, je ne vous apprends rien de nouveau lorsque j'ajoute que c'est un hommage offert à un éternel attachement,

Par
Votre vieux camarade,
F. COOPER.

PRÉFACE.

Les priviléges de l'historien et ceux du romancier sont bien différents, et l'un et l'autre doivent également respecter leurs droits réciproques. Il est permis à celui-ci de créer une fiction vraisemblable, tandis qu'il lui est sévèrement défendu d'appuyer sur des vérités auxquelles manquerait une couleur de probabilité ; mais le devoir du premier est de rapporter les faits tels qu'ils se sont passés sans se mettre en peine des conséquences ; sa réputation ne sera fondée que sur le vrai ; il ne sera pas cru sur parole. C'est au lecteur à décider jusqu'à quel point l'auteur de l'ouvrage du *Pilote* s'est conformé à cette règle, et s'il a bien observé cette distinction ; mais il ne peut s'empêcher d'inviter ceux qui s'occupent de recherches curieuses sur les annales des Etats-Unis, à y persister jusqu'à ce qu'ils aient trouvé d'excellentes autorités poétiques pour tous les principaux incidents de cette légende véritable.

Quant aux critiques, l'auteur a l'avantage de les comprendre tous dans cette classe nombreuse connue par la dénomination générale de *marins d'eau douce*[1] ; et s'ils ont tant soit peu de discrétion, ils prendront garde d'afficher leur ignorance.

Si pourtant quelque vieux marin venait à découvrir dans cet ouvrage quelque léger anachronisme, soit dans les usages de la marine, soit dans les améliorations qu'elle a reçues, l'auteur demande à lui faire observer avec toute la déférence qu'il doit à son expérience, que son dessein est, non pas tant de peindre les costumes d'un temps particulier, que de décrire les scènes appartenant à l'Océan d'une manière exclusive, et de tracer imparfaite-

---

1. *Lubbers*: c'est plutôt notre mot de *pékins* en langue militaire: *lubber* signifie un manant, un lourdaud, un paysan.

ment sans doute quelques traits caractéristiques d'une classe qui, d'après la nature des choses, ne peut jamais être très-connue.

On lui dira sans doute que Smollett a fait tout cela avant lui et beaucoup mieux. On verra pourtant que l'auteur du *Pilote*, quoiqu'il ait navigué dans les mêmes mers que Smollett, a suivi une direction différente, ou en d'autres termes, qu'il a pensé que Smollett avait peint un tableau trop fini pour qu'il soit permis à tout barbouilleur qui voudrait peindre des marines de le charger de nouvelles couleurs.

L'auteur désire exprimer ici ses regrets qu'on ait souffert que les services utiles qu'a rendus l'esprit entreprenant de notre marine pendant l'ancienne guerre, soient restés dans l'obscurité sous laquelle ils sont maintenant ensevelis. Chacun a entendu parler du bonhomme Richard et de la victoire qu'il a remportée; mais on ne connaît guère le reste de la vie de cet homme remarquable qui commandait dans ce mémorable combat, ni les services qu'il y rendit. Que sait-on de ses engagements avec *le Milford* et *le Solebay*, de ses prises du *Drake* et du *Triomphe ?* que sait-on des projets opiniâtres qu'il forma pour porter la guerre dans le sein de cette île superbe et puissante, ennemie des Etats-Unis? Un grand nombre des officiers qui servirent dans cette guerre se trouvèrent ensuite dans la marine de la confédération, et il est assez juste de croire qu'elle doit en grande partie sa réputation actuelle à l'esprit qui animait les héros de la révolution.

Un des derniers officiers élevés à cette école est mort naguère dans les premiers grades. Aujourd'hui qu'il ne reste que le souvenir de leurs hauts faits, nous n'en devons être que plus soigneux de leur gloire.

Si cet ouvrage réussit à attirer l'attention sur cette portion intéressante de notre histoire, le principal but de l'auteur sera atteint.

LE PILOTE.

HISTOIRE MARINE.

>Ecoutez-moi, vous tous qui n'êtes pas marins.

CHAPITRE PREMIER.

>De sombres vagues, agitées sans cesse, viennent heurter avec violence sur mes flancs.
>*Chanson.*

Un coup d'œil sur la carte suffira pour faire connaître au lecteur la position de la côte orientale de l'île de la Grande-Bretagne, en face de laquelle sont les rivages du continent européen. Entre ces deux côtes se trouve cette mer resserrée, connue du monde entier depuis bien des siècles comme le théâtre d'une foule d'exploits maritimes, et le grand canal par lequel le commerce et la guerre ont fait passer les flottes des nations septentrionales de l'Europe. Les habitants de cette île ont longtemps prétendu avoir sur cette mer des droits que la raison ne peut accorder à aucune puissance sur le domaine commun des peuples, et cette prétention a souvent amené des contestations qui ont eu pour résultat une effusion de sang et une dépense nullement proportionnée aux avantages qu'ils peuvent se promettre en cherchant à maintenir un droit incertain et inutile. C'est sur les flots de cet océan disputé que nous allons conduire nos lecteurs, et la scène s'ouvrira à une époque particulièrement intéressante pour tout Américain, non seulement parce que c'est celle de la naissance de la nation dont il fait partie, mais parce que c'est aussi l'ère à laquelle la raison et le bon sens commencèrent à prendre la place des coutumes antiques et des usages féodaux chez les peuples de l'Europe.

Peu de temps après que les événements de la révolution d'Amérique eurent entraîné dans notre querelle les royaumes de France et d'Espagne et la république de Hollande, un groupe de cultivateurs se trouvaient rassemblés dans un champ, exposés aux vents de l'Océan, sur la côte nord-est de l'Angleterre. Ils allégeaient leurs travaux pénibles et égayaient le sombre aspect d'un jour de décembre en se communiquant leurs idées sur les affaires politiques du jour. La guerre dans laquelle l'Angleterre était engagée contre quelques unes de ses colonies situées à l'autre extrémité de la mer Atlantique leur était connue depuis longtemps comme le bruit d'un événement lointain qui ne nous intéresse guère : mais à présent que des nations puissantes avaient pris part à cette querelle et s'étaient déclarées contre elle, le bruit des armes avait troublé jusqu'à ces villageois ignorants dans leurs retraites solitaires. Les principaux orateurs en cette occasion étaient un nourrisseur de bestiaux, Écossais de naissance, et un laboureur irlandais, qui avait passé le canal de Saint-George et traversé l'Angleterre dans toute sa largeur pour chercher de l'ouvrage.

— Ces nègres [1], dit le dernier, n'auraient pas donné grand embarras à la vieille Angleterre, pour ne rien dire de l'Irlande, si ces Français et ces Espagnols ne s'en étaient pas mêlés. A coup sûr il n'y a pas de quoi leur dire grand merci; car au jour d'aujourd'hui il faut qu'on prenne garde de boire plus qu'un prêtre qui dit la messe, de peur de se trouver tout à coup soldat sans s'en douter.

— Bah ! bah ! répondit l'Écossais en faisant un signe de l'œil à ceux qui les écoutaient, vous autres Irlandais vous ne savez lever une armée qu'en faisant un tambour d'un tonneau de whiskey; or, dans le nord on n'a qu'à siffler, et vous voyez chacun marcher au son de la cornemuse d'aussi bonne grâce qu'il irait à l'église le jour du sabbat. J'ai vu tous les noms d'un régiment de monta-

---

[1] Ce sont les Américains qu'il désigne par ce nom.

gnards sur un morceau de papier qu'une main de femme aurait couvert. C'étaient tous Caméron et Mac-Donald, quoiqu'il s'y trouvât six cents hommes. Mais qu'est-ce que je vois là-bas ? il m'est avis que c'est un poisson qui a un peu trop de goût pour la terre ; et si le fond de la mer ressemble à la surface, il court grand risque d'échouer.

Ce nouveau sujet de conversation dirigea tous les yeux vers l'objet que le bâton du dernier interlocuteur leur montrait. Au grand étonnement de tous les spectateurs, ils virent un petit bâtiment qui doublait lentement une pointe de terre formant un des côtés de la petite baie, dont l'autre était le champ sur lequel travaillaient nos laboureurs. Une pareille visite était assez extraordinaire, et la forme extérieure de ce bâtiment offrait quelque chose de particulier qui ajoutait encore à l'étonnement qu'occasionnait son arrivée dans un lieu si retiré. On n'avait jamais vu que des barques, et, de temps en temps, mais bien rarement, un audacieux sloop contrebandier, s'approcher si près de la terre, au milieu des bancs de sable et des rochers cachés sous les eaux, qui se trouvaient en grand nombre le long de cette côte. Les hardis marins qui osaient entreprendre une navigation si dangereuse et si imprudente selon toute apparence, montaient un petit schooner à bas bords, dont la structure paraissait tout à fait hors de proportion avec la hauteur de ses mâts qui soutenaient de plus légers mâtereaux finissant en pointe, et dont l'extrémité supérieure était si mince qu'elle se confondait avec la petite banderole que la brise ne pouvait déployer, tant son souffle était faible.

Le jour, très-court à cette époque dans cette latitude septentrionale, tirait déjà à sa fin, et le soleil, dardant obliquement ses derniers rayons sur la surface des eaux, y formait çà et là des sillons d'une lumière pâle. Les vents impétueux de l'Océan germanique semblaient endormis, et, quoique le bruit des lames d'eau que le flux faisait avancer vers la côte ajoutât à l'aspect sombre du rivage à une pareille heure, le léger bouillonnement qui ridait la surface des ondes était produit par un vent doux venant de terre. Malgré cette circonstance favorable, l'aspect des flots offrait quelque chose de menaçant ; car la mer faisait entendre un murmure sourd semblable à celui d'un volcan qui prépare une éruption, ce qui augmentait la surprise et l'inquiétude que causait à nos bons paysans cette interruption extraordinaire du repos de leur petite baie. La grande voile de ce bâtiment était la seule qui fût étendue au vent, excepté un de ses légers focs qui se déployait bien au-delà de la proue, et cependant il voguait avec une grâce et une facilité qui semblait tenir de la magie, et qui fit que les spectateurs détournèrent les yeux de ce spectacle pour se regarder les uns les autres d'un air émerveillé.

Enfin, l'Ecossais rompit le silence.

— Il faut que celui qui tient le gouvernail soit un hardi coquin! dit-il d'un ton bas et solennel; et si ce schooner est doublé en bois, comme les brigantins qui font voile entre Londres et le Frith de Leith, il court plus de danger qu'un homme prudent ne le voudrait. Le voilà à côté de ce gros rocher qui montre sa tête quand la marée est basse; il l'a évité; mais ce n'est pas la main d'un homme qui peut diriger longtemps un bâtiment dans une pareille rade sans rencontrer en même temps la terre et l'eau.

Cependant le petit schooner continuait à s'avancer à travers les rochers et les bancs de sable, en faisant de temps en temps dans sa course de légères déviations qui prouvaient que celui qui commandait à bord connaissait le danger. Lorsqu'il fut avancé dans la baie, autant que la prudence pouvait le permettre, on vit la grande voile se carguer en apparence d'elle-même, car on n'aperçut personne qui travaillât à cette manœuvre, et le bâtiment, après avoir couru quelques bordées sur les longues lames d'eau qui arrivaient de l'Océan, appuyé sur ses ancres, ne fit plus que céder graduellement à l'action du flux et du reflux.

Les paysans se livrèrent alors à leurs conjectures sur le motif qui amenait ce navire dans ces parages, les uns prétendant qu'il faisait un commerce de contrebande, les autres que c'était un vaisseau de guerre. Quelques uns élevèrent en tremblant des doutes sur la réalité de ce qu'ils voyaient. — Un navire monté par des hommes et construit par la main des hommes, disaient-ils, ne se hasarderait pas près d'une côte aussi dangereuse, surtout dans un moment où il ne fallait pas avoir l'expérience d'un marin pour prévoir un coup de vent. — L'Ecossais, qui, à la sagacité de ses concitoyens, joignait une bonne partie de leur superstition, penchait fort pour cette dernière opinion, et il commençait à exprimer son sentiment à ce sujet avec une sorte de retenue, quand l'Irlandais, qui ne paraissait pas avoir des idées bien nettes sur cet objet, l'interrompit tout à coup.

— Sur ma foi ! s'écria-t-il, il y en a deux ! un grand et un petit ! Si ce sont des esprits de la mer, à coup sûr ils aiment la compagnie comme les autres chrétiens.

— Deux ! répéta l'Ecossais ; deux ! C'est signe de malheur pour quelques uns de nous. Deux bâtiments en même temps dans un endroit si dangereux sans qu'on voie personne à la manœuvre, je vous dis que cela doit porter malheur à ceux qui les regardent. Et, sur ma foi, ce n'est pas un mouton d'un an que celui qui arrive. Voyez ! voyez ! c'est un superbe et grand vaisseau !

Après avoir jeté un coup d'œil à la hâte sur les deux objets qui lui inspiraient des soupçons, il regarda d'un air expressif ceux qui l'écoutaient, et leur dit, tout en se mettant en marche pour rentrer dans l'intérieur des terres : — Je ne serais pas surpris qu'il y eût à bord de ce grand bâtiment une commission du roi George. Eh bien ! eh bien ! je retournerai à la ville, car ces deux navires me sont suspects. Le petit escamoterait un homme le plus aisément du monde, et le grand nous contiendrait tous, et deux fois autant que nous sommes.

Cet avis prudent occasionna un mouvement général ; car parmi les nouvelles qui couraient était celle qu'il y aurait incessamment une presse. Les laboureurs ramassèrent promptement leurs outils, et se disposèrent à regagner leurs demeures. Mais, quoique plus d'un œil curieux suivît les mouvements des deux navires des hauteurs situées à quelque distance, bien peu de gens se hasardèrent à gravir les petits rochers qui hérissaient les bords de la baie, sans concevoir quelque crainte de cette visite inexplicable.

Le vaisseau qui avait occasionné la fuite de nos villageois était un grand navire que la hauteur des mâts et la carrure des vergues faisaient paraître dans le crépuscule comme une montagne sortant du sein des mers dans le lointain. Il ne portait que peu de voiles ; mais, quoiqu'il évitât avec soin d'approcher de la terre autant que le schooner l'avait fait, les manœuvres simultanées des deux bâtiments annonçaient suffisamment qu'ils faisaient voile de conserve. La frégate, car le plus grand de ces navires en était une, s'avança majestueusement jusqu'à l'entrée de la petite baie, et lorsqu'elle fut arrivée en face du schooner, elle disposa ses voiles de manière à neutraliser l'effet des unes par celui des autres, afin de rester en panne. Mais le peu de vent qui avait jusqu'alors enflé ses voiles commençait à lui manquer, et la brise de terre ayant tombé en même temps, les longues vagues arrivant de l'Océan germanique ne trouvèrent plus d'opposition, et, de concert avec les courants, elles la poussaient rapidement vers une des pointes de la baie où l'on voyait sortir du sein des ondes les crêtes noires de plusieurs rochers. Les marins jetèrent une ancre, et carguèrent toutes les voiles qu'ils suspendirent aux vergues en festons. Tandis que le vaisseau tournait sur ses amarres en obéissant à la marée, on éleva un pavillon à sa grande vergue, et un souffle de vent l'ayant déployé, on put reconnaître celui d'Angleterre.

L'Ecossais circonspect s'arrêta sur une hauteur, à quelque distance, pour le contempler; mais il n'eut pas plus tôt vu l'un et l'autre bâtiment mettre en mer une chaloupe, qu'il doubla le pas, et dit à ses compagnons que ces bâtiments étaient l'un comme l'autre meilleurs à voir de loin que de près.

Un équipage nombreux montait la chaloupe qu'on avait lancée en mer, à bord de la frégate, et qui, après avoir reçu un officier et un jeune homme paraissant à ses ordres, fit force de rames et entra dans la baie. Lorsqu'elle fut à quelque distance du schooner, une petite barque, conduite par quatre vigoureux rameurs, partit aussi de ce bâtiment, et, fendant avec rapidité les vagues sur lesquelles elle paraissait se balancer, s'avança vers la chaloupe. Lorsqu'elle en fut assez voisine pour qu'on pût se parler, un signal, fait par les officiers, suspendit pendant quelques minutes le travail des rames.

— Comment donc! s'écria un jeune officier sur la barque, ce vieux fou penserait-il donc que *l'Ariel* est doublé en fer, et qu'une pointe de rocher ne peut faire une voie d'eau en sa quille; ou croit-il que l'équipage est composé d'alligators qui ne peuvent se noyer?

Un sourire languissant se dessina un moment sur les beaux traits du jeune homme étendu plutôt qu'assis sur les écoutes de la poupe; et il lui répondit:

— Il connaît trop bien votre prudence, capitaine Barnstable, pour craindre que votre vaisseau coule à fond, ou que votre équipage soit noyé. Combien avez-vous d'eau sous la quille?

— Je crains de sonder, répondit Barnstable; je n'ose jamais mettre la main à la sonde quand je vois des rochers sortis de la mer pour respirer comme des marsouins.

— Vous êtes à flot pourtant! s'écria le jeune homme avec

une vivacité qui annonçait une émotion mal dissimulée.

— A flot! répéta Barnstable; oui sans doute, le petit *Ariel* flotterait sur l'air. A ces mots, il se leva, et ôtant la casquette de cuir qu'il avait sur la tête, il rejeta en arrière les cheveux noirs qui flottaient sur son front bruni par le soleil, et regarda son petit schooner avec l'air de complaisance d'un marin fier du bâtiment qu'il monte. — Et cependant, monsieur Griffith, ce n'est pas une petite besogne que de rester sur une seule ancre dans un lieu comme celui-ci, et pendant une pareille soirée. Mais quels sont les ordres?

— Mes ordres, répondit Griffith, sont d'avancer autant que je le pourrai; ensuite de jeter le grappin; après quoi vous prendrez M. Merry dans votre barque, et vous tâcherez de gagner le rivage.

— Le rivage! répéta Barnstable; appelez-vous rivage un rocher perpendiculaire de cent pieds de hauteur?

— Nous ne disputerons pas sur les termes, dit Griffith en souriant; mais il faut que vous vous arrangiez pour gagner la terre. Nous avons vu le signal, et nous savons que le pilote que nous attendons depuis si longtemps est prêt à se rendre à bord.

Barnstable secoua la tête d'un air grave en disant, comme s'il se fût parlé à lui-même : — Voilà une singulière manière de naviguer! D'abord nous entrons dans une baie inconnue, pleine de rochers, de bancs de sable et de bas-fonds, et c'est quand nous y sommes que nous allons prendre un pilote. Mais comment le reconnaîtrai-je?

— Merry vous donnera le mot d'ordre, et vous dira où vous devez le chercher. Je me rendrais moi-même à terre si mes instructions ne s'y opposaient. Si vous éprouvez quelques difficultés, faites lever trois rames en l'air, et je viendrai à votre aide. Trois rames en l'air et un coup de pistolet feront jouer ma mousqueterie, et le même signal, répété à bord de la chaloupe, fera tirer le canon de la frégate.

— Grand merci, grand merci, répondit Barnstable avec un air d'insouciance; je crois que je pourrais suffire seul pour combattre tous les ennemis qu'il est probable que je rencontrerai sur cette côte déserte. Mais ce vieillard est fou! à coup sûr je....

— Vous obéiriez à ses ordres s'il était ici, et vous voudrez bien maintenant obéir aux miens, dit Griffith d'un ton que contredisait l'expression amicale de ses yeux; partez, et cherchez un petit homme en jaquette. Merry vous donnera le mot, et s'il y répond convenablement, vous me l'amènerez.

Les deux jeunes officiers se saluèrent familièrement en se faisant un signe de tête, et le jeune homme qui se nommait Merry ayant passé de la chaloupe dans la barque, Barnstable reprit sa place, et fit un signal à ses rameurs qui se remirent en besogne. Le léger esquif s'avança rapidement vers le fond de la baie, et après avoir côtoyé quelque temps les rochers qui bordaient le rivage, il trouva enfin un endroit où il était possible de débarquer sans danger.

Cependant la chaloupe suivait la barque, mais lentement et avec précaution; lorsque Griffith la vit amarrée près d'un rocher, il fit jeter un grappin à la mer, comme il l'avait promis, et tous les hommes de l'équipage, prenant alors leurs armes, les mirent en état de pouvoir servir au premier signal. Tout paraissait se faire d'après les ordres précis donnés d'avance, car le jeune homme, qui a été présenté au lecteur sous le nom de Griffith, parlait rarement, et toujours du ton que sont habitués de prendre ceux qui sont sûrs d'une prompte obéissance.

Lorsque la chaloupe fut affermie sur son grappin, il se jeta sur un banc garni d'un coussin, et rabattant son chapeau sur ses yeux d'un air nonchalant, il resta quelque temps absorbé dans des pensées en apparence étrangères à sa situation présente. De temps en temps il se levait, et jetait un regard vers le rivage, comme pour y chercher ses compagnons, puis tournant ses yeux expressifs sur l'Océan, l'air de distraction et d'indolence qu'on remarquait souvent en lui, faisait place à une expression d'inquiétude et d'une intelligence supérieure à celle qu'on pouvait attendre de son âge et de son expérience. Ses hommes d'équipage, gaillards vigoureux et endurcis à la fatigue, ayant fait toutes leurs dispositions offensives, étaient assis une main passée dans leur veste; mais ils regardaient avec attention les nuages amoncelés dans l'atmosphère dont l'aspect devenait menaçant, ils échangeaient un coup d'œil entre eux toutes les fois que la chaloupe s'élevait plus haut que de coutume sur une de ces vagues qui arrivaient de l'Océan avec une force et une rapidité toujours croissantes.

CHAPITRE II.

> Un habit de cavalier cachera ta taille mince et élégante ; mêlé parmi les hommes, ta marche hardie et ton air insouciant te feront prendre pour un homme.
>
> Prior.

Lorsque la barque fut amarrée sous un rocher, comme nous venons de le dire, le jeune lieutenant Barnstable, à qui l'on donnait ordinairement le titre de capitaine parce qu'il avait le commandement d'un schooner, sauta à terre suivi de M. Merry, le midshipman[1] qui avait quitté la chaloupe pour partager les dangers de cette mission.

— Après tout, ce n'est qu'une *échelle de Jacob*[2] que nous avons à gravir, dit Barnstable en levant les yeux sur les rochers ; mais quand nous serons là-haut, si nous pouvons y arriver, Dieu sait comment nous y serons reçus.

— Ne sommes-nous pas sous le canon de la frégate ! dit Merry. Vous savez qu'elle fera feu dès que la chaloupe aura répété le signal que nous devons faire : trois rames en l'air et un coup de pistolet.

— Oui, répondit Barnstable, pour que les dragées nous tombent sur la tête. Jeune homme, ne vous fiez jamais à des coups tirés de si loin. Ils font beaucoup de fumée, un peu de bruit, mais c'est toujours une manière aussi incertaine que terrible d'éparpiller du vieux fer. En cas de besoin, j'aimerais mieux être soutenu par Tom Coffin et son harpon, que par la meilleure bordée qui soit jamais partie des trois ponts d'un vaisseau de quatre-vingt-dix canons.

— Allons, Coffin, tâchez de vous dégourdir, et voyons si vous serez en état de marcher sur la terre ferme.

Le marin auquel il s'adressait ainsi se leva lentement du siége sur lequel il était assis comme contre-maître de la barque, et l'on

---

1. Aspirant de marine.
2. C'est ainsi qu'on appelle l'échelle perpendiculaire d'une polacre.

aurait cru voir un serpent qui se dressait en développant successivement tous ses replis. Lorsqu'il était debout, il y avait, y compris la semelle de ses souliers, près de six pieds six pouces [1] quand il se tenait dans une attitude perpendiculaire, chose assez rare, parce qu'il avait ordinairement la tête courbée, habitude contractée par un séjour constant sous des plafonds peu élevés. Il portait sur la tête un petit chapeau de laine brune à forme basse, qui ajoutait à la dureté naturelle de ses traits qu'augmentaient encore ses noirs favoris touffus que le temps commençait à parsemer de poils gris. Une de ses mains tenait comme par instinct le manche d'un harpon bien luisant, dont il appuya la pointe à terre pour s'y élancer, en conséquence de l'ordre qu'il venait de recevoir.

Dès que Barnstable eut reçu ce renfort, il donna quelques ordres de précaution aux hommes qui restaient dans la barque, et commença la tâche difficile de gravir le rocher. Malgré son caractère entreprenant et l'agilité dont il était doué, il aurait eu beaucoup de peine à réussir dans cette entreprise sans le secours qu'il recevait de temps en temps de son contre-maître, que sa force prodigieuse et la longueur de ses membres mettaient en état de faire des efforts impossibles peut-être à tout autre. Lorsqu'ils furent à quelques pieds du sommet, ils s'arrêtèrent un moment sur une petite plate-forme, tant pour reprendre haleine que pour délibérer sur ce qu'ils feraient ensuite ; et l'un et l'autre paraissaient nécessaires.

— Quand nous serons là-haut, dit Barnstable, ce sera une assez mauvaise position pour faire retraite si nous rencontrons des ennemis. Mais où devons-nous donc chercher ce pilote, monsieur Merry ? Comment le reconnaîtrons-nous ? Quelle certitude avez-vous qu'il ne nous trahira pas ?

— Voici un papier sur lequel vous trouverez la question que vous devez lui faire, répondit le jeune midshipman. Nous avons vu le signal convenu sur le haut du roc qui forme cette pointe de la baie, et comme il doit avoir vu notre navire, il n'y a nul doute qu'il ne vienne nous joindre ici. Quant à la confiance que nous devons avoir en lui, il paraît avoir celle du capitaine Munson qui n'a pas cessé un instant de chercher des yeux le signal convenu depuis que nous sommes en vue de terre.

---

[1]. Le pied anglais a douze lignes environ de moins que le nôtre.

— Oui, dit le lieutenant, et maintenant que nous sommes à terre, c'est l'homme qu'il faut que je cherche des yeux. Je n'aime pas beaucoup cette manière de serrer la côte de si près, et j'ai peine à accorder ma confiance à un traître. Qu'en pensez-vous, maître Coffin?

Le vieux marin à qui cette question s'adressait se tourna vers son commandant, et lui répondit avec toute la gravité convenable :

— Donnez-moi la pleine mer et de bonnes voiles, capitaine, et l'on n'a que faire de pilote. Quant à moi, je suis né à bord d'un *chébec*[1], et je n'ai jamais pu comprendre à quoi sert la terre, si ce n'est une petite île çà et là pour y avoir quelques légumes et y faire sécher du poisson. Il me suffit de la voir pour me trouver mal à l'aise, à moins qu'il ne souffle un bon vent de terre.

— Vous êtes un drôle qui avez du bon sens, Tom, dit Barnstable d'un ton moitié sérieux, moitié plaisant; mais il faut que nous avancions, car voilà le soleil qui va se cacher là-bas dans ces nuages à fleur d'eau, et Dieu nous préserve de passer la nuit à l'ancre dans de pareils parages!

Appuyant la main sur une pointe de rocher qui était presque à la hauteur de son épaule, Barnstable parvint à s'y élancer, et quelques sauts le firent parvenir sur le haut du rocher. Le contre-maître y hissa le jeune midshipman, et arriva ensuite avec moins d'efforts, en faisant de grandes enjambées.

Au-delà des rochers la terre était de niveau du côté de l'intérieur, et nos aventuriers, regardant autour d'eux avec circonspection et curiosité, virent un pays bien cultivé, divisé à l'ordinaire par des haies vives et des murs d'appui. A un mille à la ronde on ne découvrait qu'une seule habitation, et c'était une petite chaumière à demi ruinée, les maisons ayant été éloignées autant qu'il était possible des brouillards et de l'humidité de l'Océan.

— Je ne vois ici ni l'objet de nos recherches, ni rien à appréhender, dit Barnstable, après avoir jeté un coup d'œil de tous côtés; je crains que notre débarquement ne nous serve à rien, monsieur Merry. Qu'en dites-vous, Tom? voyez-vous ce qu'il nous faut?

1. Petit schooner très-commun en Amérique, et dont le nom vient de *chevacco*.

— Je ne vois pas de pilote, capitaine, répondit le contre-maître; mais c'est un mauvais vent que celui qui n'est utile à personne, et j'aperçois derrière cette haie une bouchée de viande fraîche qui fournirait une double ration à tout l'équipage de *l'Ariel*.

Le midshipman se mit à rire en montrant de la main à Barnstable l'objet de la sollicitude du contre-maître. C'était un bœuf bien gras qui ruminait paisiblement à quelques pas d'eux.

— Nous avons à bord plus d'un gaillard de bon appétit qui appuierait volontiers la motion de Tom, dit Merry en riant, si le temps et nos affaires nous permettaient de tuer cet animal.

— C'est l'affaire d'un clin d'œil, monsieur Merry, dit Coffin sans qu'un seul trait de sa physionomie impassible perdît rien de son immobilité; et frappant la terre violemment du bout de son harpon, il le leva, le secoua en l'air, et ajouta : — Que le capitaine Barnstable dise seulement un mot, et voici un instrument qui ne manquera pas son coup. J'en ai lancé plus d'un sur des baleines qui n'avaient pas une jaquette de graisse aussi épaisse que cet animal.

— Vous n'êtes pas ici à la pêche de la baleine, où tout ce qui s'offre aux yeux est de bonne prise, répondit Barnstable en détournant ses yeux du bœuf, comme s'il eût craint de se laisser tenter lui-même. Mais silence! je vois derrière la haie quelqu'un qui s'avance vers nous. Préparez vos armes, monsieur Merry; la première chose que nous entendrons sera peut-être un coup de feu.

— Ce n'est pas un pareil croiseur qui le tirera, répondit le jeune midshipman; je le crois, ma foi, encore plus jeune que moi, et il ne s'avisera pas de venir à l'abordage devant des forces aussi formidables que les nôtres.

— Vous avez raison, dit Barnstable en remettant à sa ceinture un pistolet qu'il venait d'y prendre. Il s'avance avec précaution comme s'il avait peur. Il est de petite taille; son habit est de toile; quoique ce ne soit pas précisément une jaquette. Serait-ce là notre homme? Restez ici; je vais le héler.

Tandis que Barnstable marchait à grands pas vers la haie qui le séparait de l'étranger, celui-ci s'arrêta tout à coup, et sembla hésiter s'il devait avancer ou reculer; mais avant qu'il eût le temps de se décider, l'agile marin était à quelques pas de lui.

— Monsieur, lui cria Barnstable, pouvez-vous me dire quelles eaux nous avons dans cette baie?

Une émotion extraordinaire parut faire tressaillir le jeune étranger quand il s'entendit adresser cette question, et il se détourna involontairement comme pour cacher ses traits.

— Je crois, répondit-il d'une voix presque inintelligible, que ce sont les eaux de l'Océan Germanique.

— Vraiment? répliqua le lieutenant; il faut que vous ayez consacré une bonne partie de votre vie à l'étude de la géographie pour avoir acquis des connaissances si profondes! Peut-être votre science ira-t-elle jusqu'à me dire combien de temps nous vous garderons si je vous fais prisonnier pour jouir des avantages de votre esprit.

Le jeune homme auquel cette question alarmante était adressée n'y fit aucune réponse; mais il se détourna, et se cacha le visage entre ses deux mains. Le marin, croyant avoir produit sur son esprit une impression de frayeur salutaire, allait reprendre son interrogatoire; mais l'agitation singulière dont l'étranger semblait saisi causa au lieutenant une surprise qui lui fit garder le silence quelques instants, et elle devint plus grande quand il s'aperçut que ce qu'il avait pris pour un indice de frayeur n'était autre chose qu'un violent efffort que faisait ce jeune inconnu pour réprimer une envie de rire.

— De par toutes les baleines qui sont dans la mer! s'écria-t-il, votre gaieté est hors de saison, jeune homme. C'est bien assez d'avoir ordre de jeter l'ancre dans une baie comme celle-ci, avec une tempête qui se prépare devant mes yeux, sans débarquer ensuite pour me voir rire au nez par un morveux qui n'aurait pas assez de force pour porter sa barbe s'il en avait, tandis que, par intérêt pour mon âme et pour mon corps, je devrais maintenant songer à prendre le large. Mais je ferai plus ample connaissance avec vous et avec vos railleries en vous emmenant sur mon bord, quand vous devriez rire à m'empêcher de dormir pendant le reste de la croisière.

A ces mots, le commandant du schooner s'approcha de l'étranger avec l'air de vouloir mettre la main sur lui pour le faire prisonnier; mais celui-ci recula de quelques pas, en s'écriant avec un accent qui annonçait l'envie de rire et en même temps une sorte de frayeur:

— Barnstable! mon cher Barnstable! vous ne parlez pas sérieusement.

A cet appel inattendu le marin recula de quelques pas, releva son bonnet sur sa tête et se frotta les yeux.

— Qu'entends-je? que vois-je? s'écria-t-il! suis-je bien éveillé? Oui, voici *l'Ariel*, voilà la frégate. Est-il possible que ce soit Catherine Plowden?

Ses doutes, s'il lui en restait encore, furent bientôt dissipés, car l'étranger s'assit sur le bord d'un fossé; dans son attitude, la modestie d'une femme formait un contraste frappant avec les vêtements du sexe masculin, et Catherine se mit alors à rire de tout son cœur, et sans chercher plus longtemps à se contraindre.

Son devoir, le pilote, *l'Ariel* même, tout fut oublié en ce moment par le lieutenant. Il ne songea plus qu'à la jeune fille qu'il voyait, et il ne put s'empêcher de rire comme elle, quoiqu'il sût à peine pourquoi.

Lorsque cet accès de gaieté se fut un peu calmé, Catherine se tourna vers Barnstable qui s'était assis à côté d'elle, et qui dans sa joie ne songeait plus à lui faire un reproche de son enjouement.

— Mais à quoi pensé-je de rire ainsi? dit-elle; c'est me montrer insensible aux maux des autres. Je dois pourtant vous expliquer avant tout comment il se fait que vous me voyiez paraître si inopinément, et pourquoi j'ai pris ce déguisement extraordinaire.

— Je devine tout, s'écria Barnstable; vous avez appris que nous étions près de cette côte, et vous êtes venue remplir la promesse que vous m'aviez faite en Amérique. Je ne vous en demande pas davantage; le chapelain de la frégate.....

— Peut prêcher à l'ordinaire, et avec aussi peu de fruit, répondit Catherine; mais il ne prononcera la bénédiction nuptiale pour moi que lorsque j'aurai atteint le but de mon expédition hasardeuse. Vous n'avez pas coutume d'être égoïste, Barnstable; voudriez-vous que j'oubliasse le bonheur des autres?

— De qui parlez-vous donc?

— De ma cousine, de ma pauvre cousine. Ayant appris qu'on avait vu deux bâtiments ressemblant à la frégate et à *l'Ariel* ranger la côte depuis plusieurs jours, je résolus sur-le-champ d'avoir quelques communications avec vous. J'ai suivi tous vos mouvements pendant toute une semaine sous ce costume, sans pouvoir réussir dans mon projet. Aujourd'hui j'ai remarqué que vous approchiez davantage de la terre, et ma témérité a été couronnée de succès.

— Oui, Dieu sait que nous avons serré la côte d'assez près. Mais le capitaine Munson sait-il que vous désirez vous rendre à bord de son vaisseau ?

— Certainement non. Personne ne le sait que vous. J'ai pensé que si vous et Griffith vous pouviez apprendre quelle est notre situation, vous seriez tentés de hasarder quelque chose pour nous en tirer. Voici un papier sur lequel j'ai tracé un récit qui réveillera, j'espère, tous vos sentiments chevaleresques, et vous y trouverez de quoi régler tous vos mouvements.

— Nos mouvements ! vous les règlerez vous-même. Vous serez notre pilote.

— Il y en a donc deux ? s'écria une voix à deux pas.

Catherine alarmée poussa un cri et se leva précipitamment ; mais elle saisit le bras de son amant, comme pour s'assurer une protection. Barnstable, qui avait reconnu la voix de son contre-maître, jeta un regard courroucé sur Coffin, dont la tête et les épaules s'élevaient au dessus de la haie qui les séparait, et lui demanda ce que signifiait cette interruption.

— Voyant que vous étiez sur le côté, et craignant que vous ne vinssiez à échouer, capitaine, M. Merry a jugé à propos de vous envoyer un bâtiment de conserve. Je lui ai dit que vous examiniez sans doute le connaissement du navire auquel vous aviez donné la chasse ; mais comme il est officier, j'ai dû exécuter ses ordres.

— Retournez où je vous ai dit de rester, Monsieur, reprit le lieutenant, et dites à M. Merry d'attendre mon bon plaisir.

Coffin salua en marin obéissant ; mais avant de se retirer il étendit vers l'Océan un de ses bras nerveux, et dit avec un ton de solennité convenable à son caractère :

— Capitaine Barnstable, c'est moi qui vous ai appris à nouer le point des ris, et à passer une garcette ; car je crois que vous n'étiez pas même en état de nouer deux demi-clefs [1] quand vous arrivâtes à bord du *Spalmacitty*. Ce sont des choses qu'on peut apprendre aisément et en peu de jours ; mais il faut toute la vie d'un homme pour apprendre à prévoir le temps. Voyez-vous au large ces raies tracées dans le firmament ? elles parlent aussi clairement à tous ceux qui les voient et qui connaissent le langage

---

1. Espèce de nœud usité dans la marine.

de Dieu dans les nuages, que vous pouvez le faire quand vous prenez le porte-voix pour ordonner de carguer les voiles. D'ailleurs n'entendez-vous pas la mer mugir sourdement, comme si elle pressentait le moment de son réveil?

— Vous avez raison, Tom, dit le lieutenant en faisant quelques pas vers le bord du rocher, et en regardant la mer et le firmament avec l'œil d'un marin; mais il faut que nous trouvions ce pilote, et...

— Le voilà peut-être, dit Coffin en lui montrant un homme arrêté à quelque distance et qui semblait les observer avec attention, tandis qu'il était lui-même observé avec soin par le jeune midshipman. Si cela est, Dieu veuille qu'il connaisse bien son métier, car il faut de bons yeux sous la quille d'un vaisseau pour qu'il trouve sa route en quittant un pareil ancrage.

— Il faut que ce soit lui, s'écria Barnstable, rappelé tout à coup au souvenir de ses devoirs. Il dit quelques mots à sa compagne, et la laissant derrière la haie, il s'avança vers l'étranger.

Dès qu'il fut assez près pour s'en faire entendre, il s'écria : — Quelles eaux avons-nous dans cette baie, Monsieur [1]?

L'étranger, qui semblait attendre cette question, y répondit sans hésiter.

— Des eaux d'où l'on peut sortir en sûreté quand on y est entré avec confiance.

— Vous êtes l'homme que je cherche, s'écria Barnstable. Etes-vous prêt à partir?

— Prêt et disposé, répondit le pilote, et il n'y a pas de temps à perdre. Je donnerais les cent meilleures guinées d'Angleterre pour avoir deux heures de plus de ce soleil qui vient de nous quitter, ou même une heure du crépuscule qui dure encore.

— Croyez-vous donc notre situation si mauvaise? En ce cas, suivez monsieur, il vous conduira à la barque, et je vais vous y rejoindre à l'instant. Je crois pouvoir ajouter un homme à l'équipage.

— Ce qui est précieux en ce moment, dit le pilote en fronçant les sourcils d'un air d'impatience, ce n'est pas le nombre des hommes de l'équipage, c'est le temps; et quiconque nous en fera perdre sera responsable des conséquences.

1. C'est une phrase empruntée au langage naval, et qui répond à cette question : quelle est la profondeur de cette baie?

— Et j'en serai responsable, Monsieur, dit Barnstable avec un air de hauteur, envers ceux qui ont le droit de me demander compte de ma conduite.

Ils se séparèrent sans plus longue conversation. Le jeune officier courut avec impatience vers l'endroit où il avait laissé Catherine, en murmurant à demi-voix quelques paroles d'indignation ; le pilote serra machinalement sa ceinture autour de sa jaquette, en suivant en silence le midshipman et le contre-maître.

Barnstable trouva la femme déguisée, que nous avons présentée à nos lecteurs sous le nom de Catherine Plowden, plongée dans une inquiétude qui se lisait aisément sur ses traits expressifs. Comme il sentait fort bien la responsabilité que lui ferait encourir le moindre retard, malgré la réponse hautaine qu'il avait faite au pilote, il mit à la hâte le bras de Catherine sous le sien, ne songeant plus à son déguisement, et voulut l'entraîner avec lui.

— Allons, Catherine, allons, lui dit-il, le temps presse !

— Quelle nécessité si urgente vous force à partir si tôt? lui demanda-t-elle en dégageant doucement son bras.

— Vous avez entendu les pronostics funestes de mon contre-maître, lui dit-il, et je suis forcé d'avouer qu'ils sont confirmés par les miens. Nous sommes menacés d'avoir une nuit orageuse ; et cependant je suis trop heureux d'être venu dans cette baie, puisque je vous ai rencontrée.

— A Dieu ne plaise que nous ayons à nous repentir l'un ou l'autre ! s'écria Catherine, la pâleur de la crainte chassant la rougeur vermeille qui animait ses joues ; mais vous avez le papier que je vous ai remis. Suivez bien les instructions que vous y trouverez, et venez nous délivrer : nous serons captives de bon cœur si c'est vous et Griffith qui êtes les vainqueurs.

— Que voulez-vous dire, Catherine? Vous du moins vous êtes en sûreté maintenant. Ce serait une folie de tenter le ciel en vous exposant à de nouveaux périls. Mon vaisseau peut vous protéger, et il vous protégera jusqu'à ce que votre cousine soit en liberté. Souvenez-vous que j'ai des droits sur vous pour la vie.

— Et que ferez-vous de moi en attendant ?

— Vous serez sur *l'Ariel*, et, de par le ciel ! vous en serez le commandant. Je n'occuperai ce rang que de nom.

— Je vous remercie, Barnstable, mais je me méfie de mes talents pour remplir un pareil poste, répondit Catherine en souriant, tandis que son teint prenait la nuance des rayons du soleil d'été à son coucher. Ne vous méprenez pas si j'ai fait plus que la faiblesse de mon sexe ne semblait le permettre ; la pureté de mes motifs justifie ma conduite. Si j'ai entrepris plus qu'une femme ne paraissait pouvoir entreprendre, ce doit être pour...

— Pour vous élever au-dessus de la faiblesse de votre sexe, s'écria Barnstable ; et me donner une preuve de votre noble confiance en moi.

— Pour me mettre en état et me rendre digne de devenir votre épouse, dit Catherine ; et partant à la hâte, elle disparut derrière un angle que formait la haie à quelques pas.

Barnstable resta un moment immobile de surprise, et quand il s'élança pour la poursuivre, en arrivant à l'endroit où il l'avait perdue de vue, il ne fit que l'apercevoir de loin dans le crépuscule, et elle disparut de nouveau derrière un petit buisson.

Il allait pourtant continuer sa course quand un éclat soudain de lumière frappa ses yeux. Le bruit d'un coup de canon y succéda, et fut répété par les échos des rochers.

— Oui, vieux radoteur, oui, je t'entends, dit le jeune marin en murmurant, mais en obéissant à ce signal de rappel ; tu es aussi pressé de te tirer de danger que tu l'as été de nous y mettre.

Trois coups de mousquet partis de la chaloupe lui firent doubler le pas, et il descendit rapidement le rocher malgré le danger qu'il courait de tomber et de se briser les membres s'il faisait la moindre chute. Son œil exercé aperçut en même temps les signaux allumés à bord de la frégate pour rappeler les deux barques.

CHAPITRE III.

> Dans une pareille circonstance, il n'est pas bien que ces légères fautes soient trop rigoureusement commentées.
> SHAKSPEARE.

Les rochers projetaient alors leurs ombres noires bien avant sur les eaux, et l'obscurité de la soirée commençait à cacher le mécontentement qui couvrait le front de Barnstable, lorsqu'il sauta du rocher sur sa barque, et qu'il s'y assit à côté du pilote silencieux.

— Poussez au large ! s'écria le lieutenant d'un ton auquel ses matelots savaient qu'il fallait obéir. La malédiction d'un marin sur la folie qui expose de bonnes planches et des vies précieuses à une telle navigation, et tout cela pour brûler quelques vieux bâtiments chargés de bois de Norvége ! — Force de rames, vous dis-je, force de rames !

Malgré la violence du ressac occasionné par les vagues qui se brisaient contre les rochers d'une manière alarmante, les marins réussirent à surmonter cet obstacle, et quelques secondes de travail portèrent la barque au-delà du point où il y avait le plus de danger à craindre. Barnstable avait à peine songé à ce péril, et il regardait avec un air de distraction l'écume produite par chaque vague. Enfin la barque s'élevant régulièrement sur de longues lames d'eau, il jeta un coup d'œil sur la baie, pour chercher à découvrir la chaloupe ; mais il ne la vit pas.

— Oui, murmura-t-il, Griffith s'est lassé d'être bercé sur ses coussins, et il faudra que nous allions jusqu'à la frégate, tandis que nous devrions travailler à tirer le schooner de cet ancrage infernal. C'est un endroit précisément comme le voudrait un amant langoureux : un peu de terre, un peu d'eau et beaucoup de rochers. — Diable ! Tom, savez-vous que je suis presque de votre avis, qu'une petite île par-ci par-là est toute la terre ferme dont un marin a besoin ?

— C'est parler raison, et voilà de la philosophie, capitaine, répondit le grave contre-maître. Et quant au peu de terre dont on a besoin, il faudrait que ce fût toujours un fond de vase, ou de vase et de sable, afin qu'une ancre pût y mordre et qu'il y eût possibilité de sonder avec certitude. Combien de fois ai-je perdu de grands plombs de sonde, sans compter des douzaines de petits, pour avoir trouvé un fond rocailleux ! Donnez-moi une rade qui tienne bien l'ancre, et qui lâche la sonde. Mais nous avons là-bas une barque en avant de l'étrave, capitaine ; passerai-je par-dessus, ou lui ferai-je place ?

— C'est la chaloupe ! s'écria Barnstable ; Griffith ne m'a donc pas abandonné, après tout !

Des acclamations partant de la chaloupe lui apprirent qu'il ne se trompait pas, et en moins d'une minute les deux esquifs flottaient l'un à côté de l'autre. Griffith n'était plus étendu sur ses coussins. Il était debout, plein d'activité, et quand il adressa la parole à Barnstable, ce fut avec vivacité, et l'on pouvait même remarquer dans sa voix un accent de reproche.

— Pourquoi avez-vous perdu tant de moments précieux, quand chaque minute nous menace de nouveaux dangers? J'obéissais au signal du rappel quand j'ai entendu le bruit de vos rames, et j'ai viré de bord pour prendre le pilote. Avez-vous réussi à le trouver?

— Le voici, et s'il trouve son chemin à travers tous ces écueils, il aura bon droit à ce nom. Cette nuit menace de ne pas laisser voir la lune au meilleur télescope. Mais quand vous saurez ce que j'ai vu sur ces chiens de rochers, vous serez plus disposé à excuser un moment de délai, monsieur Griffith.

— Vous avez vu l'homme désigné, j'espère; sans quoi nous aurions couru tous ces dangers sans utilité.

— Oui, oui, j'ai vu celui qui est l'homme véritable, et celui qui ne l'est pas; mais voilà Merry, Griffith; vous pourrez lui demander ce que ses yeux ont vu.

— Le dirai-je? s'écria en riant le jeune midshipman; j'ai vu un petit brigantin auquel un vaisseau de ligne donnait la chasse, et qui lui a échappé; j'ai vu un léger corsaire voguant sous fausses couleurs aussi semblable à ma cousine...

— Paix, bavard! s'écria Barnstable d'une voix de tonnerre; voulez-vous retarder les barques avec toutes ces sornettes dans un moment comme celui-ci? Dépêchez-vous de passer à bord de la chaloupe, et si M. Griffith a envie d'apprendre vos sottes conjectures, vous aurez tout le temps de lui en faire part.

Merry sauta légèrement dans la chaloupe, où le pilote l'avait déjà précédé, et s'asseyant d'un air un peu mortifié à côté de Griffith, il lui dit à voix basse :

— Et cela ne sera pas long, je crois, si monsieur Griffith a sur les côtes d'Angleterre les mêmes pensées et les mêmes sentiments qu'en Amérique.

Le lieutenant ne lui répondit qu'en lui serrant la main d'une manière expressive; et faisant ses adieux à Barnstable, il ordonna à ses rameurs de se diriger vers la frégate.

Les deux esquifs se séparèrent, et l'on entendait déjà le bruit des rames de part et d'autre, quand le pilote éleva la voix pour la première fois.

—Sciez[1] ! s'écria-t-il d'un ton d'autorité, sciez, vous dis-je !

Les rameurs obéirent, et se tournant vers le schooner, il continua sur le même ton.

—Vous mettrez à la voile à l'instant, capitaine Barnstable, et vous gagnerez le large dans le plus court délai possible. Ne passez pas trop près du promontoire du nord en sortant de la baie, et approchez assez de la frégate pour qu'elle puisse vous héler.

—Voilà une carte parfaitement tracée, monsieur le pilote; mais qui me justifiera auprès du capitaine Munson, si je lève l'ancre sans ordre? J'en ai reçu un par écrit pour placer *l'Ariel* sur cette espèce de lit de plume, et il faut que j'en reçoive un autre de vive voix ou par signal, de mes chefs, avant que mon schooner fende une seule vague. La route pour sortir de la baie peut être aussi difficile que je l'ai trouvée pour y entrer, et alors j'avais pour me guider la lumière du jour et vos propres instructions par écrit.

—Vous voulez donc rester sur vos ancres pour périr pendant une pareille nuit? Dans deux heures des lames d'eau furieuses viendront se briser à l'endroit même où votre schooner est maintenant si tranquille.

—C'est sur quoi nous pensons exactement de même, monsieur le pilote; mais si je suis noyé sur mes ancres, je serai noyé en suivant les ordres de mon capitaine; au lieu que si une pointe de rocher brise une planche de ma quille en suivant vos instructions, elle fera un trou qui donnera entrée non seulement à l'eau salée, mais à des reproches d'insubordination.

—C'est de la philosophie, dit le contre-maître du schooner, d'une voix fort intelligible, quoiqu'il n'eût dessein de parler que pour lui seul; mais ce doit être un poids bien lourd sur la conscience d'un homme de rester à un pareil ancrage.

—Laissez donc votre ancre au fond de la mer, et vous ne tarderez pas à aller l'y rejoindre, dit le pilote avec humeur; il est plus difficile de lutter contre un fou que contre un ouragan.

—Non, Monsieur, non, dit Griffith, Barnstable ne mérite pas cette épithète, quoique certainement il porte à l'extrême le respect qu'il doit aux ordres qu'il a reçus. Levez l'ancre sur-le-champ,

---

1. Mot technique pour ordonner de faire mouvoir les rames en sens inverse, afin d'arrêter la barque.

monsieur Barnstable, et sortez de cette baie le plus promptement possible.

— Ah! monsieur Griffith, vous ne me donnez pas cet ordre avec la moitié du plaisir que j'aurai à l'exécuter. Force de rames, enfants! *l'Ariel* ne laissera pas ses os sur un lit si dur, si je puis l'empêcher.

Dès que le commandant du schooner eut prononcé ces mots d'une voix encourageante, ses rameurs y répondirent par de grandes acclamations, et *l'Ariel* s'éloignant rapidement de la chaloupe, disparut bientôt dans l'ombre épaisse que jetaient les rochers.

Pendant ce temps, les rameurs de la chaloupe ne restaient pas dans l'inaction, et réunissant leurs efforts pour presser leur esquif, moins bon marcheur que le schooner, ils arrivèrent en quelques minutes dans les eaux de la frégate. Pendant cet intervalle, le pilote, d'une voix qui avait perdu ce ton d'autorité et de fierté qui s'était fait remarquer pendant qu'il parlait à Barnstable, pria Griffith de lui apprendre les noms de tous les officiers qui composaient l'équipage de la frégate.

Le lieutenant le satisfit, et lui dit ensuite : — Ce sont de braves gens, monsieur le pilote, des hommes d'honneur ; et quoique l'affaire dans laquelle vous êtes maintenant engagé puisse être un peu hasardeuse pour un Anglais, il n'y a parmi nous personne qui soit capable de vous trahir. Nous avons besoin de vos services, nous comptons sur votre bonne foi, et nous vous en offrons autant en échange.

— Et comment savez-vous que j'en ai besoin? demanda le pilote d'un ton qui annonçait beaucoup de froideur et d'indifférence sur ce sujet.

— Vraiment, quoique vous parliez assez bon anglais pour un Anglais¹, interrompit Griffith, cependant vous avez une petite prononciation gutturale que nous n'admettrions pas de l'autre côté de l'Atlantique.

— Qu'importe où un homme soit né, et qu'importe son accent, dit le pilote avec froideur, pourvu qu'il fasse son devoir bravement et de bonne foi ?

1. Il y a dans les provinces éloignées de Londres, et à plus forte raison en Ecosse, une prononciation vicieuse sur laquelle les Américains se fondent pour prétendre que l'anglais le plus pur se parle aux Etats-Unis : proposition qui naturellement fait rire les Anglais aux dépens des Américains.

—Oui, oui, comme vous le dites, pourvu qu'il fasse son devoir de bonne foi. Mais, comme le disait Barnstable, il faut que vous connaissiez bien la route à travers ces écueils, par une nuit comme celle-ci. Savez-vous combien nous tirons d'eau?

— Ce que tire une frégate. Je tâcherai de vous maintenir sur quatre brasses. Une moindre profondeur serait dangereuse.

—C'est une charmante frégate! elle suit son gouvernail comme un soldat de marine l'œil de son sergent. Mais il lui faut de la place en avant, car elle ne fend pas l'eau, elle vole; on dirait qu'elle veut devancer le vent.

L'oreille du pilote n'était pas novice, et il écoutait avec attention l'énumération des qualités du bâtiment qu'il allait essayer de tirer d'une situation très-dangereuse. Il n'en perdit pas un seul mot, et quand Griffith eut cessé de parler, il dit avec le sang-froid singulier qui le caractérisait :

— Il y a du bon et du mauvais dans tout cela; mais, vu l'étroit canal dans lequel nous allons naviguer, je crains que le mauvais ne l'emporte quand nous aurons besoin de faire marcher le navire à la lisière.

—Je présume que nous devrons avancer la sonde à la main.

—Il nous faudra la sonde et les yeux. Je suis entré dans cette baie, et j'en suis sorti pendant des nuits plus noires que celle-ci, mais jamais sur aucun navire qui tirât plus de deux brasses et demie.

— En ce cas, vous n'êtes pas en état de manœuvrer notre frégate au milieu des rochers et des brisants. Vos bâtiments, qui ne tirent que peu d'eau, ne savent jamais sur combien de brasses ils se trouvent. Il n'y a qu'une quille profonde qui cherche le canal le plus profond. Pilote! pilote! prenez garde que votre ignorance ne joue avec nous! les jeux de hasard sont dangereux entre ennemis.

—Jeune homme, répondit le pilote non sans quelque aigreur, quoiqu'en conservant son sang-froid imperturbable, vous ne savez ni de quoi vous parlez, ni à qui vous vous adressez. Vous oubliez que vous avez ici un supérieur et que je n'en ai pas.

— Ce sera suivant la fidélité avec laquelle vous vous acquitterez de votre devoir, s'écria Griffith; car si...

— Paix! dit le pilote, nous voilà près du vaisseau; montons à bord en bonne intelligence.

Après avoir dit ces mots, il s'étendit sur son coussin, et Griffith, quoiqu'il ne fût pas très-tranquille sur les conséquences de l'ignorance ou de la trahison du pilote, se contraignit assez pour garder le silence, et ils montèrent sur la frégate avec cordialité, au moins à ce qu'il paraissait.

La frégate flottait déjà sur les longues vagues qui arrivaient de l'Océan, et dont la violence augmentait de moment en moment. Cependant ses voiles de grand et petit hunier étaient suspendues à leurs vergues sans mouvement, le vent qui continuait à souffler de terre par intervalles n'ayant pas assez de force pour en dérouler l'épais tissu.

Le seul bruit qu'on entendit tandis que Griffith et le pilote montaient sur l'échelle extérieure pour arriver sur le tillac, était celui des vagues qui se brisaient contre les flancs massifs du vaisseau, et celui du sifflet du contre-maître en second, qui appelait l'équipage pour donner une marque de respect au premier lieutenant, en formant une double haie pour le recevoir.

Mais quoiqu'il régnât un si profond silence parmi cet équipage de plusieurs centaines de marins, la lumière que produisaient une douzaine de grandes lanternes placées sur différentes parties du pont servait à faire voir, quoique imparfaitement, non seulement la physionomie de la plupart de ceux qui formaient ce groupe nombreux, mais encore elle trahissait le sentiment de curiosité mêlée d'inquiétude qui l'agitait.

Indépendamment du rassemblement principal autour de l'échelle, on pouvait encore distinguer la figure de ceux qui s'étaient réunis autour du grand mât et sur les boute-hors, tandis que d'autres, appuyés sur les vergues inférieures, ou avançant la tête hors des hunes, formaient le fond du tableau dans l'obscurité, et leurs attitudes exprimaient l'intérêt qu'ils prenaient au retour de la chaloupe.

Mais quoique ces différents groupes remplissent tout le reste du tillac, le gaillard d'arrière était exclusivement réservé aux officiers qui y étaient rangés chacun suivant son poste; et il régnait parmi eux le même silence et la même attention que parmi le reste de l'équipage. En avant, on voyait un petit nombre de jeunes gens, que leur uniforme annonçait comme revêtus du même grade que Griffith, quoiqu'il occupât le premier rang parmi eux. Sur le côté, d'autres officiers, en plus grand nombre, et la plupart encore plus jeunes, étaient les compagnons de M. Merry. Enfin, auprès du cabestan on voyait trois ou quatre hommes debout, dont l'un portait un uniforme bleu à revers et parements écarlates, et dont un autre, d'après son habit noir, paraissait être le chapelain du navire. Derrière eux, et près de l'escalier conduisant à la cabane d'où il venait de monter, était le vieux commandant, dont la taille était aussi droite qu'elle était grande.

Après avoir fait un signe de tête en passant à ses camarades, Griffith, que le pilote suivait à quelques pas, s'avança vers l'endroit où son capitaine l'attendait, et ôtant son chapeau, il le salua avec un air un peu plus cérémonieux qu'il n'avait coutume de faire.

—Nous avons réussi, Monsieur, lui dit-il, quoique avec plus de temps et de difficulté que nous ne nous y étions attendus.

—Mais je ne vois pas le pilote, dit le capitaine, et sans lui toutes les peines que nous avons prises, tous les risques que nous avons courus, ne servent à rien.

— Le voici, répondit Griffith en se retournant et en étendant le bras vers l'homme qui était derrière lui, et dont les traits étaient couverts par le bord rabattu d'un grand chapeau déjà un peu usé.

— Lui! s'écria le capitaine; c'est une fatale méprise! ce n'est pas là l'homme que je désirais voir, et nul autre ne peut le remplacer.

— Je ne sais pas qui vous attendiez, capitaine Munson, dit l'étranger d'une voix basse et tranquille. Mais si vous n'avez pas oublié le jour où un pavillon bien différent de cet emblème de tyrannie qui flotte en ce moment sur le couronnement de votre poupe fut déployé pour la première fois, vous devez vous rappeler la main qui l'arbora.

— Qu'on m'apporte une lumière! s'écria vivement le commandant.

On lui présenta une lanterne, il l'approcha du visage du pilote, et les traits de celui-ci se trouvant éclairés, le vétéran tressaillit en voyant des yeux bleus qui le regardaient avec calme, et une physionomie pâle, mais tranquille, qu'il ne pouvait méconnaître. Il ôta involontairement le chapeau qui couvrait ses cheveux blancs, et s'écria :

— C'est lui! quoiqu'il soit si changé...

—Que ses ennemis ne l'ont pas reconnu, dit vivement le pilote ; et prenant le capitaine par le bras pour le tirer à l'écart, il ajouta en baissant la voix : — Et ses amis ne doivent le reconnaître que lorsque le moment opportun en sera arrivé.

Griffith s'était retiré en arrière pour répondre aux questions empressées de ses camarades, et aucun des officiers n'entendit rien de ce court dialogue. Ils virent pourtant bientôt que leur capitaine avait reconnu son erreur, et que le pilote amené à bord était celui qu'il attendait : ces deux derniers restèrent quelques minutes à se promener tête à tête sur le gaillard d'arrière, paraissant occupés d'un entretien sérieux et important.

Comme Griffith n'avait que fort peu de choses à apprendre à ceux qui l'interrogeaient, leur curiosité fut bientôt satisfaite, et tous les yeux se dirigèrent vers le guide mystérieux qui devait les tirer d'une situation déjà dangereuse par elle-même, et qui le devenait davantage de moment en moment.

CHAPITRE IV.

> Voyez ces voiles gonflées par d'invisibles vents entraîner les énormes masses des vaisseaux à travers les sillons des mers, et opposant leurs proues aux vagues soulevées.
>
> SHAKSPEARE.

LE lecteur sait déjà qu'il y avait dans l'atmosphère assez de signes menaçants pour faire naître des inquiétudes sérieuses dans l'esprit d'un marin. Lorsque l'œil se dirigeait vers une autre partie de la mer que celle que couvrait l'ombre des rochers, l'obscurité n'était pas assez profonde pour qu'on ne pût distinguer les objets à une certaine distance. Du côté de l'orient, on voyait à l'horizon un sillon de lumière d'un augure sinistre tomber sur les houles formées par le gonflement des vagues, qui devenaient à chaque instant plus distinctes, et par conséquent plus menaçantes. Des nuages épais, suspendus sur le vaisseau, semblaient soutenus par ses mâts gigantesques. On n'apercevait que quelques étoiles, jetant une pâle lumière sur une raie blanche faiblement azurée, qui formait une ceinture autour de l'Océan. De légers courants d'air, saturés de l'odeur de la terre, traversaient de temps en temps la baie; mais leur passage rapide et irrégulier ne prouvait que trop que c'était l'haleine expirante de la brise du rivage. L'agitation des flots roulant le long des côtes produisait un bruit sourd, qui n'était interrompu de temps à autre que par un mugissement plus profond quand une vague plus forte que les autres venait se briser sur les rochers et s'engloutir dans leurs cavités. En un mot, tout contribuait à rembrunir cette scène, quoique le vaisseau s'élevât encore facilement sur les vagues, sans même faire tendre le gros câble qui le tenait sur son ancre.

Les principaux officiers, réunis près du cabestan, dissertaient sur leur situation et leurs dangers, et quelques uns des plus anciens marins, ceux qui étaient le plus favorisés par leurs chefs, prolongeaient leur courte promenade jusque auprès du gaillard d'arrière, l'oreille au guet, pour tâcher d'apprendre ce que pensaient leurs supérieurs. Les officiers et les matelots jetaient fréquemment un regard d'inquiétude sur le commandant et le pilote, qui continuaient à s'entretenir tête à tête à l'extrémité du navire. Une fois, une curiosité irrésistible ou la légèreté de son âge porta un des plus jeunes midshipmen à s'avancer bien près d'eux, mais une brusque rebuffade du capitaine le renvoya honteux et confus, et il alla cacher sa mortification au milieu de ses camarades. Cette mercuriale fut regardée par les autres officiers comme un avis que leur commandant voulait que le secret de sa consultation avec le pilote fût strictement respecté. Ils n'en laissèrent pas moins échapper à demi-voix quelques expressions d'impatience; mais aucun d'eux n'osa se permettre d'interrompre un entretien que tous regardaient comme prolongé au-delà de toutes bornes raisonnables dans les circonstances actuelles.

— Ce n'est pas le moment de parler de gisements et de distances, dit le second lieutenant de la frégate; il faut que nous mettions tous les bras à l'ouvrage, et que nous tâchions de touer le vaisseau, tandis que la mer veut bien encore souffrir une barque.

— Ce serait une entreprise aussi fatigante qu'inutile, répondit Griffith, d'entreprendre de touer une frégate pendant plusieurs milles contre une mer qui la bat en front. Mais la brise de terre souffle encore dans la région supérieure, et si nos voiles légères voulaient la prendre, avec l'aide de ce reflux, nous pourrions peut-être nous éloigner de ces côtes.

— Hélez de la grande hune, Griffith, et demandez si l'on y sent de l'air. Ce sera du moins un avis indirect pour tirer de leur apathie notre capitaine et ce fainéant de pilote.

Griffith sourit, appela le marin qui était dans la hune, et en ayant reçu la réponse d'usage, il lui cria à haute voix :

— Sentez-vous du vent de là-haut? D'où vient-il?

— J'en sens de temps en temps une bouffée qui vient de terre, répondit le marin; mais nos huniers restent raides et immobiles.

Le capitaine Munson et son compagnon suspendirent leur conversation pour écouter cette question et la réponse qui la suivit; après quoi ils reprirent leur entretien avec autant d'intérêt que s'il n'eût pas été interrompu.

— Ils auraient beau remuer, il paraît qu'ils ne feraient pas remuer nos officiers supérieurs, dit l'officier des soldats de marine, dont l'ignorance dans tout ce qui concernait la navigation augmentait beaucoup l'idée qu'il se faisait du danger qu'on courait, mais qui, par oisiveté, faisait plus de plaisanteries que qui que ce fût à bord. Ce pilote semble sourd aux avis donnés si délicatement; vous ne le prendrez pas par les oreilles, monsieur Griffith? que n'essayez-vous de le prendre par le nez?

— Ma foi, répondit Griffith, il y a eu une traînée de poudre entre nous dans la chaloupe, et il ne paraît pas homme à recevoir tranquillement des avis du genre de ceux dont vous parlez. Quoiqu'il ait l'air si doux et si paisible, je doute qu'il ait fait beaucoup d'attention au livre de Job.

— Qu'en a-t-il besoin? s'écria le chapelain, dont les craintes égalaient au moins celles de l'officier de marine, et qui était encore plus découragé; il peut employer beaucoup mieux son temps. Il y a tant de cartes de ces côtes, tant d'ouvrages sur la navigation de ces mers! j'espère qu'il s'est plutôt occupé à les étudier.

Ce discours fit partir d'un grand éclat de rire tous ceux qui l'entendirent, et cette circonstance parut produire l'effet qu'on désirait si vivement et depuis si longtemps, car la conférence mystérieuse entre le capitaine et le pilote finit en ce moment. Le vétéran s'approcha des officiers, et dit, avec le sang-froid qui était le principal trait de son caractère :

— Faites déployer les voiles, monsieur Griffith, et qu'on se dispose à lever l'ancre. Le moment est venu où il faut que nous marchions.

— Oui, Monsieur, oui, répondit Griffith avec empressement. Et à peine avait-il prononcé ces mots qu'on entendit les cris d'une demi-douzaine de midshipmen, qui appelaient à leur devoir le contre-maître et ses seconds.

Il y eut un mouvement général dans les groupes autour du grand mât, près des boute-hors et des échelles; mais l'habitude de la discipline tint un moment tout l'équipage en suspens. Le silence fut interrompu par le son du sifflet du contre-maître, suivi du cri rauque : — A l'ouvrage, enfants, à l'ouvrage! Le premier s'éleva, dans la nuit, d'un son flûté à une note aiguë et perçante qui expira sur la surface des eaux; le second retentit dans tout le navire, comme le murmure sourd d'un tonnerre éloigné.

Le changement produit par ce signal d'usage fut d'un effet magique. On vit des marins sortir d'entre les canons, monter par les écoutilles, descendre des vergues avec une activité insouciante, enfin arriver de toutes parts si rapidement, qu'en un instant le tillac fut presque couvert d'hommes. Le profond silence, qui n'avait été interrompu jusqu'alors que par les conversations à voix basse des officiers, le fut maintenant par les ordres donnés d'un ton ferme par les lieutenants, et que les midshipmen répétaient d'une voix plus grêle, enfin par les cris du contre-maître et de ses seconds, qui s'élevaient par-dessus tous les autres au milieu du tumulte de ces préparatifs.

Le capitaine et le pilote restaient seuls dans l'inaction, au milieu de cette scène d'activité générale, car la crainte avait stimulé même cette classe d'officiers qu'on nomme communément les inutiles, et ils essayaient de faire quelque chose, quoique leurs compagnons, plus expérimentés, leur rappelassent souvent qu'ils retardaient la besogne au lieu de l'accélérer. Le tumulte cessa pourtant graduellement, et en quelques minutes le silence se rétablit sur le navire.

— Nous sommes en panne, Monsieur, dit Griffith, qui suivait des yeux toute cette scène avec attention; tenant d'une main un petit porte-voix et empoignant de l'autre un des haubans du navire, pour s'affermir dans la position qu'il avait prise sur un canon.

— Faites virer, Monsieur, dit le capitaine d'un ton calme.

— Avirer, répéta Griffith à haute voix.

— Avirer! crièrent à la fois une douzaine de voix; et un fifre joua un air vif pour animer la scène. Le cabestan fut mis en mouvement sur-le-champ, et le pas des marins qui marchaient sur le tillac, marquait la mesure en exécutant cette manœuvre. Ce fut le seul bruit qu'on entendit pendant quelques minutes, si ce n'était de temps en temps celui de la voix d'un officier, qui encourageait les marins quand ils annonçaient qu'on *était à pic*, ou, en d'autres termes, que l'ancre était presque sous le vaisseau.

— Que ferons-nous maintenant, Monsieur? demanda Griffith au capitaine. Ferons-nous quitter le fond à l'ancre? On ne sent pas trop d'air, et le reflux est si faible qu'il est à craindre que la mer ne jette le navire à la côte.

Cette conjecture paraissait si probable que tous les yeux de l'équipage, animés jusqu'alors par le travail qu'exigeait la manœuvre, se tournèrent vers la mer avec un air d'inquiétude, cherchant à percer l'obscurité de la nuit, comme pour interroger les vagues sur le destin d'un vaisseau que les éléments semblaient avoir condamné à périr.

— Je laisse au pilote le soin de vous répondre, répliqua le capitaine après être resté un moment à côté de Griffith, examinant avec attention le ciel et l'Océan. Qu'en dites-vous, monsieur Gray?

Le pilote, dont le nom venait d'être prononcé pour la première fois, était appuyé sur les bords du vaisseau, les yeux dirigés du même côté que ceux de tout l'équipage. Il se releva, en se tournant vers le capitaine pour lui répondre, et la lumière d'une lanterne, éclairant ses traits, y fit remarquer un calme, qui, vu sa position et sa responsabilité, semblait presque surnaturel.

— Cette forte houle est à craindre, dit-il; mais une destruction certaine nous attend, si l'ouragan qui se prépare à l'est nous trouve encore dans un pareil ancrage. Tout le chanvre dont on a jamais fait des cordages ne suffirait pas pour empêcher seulement pendant une heure un navire d'aller se briser sur ces rochers, s'il avait contre lui un furieux vent de nord-est. Si le pouvoir de l'homme en est capable, Messieurs, il faut que nous gagnions le large, et sans perte de temps.

— Vous ne nous dites là, Monsieur, que ce que le dernier des mousses comprend parfaitement, dit Griffith. Ah! voici le schooner!

Le bruit des longs avirons de *l'Ariel* se faisait effectivement entendre, et l'on vit bientôt le petit schooner s'avancer lentement dans l'obscurité. Il passa à peu de distance de la poupe de la frégate, et la voix toujours enjouée de Barnstable fut la première qu'on entendit.

— Voilà une nuit où il faudrait de bonnes lunettes, capitaine Munson! s'écria-t-il. Mais je crois avoir entendu le son de votre fifre. S'il plaît à Dieu, vous n'avez pas dessein de rester ici sur une ancre jusqu'au matin?

— Je n'aime pas cet ancrage plus que vous ne l'aimez, monsieur Barnstable, répondit le vétéran avec son ton ordinaire de tranquillité, quoiqu'il fût évident qu'il commençait lui-même à devenir inquiet. Nous sommes sur une ancre, et nous craignons de la laisser quitter le fond, de peur que la mer ne nous jette à la côte. Quel vent avez-vous?

— Quel vent? Il n'y en a pas assez pour faire remuer une boucle de cheveux sur la tête d'une femme. Si vous attendez que la brise de terre enfle vos voiles, je crois que vous attendrez jusqu'à la nouvelle lune. J'ai tiré ma coquille d'œuf de cette carrière de rochers noirs; mais comment ai-je eu ce bonheur dans l'obscurité? il faudrait être plus habile que moi pour le dire. Et que dois-je faire maintenant?

— Recevez vos instructions du pilote, monsieur Barnstable, et suivez-les à la lettre.

Un silence, semblable à celui de la mort, succéda à cet ordre à bord des deux vaisseaux, et chacun écouta avec avidité les paroles qui sortirent de la bouche de l'homme sur qui chacun sentait alors que reposait tout espoir de salut. Quelques instants se passèrent avant que sa voix se fît entendre, et il parla d'un ton bas, mais très-distinct.

— Vos avirons ne vous seront pas longtemps utiles contre la mer qui commence à s'élever; mais vos petites voiles vous aideront à avancer. Tant que vous pourrez marcher est-quart-nord-est, tout ira bien, et vous pouvez continuer ainsi jusqu'à ce que vous soyez à la hauteur de ce promontoire que vous voyez au nord. Alors, vous pourrez mettre en panne, et vous tirerez un coup de canon. Mais si, comme je le crains, vous êtes repoussé avant d'avoir atteint cette hauteur, fiez-vous à cette sonde en courant des bordées de bord, et gardez-vous de présenter la proue au sud.

— Je puis courir des bordées de tribord comme de bâbord, et faire des enjambées de la même longueur.

— Gardez-vous-en bien. Si pour gagner le large par est-quart-nord-est, vous déviez à tribord d'un seul point du compas, vous trouverez des écueils et des pointes de rochers qui vous encloueront. Je vous le répète, évitez les bordées de tribord.

— Et sur quoi dois-je me régler pour diriger ma course? Sur la sonde, sur la boussole, sur...

— Sur de bons yeux et sur une main agile. Les brisants vous avertiront du danger quand vous ne pourrez apercevoir les gisements de la côte; mais ne vous lassez pas de sonder, tout en courant des bordées de bâbord.

— Fort bien! fort bien! murmura Barnstable à demi-voix; c'est ce qu'on peut appeler naviguer à l'aveugle. Et tout cela, sans que je puisse voir pourquoi. Voir! morbleu! La vue m'est aussi utile en ce moment que me le serait mon nez pour lire la Bible!

— Doucement! monsieur Barnstable, doucement! dit le vieux commandant; car l'inquiétude produisait un tel silence à bord des deux vaisseaux, qu'on entendait tout ce qui s'y passait. Les ordres que le congrès nous a donnés doivent s'exécuter au risque de notre vie.

— Je ne suis point avare de ma vie, capitaine Munson, répondit Barnstable; mais il n'y a pas de conscience à placer un vaisseau dans un lieu comme celui-ci. Au surplus, c'est le moment d'agir et non de parler. Mais s'il y a tant de danger pour un schooner qui tire si peu d'eau, que deviendra la frégate? Ne vaudrait-il pas mieux que je jouasse le rôle du chacal, et que je marchasse en avant pour tâter le chemin?

— Je vous remercie, dit le pilote, l'offre est généreuse; mais cela ne nous servirait à rien. J'ai l'avantage de bien connaître le terrain, et il faut que je me fie à ma mémoire et à la protection de Dieu. Déployez vos voiles, Monsieur, partez; et si vous réussissez, nous nous hasarderons à lever l'ancre.

Cet ordre fut exécuté promptement, et, en quelques moments, l'*Ariel* fut couvert de toutes ses voiles. Quoiqu'on ne sentît pas un souffle de vent sur le tillac de la frégate, le petit schooner était si léger, qu'à l'aide du reflux et d'un reste de brise de terre dans la partie supérieure de l'atmosphère, il réussit à se frayer un chemin à travers les ondes soulevées, et en moins d'un quart d'heure à peine pouvait-on l'apercevoir à la lueur de la bande de lumière qui s'étendait à l'horizon.

Griffith, de même que tous les autres officiers, avait écouté en silence le dialogue qui précède; mais quand il vit l'*Ariel* disparaître, il s'élança du canon sur le pont, et s'écria :

— Il vogue, sur ma foi! comme un navire qu'on lance à la mer! Eh bien! capitaine, ferai-je lever l'ancre pour que nous le suivions?

— Je ne vois pas d'autre alternative, répondit le vétéran. Vous avez entendu la question, monsieur Gray, qu'en dites-vous?

— C'est le seul parti à prendre, capitaine Munson, dit le pilote. Le peu de marée qui nous reste suffira à peine pour nous conduire hors de danger. Je donnerais cinq années d'une vie qui n'a plus longtemps à durer pour que la frégate fût à un mille plus loin en mer.

Cette dernière remarque, ayant été faite à voix basse, ne fut entendue que par le commandant, qui se retira encore à l'écart avec le pilote. Mais, pendant qu'ils recommençaient leur conversation mystérieuse, Griffith ne perdit pas un instant pour exécuter l'ordre qu'il venait de recevoir, et il ordonna qu'on levât l'ancre.

Le son du fifre se fit entendre de nouveau, ainsi que le bruit des pas mesurés des matelots autour du cabestan. Pendant que les uns levaient l'ancre, les autres détachaient les voiles des vergues et les déployaient pour leur faire recevoir la brise. Tandis qu'on exécutait ces manœuvres, le premier lieutenant donnait des ordres partout au moyen de son porte-voix, et l'on y obéissait avec la promptitude de la pensée. Dans l'obscurité presque complète qui régnait, on voyait sur les vergues, sur les cordages, des groupes d'hommes qui semblaient suspendus en l'air, et l'on entendait partir des cris de toutes les parties du vaisseau. — La voile de perroquet est parée! criait une voix aiguë qu'on aurait cru descendre des nuages. — La misaine est parée! disait un marin à voix rauque.—Tout est prêt à l'arrière! cria un troisième d'un autre côté. Et, un instant après, l'ordre fut donné de laisser tomber les voiles.

Les voiles, en tombant, privèrent le navire du peu de clarté qui venait encore du firmament; circonstance qui, en paraissant rendre plus vive la lumière que procuraient les lanternes allumées sur le tillac, donnait un air encore plus sombre et plus lugubre à l'aspect de la mer et du ciel.

Tout l'équipage de la frégate, à l'exception du commandant et du pilote, était alors sérieusement occupé à mettre le vaisseau sous voiles. Les mots, *l'ancre est dérapée!* répétés en même temps par cinquante bouches, et les évolutions rapides du cabestan, annoncèrent l'arrivée de l'ancre à la surface de l'eau; le bruit du froissement des cordages, du sifflement des poulies et des cris du contre-maître et de ses aides, aurait donné à cette scène un air de confusion et de désordre aux yeux de quiconque eût été étranger à la marine; et cependant l'expérience et la discipline firent que le vaisseau eut toutes ses voiles déployées en moins de temps qu'il ne nous en a fallu pour décrire cette manœuvre.

Pendant quelques instants le résultat parut satisfaisant aux officiers; car quoique les lourdes voiles restassent suspendues parallèlement aux mâts, les plus légères, attachées aux mâtereaux les plus élevés, s'enflaient d'une manière sensible, et la frégate commençait à céder à leur influence.

— Elle marche! elle marche! s'écria Griffith d'un ton joyeux; ah! fine commère! elle a autant d'antipathie pour la terre qu'aucun des poissons qui sont dans l'Océan! Il paraît qu'il y a un courant d'air là-haut, après tout.

—C'est la brise expirante, dit le pilote d'un ton bas, mais d'une manière si soudaine que ces mots prononcés presque à l'oreille de Griffith le firent tressaillir. Jeune homme, ajouta-t-il, oublions tout, si ce n'est le nombre de vies qui dépendent en ce moment de vos efforts et de mes connaissances.

— Si vous pouvez montrer la moitié autant de connaissances que je suis disposé à faire d'efforts, répondit Griffith sur le même ton, tout ira bien; mais quels que soient vos sentiments, souvenez-vous que nous sommes près d'une côte ennemie, et que nous ne l'aimons pas assez pour désirer d'y laisser nos os.

Après cette courte explication, ils se séparèrent, le lieutenant étant obligé de donner toute son attention à la manœuvre.

Le transport de joie qu'avait fait naître dans tous les cœurs le premier mouvement de la frégate à travers les ondes, ne fut pas de longue durée, car la brise qui avait paru vouloir favoriser nos marins commença à perdre sa force après leur avoir fait faire environ un quart de mille, et finit par tomber tout à fait. Le quartier-maître, qui tenait le gouvernail, annonça bientôt que le vaisseau n'y obéissait plus. Griffith communiqua sur-le-champ cette mauvaise nouvelle au commandant, et lui proposa de jeter de nouveau une ancre.

— Adressez-vous à M. Gray, répondit le capitaine; il est notre pilote, et c'est lui qui est chargé de veiller à la sûreté du navire.

— Les pilotes perdent quelquefois des navires, comme ils en sauvent, capitaine, dit le lieutenant. Connaissez-vous bien cet homme qui a toutes nos vies sous sa sauvegarde, et qui conserve autant de sang-froid que si l'événement lui était fort indifférent?

— Je le connais parfaitement, monsieur Griffith, répondit le vétéran, et je lui crois autant de talents que je lui sais de bonne volonté. Je vous dis cela pour vous tirer d'inquiétude, et vous ne devez pas m'en demander davantage. Mais ne sens-je pas un souffle de vent de ce côté?

— A Dieu ne plaise! s'écria vivement Griffith; si ce vent de nord-est nous repousse sur ces rochers, notre situation devient désespérée.

Le roulis du vaisseau causa en cet instant une expression momentanée des voiles, suivie d'une réaction soudaine, de sorte qu'il aurait été impossible au plus vieux marin de l'équipage de dire de quel côté était venu le léger courant d'air, ou si ce mouvement subit n'avait pas été occasionné par le brandillement de leurs propres voiles. Cependant l'avant du navire commença à faire son abattée, et malgré l'obscurité, il devint bientôt évident qu'il était à la dérive vers la côte.

Pendant ce court intervalle de doute pénible, Griffith, par une de ces espèces de caprices d'esprit qui font que les extrêmes se touchent, perdit l'ardeur qu'il devait à son inquiétude, et retomba dans l'apathie insouciante qui s'emparait souvent de lui, même dans les moments les plus critiques de danger. Il était debout, un coude appuyé sur le cabestan, ouvrant une main sur ses yeux pour se garantir de la lumière d'une lanterne dont il était voisin, quand il fut rappelé au souvenir de sa situation en se sentant presser doucement la main. Il se retourna, vit le jeune midshipman Merry, et lui fit un signe de tête affectueux, quoique d'un air encore distrait.

—Voilà une mauvaise musique, monsieur Griffith, dit Merry : si mauvaise qu'elle ne saurait me faire danser. Je crois qu'il n'y a pas sur le vaisseau un seul homme qui n'aimât mieux entendre l'air : *J'ai donc quitté ma douce amie*, que ces sons exécrables.

—Quels sons, Merry ? On est aussi tranquille sur le vaisseau qu'on l'était à l'assemblée des quakers de New-Jersey, quand votre bon grand-père ne rompait pas le charme du silence par sa voix sonore.

— Riez, si bon vous semble, monsieur Griffith, du sang pacifique qui coule dans mes veines, mais songez qu'il s'en trouve un mélange dans d'autres que dans les miennes. Je voudrais entendre en ce moment les chants du bon vieillard ; car ils m'endormaient toujours comme une mouette abritée par un rocher pendant un ouragan. Mais celui qui s'endormira cette nuit au son de cette musique infernale dormira d'un bon somme.

—Musique ! je n'entends pas de musique ; à moins que vous ne donniez ce nom au bruit que font les voiles en battant l'une contre l'autre. Ce pilote lui-même, qui se promène comme un amiral sur le gaillard d'arrière, n'a rien à dire.

—Quoi ! vous n'entendez pas des sons faits pour ouvrir l'oreille de tout marin ?

— Ah ! vous parlez de ce bruit sourd occasionné par le ressac ? c'est le silence de la nuit qui le rend plus remarquable. Est-ce que vous ne le connaissiez pas encore, jeune homme ?

— Je ne le connais que trop bien, monsieur Griffith ; et je n'ai nulle envie de le connaître mieux. De combien croyez-vous que nous soyons avancés vers la côte ?

—Je ne crois pas que nous ayons beaucoup reculé. Lofez, drôle, lofez donc ; ne voyez-vous pas que vous prêtez le flanc à la mer ?

Le quartier-maître, à qui ces paroles s'adressaient, répéta que le vaisseau n'obéissait plus au gouvernail, et ajouta qu'il croyait que la frégate coulait.

— Déployez la grande voile, monsieur Griffith, dit le capitaine, et tâtons le vent.

Le bruit des poulies se fit entendre aussitôt, et la grande voile fut à l'instant déployée. Tout l'équipage attendait en silence le résultat de cette manœuvre, osant à peine respirer, comme s'il eût pu fixer le destin du navire. Quelques opinions contradictoires furent enfin hasardées par les officiers. Griffith alors, saisissant une chandelle dans une lanterne, sauta sur un canon et l'éleva de toute la hauteur de son bras pour l'exposer à l'action de l'air. La petite flamme chancela d'une manière incertaine pendant quelques instants, et prit ensuite une direction perpendiculaire. Le lieutenant allait baisser le bras quand, sentant à la main une légère sensation de fraîcheur, il conserva la même attitude. La flamme alors se dirigea vers la terre, d'abord avec lenteur, puis plus vivement, et finit par s'éteindre.

—Ne perdez pas un instant, monsieur Griffith, s'écria le pilote à haute voix et avec vivacité; carguez la grande voile et brassez partout, à l'exception de vos trois huniers, et que tous les ris en soient pris. Voici le moment de remplir vos promesses.

Le jeune lieutenant resta une seconde immobile de surprise en entendant le pilote s'exprimer d'une manière si claire et si précise. Jetant un coup d'œil sur la mer, il sauta sur le tillac, et ordonna la manœuvre indiquée, comme si la vie ou la mort de tout l'équipage eût dépendu de la promptitude qu'on apporterait à l'exécuter.

CHAPITRE V.

> Elle va bien, mon garçon, elle va bien. Adieu au rivage.
>
> *Chanson.*

L'activité extraordinaire de Griffith, qui se communiqua rapidement à tout l'équipage, était produite par un changement survenu tout à coup dans le temps. En place de la bande de lumière qu'on voyait à l'horizon, et dont nous avons déjà parlé, une masse immense semblable à un brouillard lumineux semblait s'élever à l'extrémité de l'Océan et s'avançait avec rapidité, tandis qu'un mugissement distinct mais éloigné annonçait l'approche de la tempête qui troublait depuis si longtemps la tranquillité des eaux. Griffith lui-même, en se servant de son porte-voix pour donner ses ordres d'une voix de tonnerre et presser les matelots d'accélérer la manœuvre, s'interrompait de temps en temps pour jeter un regard inquiet dans la direction de l'orage qui s'avançait, et les marins placés sur les vergues jetaient de temps en temps un coup d'œil du même côté, tout en nouant les ris et en passant les garcettes qui devaient réduire les huniers dans les limites prescrites.

Le pilote seul, parmi cette foule empressée, au milieu de laquelle les cris répondaient aux cris sans un instant d'intervalle, semblait aussi tranquille que s'il n'avait eu aucun intérêt à l'événement. Les bras croisés, et les yeux constamment fixés sur cette masse menaçante, foyer de la tempête, il avait l'air d'en attendre l'arrivée avec le plus grand calme.

Le vaisseau était tombé sur le côté et était devenu de plus en plus difficile à gouverner. Ses voiles étaient déjà pliées quand le bruit effrayant des ondes redoubla, et fit éprouver ce frisson involontaire dont un marin ne peut s'empêcher d'être saisi quand la nuit et le danger se réunissent contre lui.

— Le schooner doit être en ce moment exposé à toute la fureur de la tempête, s'écria Griffith ; mais je connais Barnstable, il tiendra jusqu'au dernier moment. Fasse le ciel que l'ouragan lui laisse assez de voiles pour s'éloigner du rivage !

— Ses voiles sont faciles à manœuvrer, dit le commandant, et il doit être maintenant hors du plus grand danger. Mais il n'en est pas de même de nous, monsieur Gray. Essaierons-nous de sonder ?

Le pilote quitta son attitude de méditation et s'avança lentement vers le vétéran avec l'air d'un homme qui sent non seulement que tout dépend de lui, mais qu'il est en état de faire ce qu'on en attend.

— Cela n'est pas nécessaire, dit-il, ce serait une destruction certaine que d'être forcés en arrière, et il est difficile de dire de quel point le vent peut nous frapper.

— Cela ne l'est plus, s'écria Griffith ; car le voilà qui arrive, et c'est tout de bon.

Le jeune lieutenant avait à peine prononcé ces mots que le

bruit du vent se fit entendre. Son souffle impétueux frappa en travers le vaisseau qui fut d'abord jeté sur le côté, mais qui se releva sur-le-champ majestueusement, comme s'il avait voulu saluer avec courtoisie le redoutable antagoniste qu'il allait combattre. Avant qu'une autre minute se fût écoulée, il redevint docile au gouvernail et fendit les eaux dans la direction désirée, autant que le permettait le point d'où soufflait le vent. Les matelots qui étaient sur les vergues descendirent sur le tillac, tous cherchant à percer des yeux l'obscurité qui les entourait, quelques uns secouant la tête d'un air inquiet, mais n'osant exprimer les craintes qui les agitaient. Tous ceux qui étaient à bord de la frégate s'attendaient à une tempête furieuse; car il ne s'y trouvait pas un seul matelot assez peu expérimenté pour ne pas reconnaître qu'ils ne sentaient encore que les efforts de l'ouragan naissant. Mais les accroissements n'en étant que graduels, les marins commençaient à croire que leurs funestes présages ne se réaliseraient pas. Pendant ce court intervalle d'incertitude on n'entendait d'autre bruit que le sifflement qui frappait en passant les mâts, les cordages et les voiles, et le murmure des vagues qui commençaient à battre les flancs du navire avec la force d'une cataracte.

—Le vent fraîchit, dit Griffith, qui fut le premier à parler dans ce moment de doute et d'inquiétude; mais, après tout, c'est comme si nous lui tendions un chapeau. Donnez-lui ses coudées franches, monsieur le pilote, offrez-lui suffisamment de voiles, et je vous promets de manœuvrer la frégate par cette brise comme si c'était un yacht de promenade.

— Croyez-vous qu'elle ne tournera pas sous ses huniers?

— Elle fera tout ce qu'on peut raisonnablement exiger du bois et du fer. Mais il n'existe pas sur tout l'Océan un bâtiment qui, ayant contre lui une mer si houleuse, puisse courir des bordées sans autres voiles que ses huniers et tous les ris noués. Rendez-lui ses grandes voiles, et vous la verrez pirouetter comme un maître à danser.

— Voyons d'abord quelle est la force du vent, dit le pilote; et quittant Griffith, il se rendit vers le passe-avant du côté du vent, où il resta en silence, regardant du côté de la proue du navire avec un singulier air de sang-froid.

On avait éteint les lanternes sur le pont de la frégate après qu'on eut cargué les voiles, et le brouillard chassé par l'ouragan ayant passé, une faible clarté succéda, qui, aidée par l'écume brillante de blancheur dont l'eau était couverte autour du navire, faisait qu'on pouvait apercevoir la terre, quoique bien faiblement. Elle ressemblait à un brouillard noir élevé au-dessus de la mer, et on ne la distinguait du ciel que parce qu'elle était plongée dans une obscurité plus profonde. La dernière corde avait été levée et remise à sa place par les matelots, et pendant quelques minutes il régna un profond silence sur le tillac, malgré la foule de marins qui le couvraient. Chacun voyait évidemment que la frégate fendait les ondes avec rapidité, et comme on savait qu'elle s'approchait de la partie de la baie où les écueils présentaient les plus grands dangers, l'habitude de la discipline la plus exacte pouvait seule obliger les officiers et même les matelots à renfermer leurs inquiétudes en eux-mêmes.

Enfin la voix du capitaine Munson se fit entendre.

— Monsieur Gray, demanda-t-il au pilote, enverrai-je quelqu'un dans les chaînes pour prendre la profondeur de l'eau?

Quoique cette question eût été faite à haute voix, et que l'intérêt qu'elle excitait eût rassemblé autour de celui à qui elle était adressée les officiers et les matelots impatients, le pilote ne fit aucune réponse. Penché sur le bord du vaisseau, et la tête appuyée sur sa main, il avait l'air d'un homme dont les pensées errantes s'écartaient de ce qui aurait dû l'occuper tout entier. Griffith était du nombre de ceux qui se trouvaient près de lui, et après avoir attendu quelques instants, par respect, la réponse qu'il devait au capitaine, il quitta le cercle nombreux qui s'était formé à quelques pas du protecteur mystérieux de la vie de tout l'équipage, et s'approcha de lui.

— Monsieur, dit le jeune officier avec un léger accent d'impatience, le capitaine Munson désire savoir si vous pensez qu'il faille sonder.

Cette seconde question n'obtint pas plus de réponse que la première, et, avant de la lui répéter encore, Griffith chercha à le tirer de sa rêverie en lui appuyant sans cérémonie la main sur l'épaule. Mais le tressaillement presque convulsif du pilote le rendit un moment muet de surprise.

— Retirez-vous, dit Griffith d'un ton sévère aux marins qui se pressaient autour d'eux, et que chacun aille à son poste. Qu'on prépare tout pour virer de bord. Toutes ces tètes serrées les unes contre les autres disparurent en un instant comme une vague se perd dans l'Océan, et le lieutenant resta seul avec le pilote.

— Monsieur Gray, continua-t-il, ce n'est pas le moment de méditer. Songez à ce que vous avez entrepris, et à ce que nous attendons de vous. N'est-il pas temps de virer de bord? A quoi rêvez-vous?

Le pilote appuya la main sur le bras du lieutenant, et le serra avec force.

— Mon rêve est une réalité, monsieur Griffith, lui répondit-il. Vous êtes jeune, je ne suis pas encore dans l'automne de la vie; mais, quand vous vivriez encore cinquante ans, jamais vous ne verrez ni n'éprouverez ce que j'ai vu et éprouvé dans le court espace de trente-trois.

Fort étonné de cette émotion soudaine dans un pareil moment, le jeune marin ne savait trop que lui répondre; mais comme son devoir occupait la première place dans ses pensées, il revint sur le sujet qui l'intéressait le plus.

—J'espère, lui dit-il, qu'une grande partie de votre expérience a été acquise sur cette côte, car la frégate va bon train, et la lumière du jour nous a fait apercevoir trop de danger dans ces parages pour que nous fassions les fanfarons pendant les ténèbres. Combien de temps continuerons-nous à marcher dans la même direction?

Le pilote se retourna lentement, et tout en s'avançant vers le capitaine de la frégate, il lui répondit d'un ton qui annonçait qu'il était agité par des réflexions mélancoliques:

— Tout est donc comme vous le désirez. J'ai passé une grande partie de ma jeunesse sur cette côte dangereuse. Ce qui est pour vous ténèbres et obscurité, est pour moi la lumière du jour en plein midi. Mais virez de bord, Monsieur, virez de bord. Je voudrais voir manœuvrer le vaisseau avant d'arriver à l'endroit où il faut qu'il manœuvre bien, ou que nous périssions.

Griffith le regarda d'un air surpris, tandis qu'il passait au gaillard d'arrière pour y joindre le capitaine; mais, sortant à l'instant de cette sorte de stupéfaction, il se hâta de donner l'ordre si universellement désiré, et chacun courut à son poste pour travailler à cette manœuvre. Le résultat répondit aux assurances que le jeune officier avait données avec confiance de la bonté de la frégate et des efforts dont il se sentait capable. La barre du gouvernail ne fut pas plus tôt placée sous le vent, que le vaisseau marcha bravement contre le vent, fit jaillir l'écume des vagues comme pour défier l'ouragan, et cédant ensuite avec grâce à sa puissance, il courut une autre bordée, en s'écartant des dangereux écueils vers lesquels il s'avançait auparavant avec tant de rapidité. Les vergues pesantes tournèrent comme si elles eussent été des girouettes chargées d'indiquer le courant de l'air, et en peu d'instants la frégate fendit les flots avec majesté, laissant derrière elle les écueils et les rochers dont cet endroit était rempli, mais s'approchant d'un autre où il s'en trouvait encore qui menaçaient du même danger.

Pendant ce temps, la mer devenait plus agitée, et la violence du vent allait toujours croissant. Il ne se contentait plus de siffler en rencontrant les mâts et les cordages de la frégate, il semblait rugir de colère en surmontant chaque obstacle. Les vagues couvertes d'une écume plus blanche que la neige s'élevaient successivement, et l'air même brillait de la lumière qui se dégageait de l'Océan. De moment en moment, le navire cédait de plus en plus aux efforts de la tempête, et moins d'une demi-heure après qu'on eut levé l'ancre, un coup de vent furieux l'entraîna. Cependant les marins expérimentés qui veillaient à sa sûreté parvinrent à le maintenir dans la direction qu'il était indispensable qu'il suivît; Griffith continuait à transmettre à l'équipage des ordres qu'il recevait du pilote inconnu pour forcer le bâtiment à suivre l'étroit canal hors duquel il eût été perdu.

Jusque là le pilote avait paru s'acquitter de ses devoirs avec beaucoup d'aisance, car il donnait tous ses ordres d'un ton calme qui contrastait avec la responsabilité de sa situation. Mais quand, l'obscurité ayant redoublé, on eut perdu la terre de vue, et que la mer agitée couvrit d'écume les flancs du navire, il secoua tout à coup son apathie, montra toute l'énergie que la circonstance exigeait, et fit entendre sa voix au-dessus du mugissement monotone de la tempête.

— Surveillez bien la marche du vaisseau, monsieur Griffith, s'écria-t-il, le moment est venu. Nous avons ici la vraie marée, et c'est ici que se trouvent les périls véritables. Placez dans les chaînes votre meilleur quartier-maître, et qu'un officier se tienne près de lui pour veiller à ce qu'il ne se trompe pas en nous annonçant la profondeur de l'eau.

— Je m'en chargerai moi-même, dit le capitaine ; qu'on place une lumière dans les chaines, du côté du vent.

— Vite la sonde en main ! s'écria le pilote avec une vivacité qui fit tressaillir, et indiquez exactement le nombre de brasses.

Ces préparatifs apprirent à l'équipage que le moment de la crise approchait, et les officiers comme les matelots, chacun à son poste, en attendaient l'issue dans le silence de la crainte. Le quartier-maître qui tenait la barre du gouvernail ne donnait lui-même ses ordres aux hommes qui étaient à la proue que d'une voix plus basse qu'à l'ordinaire, comme s'il eût craint de troubler l'ordre et la tranquillité dont on avait besoin.

Tandis qu'un sentiment général d'attente régnait sur la frégate, ce cri perçant du marin qui sondait : — Sept brasses ! — couvrit le bruit de la tempête, traversa le bâtiment, et s'enfuit emporté par les vents, comme un avis donné par quelque esprit des eaux.

— C'est bien, dit le pilote avec calme, continuez à sonder.

A une courte pause succéda un second cri : — Cinq brasses et demie !

— Un bas-fond ! s'écria Griffith, un bas-fond ! Faites virer !

— Ah ! vous prenez donc le commandement du vaisseau maintenant ? dit le pilote avec ce ton froid qui impose le plus dans les moments de crise, parce qu'il annonce qu'on est préparé à tout.

Le troisième cri : — Quatre brasses ! — fut suivi d'un ordre de virer, que le pilote donna avec promptitude.

Griffith sembla rivaliser de sang-froid avec le pilote, en donnant les ordres nécessaires pour faire exécuter cette manœuvre.

Le vaisseau se releva lentement de la position inclinée que lui avait fait prendre la tempête, et les voiles, secouées avec violence, semblaient vouloir se dégager des liens qui les retenaient captives pendant que la frégate refoulait les vagues. En ce moment la voix bien connue du quartier-maître fit retentir les mots effrayants :

— Des brisants ! des brisants en proue !

Le son de ce cri de terreur se faisait encore entendre, quand une seconde voix s'écria d'un autre côté :

— Des brisants à tribord !

— Nous sommes sur un lit d'écueils, monsieur Gray, dit le

commandant; la frégate perd son air. Ne faudrait-il pas jeter une ancre?

— Dégagez la seconde ancre! s'écria Griffith.

— N'en faites rien! s'écria le pilote d'une voix qui fit tressaillir tout l'équipage; gardez-vous bien de le faire!

Le premier lieutenant jeta un regard courroucé sur l'audacieux étranger qui contrevenait ainsi à la discipline.

— Comment osez-vous donner des ordres contraires aux miens? s'écria-t-il. Ne vous suffit-il pas d'avoir conduit la frégate dans un pareil danger? Faut-il encore que vous mettiez obstacle à une manœuvre nécessaire pour l'en tirer? si vous prononcez encore un mot...

— Silence, monsieur Griffith, s'écria le capitaine, qui, tout occupé qu'il était du soin de veiller à la sonde, montra un instant, à la lueur de sa lanterne, ses traits inquiets et soucieux; remettez le porte-voix à M. Gray : il n'y a que lui qui puisse nous sauver.

Griffith jeta son porte-voix sur le tillac, d'un air de dépit, et murmura avec un ton d'amertume en se retirant :

— En ce cas, tout est perdu, et entre autres choses le fol espoir que j'avais conçu en venant sur ces côtes.

Personne ne songea à lui répondre; le vaisseau avait été rapidement entraîné par le vent, et les efforts de l'équipage avaient été paralysés par les ordres contradictoires qu'il avait reçus. La frégate perdit son air peu à peu, et en quelques secondes toutes ses voiles furent coiffées.

L'équipage eut à peine le temps de reconnaître cette situation dangereuse, car le pilote, ramassant le porte-voix avec la rapidité de l'éclair, donna des ordres que la circonstance exigeait, d'une voix que le vent et les vagues semblaient s'efforcer en vain de couvrir. Il ordonnait chaque manœuvre de la manière la plus distincte, et avec une précision qui prouvait qu'il connaissait parfaitement sa profession. La barre du gouvernail fut tenue d'une main ferme; les vergues de l'avant firent pesamment leur évitée contre le vent, et le vaisseau tournant sur sa quille fit bientôt un mouvement rétrograde.

Griffith était trop bon marin pour ne pas reconnaître que le pilote avait saisi, avec une présence d'esprit admirable, le seul moyen qui pût tirer le vaisseau du danger. Il était jeune, fier et impétueux; mais il ne manquait pas de générosité. Oubliant son ressentiment et la mortification qu'il avait éprouvée, il se jeta au milieu des marins, et par sa voix et son exemple, contribua puissamment au succès de cette manœuvre. La frégate fit lentement son abattée devant le vent, abaissa ses vergues presque au niveau de l'eau, tandis que les vagues se brisaient violemment contre sa poupe, comme pour lui reprocher de se départir de sa manière ordinaire de voguer.

Cependant on entendait toujours la voix du pilote, ferme, calme, mais si forte et si distincte, qu'elle arrivait à toutes les oreilles, et les marins, obéissant à ses ordres, faisaient tourner les vergues en dépit de la tempête, comme s'ils avaient manié les jouets de leur enfance. Lorsque la frégate eut suffisamment reculé, on secoua ses voiles de l'avant; on orienta ses vergues de l'arrière, et l'on changea la position de la barre du gouvernail avant qu'elle eût le temps de courir de nouveau vers le danger qui l'avait menacée, tant de proue que de tribord. Le navire, docile à la manœuvre, reprit alors le vent, et sortit du milieu des écueils entre lesquels il était affalé, aussi rapidement qu'il s'y était avancé.

Un moment de surprise si forte qu'elle empêchait presque de respirer, suivit cette manœuvre adroite; mais on n'avait pas le temps de songer à l'exprimer par des paroles. Le pilote ne quittait pas le porte-voix, et commandait au milieu des mugissements de la tempête, toutes les fois que la prudence et l'expérience lui suggéraient quelque changement à faire dans la manœuvre. On continua pendant environ une heure à lutter ainsi contre ces dangers toujours renaissants ; car on était dans un canal étroit, formé par des rochers cachés sous les eaux, et dont le nombre augmentait à mesure qu'on avançait. On avait toujours la sonde en main; l'œil vif du pilote semblait percer les ténèbres avec une facilité qui tenait du prodige, et tous ceux qui étaient à bord sentaient qu'ils étaient conduits par un homme qui connaissait parfaitement la navigation, et dont les efforts répondaient à la confiance qu'ils avaient alors en lui.

Plus d'une fois la frégate fut sur le point de heurter contre des écueils qui n'étaient indiqués que par la masse d'écume dont la mer les couvrait, et sur lesquels elle se serait brisée d'une manière aussi subite que certaine : mais la voix ferme du pilote avertissait l'équipage de chaque péril, et commandait la manœuvre nécessaire pour l'éviter. Alors le vaisseau était sous son gouvernement absolu, et pendant ces moments d'inquiétude où il fendait les ondes qui couvraient d'écume les énormes vergues, toutes les oreilles n'étaient attentives qu'à la voix de celui qui avait acquis sur l'équipage un ascendant qu'il n'avait obtenu que par une fermeté aidée de l'expérience.

La frégate venait encore de faire un de ces virements qu'elle avait si souvent exécutés à la voix du pilote, quand celui-ci adressa pour la première fois la parole au capitaine qui continuait à surveiller le travail de la sonde.

— Nous voici dans le moment critique, lui dit-il : si le vaisseau se comporte bien, nous sommes sauvés; sinon, tout ce que nous avons fait jusqu'à présent devient superflu.

Le vétéran quitta un instant son poste à cet avis effrayant, et, appelant son premier lieutenant, il demanda au pilote l'explication de ce qu'il venait de lui dire.

— Voyez-vous cette lumière sur ce promontoire du sud? répondit le pilote; vous pouvez la reconnaître à cette étoile qui en est voisine, et qui paraît de temps en temps s'enfoncer dans la mer. Maintenant remarquez ce point noir qui semble une ombre à l'horizon, un peu plus au nord : c'est une montagne située dans l'intérieur des terres. Si nous pouvons tenir cette montagne ouverte avec cette lumière, tout ira bien; sinon nous serons infailliblement brisés.

— Virons de bord encore une fois, s'écria Griffith.

— Il n'est plus question de virer de bord ni vent arrière, répondit le pilote. Le canal resserré dans lequel nous sommes à présent nous laisse à peine la place nécessaire pour passer. Si nous pouvons doubler le *Devil's-Grip*, nous serons hors des écueils, mais nous n'avons pas d'autre alternative.

— Nous aurions mieux fait de louvoyer plus tôt pour ne pas y rentrer, s'écria Griffith.

— Oui, si la marée nous l'avait permis, répliqua le pilote d'un ton calme. Messieurs, il faut de la promptitude; nous n'avons qu'un mille à faire, et la frégate paraît avoir des ailes. Cependant les huniers ne lui suffisent plus pour tenir le vent; il nous faut le grand foc et la grande voile.

— Il est dangereux de déployer les voiles par un tel vent, dit le commandant avec un air de doute.

— Il faut pourtant le faire, ou nous sommes perdus, répliqua le pilote avec sang-froid. Voyez! la lumière s'écarte déjà de la montagne : elle en touche le bord ; la mer nous pousse à tribord.

— Cela va être fait, s'écria Griffith en saisissant le porte-voix.

Les ordres du lieutenant furent exécutés presque aussitôt qu'ils furent donnés, et tout étant prêt, la grande voile fut déployée pour être étendue au vent. Le résultat de cette manœuvre fut un moment de crise; car le vent semblait vouloir s'opposer à son expansion, et le centre du navire était ébranlé. Mais enfin l'adresse et la force l'emportèrent; cent marins travaillèrent en même temps à la contenir, et elle fut convenablement tendue. La frégate céda à cette force nouvelle comme un roseau cède au vent qui le fait plier. Ce succès fut annoncé par un grand cri de joie que poussa le pilote, et qui semblait partir du fond de son âme.

— Elle lofe! s'écria-t-il : elle serre le vent! Voyez! la lumière s'ouvre avec la montagne. Si elle porte ses voiles, nous sommes sauvés.

Un bruit semblable à celui d'un coup de canon l'interrompit. On vit le vent emporter quelque chose qui ressemblait à un nuage blanc, et qui disparut aussitôt dans l'obscurité.

— C'est le grand foc qui a été enlevé des ralingues, dit le vieux commandant; des voiles légères ne peuvent tenir contre un pareil temps; mais la grande voile peut résister.

— Elle résisterait à un tourbillon, dit Griffith; mais ce mât se fend comme un morceau d'acier qui a une paille.

— Silence, Messieurs! s'écria le pilote; nous allons bientôt connaître notre destin. Lofez! vous pouvez lofer.

Ces mots terminèrent toute discussion, et les braves marins, sachant qu'ils avaient fait pour leur sûreté tout ce qu'il était au pouvoir de l'homme de faire, attendirent l'événement dans le silence et l'inquiétude. A peu de distance de leur proue, la mer était couverte de flots d'écume, et les vagues, au lieu de rouler successivement avec régularité, semblaient tournoyer; dans ce chaos d'ondes agitées, on ne distinguait qu'une raie d'eau noire de la longueur d'une demi-encâblure, et elle disparaissait souvent au milieu de la confusion des vagues. C'était le long de cet étroit sentier que le vaisseau s'avançait plus pesamment qu'auparavant, et pinçant assez le vent pour empêcher ses voiles de fasier; mais, avant d'y entrer, le pilote s'était approché en silence du gouvernail, et s'était chargé de le diriger de sa propre main.

Aucun bruit partant du bâtiment n'interrompit le tumulte horrible de l'Océan, et l'on naviguait dans cette espèce de canal avec un calme silencieux qui semblait la consternation du désespoir. Vingt fois les matelots, croyant le vaisseau hors de danger en voyant passer à tribord l'écume qui couvrait un écueil, furent sur le point de pousser des cris de joie; mais au même instant ils en apercevaient un autre devant eux, et les écueils se succédaient ainsi sans interruption. De temps en temps on entendait le bruit du vent dans la voilure, et si l'on jetait un coup d'œil sur le pilote, on le voyait les mains fortement appuyées sur les rais de la roue, tandis que ses yeux passaient avec rapidité des voiles à l'Océan, et de l'Océan aux voiles. Enfin la frégate arriva à un point où elle semblait inévitablement entraînée à sa perte, quand une nouvelle manœuvre en changea tout à coup la marche, et en détourna la proue du cours du vent. Au même instant on entendit le pilote s'écrier :

— Carrez les vergues ! ferlez la grande voile !

Un cri général de tout l'équipage répéta ces deux ordres, et aussi vite que la pensée, le vaisseau, sortant enfin de l'étroit canal dans lequel il était engagé, flotta sur les vagues élevées d'une mer libre, et se vit au terme de ses dangers.

Les matelots respiraient enfin, et se regardaient les uns les autres comme au sortir d'un rêve pénible, quand Griffith s'approcha de l'homme qui venait de les tirer d'un péril si imminent. Il lui saisit la main et la serra cordialement.

— Vous venez de prouver, lui dit-il, que vous êtes un pilote fidèle et un marin que nul autre ne saurait égaler.

Le pilote inconnu lui serra la main à son tour, et lui répondit :

— Je ne suis pas étranger à ces mers, et il peut encore se faire qu'elles me servent de tombeau. Mais vous aussi, jeune homme, vous m'avez trompé. Vous avez agi bravement et noblement, et le congrès...

— Eh bien ! dit Griffith, voyant qu'il n'achevait pas, que voulez-vous dire du congrès ?

— Qu'il est heureux s'il a beaucoup de vaisseaux comme celui-ci, répondit le pilote d'un ton froid ; et il s'éloigna pour aller joindre le capitaine.

Griffith le regarda un moment avec surprise; mais ses devoirs exigeaient toute son attention, et d'autres pensées occupèrent bientôt son imagination.

La frégate était alors hors de danger. La tempête durait pourtant encore, et elle augmentait même de violence; mais on était en pleine mer, on n'avait plus d'écueils à craindre, et l'on pouvait faire toutes les manœuvres que les circonstances exigeaient. Un coup de canon, tiré par *l'Ariel*, avait annoncé que le schooner était également en sûreté. Il était sorti de la baie par un autre canal que la frégate n'avait pu prendre, parce qu'elle n'y aurait pas trouvé assez d'eau. Enfin il ne resta sur le pont que le quart de service, et le reste de l'équipage alla goûter le repos dont il avait besoin.

Le capitaine se retira dans sa cabane avec le mystérieux pilote. Griffith donna ses derniers ordres; ayant laissé des instructions à l'officier qui allait être de garde, il lui souhaita un bon quart, et alla se jeter dans son hamac. Il y passa près d'un quart d'heure à réfléchir sur les événements de la journée. Tantôt il songeait au peu de mots que Barnstable lui avait dits, et au singulier commentaire que Merry y avait ajouté; tantôt ses pensées se tournaient vers le pilote qui, pris sur les côtes ennemies de la Grande-Bretagne, les avait si bien et si fidèlement servis. Il se rappelait l'extrême désir qu'avait eu le capitaine Munson de se procurer ce pilote, désir qui les avait exposés aux dangers dont cet inconnu venait de les tirer, et nulle conjecture ne pouvait l'aider à deviner pourquoi il avait voulu braver tant de risques pour avoir ce pilote. Bientôt ses sentiments personnels prenaient le dessus, et le souvenir de sa patrie, de sa maîtresse, de sa maison, occupaient successivement sa pensée. Il entendit encore quelque temps le bruit des vagues qui venaient se briser contre le navire; mais enfin la tempête diminua de violence; la nature céda à la fatigue, et le sommeil profond dont jouit ordinairement un marin, fit même disparaître les images romanesques que l'amour offrait à l'esprit de notre officier.

CHAPITRE VI.

> Une lettre, oui, une lettre. C'est là qu'une femme aime à exprimer ses désirs. Une lettre épargne le rouge de la pudeur à la jeune fille qui aime; chaque mot est un sourire, chaque ligne est un discours.
>
> *Duo.*

Le sommeil de Griffith dura jusqu'à une heure assez avancée de la matinée du lendemain. Il fut éveillé par le bruit d'un coup de canon qu'on tira sur le pont, précisément au-dessus de sa tête. Il se jeta sur-le-champ à bas de son hamac, et comme son domestique ouvrait la porte de sa chambre, voyant près de lui l'officier des soldats de marine, il lui demanda avec une sorte d'empressement pourquoi on avait tiré, et si l'on donnait la chasse à quelque bâtiment.

— Ce n'est pas autre chose, répondit l'officier, qu'un avis donné à *l'Ariel* de faire plus attention aux signaux. On dirait que tout le monde est endormi à bord du schooner, car voilà dix minutes que nous lui avons fait le signal de se rapprocher, et il y a si peu d'égards, qu'on serait tenté de croire qu'il nous prend pour un bâtiment charbonnier.

— Dites plutôt qu'il nous prend pour une voile ennemie, et qu'il ne veut pas s'approcher sans précaution. Brown Dick a joué lui-même tant de tours aux Anglais, qu'il doit craindre de donner à son tour dans un piége.

— Comment! nous lui avons montré un pavillon jaune sur un bleu avec une cornette, et cela veut dire *Ariel* dans tous nos livres de signaux. Cependant M. Barnstable ne peut soupçonner les Anglais de savoir lire l'américain.

— J'ai connu des Américains qui savaient lire de l'anglais plus difficile. Mais au fait je présume que Barnstable a fait comme moi; qu'un bon sommeil a succédé aux fatigues de la nuit, et que ses gens ont profité de l'occasion. Je suis sûr qu'il est en panne comme nous.

—Oh ! sans doute, dit l'officier en souriant, comme un bouchon dans un étang ; je réponds que vous ne vous trompez pas. Donnez à Barnstable la pleine mer, un bon vent et un peu de voile, il enverra ses gens sous le pont, placera au gouvernail ce grand drôle qu'il appelle Tom-le-Long, et ira lui-même dormir aussi tranquillement que je dormirais à l'église.

—Ah ! c'est que votre orthodoxie s'endort aisément, capitaine Manuel, dit le jeune marin en passant les bras dans les manches d'un surtout décoré des emblèmes dorés de sa profession et de son grade. Vous autres qui n'avez rien à faire, vous trouvez que le sommeil vient tout naturellement. Mais faites-moi place, s'il vous plaît, et je ferai venir le schooner dans le temps qu'il faudrait pour tourner un sablier.

L'officier qui était indolemment appuyé sur le chambranle de la porte, changea de posture pour le laisser passer, et Griffith, après avoir traversé l'obscure grand'chambre, monta l'escalier étroit qui conduisait à la principale batterie du vaisseau, et en prit ensuite un plus large pour arriver sur le pont.

Le vent était encore fort, mais régulier, et les vagues bleues de l'Océan s'élevaient en petites montagnes couronnées d'écume, du sommet desquelles le vent détachait de temps en temps de grosses gouttes d'eau qu'il chassait devant lui comme un brouillard épais. Mais la frégate voguait sur ces vagues agitées avec un mouvement facile et régulier qui faisait honneur aux connaissances nautiques de ceux qui en dirigeaient la course. Le jour était pur, le ciel brillant, et le soleil qui semblait ne monter qu'à regret et lentement jusqu'au méridien, traversait le firmament avec une tendance vers le sud qui lui permettait à peine de tempérer par ses rayons l'air humide de l'Océan. A la distance d'environ un mille, on apercevait *l'Ariel* obéissant au signal qui avait donné lieu à la conversation que nous venons de rapporter. En certains moments on pouvait à peine distinguer le corps du bâtiment, quand il s'élevait sur le haut d'une vague plus forte que les autres ; mais on voyait la voile qu'il exposait au vent, et qui semblait toucher l'eau d'un côté ou de l'autre, suivant que le petit navire était incliné. Quelquefois il disparaissait entièrement, et quand il se montrait de nouveau, on voyait d'abord ses grands mâts qui semblaient sortir du sein des mers, et qui continuaient à monter jusqu'à ce que le corps du vaisseau reparût entouré d'écume et paraissant prêt à prendre son vol dans un autre élément.

Après avoir regardé un moment le beau spectacle qu'offrait la mer, et que nous avons tenté de décrire, Griffith jeta vers le ciel le coup d'œil d'un marin, pour en reconnaître l'apparence, et donna ensuite son attention à ce qui se passait sur la frégate.

Son commandant, avec l'air calme qui lui était habituel, était debout, attendant l'exécution de l'ordre qu'il avait transmis par signal à *l'Ariel*, et à côté de lui était le pilote qui avait joué un rôle si remarquable la nuit précédente en ordonnant les manœuvres du vaisseau. Griffith profita du grand jour et de sa situation pour examiner cet être singulier avec plus d'attention que les ténèbres et la confusion ne lui avaient permis de le faire la veille.

C'était un homme un peu au-dessus de la moyenne taille ; mais il avait des formes athlétiques, et tous ses membres étaient parfaitement proportionnés. Une mélancolie pensive formait plutôt le caractère de sa physionomie que cette fermeté opiniâtre dont il avait donné de si fortes preuves pendant les dangers que la frégate avait courus, et qui, comme Griffith ne l'ignorait pas, pouvait aller jusqu'à l'impatience et la fierté. En comparant l'expression de ses traits en ce moment à ce qu'il avait vu à la lueur des lanternes, il y trouvait la même différence qu'entre le calme de l'Océan et le roulis des vagues. Les regards du pilote étaient fixés sur le tillac, et quand il les portait ailleurs, c'était par un coup d'œil rapide et inquiet. La grande jaquette d'un vert foncé qui lui servait de surtout était aussi grossièrement taillée et d'étoffe aussi commune que celle que portait le dernier des matelots du vaisseau. Et cependant les regards curieux du jeune lieutenant remarquèrent fort bien qu'elle avait un air de propreté, et qu'il la portait avec une aisance peu ordinaire chez les hommes de sa profession.

L'examen de Griffith n'alla pas plus loin, car l'approche de *l'Ariel* fit que chacun, sur le pont de la frégate, ne songea plus qu'à l'entretien qui allait avoir lieu entre les deux commandants.

Lorsque le schooner fut arrivé sous la poupe de la frégate, le capitaine donna ordre au lieutenant Barnstable de quitter son navire et de passer sur le sien. Dès que cet ordre eut été reçu, *l'Ariel* hala, et quand il fut placé à côté du grand vaisseau qui le mettait à l'abri du vent, on mit en mer la barque sur laquelle descendirent les mêmes rameurs qui l'avaient conduite la veille sur les côtes qu'on pouvait encore apercevoir de bien loin, et qu'on aurait pu prendre pour un nuage bleu bordant la mer à l'horizon.

Quand Barnstable fut dans la barque, quelques coups de rames suffirent pour l'amener à la frégate. Le schooner s'éloigna alors à quelque distance pour pouvoir y courir des bordées sans danger, et l'officier, suivi de ses hommes d'équipage, monta à bord du grand vaisseau.

Le cérémonial d'usage pour la réception du commandant d'un bâtiment fut observé par Griffith et ses officiers, quand Barnstable mit le pied sur le pont; et quoique toutes les mains fussent prêtes à serrer celle du brave marin, personne ne se permit de passer les bornes du décorum officiel, avant qu'il eût eu un court entretien avec le capitaine Munson.

Cependant l'équipage de la petite barque se mêla à celui de la frégate, à l'exception du contre-maître Tom-Coffin qui, restant le dos appuyé sur une des échelles d'abordage, regardait d'un air grave tous les agrès du vaisseau, et secouait de temps en temps la tête avec une sorte de mécontentement, en voyant combien ils étaient compliqués. Ce spectacle attira près de lui six jeunes gens, M. Merry à leur tête, qui s'efforcèrent de recevoir leur hôte de manière à en tirer quelque amusement.

La conversation entre Barnstable et son capitaine se termina bientôt, et le premier faisant un signe à Griffith, traversa, avec l'aisance d'un homme qui sentait qu'il n'était pas étranger à bord de la frégate, le groupe des officiers réunis autour du cabestan pour lui faire un accueil plus cordial, et il emmena son ami dans la grand'chambre. Cette conduite peu courtoise n'étant conforme ni au caractère ni aux habitudes de Barnstable, les officiers s'imaginèrent qu'il avait quelque communication à faire à leur premier lieutenant par ordre du capitaine, et aucun d'eux ne se permit de les suivre.

L'intention de Barnstable était bien que personne ne vînt interrompre la conférence qu'il allait avoir avec son ami; car dès qu'ils furent entrés dans ce qu'on appelait la grand'chambre, quoiqu'elle ne le fût que par comparaison avec les autres, il en ferma la porte à double tour. Offrant alors à Griffith, avec une sorte de déférence d'instinct pour son rang, la seule chaise qui se trouvât dans ce petit appartement, il mit sur la table une lampe dont il s'était muni chemin faisant, s'assit sur une caisse, et commença la conversation de la manière suivante :

— Quelle nuit nous avons eue! Vingt fois j'ai cru entendre le craquement des bois de la frégate se brisant contre les écueils. Je vous regardais comme noyés, ou, ce qui eût été pis encore, comme échoués sur la côte pour être jetés par ces insulaires dans la carcasse de quelque vieux navire servant de prison. Je n'ai été rassuré qu'en voyant vos lumières répondre à mon coup de canon. Si l'on pouvait arracher à un meurtrier sa conscience, il ne se trouverait pas plus soulagé que je ne l'ai été quand j'ai vu votre morceau de coton entouré de suif m'annoncer que je vous reverrais encore. Mais, Griffith, j'ai à vous parler de bien autre chose.

— Sans doute. Vous avez à m'apprendre que vous avez bien dormi quand vous vous êtes trouvé en pleine mer, comme quoi votre équipage voulut imiter son commandant et y réussit parfaitement, de sorte qu'il y avait ici une tête grise qui commençait à branler de mécontentement. En vérité, Richard, vous deviendrez un marin d'eau douce dans votre coquille de noix, où vos gens vont se coucher aussi régulièrement que les habitants d'une basse-cour rentrent dans leur poulailler.

— Pas tout à fait, Edouard, répondit Barnstable en riant; pas tout à fait. Je maintiens sur mon bord une aussi bonne discipline que si nous y arborions un pavillon d'amiral. Quarante hommes ne peuvent faire autant d'étalage que trois ou quatre cents; mais pour déployer ou carguer les voiles, je vous défie de le faire aussi lestement que moi.

— Sans doute, parce qu'il faut moins de temps pour déplier et replier un petit mouchoir de poche qu'une grande nappe. Mais ce n'est pas agir en marins que de laisser un navire sans de bons yeux pour veiller s'il marche à l'est ou à l'ouest, au nord ou au sud.

— Et à qui reproche-t-on une pareille négligence?

— Ma foi, on dit ici que quand vous êtes en pleine mer, et que vous avez un bon vent, vous placez votre contre-maître au gouvernail, en lui laissant le soin de gouverner le navire; vous mettez le bonnet de nuit sur la tête de tous vos gens, et vous allez vous-même dormir paisiblement dans votre hamac, jusqu'à ce que vous vous éveilliez au bruit des ronflements de votre pilote.

— C'est un infâme mensonge! s'écria Barnstable avec une indignation qu'il ne chercha point à cacher. Et qui peut faire courir ces bruits calomnieux, monsieur Griffith ?

— C'est le capitaine Manuel qui me le disait ce matin, répondit Griffith perdant l'envie qu'il avait eue de tourmenter un peu son compagnon, et prenant un air d'insouciance. Mais quant à moi, je n'en crois pas la moitié, et je suis convaincu que tous les yeux qui se trouvaient sur votre bord étaient bien ouverts la nuit dernière, quoique vous ayez pu dormir la grasse matinée.

— Oh! pour ce matin, j'ai eu une distraction, j'en conviens. Mais je ne dormais pas, Griffith; j'étudiais un nouveau registre de signaux, et il avait pour moi mille fois plus d'intérêt que tous ceux que je pourrais voir sur vos mâts depuis leur tête jusqu'à leur racine.

— Quoi ! auriez-vous trouvé les signaux des Anglais?

— Non, non, répondit Barnstable en étendant la main pour saisir le bras de son ami. J'ai rencontré hier soir sur ces rochers une personne qui s'est montrée ce que je l'ai toujours crue, ce qui a fait que je l'ai aimée; une jeune fille dont l'esprit est aussi vif qu'entreprenant.

— De qui parlez-vous?

— De Catherine Plowden.

Griffith se leva avec un tressaillement involontaire en entendant prononcer ce nom. Le sang abandonna ses joues brûlantes et s'y reporta ensuite avec plus d'abondance. Cherchant à maîtriser une émotion qu'il semblait honteux de montrer même aux yeux de son meilleur ami, il se rassit presque au même instant, et reprit une apparence de sang-froid.

— Était-elle seule? demanda-t-il.

— Seule; mais elle m'a laissé cette lettre et ce petit livre qui vaut lui seul une grande bibliothèque.

Les yeux de Griffith se fixèrent sur le trésor auquel son ami attachait tant de prix, et sa main s'avança pour saisir avec empressement une lettre ouverte que Barnstable lui présentait. Le lecteur comprend déjà qu'il y reconnut l'écriture d'une femme, et que c'était le papier que Catherine avait remis la veille à son amant, pendant la courte entrevue qu'ils avaient eue sur les rochers. Griffith y lut ce qui suit.

« Espérant que la Providence peut me fournir l'occasion de vous voir un instant, ou les moyens de vous faire parvenir cette lettre, j'ai préparé un court exposé de la situation dans laquelle Cécile Howard et moi nous nous trouvons en ce moment. Mon but n'est pourtant pas de vous engager, ni vous ni Griffith, à tenter quelque entreprise insensée et téméraire. Mon unique dessein est de vous mettre en état de réfléchir ensemble mûrement et prudemment sur ce qu'il est possible de faire pour venir à notre secours.

« Vous devez maintenant connaître trop bien le caractère du colonel Howard pour vous flatter qu'il consente jamais à accorder la main de sa nièce à un rebelle. Il a déjà sacrifié à sa loyauté, ou plutôt à sa trahison, comme je le dis tout bas à Cécile, non seulement sa patrie, mais encore une bonne partie de sa fortune. Dans la franchise de mon cœur (vous ne connaissez que trop bien ma franchise, Barnstable), je lui ai avoué, lorsque Griffith eut échoué dans la folle entreprise qu'il fit pour enlever Cécile dans la Caroline, que j'avais été assez faible pour faire quelques folles promesses au jeune compagnon d'armes qui avait accompagné ce traître de lieutenant dans ses visites à notre habitation. Je suis vraiment tentée de croire quelquefois qu'il aurait mieux valu pour nous tous que votre vaisseau ne fût jamais entré dans la rivière, ou du moins que Griffith n'eût pas essayé de renouveler connaissance avec ma cousine. Quoi qu'il en soit, le colonel apprit cette nouvelle comme un tuteur tel que lui doit apprendre que sa pupille est sur le point de se donner, elle et ses trente mille dollars, à un traître à son roi et à son pays.

« Ne croyez pourtant pas que je vous aie laissé sans défense. Je lui dis que vous n'aviez pas de roi; que le lien qui vous attachait à l'Angleterre avait été brisé; que l'Amérique était votre pays; mais tout cela fut inutile. Il dit que vous étiez un rebelle: j'étais accoutumée à l'entendre; un traître! dans son vocabulaire c'était la même chose; il insinua que vous étiez lâche. Je savais que cela était faux, et je n'hésitai pas à le lui dire. Enfin il se servit à votre égard de cinquante autres termes injurieux que je ne saurais me rappeler, mais parmi lesquels se trouvaient les belles épithètes de désorganisateur, de niveleur, de démocrate, de jacobin; j'espère qu'il ne voulait pas dire un moine; en un mot, il entra dans une fureur digne du colonel Howard. Mais comme son autorité ne passe pas de génération en génération comme celle des rois qu'il aime tant, et qu'une courte année doit m'y soustraire et me laisser maîtresse de mes actions, si je dois croire vos belles promesses, je supporterai tout cela parfaitement, étant bien résolue à tout souffrir, excepté le martyre, plutôt que d'abandonner ma chère Cécile.

« Cette pauvre fille a beaucoup plus de causes de chagrin que je n'en ai, car elle est non seulement la pupille du colonel Howard, mais sa nièce et sa seule héritière. Je suis convaincue que cette dernière circonstance n'occasionne aucune différence dans la conduite et les sentiments de ma cousine ; mais le colonel paraît croire qu'elle lui donne le droit de la tyranniser en toute occasion. Après tout, quand on ne le met pas en colère, c'est véritablement un digne homme, et Cécile a même pour lui de l'affection ; mais un homme qui, dans sa soixantième année, est obligé de quitter son pays en perdant près de la moitié de sa fortune, n'est pas disposé à canoniser ceux qui ont amené un pareil changement.

« Il paraît que lorsque les Howard habitaient l'Angleterre, il y a environ un siècle, ils demeuraient dans le comté de Northumberland. C'est sans doute pour cela qu'il nous y conduisit quand les événements politiques et la crainte de devenir oncle d'un rebelle le déterminèrent à abandonner l'Amérique pour toujours, comme il le dit. Il y a trois mois que nous y sommes, et pendant les deux tiers de cet espace de temps nous y avons vécu assez paisiblement ; mais depuis que les journaux ont annoncé l'arrivée en France de la frégate de Griffith et de votre schooner, nous avons été mises sous une surveillance aussi stricte que si vous étiez sur le point de chercher à nous enlever comme dans la Caroline.

« En arrivant ici, le colonel a loué un vieux bâtiment qui est à la fois maison, abbaye, château-fort et surtout prison ; il lui a donné la préférence, parce qu'on dit que c'était une propriété de ses ancêtres. Il se trouve dans cette demeure délicieuse assez de cages pour y garder des oiseaux qui auraient de meilleures ailes que nous. Il y a environ quinze jours, l'alarme se répandit dans un village voisin de nous, situé près de la côte, attendu qu'on avait vu à peu de distance de terre deux vaisseaux américains qui, d'après la description qu'on m'en fit, me parurent être les vôtres ; et comme on ne songe ici qu'à ce terrible Paul Jones, on s'imagina qu'il était à bord d'un de ces deux navires. Mais je crois que le colonel Howard soupçonne la vérité, car je sais qu'il a pris les informations les plus minutieuses sur vos deux bâtiments ; et depuis ce temps il a établi chez lui une sorte de garnison, sous prétexte de se défendre contre des maraudeurs semblables à ceux qui, dit-on, ont mis lady Selkirk à contribution.

« Maintenant comprenez-moi bien, Barnstable. Je ne veux pas que vous couriez le moindre risque pour vous rendre à terre, encore moins que vous vous exposiez à faire couler du sang. Vous n'en ferez rien si vous m'aimez ; mais comme il est bon que vous sachiez dans quelle espèce de prison nous nous trouvons, je vais tâcher de vous décrire le château et la garnison.

« L'édifice est entièrement construit en pierres, et il ne serait nullement facile d'y pénétrer. Il s'y trouve, à l'intérieur comme à l'extérieur, tant de tours et détours qu'il me serait impossible de vous en faire une description intelligible. Les chambres que ma cousine et moi nous occupons sont au troisième étage d'une aile que vous pouvez appeler une tour si vous avez l'imagination romanesque, mais qui dans le fait n'est pas autre chose qu'une aile. Plût au ciel que je pusse m'en servir pour m'envoler ! Si le hasard vous amenait en vue de cet édifice, vous reconnaîtriez nos chambres par trois girouettes enfumées qui couronnent trois tuyaux de cheminée, et parce que les fenêtres de cette partie du bâtiment sont assez souvent ouvertes. En face de nos fenêtres, à un demi-mille de distance environ, est un vieux bâtiment désert et en ruines, où l'on ne peut trouver que le couvert dans le peu de débris qui en restent, et qui est en grande partie dérobé à la vue par un petit bois. Or, j'ai préparé, d'après les explications que vous m'avez données autrefois, un assortiment de signaux composés de morceaux de soie de différentes couleurs, et un petit dictionnaire de toutes les phrases que j'ai cru pouvoir nous être utiles, et qui sont rangées par numéros avec la clé de chacune. J'en garde une copie, et j'en joindrai une autre à cette lettre ; par conséquent vous n'aurez besoin que de préparer vos signaux. Par ce moyen, si l'occasion s'en présente, nous pourrons du moins avoir ensemble quelques moments d'entretien agréable ; vous, du haut de la vieille tour en ruines, et moi de la fenêtre de mon cabinet de toilette, située à l'orient.

« A présent il faut que je vous parle de la garnison. Indépendamment du commandant, le colonel Howard, qui conserve toute la fierté de son ancienne profession militaire, nous avons pour sous-gouverneur ce fléau du bonheur de Cécile, Christophe Dillon, avec sa longue figure, ses yeux noirs dédaigneux et sa peau à peu près de même couleur. Vous savez qu'il est parent éloigné des Howard, et il désire devenir leur allié de plus près. Il est vrai qu'il est pauvre, mais qu'importe ? c'est un sujet loyal et fidèle, comme le colonel le dit tous les jours, et non un rebelle. J'ai demandé une fois pourquoi dans ce temps de troubles sa loyauté ne lui avait pas fait prendre les armes pour soutenir la cause du souverain qu'il aime tant; mais le colonel m'a répondu que ce n'était pas son métier, ayant été élevé pour le barreau, et destiné à remplir dans les colonies une des places les plus importantes de l'ordre judiciaire, et qu'il espérait vivre assez pour l'entendre prononcer une juste sentence de condamnation contre certaines personnes que je ne vous nommerai pas. Ce discours était sans doute fort consolant pour moi; aussi je n'y répondis rien. Au surplus ce Kit[1] Dillon quitta la Caroline avec nous, et s'installa chez le colonel, et il y restera, à moins que vous ne trouviez le moyen de vous en emparer et de rendre contre lui la sentence dont on vous menace.

« Il y a bien longtemps que le colonel désire le voir épouser Cécile ; et depuis qu'on a appris votre arrivée sur les côtes d'Angleterre, le siége est presque devenu un assaut. Il en est résulté d'abord que ma cousine s'est renfermée dans sa chambre, ensuite que son oncle l'y a enfermée, et enfin qu'il ne lui est plus permis de sortir de l'aile que nous habitons.

« Outre ces deux geôliers en chef, nous avons quatre domestiques, deux noirs et deux blancs; de plus un détachement de vingt soldats commandés par un officier nous a été envoyé de la ville voisine, à la demande expresse du colonel, pour y rester jusqu'à ce que les pirates se soient éloignés des côtes, car tel est le nom mélodieux que vous donnent les Anglais. Et quand leurs soldats débarquent sur nos terres pour piller et voler, pour massacrer les hommes, pour insulter les femmes, ils les appellent des héros ! C'est une belle chose que d'être en état d'inventer des noms et de faire des dictionnaires. Si le mien ne sert à rien, ce ne sera pas ma faute. Quand je songe à la manière cruelle et insultante dont j'entends parler en ce pays de ma patrie et de mes concitoyens, je ne puis conserver mon sang-froid et j'oublie mon sexe.

1. Diminutif anglais de Christophe.

Mais que ma mauvaise humeur ne vous porte à aucun acte de témérité ; songez à votre vie, à leurs prisons, à votre réputation, et surtout à votre affectionnée

« CATHERINE PLOWDEN. »

« P. S. J'allais oublier de vous dire que dans mon livre de signaux vous trouverez une description plus détaillée, et un plan de notre prison et du lieu où elle est située. »

Lorsque Griffith eut fini la lecture de cette épître, il la rendit à Barnstable, et s'appuya sur sa chaise dans une attitude qui annonçait de profondes réflexions.

— Je savais qu'elle était ici, dit-il, sans quoi j'aurais accepté le commandement que m'avaient offert nos commissaires envoyés à Paris. J'espérais que quelque heureux hasard me la ferait rencontrer ; mais je ne m'attendais pas à nous trouver sitôt presque en contact. Eh bien ! d'après ce qu'on nous dit, il faut agir et agir promptement. La pauvre fille ! que ne doit-elle pas souffrir dans une telle situation !

— Quelle belle écriture ! s'écria Barnstable ; ses jolis doigts ne sont pas plus déliés que ces caractères ! Comme elle tiendrait un livre de loch, Griffith !

— Cécile Howard toucher les pages grossières d'un journal de navire ! s'écria Griffith à son tour. Mais voyant son ami tout occupé de sa lettre, il sourit en songeant que chacun d'eux ne pensait qu'à sa maîtresse, et il garda le silence. Après quelques instants donnés à la réflexion, il demanda à Barnstable un détail circonstancié de son entrevue avec Catherine Plowden, et il en apprit tout ce dont le lecteur est déjà informé.

— Ainsi donc, dit Griffith, Merry est le seul avec nous qui soit instruit de cette entrevue, et il prend trop d'intérêt à la réputation de sa parente pour en parler.

— A sa réputation ! monsieur Griffith, s'écria Barnstable avec chaleur ; qu'a-t-elle à craindre ? Elle est sans tache, et à l'abri de toute attaque.

— Pardon, mon cher Richard ! pardon ! mais vous interprétez mes paroles trop littéralement. Je voulais seulement dire qu'il faut que nous concertions nos mesures avec autant de secret que de prudence.

— Il faut que nous les enlevions toutes deux, dit Barnstable, oubliant son mécontentement aussi vite qu'il l'avait conçu, et cela avant que notre vieux commandant se mette en tête de s'éloigner de cette côte. Avez-vous ses instructions, ou en fait-il mystère?

— Il est silencieux comme le tombeau. C'est la première fois que nous faisons voile ensemble sans qu'il me communique franchement le but de notre croisière; il ne m'en a pas dit un seul mot depuis notre départ de Brest.

— C'est votre mauvaise honte qui en est cause. On voit bien que vous êtes du New-Jersey. Attendez que je me trouve bord à bord avec lui, et, sur mon honneur, ma curiosité obligée sur nos provinces de l'est saura tirer de lui tout ce que je veux savoir avant qu'il se passe une heure.

— J'en doute, répondit Griffith en riant; ce serait un diamant qui voudrait en couper un autre. Vous le trouverez aussi fertile en évasions que vous pourriez être adroit dans un contre-interrogatoire.

— Quoi qu'il en soit, il m'en fournit l'occasion aujourd'hui. Je présume que vous savez qu'il m'a fait venir pour assister à une consultation qu'il veut avoir avec ses officiers sur des objets importants.

— Je l'ignorais, répondit Griffith en fixant ses yeux sur son ami avec surprise et attention. Qu'a-t-il donc à nous communiquer?

— Faites cette question à votre pilote; car tandis qu'il me parlait ainsi, notre vieux commandant ne faisait que tourner les yeux vers lui, comme s'il en eût attendu des signaux pour manœuvrer.

— Il y a dans cet homme et dans notre liaison avec lui un mystère que je ne puis pénétrer, dit Griffith. Mais j'entends la voix du capitaine Manuel qui nous appelle. On nous attend dans la cabane. Souvenez-vous de ne pas quitter le vaisseau sans me revoir.

— Comptez-y bien, mon cher ami. Après la consultation publique, il faut que nous ayons une consultation privée.

Ils se levèrent tous deux. Griffith, ôtant son surtout du matin, passa à la hâte son uniforme, et prenant en main une épée qu'il tenait négligemment, il monta avec son ami sur le pont de la principale batterie, et tous deux entrèrent avec le cérémonial convenable dans la grande cabane de la frégate.

CHAPITRE VII.

>Parlez, Sempronius.
>Addison. *Caton.*

Les préparatifs du conseil avaient été aussi courts qu'ils étaient simples. Le vieux commandant de la frégate reçut ses officiers avec des égards pointilleux, et, leur montrant les chaises placées autour d'une table qui occupait le centre de la cabane et qui y était clouée, il s'assit en silence, et chacun suivit son exemple sans autre cérémonie. Les droits du rang et de l'ancienneté furent pourtant observés strictement. A droite du capitaine était placé Griffith, comme tenant le premier rang après lui, et le commandant du schooner était à sa gauche. Le capitaine Manuel était assis près de Griffith, et les autres officiers suivaient, d'après l'ordre de préséance, jusqu'à l'autre bout de la table, qui était occupé par un homme ayant des membres d'athlète avec des traits durs, et qui remplissait la place de premier quartier-maître de la frégate.

Lorsque tout le monde fut placé et que le silence fut établi, le commandant, qui désirait avoir les avis de ses officiers inférieurs, ouvrit la séance en leur faisant part de l'objet sur lequel il voulait connaître leur opinion.

— D'après mes instructions, Messieurs, leur dit-il, je devais, après être arrivé sur les côtes d'Angleterre...

Voyant Griffith lever respectueusement la main en signe de silence, le vétéran s'interrompit pour lui demander la cause de ce geste.

— Nous ne sommes pas seuls, dit le lieutenant en jetant un coup d'œil dans un coin de la cabane où le pilote, assis devant une petite table, semblait donner toute son attention à l'examen d'une carte marine.

Le pilote l'entendit et le comprit fort bien; mais il ne fit pas un geste, et ses yeux ne quittèrent pas un instant la carte qu'il paraissait consulter.

—C'est M. Gray, répondit le capitaine; ses services nous seront nécessaires en cette occasion, et par conséquent il est utile de ne lui rien cacher.

Les jeunes officiers se regardèrent d'un air de surprise, et Griffith fit un signe de tête respectueux pour annoncer qu'il acquiesçait à la décision de son officier supérieur. Le capitaine reprit la parole.

—J'avais ordre, dit-il, d'attendre certains signaux qui devaient m'être faits de terre; signaux que j'ai effectivement aperçus. J'avais reçu les meilleures cartes, et des instructions qui m'ont mis en état d'entrer dans la baie que nous avons quittée hier au soir. Nous avons maintenant un pilote, et un pilote, Messieurs, qui nous a donné de telles preuves d'habileté, qu'aucun de nous ne peut hésiter, en quelque occasion que ce soit, à compter sur ses connaissances comme sur son intégrité.

Le capitaine se tut un instant pour jeter les yeux successivement sur tous ses officiers, comme s'il eût voulu recueillir leurs opinions sur ce point important. Chacun d'eux ayant fait une inclination de tête qui annonçait son approbation, il reprit la parole, en jetant un coup d'œil de temps en temps sur un papier qu'il tenait à la main.

—Vous savez tous, Messieurs, que la malheureuse question de représailles a été vivement agitée entre les deux gouvernements, le nôtre et celui de l'ennemi. Pour cette raison, et dans certaines vues politiques, nos commissaires à Paris jugent important que nous nous emparions de quelques individus marquants en Angleterre, tant pour nous servir d'otages contre les procédés de nos ennemis, que pour faire sentir les maux de la guerre sur leurs propres rivages à ceux qui les ont occasionnés. Nous sommes maintenant à portée de mettre ce plan à exécution, et je vous ai assemblés pour vous consulter sur les moyens que nous devons employer.

Un profond silence succéda à cette communication inattendue du but de la croisière. Après une courte pause le capitaine s'adressa au quartier-maître :

—Quelle marche me conseilleriez-vous de suivre, monsieur Boltrop?

Le vieux marin, sommé ainsi de donner son opinion sur un point difficile, étendit une de ses grosses mains sur la table, et commença à faire tourner un encrier avec beaucoup d'art, tandis que de l'autre il prit une plume qu'il porta à sa bouche, et qu'il paraissait mâcher avec le même plaisir que si c'eût été une feuille de la fameuse herbe de Virginie. Voyant enfin qu'on attendait une réponse, il regarda à droite, puis à gauche, et finit par dire ce qui suit d'une voix rauque et enrouée, que les brouillards et l'humidité de la mer avaient privée de tout ce qui aurait pu ressembler à de la mélodie :

— Si ce que vous dites est un ordre, capitaine, il faut le remplir, je suppose; car la vieille règle est : — Obéissez aux ordres, quand vous devriez ruiner l'armateur ; — quoique l'ancienne maxime qui dit :—Une main pour l'armateur et l'autre pour vous, — ne soit pas mauvaise, car elle a sauvé plus d'un navire dont la perte aurait fait la balance des registres du munitionnaire. Ce n'est pas que je veuille dire que les registres du munitionnaire ne valent pas ceux de toute autre personne, mais c'est que quand un homme est mort il n'y a plus de compte à lui demander. Ainsi donc, s'il faut exécuter les ordres, la question suivante est : — comment faut-il les exécuter ? — A cet égard il y a bien des gens qui savent quand un vaisseau porte trop de voiles, mais ce n'est pas l'affaire de tout le monde de savoir les diminuer. Ainsi donc, s'il faut réellement faire des prisonniers, il faut débarquer un détachement pour s'en emparer, ou bien les tromper par de faux signaux et de faux pavillons pour les attirer vers le vaisseau. Quant au débarquement, vous ferez attention, capitaine Munson, que je ne parle que pour un, et c'est moi ; je vous dirai que si vous pouvez faire entrer la tête de la frégate par la fenêtre de la salle à manger du roi d'Angleterre, j'y consens de tout mon cœur, et je me soucie fort peu qu'on lui casse ses vitres. Mais appuyer le bout du pied sur les côtes sablonneuses (je ne parle que pour un, comme je le disais), si j'en fais rien, je veux être damné.

Les jeunes officiers sourirent de la manière franche et rude avec laquelle le vieux marin exprimait ses sentiments, sa chaleur croissant avec son sujet jusqu'à ce qu'il arrivât à ce qui était pour lui le dernier argument dans toute la discussion. Le capitaine, qui n'était lui-même qu'un élève un peu plus policé de cette ancienne école de marine, parut comprendre parfaitement ce qu'il voulait dire, et sans perdre l'impassibilité de ses traits, il demanda l'opinion du dernier lieutenant.

Ce jeune homme parla avec tant de timidité et de défiance de lui-même, que son discours ne fut pas beaucoup plus intelligible que celui du vieux quartier-maître ; tout ce qu'on put y reconnaître fut qu'il n'avait pas la même répugnance à mettre le pied sur la terre ferme.

Les opinions des autres devinrent graduellement plus claires et plus précises, presque en proportion de leur rang et de leur temps de service. Enfin le tour du capitaine des soldats de marine arriva, et il laissa percer l'orgueil de sa profession en parlant sur un sujet qui avait beaucoup plus de rapport à ses devoirs habituels qu'à tout ce qu'il voyait se passer journellement à bord de la frégate.

— Il me paraît, Monsieur, dit-il en s'adressant au capitaine, que le succès de cette expédition dépend entièrement de la manière dont elle sera conduite.

Après cet exorde lucide, il hésita un moment comme pour recueillir ses idées, afin de produire une impression qui exclût toute réplique.

— Le débarquement, continua-t-il, doit naturellement se faire sur une belle côte, sous les canons de la frégate, et il serait bon que le schooner se plaçât de manière à pouvoir faire feu en flanc pour protéger les troupes quand elles débarqueront. Les arrangements pour l'ordre de la marche dépendront beaucoup de la distance à parcourir ; mais je crois qu'une avant-garde de matelots doit agir comme un corps de pionniers en avant de la colonne des soldats de marine, et les précéder à quelque distance, tandis que les bagages et un détachement pour les garder resteront à bord de la frégate jusqu'à ce que l'ennemi soit repoussé dans l'intérieur, et alors ils pourront avancer sans danger. Il faudra aussi deux corps sur nos flancs, sous les ordres de deux des plus anciens midshipmen ; et l'on pourrait former un corps d'infanterie légère, composé des mousses les plus âgés, pour coopérer avec les soldats de marine. Quant aux marins armés de mousquets et de piques d'abordage, M. Griffith les commandera de droit en personne, et il en formera un corps de réserve, mon expérience et mes connaissances dans l'art militaire devant me donner le commandement général.

— A ravir, maréchal-de-camp ! s'écria Barnstable avec une gaieté que n'arrêtaient jamais ni les temps ni les lieux ; vous ne devriez pas souffrir que l'eau salée rouillât vos boutons. C'est dans le camp de Washington, sous sa tente même, que vous devriez suspendre votre hamac. Morbleu! Monsieur, croyez-vous donc que nous ayons envie d'envahir l'Angleterre?

— Je sais que tout mouvement militaire doit être exécuté avec précision, monsieur Barnstable, répondit le capitaine Manuel ; je suis accoutumé aux sarcasmes des officiers de marine, et je n'y fais aucune attention, parce que je sais qu'ils sont le résultat de l'ignorance. Si le capitaine Munson est disposé à me charger du commandement de cette expédition, il verra que les soldats de marine sont bons à autre chose qu'à monter la garde et à tirer des saluts.

Se détournant alors de son antagoniste, il continua à s'adresser à leur supérieur commun, comme s'il eût dédaigné de parler plus longtemps à un homme qui, d'après la nature de l'affaire dont il s'agissait, n'était pas en état de le comprendre.

— Avant de nous mettre en marche, capitaine Munson, ajouta-t-il, il sera prudent de faire faire une reconnaissance ; et comme, dans le cas où nous serions repoussés, il pourrait être nécessaire de nous défendre, vous me permettrez de vous recommander la formation d'un autre corps armé des outils nécessaires pour faire des retranchements ; il pourrait être très-utile, soit pour creuser des lignes de circonvallation, soit pour élever des redoutes. Au surplus, je présume qu'on trouverait des outils en abondance dans le pays, et, au besoin, on pourrait mettre les paysans en réquisition pour ce service.

C'en était trop pour Barnstable, et il partit d'un grand éclat de rire que personne ne jugea à propos d'interrompre, quoique Griffith, en détournant la tête pour cacher un sourire, vît le pilote jeter un coup d'œil d'impatience sur le jeune lieutenant avec une expression qu'il ne sut trop comment interpréter. Lorsque le capitaine Munson crut que Barnstable avait assez ri, il lui demanda du ton le plus calme ce qu'il trouvait de si amusant dans ce que venait de dire le capitaine Manuel.

— C'est un plan de campagne tout entier! s'écria Barnstable ; il faudrait l'envoyer au congrès par un exprès avant que les Français ne se mettent en campagne.

—Avez-vous un meilleur plan à proposer? lui demanda le capitaine avec sa tranquillité ordinaire.

—Un meilleur! s'écria-t-il, oui, sans doute ; un plan qui n'exige ni délai, ni embarras. C'est un coup de main de marine dont il s'agit, et c'est par le moyen de la marine qu'il faut l'exécuter.

—Pardon, monsieur Barnstable, dit le capitaine Manuel, à qui son orgueil militaire ne laissait aucun goût pour la plaisanterie, s'il y a quelque service à faire sur terre, je réclame comme un droit d'y être employé.

—Réclamez tout ce qu'il vous plaira, capitaine; mais que voulez-vous faire avec une poignée de gens qui ne savent pas seulement distinguer la poupe d'un bâtiment d'avec sa proue? Croyez-vous que pour commander la manœuvre sur une chaloupe ou un cutter qui s'approche des côtes, il n'y ait qu'à dire demi-tour à droite ou à gauche, comme à vos soldats? Non, non, capitaine Manuel; j'honore votre courage, car je l'ai vu à l'épreuve, mais du diable si...

—Vous oubliez que nous attendons votre plan, monsieur Barnstable, dit le vétéran.

—Je vous demande un peu de patience, Monsieur, répondit Barnstable; il n'est besoin d'aucun plan. Faites-moi connaître les gisements et la distance de l'endroit où l'on peut trouver les gens dont vous désirez vous emparer, et je me charge de l'affaire en supposant une mer calme et point de rochers. Vous m'accompagnerez, monsieur le pilote ; car je crois que vous avez dans la tête une meilleure carte du fond de ces mers qu'on en ait jamais fait d'aucune partie de la terre. Je chercherai un bon ancrage, ou, si le vent souffle de la côte, le schooner se tiendra bord sur bord jusqu'à ce que nous soyons prêts à reprendre le large. Je prendrai, pour débarquer, ma barque avec Tom Coffin et un équipage complet, et, me rendant à l'endroit que vous m'aurez indiqué, je m'emparerai des hommes que vous voulez avoir, et je les amènerai à bord. C'est une expédition tout à fait navale ; mais comme le pays est assez bien peuplé, il sera bon d'attendre les ombres de la nuit pour exécuter notre incursion à terre.

—Monsieur Griffith, dit le capitaine, nous n'attendons que votre avis, et alors, en comparant les opinions, nous pourrons décider quel parti est le plus prudent.

Le premier lieutenant, pendant toute cette discussion, avait été absorbé dans ses rêveries, et n'en était peut-être que mieux préparé à donner son opinion. Montrant le pilote qui était derrière lui, toujours dans la même attitude, il commença par dire au capitaine :

— Votre intention est-elle que M. Gray accompagne l'expédition ?

— Sans contredit.

— Et c'est de lui que vous attendez les renseignements nécessaires pour diriger nos opérations ?

— Vous ne vous trompez pas.

— Eh bien! Monsieur, s'il a sur terre la moitié de l'habileté dont il a fait preuve sur mer, je garantis le succès.

En prononçant ces mots, il adressa un léger salut au pilote, qui y répondit par une inclination de tête faite d'un air froid.

— Maintenant, continua Griffith, j'en demande bien pardon à monsieur Barnstable et au capitaine Manuel, mais je réclame le commandement de l'expédition, comme m'appartenant de droit en vertu du rang que j'occupe sur ce vaisseau.

— Une expédition de cette nature appartient naturellement au schooner, s'écria Barnstable avec impatience.

— Nous pourrons trouver tous assez de besogne, répondit Griffith en faisant un signe des yeux à son ami, qui le comprit aussitôt. Du reste, je n'adopte entièrement l'avis ni de l'un ni de l'autre. On dit que depuis que nous avons paru sur cette côte, les maisons des personnes les plus distinguées sont gardées par de petits détachements de soldats tirés des villes voisines.

— Qui dit cela? s'écria le pilote en s'avançant vers eux avec une vivacité qui causa un étonnement général.

— Je le dis, Monsieur, répondit le lieutenant après le premier mouvement de surprise.

— Indiquez une maison, répliqua le pilote, nommez un individu qui ait reçu une telle protection.

Griffith leva la tête pour regarder fixement l'étranger qui se permettait de prendre la parole sans être interrogé, et cédant à sa fierté naturelle, il hésitait à lui répondre; mais se rappelant ce que lui avait dit le capitaine, et les services récemment rendus par le pilote, il lui dit d'un ton qui annonçait quelque embarras :

— Je sais positivement que cette mesure a été prise chez le colonel Howard, qui demeure à quelques milles des côtes, du côté du nord.

Ce nom causa au pilote une sorte de tressaillement involontaire.

Il fixa ses yeux sur ceux de Griffith, et parut vouloir y lire jusqu'à ses plus secrètes pensées. Cette étude ne fut cependant pour lui que l'affaire d'un instant, après quoi on put remarquer sur ses lèvres une légère contraction; mais il eût été difficile de dire si c'était un signe de dédain ou un effort pour cacher un sourire. Il alla se rasseoir tranquillement à la place qu'il occupait auparavant.

—Il est plus que probable que vous ne vous trompez pas, Monsieur, dit-il, et si je pouvais me permettre de donner un avis au capitaine Munson, ce serait de bien méditer le vôtre.

Griffith se retourna pour voir si l'expression des traits du pilote était d'accord avec les paroles qu'il venait de prononcer; mais sa figure était entièrement cachée par ses deux mains qui soutenaient sa tête, tandis qu'il semblait continuer à examiner avec attention la carte déployée devant lui.

—J'ai dit, Monsieur, continua Griffith en s'adressant à son commandant, que je ne suis entièrement d'accord ni avec M. Barnstable, ni avec le capitaine Manuel. Le commandement de cette expédition m'appartient, comme étant le plus ancien officier sur ce bord, et il doit m'être permis de le réclamer. Je ne crois pas que tous les préparatifs dont nous a parlé le capitaine soient nécessaires; mais je pense aussi qu'il est à propos de prendre un peu plus de précautions que M. Barnstable ne semble se le proposer. Comme nous pouvons rencontrer des soldats, il faut que nous ayons des soldats à leur opposer; mais comme il s'agit d'un coup de main de marine, et non d'évolutions régulières, c'est un marin qui doit commander. Ma demande m'est-elle accordée, capitaine?

— D'autant plus volontiers, Monsieur, répondit le commandant sans hésiter, que j'avais dessein de vous charger de ce service. Je suis charmé de voir que vos désirs soient d'accord avec les miens.

Griffith eut peine à dissimuler le plaisir que lui faisait éprouver ce que venait de dire son commandant, et ce fut avec un sourire de satisfaction qu'il ajouta :

— Chargez-moi donc de toute la responsabilité, Monsieur. Je vous demande de mettre sous mes ordres le capitaine Manuel et vingt soldats de marine, si ce service ne lui répugne pas (le capitaine inclina la tête pour indiquer son consentement, et jeta un regard de triomphe sur Barnstable). Je prendrai le cutter de la frégate avec son équipage ordinaire, je passerai à bord du schooner ; quand le vent sera favorable, nous avancerons vers la côte, et nous agirons ensuite suivant que les circonstances l'exigeront.

Le commandant du schooner jeta à son tour un regard de triomphe sur le capitaine Manuel, et s'écria avec son ton de gaieté ordinaire :

— C'est un excellent plan, monsieur Griffith, un plan digne d'un officier de marine. — Oui, oui, servez-vous du schooner. Je vous réponds que *l'Ariel* jettera l'ancre, s'il le faut, dans un étang à canards, et lâchera des bordées dans les fenêtres de toute maison à portée qu'il vous plaira de m'indiquer. Mais vingt soldats de marine ! Ils vont encombrer mon petit navire.

— Il serait imprudent d'en prendre un de moins, répondit Griffith ; il est possible que nous trouvions plus de besogne que nous n'en cherchons !

Barnstable comprit parfaitement à quoi son ami faisait allusion, et cependant il ne resta pas sans réplique.

— Prenez des marins, dit-il, et je trouverais place pour trente. Les soldats ne savent ranger leurs bras et leurs jambes que lorsqu'ils font l'exercice. Chacun d'eux tiendra autant de place que deux matelots. Ils suspendent leurs hamacs sens devant derrière, et mettent tout sens dessus dessous quand on leur fait l'appel. Diable ! Monsieur, vingt soldats de marine mettront la confusion sur mon bord.

— Donnez-moi votre chaloupe, capitaine Munson, s'écria Manuel avec indignation ; nous suivrons M. Griffith dans une barque découverte, plutôt que d'occasionner tant d'inconvénients à M. Barnstable.

— Non, non, capitaine, s'écria Barnstable en lui tendant cordialement la main ; vous deviendriez autant de Jonas en uniforme, et je ne sais si les baleines pourraient digérer vos gibernes et vos baïonnettes. Vous viendrez avec moi, et vous verrez de vos propres yeux si l'équipage de *l'Ariel* dort aussi paisiblement que vous le prétendez.

Manuel parut un peu décontenancé, et l'assemblée rit encore à ses dépens, à l'exception du pilote et du capitaine. Le premier, les yeux fixés sur sa carte, ne paraissait faire aucune attention à ce qui se passait, quoiqu'il écoutât tout avec le plus vif intérêt et qu'il jetât de temps en temps un regard à la dérobée sur les officiers, comme pour découvrir si cette légèreté apparente ne cachait pas un fonds plus solide. Quant au capitaine Munson, il souffrait rarement qu'un sentiment quelconque troublât l'impassibilité habituelle de sa physionomie, et s'il n'avait pas assez de dignité pour réprimer la gaieté intempestive de ses officiers, il avait trop de bonté d'âme pour trouver mauvais qu'ils s'y livrassent. Il témoigna qu'il était satisfait des arrangements qui avaient été proposés, et ordonna qu'on apportât la liqueur qu'on était dans l'usage de boire à la fin de chaque délibération.

Le quartier-maître parut croire qu'on devait suivre le même ordre pour boire que pour parler; car à peine le rhum fut-il placé sur la table, qu'il s'en versa un grand verre, dans lequel il n'ajouta de l'eau qu'avec beaucoup de modération.

— L'eau du vaisseau a presque la même couleur que le rhum, dit-il; si elle en avait aussi le goût, quel heureux équipage nous ferions! Eh bien! monsieur Griffith, vous avez donc envie d'aller courir des bordées sur terre? il est assez naturel à la jeunesse d'aimer la terre; mais il y a ici quelqu'un, et c'est le premier quartier-maître de cette frégate, qui en a vu assez pour un an la nuit dernière. Cependant, puisque vous voulez y aller, je bois à votre heureux débarquement, et puissiez-vous y trouver un meilleur ancrage! A votre santé, capitaine Munson; et je vous dirai, sauf respect, que si nous descendions un peu plus au sud, mon opinion est (et ce n'est que celle d'un seul homme) que nous pourrions rencontrer quelque bâtiment ennemi revenant des Indes occidentales, et dont la cargaison pourrait nous réchauffer le cœur, si jamais nous nous trouvions dans la nécessité de mettre nous-mêmes un pied sur la terre.

Le vieux marin s'interrompait de temps en temps pour porter d'une main son verre à sa bouche, tandis que l'autre continuait à entourer le cou de la bouteille, de sorte que ses compagnons furent obligés d'attendre que le torrent de son éloquence fût écoulé avant de pouvoir se servir. Enfin Barnstable, voyant qu'il ne lâchait pas prise, lui retira la bouteille de la main sans cérémonie, et se prépara un mélange dans lequel l'eau et le rhum se suivirent en proportions plus égales.

— Vous avez le verre le plus remarquable que j'aie jamais vu dans aucune de mes croisières, Boltrop, lui dit-il en même temps.

Il tire aussi peu d'eau que *l'Ariel*, et il n'est jamais à sec. Si vous avez la même facilité pour remplir votre soute à eau-de-vie que pour la vider, le congrès en approvisionnera cette frégate à bon marché.

Les autres officiers se servirent avec encore plus de modération. Griffith mouilla à peine ses lèvres, et le pilote refusa le verre qui lui fut offert. Le capitaine Munson se leva, et ses officiers, voyant que leur présence n'était plus nécessaire, le saluèrent et se retirèrent. Comme Griffith sortait le dernier, il sentit une main s'appuyer doucement sur son épaule ; il se retourna, et vit le pilote.

— Monsieur Griffith, lui dit-il quand ils furent seuls avec le commandant de la frégate, les événements de la nuit dernière doivent nous apprendre à nous accorder une confiance mutuelle, sans quoi nous nous chargeons d'une entreprise dangereuse et inutile.

— Le risque est-il égal? lui demanda le jeune lieutenant. Chacun me connaît pour être ce que je parais. Je suis au service de mon pays. J'appartiens à une famille dont le nom honorable garantit ma fidélité à la cause de l'Amérique. Et cependant je vais me hasarder sur une terre hostile, au milieu d'ennemis, presque seul, et dans des circonstances où la trahison serait ma perte. Quel est donc l'homme qui obtient de vous tant de confiance, capitaine Munson? Je vous fais cette question moins pour moi-même que pour les braves gens qui me suivront avec intrépidité partout où je voudrai les conduire.

Un sombre nuage de déplaisir parut d'abord couvrir le front du pilote pendant que Griffith s'exprimait ainsi, et il parut ensuite plongé dans de profondes réflexions. Le commandant prit la parole :

— Il y a dans votre question, monsieur Griffith, une apparence de raison; mais ce n'est pas à vous que j'ai besoin de rappeler que j'ai droit de compter sur une obéissance aveugle et muette. Ni ma naissance ni mon éducation ne me donnent les mêmes prétentions qu'à vous, Monsieur, et cependant le congrès n'a pas cru devoir oublier le nombre de mes années de service; je commande cette frégate, et...

— N'en dites pas davantage, reprit le pilote en l'interrompant; les doutes de ce jeune homme sont naturels, et il faut les dissiper. J'aime son regard fier et intrépide, et tandis qu'il craint que je ne lui prépare un gibet, je vais lui donner l'exemple d'une noble confiance. Lisez ceci, Monsieur, et dites-moi ensuite si vous vous méfiez encore de moi.

En parlant ainsi, il avait mis la main dans une poche pratiquée dans la doublure de son gilet, et il en tira une feuille de parchemin décorée de petits rubans et à laquelle était suspendu un sceau massif ; il l'ouvrit lui-même et l'étendit sur la table devant Griffith. Il y appuya le doigt à plusieurs reprises pour lui faire remarquer particulièrement certains passages ; et lorsqu'il reprit la parole, un feu extraordinaire brillait dans ses yeux, et un coloris inusité animait ses traits naturellement pâles.

— Voyez, lui dit-il, une tête couronnée elle-même n'hésite pas à rendre témoignage en ma faveur, et le nom de ce monarque n'est pas fait pour inspirer la crainte à un Américain.

Griffith jeta les yeux au bas du parchemin, et y vit avec surprise la signature de l'infortuné Louis XVI. Mais quand, obéissant à un signal du pilote, il eut parcouru ce qui y était tracé, il tressaillit vivement, fit deux pas en arrière, et fixant ses yeux animés sur cet étranger, il s'écria avec enthousiasme :

— Conduisez-moi partout où il vous plaira, je vous suivrai, même à la mort.

Un sourire de satisfaction se dessina sur les lèvres du pilote. Prenant le bras de Griffith, il se rendit avec lui dans une autre chambre, et laissa le commandant de la frégate, dont la scène dans laquelle il venait de jouer le rôle de spectateur plutôt que celui d'acteur n'avait pu troubler l'air calme et impassible.

CHAPITRE VIII.

Bondissant sur les flots, le navire s'élança tel qu'un limier délivré soudain de sa laisse pour saisir sa proie fugitive.
Sir Walter Scott. *Le Lord des Iles.*

Quoique l'objet sur lequel on venait de délibérer parût un secret destiné à n'être connu que de ceux dont le commandant avait voulu connaître l'opinion, il en transpira assez pour occasionner une grande fermentation dans l'équipage. Le bruit se répandit aussi rapidement que l'aurait fait une alarme, qu'un détachement allait débarquer sur les côtes pour une expédition secrète ordonnée par le congrès lui-même ; chacun fit ses conjectures sur le but de cette entreprise et les forces qui y seraient employées ; chacun se livra à tout l'enthousiasme que l'on peut croire qui existait parmi des hommes dont la vie et la liberté pouvaient dépendre du résultat de cette expédition. L'esprit entreprenant des marins et les charmes de la nouveauté leur inspiraient un nouveau degré d'intérêt, et ils auraient reçu avec des acclamations de joie l'ordre de s'ouvrir un passage à travers toutes les flottes anglaises réunies. Tel était le sentiment général qui animait tout l'équipage à peu d'exceptions près, et parmi ceux qui formaient ces exceptions, on remarquait surtout le premier quartier-maître de la frégate, Boltrop, et le contre-maître de *l'Ariel*, Tom Coffin, qui secouaient la tête en disant que toute espèce de service de terre était de nature à ne pas convenir à des marins.

Le capitaine Manuel passa ses soldats en revue sur le tillac, et après leur avoir adressé quelques mots pour enflammer leur patriotisme et leur ardeur guerrière, il leur annonça qu'il avait besoin de vingt hommes de bonne volonté, ce qui dans le fait formait la moitié de leur nombre, pour un service pénible et dangereux. Dès qu'il eut cessé de parler, toute la troupe s'avança par un mouvement spontané, et tous déclarèrent qu'ils étaient prêts à le suivre jusqu'au bout du monde. Fier et satisfait de ce mouvement unanime de bravoure, il tourna la tête à droite et à gauche pour chercher Barnstable; mais le voyant occupé, au bout du gaillard d'arrière, à lire quelques papiers, il se mit à faire un choix (impartial, dit-il) parmi ces rivaux de gloire; mais, malgré cette impartialité, il eut grand soin de prendre pour l'accompagner les plus braves et les plus vigoureux de ses soldats, et de ne laisser sur le vaisseau que ce qu'il regardait comme le rebut.

Tandis que le capitaine était occupé de cette opération que l'équipage regardait avec le plus vif intérêt, Griffith monta sur le pont, le visage animé d'un enthousiasme plus qu'ordinaire, et les yeux pétillants d'une gaieté qu'on n'avait pas remarquée en lui depuis longtemps. A peine avait-il eu le temps de donner ses ordres aux marins qu'il comptait emmener avec lui sur le schooner, que Barnstable lui fit signe de le suivre, et l'emmena de nouveau dans la grand'chambre.

— Que le vent souffle tant qu'il voudra, dit Barnstable à son ami dès qu'ils furent assis, il n'y a pas moyen de débarquer sur la côte orientale d'Angleterre, tant que la mer sera si grosse. Mais convenez que cette Catherine est faite peut-être la femme d'un marin, Griffith! Voyez quel recueil de signaux elle a formé, tous puisés dans son imagination fertile!

— J'espère que l'événement prouvera que vous ne vous trompez pas, répondit Griffith, et que vous serez l'heureux marin qu'elle aura pour époux. Elle a vraiment fait preuve en cela d'une adresse surprenante. Où diable a-t-elle pu si bien apprendre le système et la méthode des signaux?

— Où? Eh! parbleu, où elle a appris encore mieux à apprécier le cœur d'un marin qui l'aime sans partage, par exemple. Croyez-vous donc, Griffith, que ma langue ait été clouée à mon palais, lorsque nous étions tête à tête sur les bords de la rivière dans la Caroline, et que je n'aie rien trouvé à lui dire?

— Amusiez-vous votre maîtresse avec des traités sur l'art de la navigation et la science des signaux? lui demanda Griffith en souriant.

— Je répondais à ses questions, monsieur Griffith, comme l'aurait fait tout honnête marin causant avec une femme qu'il aurait aimée. Elle est aussi curieuse qu'aucune de nos concitoyennes qui ait doublé le cap *Quarante* sans pouvoir capturer un mari, et sa langue est une girouette qui fait le tour du compas en une heure. Mais voyez son dictionnaire, Edouard, et vous conviendrez, en dépit de vos grands sentiments et de toute la science que vous avez acquise au collége, qu'une femme qui a tant d'esprit et d'adresse serait une excellente compagne pour un marin.

— Je n'ai jamais douté du mérite de miss Plowden, répliqua Griffith avec une sorte de gravité plaisante qui tenait à la fois de son caractère sérieux et de la gaieté naturelle aux marins ; mais véritablement elle a surpassé mon attente. Elle a fait, ma foi, un choix de phrases très-judicieux : n° 168..., ineffaçable, n° 169..., ne finit qu'avec la vie, n° 170..., je crains que le vôtre ne m'égare, n°...

— Allons donc! s'écria Barnstable en lui reprenant le livre des mains, quelle folie de passer ainsi un temps précieux ! Que pensez-vous de cette expédition sur terre?

— Qu'elle peut nous fournir les moyens de tirer de prison nos deux belles, quand même nous ne réussirions pas à nous emparer des prisonniers qu'on veut faire.

— Mais ce pilote! songez-vous qu'il nous tient tous par le cou, et qu'il peut nous faire pendre à la grande vergue d'un vaisseau anglais s'il se laisse effrayer par des menaces ou corrompre par des promesses ou des présents?

— Il lui aurait été plus facile de faire échouer le vaisseau sur la côte quand nous naviguions au milieu des rochers. Nous n'aurions guère pensé à le soupçonner de trahison. Mais non, je le suivrai avec confiance, parce que je suis convaincu que nous sommes plus en sûreté avec lui que si nous ne l'avions pas avec nous.

— Qu'il nous guide donc à la demeure de quelqu'un de ces ministres d'Etat chasseurs de renards, s'écria Barnstable en remettant dans sa poche son livre de signaux ; mais voici une carte qui nous conduira au port où nous désirons aborder. Que mon pied touche une fois la terre ferme, et je vous permets d'écrire à côté de mon nom le mot *lâche*, si cette petite sorcière file encore le câble devant moi, et s'échappe comme un poisson volant chassé par un dauphin. Monsieur Griffith, il faut que le chapelain vienne avec nous.

— Le chapelain! l'amour vous fait perdre la tête. Croyez-vous avoir le temps d'écouter des sermons pendant une expédition comme la nôtre, une expédition de voltigeurs?

— Sans doute nous ne devrons mettre en panne qu'en cas de nécessité inévitable; mais dans une pareille chasse nous aurons le temps de respirer, et alors nous pourrons trouver de la besogne pour le chapelain. Il a la main excellente pour nouer certains nœuds; laissez-le seulement prendre son livre de prières, et il s'en acquittera aussi bien qu'un évêque. Je voudrais être sûr que c'est la dernière fois que les deux noms qui sont au bas de cette lettre feront voile de conserve.

— Impossible! Richard, dit Griffith en secouant la tête et en faisant un effort pour sourire; impossible! Nous devons sacrifier nos inclinations au service de notre pays; d'ailleurs ce pilote n'est pas homme à consentir à louvoyer sans nécessité.

— Eh bien! qu'il suive le vent tout seul! s'écria Barnstable. Il n'existe aucun pouvoir sur la terre, à l'exception de l'ordre de mon officier supérieur, qui puisse m'empêcher de faire usage de ces signaux pour avoir un entretien particulier avec ma Catherine aux yeux noirs. Suis-je sous l'autorité d'un misérable pilote? Il peut lofer ou arriver comme bon lui semblera; quant à moi, le pôle vers lequel se dirigera mon aiguille aimantée, c'est cette vieille tour ruinée, d'où je pourrai voir le gisement de cette aile pittoresque et de ces trois girouettes enfumées. Ce n'est pas que j'oublie mes devoirs; non, je vous aiderai à faire ces Anglais prisonniers; mais ensuite Catherine Plowden et l'amour : je ne pense plus à autre chose.

— Silence, étourdi! Les murailles ont de longues oreilles, et nos murailles ne sont que de minces cloisons. Vous et moi nous ne devons songer qu'à notre devoir. Ce dont nous avons à nous occuper n'est pas un jeu d'enfants, puisque nos commissaires à Paris ont jugé à propos d'employer une frégate à ce service.

La gaieté de Barnstable fut un peu réprimée par l'air grave de son compagnon. Après un instant de réflexion il se leva brusquement et fit un mouvement pour sortir.

— Où courez-vous ainsi? lui demanda Griffith en le retenant par le bras.

— Je vais trouver le vieux modéré, notre-commandant. J'ai une proposition à lui faire qui aplanira toute difficulté.

— Faites-la-moi connaître. Je sais tout ce qu'on se propose de faire, et je pourrais vous épargner l'embarras d'une demande et la mortification d'un refus.

— Combien veut-il avoir de ces insulaires pour tapisser sa cabane?

— Le pilote m'en a nommé six, tous hommes d'un haut rang et jouissant d'une grande considération. Il y a deux pairs du royaume, deux membres de la chambre des communes; le cinquième est un général, et le dernier est un marin comme nous, du grade de capitaine. Ils doivent se rassembler dans une maison voisine de la côte pour une partie de chasse; tout semble favoriser notre projet de nous emparer de leurs personnes.

— Eh bien! deux pour vous, deux pour le pilote, et deux pour moi. Suivez le pilote, si bon vous semble, mais laissez-moi cingler vers la demeure du colonel Howard avec mon contre-maître et l'équipage de ma barque. Je surprendrai sa maison, j'enlèverai nos deux belles, et en revenant je jetterai le grappin sur les deux premiers lords que je rencontrerai. Je suppose que l'un vaut l'autre dans cette affaire.

— Quoiqu'on les nomme pairs, répondit Griffith en souriant, je crois qu'il y a quelque différence entre eux. Il s'en trouve dont le gouvernement anglais nous saurait gré peut-être de le débarrasser; et il ne faut pas croire qu'on les rencontre comme des mendiants derrière toutes les haies. Non, non, les hommes que nous cherchons doivent avoir quelque chose de mieux que leur noblesse pour les recommander à nos bonnes grâces. Mais examinons plus attentivement le plan de miss Plowden et la description du terrain; il peut arriver des événements qui nous conduisent de ce côté, et vous savez que pendant une croisière on prend quelquefois un bâtiment autre que celui qu'on cherche.

Ce ne fut pas sans regret que Barnstable renonça à son plan inconsidéré pour céder aux avis de son ami plus prudent. Ils passèrent une heure ensemble, et s'occupèrent à chercher les moyens de concilier les devoirs de leur profession avec les intérêts de leur amour.

La mer continua à être agitée pendant toute la matinée; mais, vers midi, les signes auxquels on reconnaît le retour du beau temps commencèrent à se montrer. Pendant cet intervalle d'inaction à bord de la frégate, les soldats qui devaient quitter le bord se promenaient à grands pas sur le tillac avec un air empressé, tout occupés de la gloire qu'ils allaient acquérir sous les ordres de leur capitaine, tandis que le petit nombre de marins désignés pour accompagner leur lieutenant marchaient gravement, les mains placées dans leur veste bleue, et les levant de temps en temps vers le ciel pour montrer à leurs compagnons moins expérimentés les indices qui annonçaient un changement favorable dans le temps.

Le dernier traîneur des soldats, son havresac sur le dos, venait de rejoindre ses compagnons déjà sous les armes, quand le capitaine Munson monta sur le pont accompagné du pilote et de son premier lieutenant. Celui-ci dit un mot à voix basse à un midshipman, qui courut lestement à l'autre bout du vaisseau, et presque au même instant on entendit la voix rauque d'un contremaître s'écrier :

— Allons, les *tigres !* allons, à bord !

Un roulement de tambour se fit entendre, et les soldats de marine s'alignèrent à leur rang, tandis que les six matelots composant l'équipage du cutter qui portait ce nom formidable, lançaient à la mer ce petit bâtiment. Cette opération se fit avec tout l'ordre, le sang-froid et l'adresse des meilleurs marins, et les soldats furent rapidement transportés de la frégate sur le schooner; quoique le cutter parût de temps en temps chercher les cavités de l'Océan en s'enfonçant entre deux vagues, et vouloir ensuite s'élever jusqu'au ciel en reparaissant sur leur sommet.

Enfin, on avertit que le cutter était de retour et attendait les officiers. Le pilote se retira à l'écart pendant quelques instants pour causer avec le commandant, qui écoutait toutes ses paroles avec une attention singulière. Après quelques minutes de conversation, le vétéran se découvrit la tête et offrit la main au pilote d'une manière qui tenait en même temps de la cordialité d'un marin et du respect d'un inférieur. Le pilote répondit à sa politesse avec une sorte de nonchalance, et, tournant sur les talons, il s'avança vers ceux qui l'attendaient pour partir.

Lorsque M. Merry, qui avait reçu ordre d'accompagner le premier lieutenant, vit que ses officiers supérieurs étaient prêts à partir, il sauta sur le bord de la frégate, et se laissa glisser dans le cutter avec l'agilité d'un écureuil. Le capitaine Manuel s'arrêta en jetant un coup d'œil expressif sur le pilote, qui, d'après l'ordre de rangs, aurait dû suivre le midshipman. Mais le pilote, appuyé sur le bord du vaisseau, examinait l'aspect du firmament, et ne fit aucune attention aux regards du capitaine.

— Nous vous attendons, monsieur Gray, dit le capitaine avec un accent d'impatience.

Le pilote sortit de sa rêverie en entendant prononcer son nom ; mais au lieu de s'avancer vers les officiers qui l'attendaient, il se contenta de faire un signe de main, comme pour leur dire qu'ils pouvaient descendre avant lui. Au grand étonnement non seulement du capitaine Manuel, mais de tous ceux qui furent témoins de cette infraction aux règles de la discipline navale, Griffith salua le pilote et descendit dans le cutter avec la même déférence que s'il eût précédé un amiral. Soit que le pilote s'aperçût lui-même de son manque de courtoisie, soit qu'il fût trop occupé de ses secrètes pensées pour faire attention à ce qui se passait autour de lui, il suivit immédiatement le lieutenant, laissant au capitaine le poste d'honneur. Manuel, qui se piquait d'être parfaitement au fait de tout ce qui concernait l'étiquette navale ou militaire, ne manqua pas de faire ses excuses à Griffith d'avoir laissé passer avant lui son officier supérieur ; mais toutes les fois qu'il parla ensuite de cette aventure, il ne manqua jamais d'appuyer avec un air de triomphe sur la manière dont il avait humilié l'orgueil du présomptueux pilote.

Barnstable, retourné sur son bord quelques heures auparavant, avait tout préparé pour la réception de ses nouveaux hôtes, et, dès qu'on eut placé le cutter sur le pont du schooner, il annonça que tout était prêt pour mettre à la voile.

Nous avons déjà dit que *l'Ariel* était de la classe des plus petits vaisseaux de guerre, et sa construction semblait encore en diminuer la grandeur. Il convenait donc on ne peut mieux au genre de service auquel il allait être employé. Quoique sa légèreté le fît flotter sur l'eau comme un navire de liége et qu'il semblât quelquefois voguer sur l'écume de la mer, son pont, fort bas, était continuellement balayé par les vagues toutes les fois qu'elles s'élevaient à une certaine hauteur, de manière à obliger les marins les plus exercés à marcher avec précaution. L'ordre et la propreté s'y faisaient remarquer, et tout était disposé de manière à laisser libre le plus d'espace possible, et à ne pas gêner la manœuvre. L'espèce de canon qui, depuis l'époque dont nous parlons, a été universellement adoptée sur tous les bâtiments d'un rang inférieur n'était encore connue que de réputation aux marins américains sous le nom formidable de l'*écrasant*. On commençait pourtant déjà à apprécier les avantages de ce genre de canon, de peu de longueur, d'un vaste calibre et facile à manœuvrer, et l'on croyait que les plus grands vaisseaux n'étaient pas suffisamment pourvus d'armes offensives, s'ils n'avaient sur leur bord deux ou trois de ces redoutables instruments de mort qui, plus tard, perfectionnés, devinrent d'un usage général sur les bâtiments d'une certaine force, et on leur donna un nom dérivé de Carron[1], fonderie d'Ecosse où les premiers avaient été fondus.

Au lieu de *caronades*, étaient amarrés sur le pont de *l'Ariel* six légers canons de bronze, noircis par l'eau de la mer, qui leur rendait de fréquentes visites. Au centre du schooner, entre les deux mâts, un autre canon, ayant presque deux fois la longueur des autres, était monté sur un affût de nouvelle invention qui permettait qu'on le pointât dans tous les sens, selon le besoin du service.

Les yeux du pilote examinèrent successivement et avec attention l'armement du petit navire, l'ordre qui régnait sur le tillac, le bon état de tous les agrès, l'air de zèle et de vigueur de tous les hommes de l'équipage, et, contre sa coutume depuis qu'il était avec nos marins, il témoigna tout haut la satisfaction qu'il éprouvait.

— Vous avez un navire en bon état, dit-il à Barnstable, et un équipage qui semble plein d'ardeur ! Vous promettez un bon service quand l'occasion s'en présentera, et il est possible qu'elle ne soit pas très-éloignée.

— Elle n'arrivera pas plus tôt que je ne le désire ! répondit le jeune marin ; je n'ai pas encore brûlé une amorce depuis notre sortie de Brest, quoiqu'en remontant la Manche nous ayons rencontré quelques cutters ennemis avec lesquels nos bouledogues auraient voulu entrer en conversation. M. Griffith vous dira, monsieur le pilote, que mes petites pièces de six peuvent parler presque aussi haut que celles de dix-huit de la frégate.

— Mais non pas avec la même éloquence, dit Griffith en souriant. *Verba et voces, prætereàque nihil*[2], comme nous le disions au collége.

---

1. Carron est un village du Stirlingshire. — 2. Des mots et des sons, et rien de plus.

— Je n'entends rien à votre grec et à votre latin, monsieur Griffith, répliqua le commandant du schooner; mais si vous voulez dire que ces sept joujoux de bronze n'envoient pas un boulet sur l'eau aussi loin qu'aucun canon de leur taille, et n'éparpillent pas les dragées et la mitraille aussi loin qu'aucun des gros mousquetons de votre frégate, vous aurez peut-être l'occasion de vous convaincre du contraire avant que nous nous séparions.

— Ces pièces promettent, dit le pilote, ignorant la bonne intelligence qui régnait entre ces deux officiers, et désirant maintenir la concorde à bord; je ne doute pas qu'elles n'argumentent à merveille dans une discussion avec l'ennemi. Mais je vois que vous les avez baptisées; leurs noms sont expressifs. Vous avez sans doute consulté leur mérite respectif?

— C'est la folie d'un moment d'oisiveté, répondit Barnstable en riant, et en jetant les yeux sur les canons, sur lesquels on lisait les noms suivants : le Boxeur, l'Abatteur, le Grondeur, l'Eparpilleur, l'Exterminateur, le Mitrailleur.

— Pourquoi avez-vous laissé sans baptême votre canon du milieu? demanda le pilote. Vous contentez-vous de lui donner le nom d'usage, la Vieille-Femme?

— Non! non! non! s'écria Barnstable; je n'ai rien à bord qui sente le cotillon. Placez-vous un peu plus de bâbord, et vous verrez son nom peint sur l'affût, un nom dont il n'a pas à rougir.

— C'est une singulière épithète, dit le pilote après avoir lu l'inscription, quoiqu'elle ne soit pas sans avoir un sens.

— Elle en a plus que vous ne croyez peut-être, Monsieur. Voyez-vous ce grand gaillard qui est appuyé contre le grand mât, et qui au besoin pourrait servir de mâtereau de réserve? c'est lui qui est le maître canonnier de cette pièce, et par la manière dont il sait l'employer, il a décidé plus d'une chaude querelle avec John Bull. Nul soldat de marine ne pourrait viser plus juste avec son mousquet que mon contre-maître Tom Coffin, surnommé quelquefois le Long, ne sait pointer son canon, n'importe où ; c'est pour cela, et d'après une sorte de ressemblance de taille et de raideur, que j'ai nommé cette pièce Tom-le-Long.

Le pilote sourit en l'écoutant; mais ayant détourné les yeux, l'air de mélancolie pensive qui se peignit aussitôt sur son front prouva que la plaisanterie à laquelle il venait de se livrer ne pouvait durer chez lui qu'un instant ; et Griffith dit à Barnstable que le vent étant favorable, il était temps de songer à se rendre à leur destination.

Rappelé ainsi à ses devoirs, le commandant du schooner oublia le plaisir qu'il avait à s'étendre sur le mérite de son navire, et donna les ordres nécessaires pour le départ. Le petit bâtiment obéit à l'impulsion de son gouvernail; sa grande voile prudemment limitée par un ris ouvrit son sein au vent, et il s'éloigna rapidement de la frégate comme un météore volant sur les ondes. Longtemps avant que le soleil se fût caché derrière les montagnes d'Angleterre, on n'en apercevait plus que les grands mâts, qu'on distinguait à peine du petit nuage que semblaient former les voiles. A mesure que la frégate disparaissait aux yeux de nos navigateurs, la terre semblait sortir du sein des ondes, et leur marche fut si prompte que les châteaux, les chaumières et même les haies les plus voisines de la côte se montraient peu à peu plus distinctement. Enfin le soir arriva, l'obscurité fit disparaître ce beau paysage, et ils ne virent plus devant eux qu'une ligne noire qui marquait la côte, et derrière eux les vagues de l'océan qui conservaient encore une partie de la violente agitation de la nuit précédente.

Cependant *l'Ariel* continuait à marcher, rasant la surface des ondes comme un oiseau de mer attardé, et se dirigeant vers la terre avec autant d'intrépidité que si les dangers de la veille eussent été oubliés comme le sont souvent les avis de l'expérience. Ni rochers, ni brisants n'arrêtèrent sa marche, et nous allons le laisser entrer dans un détroit formé par des rochers, qui conduisait dans un bassin où les marins cherchaient et trouvaient souvent un asile contre les dangers de l'océan Germanique.

CHAPITRE IX.

<blockquote>Coquin ! comment osez-vous quitter votre bouillon de gruau pour marcher ainsi contre votre roi ?
Pièce dramatique.</blockquote>

Le vaste bâtiment irrégulier qu'occupait le colonel Howard méritait bien la description qu'en avait faite Catherine Plowden. Malgré la confusion des ordres d'architecture qui était presque inévitable dans une construction interrompue et reprise dans des siècles différents, les distributions intérieures en étaient commodes et réunissaient tout ce qui peut être utile et agréable. Les labyrinthes obscurs, vestibules, corridors, antichambres, chambres et appartements de cette maison, quelque nom qu'on voulût leur donner, étaient garnis de meubles solides et en bon état, et quelle qu'eût été la première destination de cet édifice, on en avait fait une demeure qui convenait parfaitement à une famille paisible et tranquille.

Il y avait sur ce vieux château de ces lamentables traditions d'amants séparés et d'amours malheureux qui, comme autant de toiles d'araignées, s'attachent toujours aux anciens édifices. Mais nos humbles efforts doivent se borner à décrire l'homme tel que Dieu l'a créé, quelque usée, quelque vulgaire que puisse paraître cette méthode aux esprits sublimes. Nous prendrons donc la liberté de dire une fois pour toutes à ceux qui croient avoir droit à ce titre si digne d'envie, que nous sommes déterminés à rejeter tout ce qui serait surnaturel, comme nous fuirions le diable ; et nous avertirons ceux qui s'ennuient de la compagnie des créatures de leur espèce, qu'ils feront bien de fermer ce volume et d'ouvrir les œuvres de quelque barde plus merveilleusement inspiré ; ils seront par là plus près de quitter la terre, sinon de monter aux cieux. Nous ne voulons avoir affaire qu'aux hommes, et ne retracer que leurs actions, non en les suivant dans les contradictions d'une métaphysique subtile, mais en peignant leurs sentiments palpables, pour ainsi dire, de manière que chacun puisse nous comprendre aussi facilement que nous nous comprenons nous-mêmes; preuve que nous renonçons à l'avantage prodigieux de passer pour avoir du génie, puisque nous refusons l'aide du merveilleux et de l'incompréhensible pour obtenir cette réputation.

Nous laisserons *l'Ariel* à l'ombre des rochers bordant le bassin dans lequel nous l'avons conduit à la fin du chapitre précédent, et contre lesquels on entendait les vagues de l'océan se briser avec de sourds mugissements ; et nous allons introduire le lecteur dans la salle à manger de l'abbaye de Sainte-Ruth, choisissant la même soirée pour lui faire faire connaissance avec d'autres personnages de notre histoire dont nous avons à décrire le caractère et à rapporter les actions.

Cette pièce n'était pas de très-grande dimension, et elle était parfaitement éclairée tant par la lumière qu'y répandaient six chandelles, que par les rayons qui partaient d'une cheminée dont la grille contenait un feu de charbon de terre très-ardent. Les moulures de la boiserie de chêne qui couvrait les murailles en réfléchissaient la lueur sur une table d'acajou massif, et sur les verres remplis d'excellent vin qu'on y voyait. L'ameublement de cette salle consistait principalement en rideaux de damas d'un rouge foncé, et en énormes chaises de bois de chêne garnies de coussins et de dossiers couverts en cuir, et elle semblait hermétiquement fermée au monde et à ses soucis.

Trois personnes assises autour de la table placée au milieu de l'appartement semblaient jouir paisiblement du dessert d'un bon repas. La nappe avait été enlevée, et la bouteille circulait lentement, comme si les convives sentaient que ni le temps ni l'occasion ne leur manqueraient pour en savourer le contenu.

Au haut bout de la table était un homme âgé qui en faisait les honneurs autant que la politesse pouvait le rendre nécessaire dans une petite compagnie où chacun paraissait également à son aise. Il s'avançait vers le déclin de la vie, quoique sa taille droite, ses mouvements vifs et sa main ferme annonçassent que la vieillesse n'était pas arrivée chez lui avec son cortége ordinaire d'infirmités. D'après son costume, il appartenait à cette classe dont les membres suivent constamment les modes de la génération qui a précédé celle au milieu de laquelle ils vivent, soit à cause de la répugnance que leur inspire tout changement subit, soit par suite des souvenirs que leur a laissés une époque qui a fait éclore en eux des sensations que la froide vieillesse ne peut faire renaître. L'âge avait éclairci ses cheveux, et pouvait déjà commencer à les blanchir ; mais l'art avait caché les ravages du temps avec le plus grand soin, sa tête était poudrée à blanc, non seulement sur les parties qui n'étaient pas encore entièrement dépouillées de leurs cheveux, mais même sur celles où il n'en restait plus. Ses traits, sans être très-expressifs, étaient caractéristiques, et annonçaient dans leur ensemble l'honneur et l'intégrité ; son front découvert annonçait la franchise et la noblesse. Sur ses joues basanées quelques couleurs plus vives contrastaient avec la blancheur de son teint.

En face du maître de la maison, en qui le lecteur n'a sans doute pas manqué de reconnaître le colonel Howard, on voyait la figure maigre et jaune de Christophe, ou, par abréviation, de Kit Dillon, ce fléau du bonheur de miss Howard, dont Catherine Plowden avait parlé dans sa lettre.

Entre eux était un homme de moyen âge, portant l'uniforme du roi. Sa figure était d'un rouge aussi éclatant que son habit, et sa principale occupation en ce moment paraissait être de faire honneur au bon vin de son hôte.

Par ses allées et venues continuelles, un domestique, chaque fois qu'il ouvrait la porte, donnait entrée au vent qui faisait entendre ses sifflements en frappant contre tous les angles et contre toutes les cheminées de ce vaste bâtiment.

Un homme vêtu en paysan était debout derrière la chaise du colonel Howard, avec lequel il venait d'avoir une courte conversation ; elle allait finir au moment où nous levons le rideau qui cachait cette scène aux yeux du lecteur, et le colonel disait :

— Et cet Ecossais vous a-t-il dit qu'il avait vu ces deux vaisseaux de ses propres yeux ?

La réponse fut une simple affirmation.

— C'est bien, c'est bien, reprit le colonel ; vous pouvez vous retirer.

Le paysan le salua à sa manière, et le vieux militaire lui ayant répondu par une inclination de tête faite d'un air à la fois gracieux et grave, il sortit de l'appartement.

— Si ces deux étourdis, dit alors le colonel en se retournant vers ses hôtes, ont réellement engagé le vieux fou qui les commande à s'avancer au milieu de ces rochers et de ces bas-fonds, à l'approche d'un ouragan tel que celui d'hier, la situation des deux navires est désespérée. Puissent la rébellion et la déloyauté éprouver toujours ainsi la juste indignation de la Providence ! Je ne serais pas surpris, Messieurs, d'apprendre un jour que mon pays natal ait été englouti par des tremblements de terre ou par l'océan, tant son crime est affreux et inexcusable. Et cependant c'est un jeune homme fier et entreprenant, que le commandant en second de cette frégate. J'ai parfaitement connu son père : c'était un brave et galant homme qui, comme mon propre frère, le père de Cécile, avait préféré servir son roi sur l'océan que sur la terre. Son fils a hérité de sa bravoure, mais non de sa loyauté. On serait pourtant fâché d'apprendre qu'un pareil jeune homme fût noyé.

Ce discours, dont la fin surtout ressemblait beaucoup à un soliloque, n'exigeait pas une réponse directe; mais le militaire, élevant son verre à la hauteur d'une lumière pour contempler la couleur dorée de la liqueur, et en avalant de si fréquentes gorgées qu'il ne lui resta bientôt plus à admirer que la transparence du cristal, le remit tranquillement sur la table, et tout en étendant le bras pour prendre la bouteille, répondit avec le ton nonchalant d'un homme dont l'esprit était occupé de tout autre chose que de l'objet dont on parlait :

— Vous avez raison, Monsieur ; les braves gens sont rares, et comme vous le dites fort bien, on ne peut trop regretter son sort. Quoique sa mort soit glorieuse, j'ose dire que ce sera une grande perte pour le service du roi.

— Sa mort glorieuse ! répéta le colonel. Une perte pour le service du roi ! Eh ! non, capitaine Borroughcliffe ; la mort d'un rebelle ne peut jamais être glorieuse, et j'avoue que je ne puis comprendre comment elle peut être une perte pour le service du roi.

Le capitaine était dans cet état heureux où il est difficile de lier toutes les idées entre elles ; mais comme il s'était habitué depuis longtemps à soumettre les siennes à une discipline sévère, il répondit sans hésiter :

— Je veux dire, Monsieur, que le service de Sa Majesté y perd le bien qu'aurait produit l'exemple s'il eût été exécuté au lieu de périr les armes à la main.

— Les armes à la main ! je parle d'un homme noyé, Monsieur.

— Ah ! noyé ! eh bien ! c'est à peu près comme pendu. Cette circonstance m'avait échappé.

— Je ne vois pas qu'il soit certain, Monsieur, dit M. Christophe Dillon d'une voix aigre et traînante, que le grand et le petit navire que cet Ecossais dit avoir vus soient la frégate et le schooner dont vous parlez. Je doute qu'ils osent s'approcher si près de notre côte, quand la mer est couverte de nos vaisseaux de guerre.

— Ces gens sont nos concitoyens, Christophe, s'écria le colonel, quoique ce soient des rebelles. C'est une nation brave et entreprenante. Quand j'avais l'honneur de servir Sa Majesté, il y a une vingtaine d'années, la fortune me favorisa assez pour me permettre de voir en face les ennemis de mon roi dans quelques petites affaires, capitaine Borroughcliffe : le siége de Quebec, par exemple, la bataille qui se donna sous les murs de cette ville, l'action de Ticonderaga, l'infortunée catastrophe du général Braddock, sans parler de plusieurs autres rencontres ; eh bien ! Monsieur, je dois dire, à l'honneur des colons, qu'ils se conduisirent admirablement dans toutes ces affaires, et surtout dans la dernière, et l'homme qui est aujourd'hui à la tête des rebelles se fit une réputation parmi nous par sa conduite dans cette journée désastreuse. C'était alors un jeune homme réservé, instruit, bien élevé. Je n'ai jamais parlé autrement de M. Washington, Messieurs.

— Oui, répondit le capitaine en bâillant, il avait reçu son éducation dans les troupes de Sa Majesté, et par conséquent cela ne pouvait guère être autrement. Mais je suis fâché de cette malheureuse noyade, colonel ; elle va sans doute mettre fin à ma mission, et je ne nierai pas que votre hospitalité ne m'ait rendu mon cantonnement fort agréable.

— L'obligation est mutuelle, Monsieur, répondit le colonel avec un salut poli ; mais des hommes qui comme nous ont vécu dans les camps n'ont pas besoin de se faire de compliments sur de telles bagatelles. Si c'était mon parent Dillon, que voilà, et dont la tête est plus occupée de *Coke sur Littleton*[1] que de la vie d'un soldat et de la gaieté qui règne parmi ses compagnons

---

1. Les institutions de Littleton commentées par E. Coke ; ouvrage souvent cité dans la jurisprudence anglaise.

d'armes, il lui serait permis de croire que de pareilles formalités sont aussi nécessaires que les mots barbares qu'on insère dans un contrat. Allons, Borroughcliffe, mon cher ami, je crois que nous avons bu séparément à la santé de chacun des membres de la famille royale. Que Dieu les protége tous ! Buvons maintenant rasade à la mémoire de l'immortel Wolfe.

— C'est une proposition qu'aucun soldat ne refusera jamais, colonel. Que Dieu les protége tous ! dirai-je avec vous. Et si notre gracieuse reine continue comme elle a commencé, nous aurons une famille de princes plus nombreuse que toutes celles à la santé desquelles pourrait boire aucune armée en Europe.

— Oui, oui ; cette pensée offre une consolation au milieu de l'affliction causée par cette affreuse révolte de mes concitoyens. Mais je ne veux plus me tourmenter de ce souvenir désagréable. Les armes de mon souverain feront bientôt disparaître cette tache de ma terre natale.

— On ne saurait en douter, dit Borroughcliffe, dont les idées continuaient à se troubler, grâce au madère qui avait mûri sous le soleil de la Caroline. Ces misérables Yankies[1] fuient devant les troupes de Sa Majesté comme la populace de Londres devant quelques cavaliers de la garde.

— Pardonnez-moi, capitaine Borroughcliffe, répondit le colonel en redressant encore sa taille très-droite ; ils peuvent être égarés, trompés, trahis, mais votre comparaison est injuste. Donnez-leur des armes et de la discipline, et chaque pouce de leurs terres qu'on leur arrachera sera arrosé du sang des vainqueurs.

— Le plus grand lâche de la chrétienté deviendrait un héros, colonel Howard, dans un pays où le vin devient un cordial comme celui-ci. D'ailleurs je suis une preuve vivante que vous avez mal compris ce que je voulais dire. Si vos concessionnaires du Vermont et du Hampshire, à qui Dieu concède sa bénédiction, n'eussent pas réformé définitivement les deux tiers de ma compagnie, je ne serais pas aujourd'hui sous votre toit, officier de recrutement au lieu d'être en activité de service, et je n'aurais pas été lié par un pacte, comme sous la loi de Moïse, si Burgoyne avait pu leur tenir tête dans leurs longues marches et contre-marches.

---

[1]. Voyez sur ce sobriquet des Américains les notes des *Pionniers* et de *Lionel Lincoln*.

Monsieur, je bois à leur santé de tout mon cœur, et plutôt que de déplaire à un ami tel que vous, avec du nectar tel que celui-ci, je boirais à celle de toute l'armée de Gates, régiment par régiment, compagnie par compagnie, et même, pour peu que vous le désiriez, homme par homme.

— Je ne voudrais pas mettre votre politesse à une pareille épreuve, capitaine, répondit le colonel adouci par une concession si ample. Je vous ai trop d'obligation d'avoir volontairement entrepris de défendre ma maison contre les attaques de ces pirates et rebelles que je suis fâché d'avoir à nommer mes concitoyens.

— On pourrait avoir des devoirs plus pénibles à remplir, colonel, et ne pas en être si bien récompensé. Rien n'est plus ennuyeux d'ordinaire qu'un cantonnement dans un village, et l'on n'y trouve guère que des liqueurs exécrables. Mais dans une maison comme la vôtre, on peut dire qu'on est couché dans un berceau de contentement. Cependant j'ai une plainte à vous faire; oui, il faut que je la fasse, car ce serait une honte pour mon régiment et pour moi si je gardais le silence plus longtemps.

— Parlez, Monsieur, dit le colonel un peu surpris, et croyez que je m'empresserai d'en faire disparaître la cause.

— Eh bien! Monsieur, nous vivons ici trois garçons qui restons ensemble du matin au soir, parfaitement bien nourris, et encore mieux abreuvés, j'en conviens : mais enfin nous vivons ici en anachorètes, tandis qu'il y a à cent pas de nous deux des plus aimables demoiselles de la Grande-Bretagne, qui restent dans la solitude sans que nous puissions jamais leur payer le tribut de nos hommages. C'est un reproche à nous faire à tous deux, colonel; à vous comme ancien militaire, à moi comme jeune soldat. Quant à notre ami *Coke sur Littleton*, je lui laisse le soin de faire valoir sa cause par toutes les formalités légales.

Le colonel fronça le sourcil un moment, et le visage jaune de Dillon, qui avait écouté cette conversation dans un sombre silence, devint plus livide. Mais le front ouvert du vieillard reprit bientôt son expression de franchise ordinaire, et les lèvres du jeune homme furent entr'ouvertes par une espèce de souvenir jésuitique. Mais le capitaine n'y fit aucune attention; en attendant une réponse, il buvait un verre de vin par petites gorgées, comme s'il eût voulu analyser chaque goutte qui touchait son palais.

Après une pause assez embarrassante qui ne dura pourtant qu'un instant, le colonel Howard rompit le silence.

— Il y a quelque raison dans ce que vous me donnez à entendre, Borroughcliffe...

— Je vous le dis très-clairement, colonel ; c'est une plainte positive fondée sur un fait.

— Et la plainte est juste, capitaine. Il n'est pas raisonnable, Christophe, que la crainte qu'ont ces dames de ces pirates, nos concitoyens, aille jusqu'à nous priver de leur compagnie, quoique la prudence puisse exiger qu'elles gardent leur appartement. Par égard pour le capitaine Borroughcliffe, elles doivent au moins nous admettre au thé dans la soirée.

— C'est précisément ce que je voulais dire, colonel. Je trouve que tout va fort bien quant au dîner ; mais il n'y a personne qui sache faire tomber l'eau bouillante dans la théière avec autant de grâce et de dextérité qu'une femme. Ainsi, mon cher et honorable colonel, en avant, et donnez-leur vos injonctions pour qu'elles permettent à votre humble serviteur, et à M. Coke sur Littleton, de se présenter devant elles, et de leur faire entendre le mot d'ordre de la galanterie.

Dillon fit une grimace, qu'il prenait pour un sourire satirique.

— Le colonel Howard et le capitaine Borroughcliffe, dit-il, pourraient trouver plus facile de culbuter les ennemis de Sa Majesté sur le champ de bataille, que de triompher du caprice d'une femme. Depuis près de trois semaines, je n'ai pas manqué d'envoyer demander des nouvelles de miss Howard à sa porte, ce que je devais faire comme parent de son père, et à peine a-t-elle daigné y répondre, si ce n'est par quelques remerciements, dont son sexe et son savoir-vivre ne lui permettaient guère de se dispenser.

— Eh bien ! vous avez été aussi heureux que moi, s'écria le capitaine en le regardant avec mépris, et je ne vois pas pourquoi vous le seriez davantage. La peur rend pâle, et les dames aiment à se montrer quand les roses l'emportent sur les lis.

— Une femme n'est jamais plus intéressante, capitaine, dit le colonel, que lorsqu'elle paraît reconnaître le besoin de l'appui de notre sexe, et celui qui ne se sent pas honoré par cette confiance est une honte pour l'espèce humaine.

— Supérieurement dit, colonel ! c'est parler en homme d'honneur et en militaire ! J'ai beaucoup entendu vanter l'amabilité de vos deux dames, depuis que je suis dans vos environs, et j'ai le plus grand désir de voir deux beautés assez loyales pour avoir fui leur pays natal, plutôt que de risquer de voir leurs charmes tomber en partage à quelque rebelle.

Le colonel prit un air de gravité, et même de mécontentement; mais cette expression de déplaisir fit place presque sur-le-champ à un sourire de gaieté forcée, et il se leva de table en s'écriant avec enjouement :

— Vous les verrez ce soir, capitaine, à l'instant même; nous le devons aux services que nous a rendus votre présence ici, aussi bien qu'à votre conduite sur le champ de bataille. Je ne céderai pas plus longtemps aux fantaisies de ces jeunes filles. Moi-même, il y a près de quinze jours que je n'ai vu ma pupille, et pendant tout ce temps je n'ai parlé que deux fois à ma nièce. Christophe, je vous recommande d'avoir soin du capitaine pendant que je vais au cloître : c'est ainsi que j'appelle l'aile de bâtiment dans laquelle se trouve leur appartement, capitaine, parce que c'est là que demeurent nos nonnes. Vous m'excuserez de quitter la table si promptement.

— N'en parlez pas, Monsieur, vous y laissez un excellent représentant, s'écria le capitaine, en jetant un coup d'œil sur M. Dillon pour fixer définitivement ses regards sur le flacon de vin; présentez mes respects à vos recluses, mon cher colonel, et dites-leur tout ce que vous suggérera votre excellent esprit pour justifier l'impatience où je suis de les voir. Monsieur Dillon, j'espère que vous ne me laisserez pas boire seul à leur santé?

Dillon accepta la proposition d'un air froid, et tandis qu'ils avaient le verre à la main, le colonel sortit de l'appartement en offrant de nouvelles excuses au capitaine, et en en adressant même de semblables à M. Dillon, quoiqu'il fût son commensal habituel.

— La crainte est-elle donc assez forte dans ces vieilles murailles, dit le capitaine, dès que le colonel fut parti, pour que vos dames croient devoir se renfermer dans leur appartement, avant même qu'on sache si un seul ennemi est débarqué sur cette côte?

— Le nom de Paul Jones a répandu la terreur dans tous les environs, Monsieur, répondit Dillon d'un ton froid, et les dames de Sainte-Ruth ne sont pas les seules qui aient conçu de semblables appréhensions.

— Ah! ce pirate s'est fait une fameuse réputation depuis l'affaire de Flambourgh-Head. Mais qu'il prenne garde d'entreprendre une seconde expédition de Whitehaven, tant qu'il y aura dans les environs un détachement de mon régiment, quand même il ne serait composé que de recrues.

— Les dernières nouvelles le laissent à la cour de France; mais il y a des hommes aussi désespérés que lui qui voguent sur l'Océan sous le pavillon des rebelles, et il y en a deux dont nous avons tout à craindre, pour de bonnes raisons. Ce sont eux qui, comme nous l'espérons, ont péri pendant cet ouragan.

— Oui-dà! j'espère donc que c'étaient des poltrons, sans quoi notre espérance serait peu chrétienne, et...

Il fut interrompu par le bruit de la porte qui s'ouvrait. Un sous-officier entra et lui annonça, avec un laconisme militaire, qu'une sentinelle venait d'arrêter trois hommes qui passaient sur la grande route, près de l'abbaye, et qui, d'après leur costume, paraissaient être des marins.

— Eh bien! laissez-les passer, s'écria le capitaine; n'avons-nous rien de mieux à faire que d'arrêter ceux qui voyagent sur le chemin du roi? Faites boire à ces drôles un coup de votre cantine, et renvoyez-les. Votre consigne était de donner l'alarme si quelque débarquement hostile s'effectuait, et non d'empêcher les sujets du roi d'aller à leurs affaires.

— Je vous demande pardon, mon capitaine, répondit le sergent; mais ces gens-là rôdaient dans les environs depuis plus d'une demi-heure. Ils ont attendu la nuit pour s'approcher du poste, et Downing, les regardant comme suspects, a cru devoir les arrêter.

— Downing est un sot, et il pourra lui en coûter cher pour sa sottise. Et qu'avez-vous fait de ces trois hommes?

— Je les ai conduits au corps-de-garde, dans l'aile du côté de l'orient.

— Eh bien! donnez-leur à manger, et à boire surtout, entendez-vous, drôle? afin qu'ils ne fassent pas de plaintes, et renvoyez-les ensuite.

— Oui, mon capitaine, vous serez obéi. Mais c'est qu'il y en a un des trois qui a la taille si droite et l'air si militaire, que je crois que nous pourrions l'engager à s'enrôler, si nous le gardions seulement jusqu'à demain matin. Je crois même à sa marche qu'il a déjà servi.

— Que dites-vous? s'écria le capitaine, dressant les oreilles comme un chien qui sent le gibier; déjà servi, dites-vous?

— Il en a l'air, mon capitaine; un vieux soldat se trompe rarement à cet égard; et vu son déguisement (car je répondrais qu'il est déguisé), et l'endroit où nous l'avons arrêté, nous ne courons pas grand risque de le retenir jusqu'à ce que nous lui ayons fait signer son enrôlement, conformément aux lois du royaume.

— Silence! dit Borroughcliffe en se levant et en décrivant un zigzag pour gagner la porte. Songez que vous parlez en présence d'un juge, et qu'il ne faut point parler des lois à la légère. Du reste, ce que vous dites est raisonnable, sergent; donnez-moi votre bras, et conduisez-moi au corps-de-garde, car mes yeux ne me servent à rien par une nuit si sombre. Un commandant devrait toujours faire sa ronde avant qu'on batte la retraite.

Après avoir imité la courtoisie du colonel, en s'excusant auprès de M. Dillon de le laisser seul, le capitaine se retira en s'appuyant sur le bras de son sergent avec un air de condescendance familière.

Dillon, resté seul à table, s'abandonna à la rancune qui le dévorait, et qu'il exprima par un sourire satirique et méprisant, nécessairement perdu pour tous, lui seul excepté, qui contempla dans une grande glace, placée en face de lui, ses traits boudeurs et désagréables.

Mais il faut que nous allions au cloître attendre la visite du colonel.

LE PILOTE.

CHAPITRE X.

> Il y avait dans ses yeux si doux une bienveillance
> affectueuse qui semblait se fixer sur tout ce qu'ils
> regardaient ; soit que la bonne humeur d'Hébé
> animât son visage, soit qu'il fût comme à demi
> voilé par une douce mélancolie, tel était le charme,
> telle était la grâce de son expression, que le dernier de ses regards était toujours plus doux que les autres.
>
> CAMPBELL. *Gertrude de Wyoming.*

L'AILE occidentale de l'abbaye de Sainte-Ruth, comme on nommait généralement la maison habitée par le colonel Howard, ne conservait que peu de traces de son ancienne destination. Les chambres des étages supérieurs étaient en grand nombre, petites, et s'étendaient des deux côtés d'un long corridor bas et obscur. Elles avaient peut-être servi de cellules aux sœurs qui, disait-on, avaient habité autrefois cette partie de l'édifice. Mais le rez-de-chaussée avait été *modernisé*, pour nous servir du terme qu'on employait alors, il y avait environ un siècle, et on ne lui avait conservé de son caractère primitif que ce qu'il fallait pour donner un air vénérable à ce qu'on regardait comme comfortable au commencement du règne de George III.

Cette aile, ayant toujours servi au logement de la maîtresse de la maison depuis que tout l'édifice n'était plus qu'une habitation mondaine, le colonel Howard, en entrant en possession temporaire de l'abbaye de Sainte-Ruth, ne dérogeant pas à cet usage, en fit d'abord l'appartement de sa nièce, ensuite sa prison. Mais comme la sévérité du vieux colonel conservait toujours quelques traces de ses vertus, les seuls sujets de plainte qu'eût sa nièce étaient le mécontentement de son oncle, et l'espèce de détention qu'il lui faisait subir. Afin que le lecteur puisse mieux juger de la nature de cet emprisonnement, nous allons sans plus de circonlocutions le transporter en présence de miss Howard et de Catherine Plowden, avec lesquelles il s'attend sans doute à faire plus ample connaissance.

La pièce qui servait de salon dans l'aile occidentale avait été jadis, suivant la tradition, le réfectoire du petit essaim de belles recluses, qui cherchaient entre les murs de l'abbaye de Sainte-Ruth un abri contre les tentations du monde. Le nombre n'en devait donc pas être considérable, sans quoi cette salle n'aurait pu les contenir. Elle était meublée de tout ce que le luxe pouvait offrir de plus commode, sinon de plus recherché. L'ample draperie des grands rideaux de damas bleu, suspendus aux croisées qui se trouvaient percées à droite et à gauche, cachait presque entièrement le beau cuir doré qui tapissait les espaces intermédiaires. Des sofas et des pièces d'acajou sculpté offraient sur leurs coussins la même étoffe que celle des rideaux. Le plancher était couvert d'un tapis de Turquie, sur lequel toutes les couleurs de l'arc-en-ciel, irrégulièrement réunies, égayaient la sombre et monotone splendeur d'une énorme cheminée, des lourdes corniches et des lambris sculptés. Un grand feu de bois pétillait dans l'âtre de la cheminée, par égard pour les préjugés de miss Plowden, qui avait déclaré, avec sa vivacité ordinaire, que le feu du charbon de terre ne pouvait convenir qu'à des forgerons ou à des Anglais. A la flamme du foyer se mêlait la clarté de deux bougies, placées dans des chandeliers d'argent ; sur le tapis, dont les reflets des bougies faisaient ressortir les brillantes nuances, était une jeune personne dans une attitude qui rappelait les grâces de l'enfance, et quiconque n'aurait pas connu les motifs de son occupation aurait cru qu'elle s'en retraçait encore les jeux. Elle était entourée de petits morceaux de soie de différentes couleurs, que ses mains agiles disposaient suivant toutes les combinaisons qui se présentaient à son imagination. Une robe de satin noir serrait sa taille svelte, et en faisait valoir l'élégance ; mais ses yeux étaient surtout séduisants par leur éclat et leur vivacité. Quelques rubans d'un rose vif, disposés avec une négligence un peu étudiée, semblaient emprunter leur riche nuance au vermillon d'une physionomie animée, dont les grâces permettaient à peine de remarquer qu'elle avait la peau un peu brune.

Une autre jeune personne en robe blanche était assise sur le coin d'un sofa. La réclusion dans laquelle elle vivait l'avait peut-être rendue insouciante sur sa parure, ou, ce qui est plus probable, le peigne n'avait pu contenir les longues tresses de ses cheveux noirs qui tombaient avec profusion sur son cou et sur ses épaules ; la plus jolie main d'albâtre disparaissait en partie sous la soie qui la couvrait. Son front d'une candeur céleste était embelli de deux sourcils qu'on eût crus dessinés par Raphaël, et ses paupières garnies de longs cils s'abaissaient sur ses yeux fixés sur le tapis, comme si elle eût été occupée de réflexions mélancoliques. Le reste de sa physionomie me serait difficile à décrire, car ses traits n'étaient ni réguliers ni parfaits, considérés séparément; mais leur ensemble formait tout ce qu'une femme peut avoir de plus aimable et de plus séduisant. Une légère teinte d'incarnat semblait n'être que fugitive sur ses joues, suivant les sensations rapides et changeantes de son cœur. Assise comme elle était alors, elle paraissait d'une taille au-dessus de la moyenne; il y avait dans sa personne plus de délicatesse que d'embonpoint, et l'on n'admirait pas moins la forme ravissante de son pied appuyé sur un coussin couvert en damas.

— Oh! je suis aussi habile que si j'étais l'officier chargé des signaux du grand-amiral de ce royaume, dit la jeune fille au visage riant, en battant des mains avec un air de triomphe enfantin; que je suis impatiente, Cécile, de trouver l'occasion de mettre ma science en pratique!

Tandis que sa cousine parlait, miss Howard leva la tête en souriant, et lorsque ses yeux se tournèrent vers Catherine, quiconque les aurait vus aurait été trompé dans son attente sans pouvoir regretter de l'être. En place des yeux noirs et perçants que semblait annoncer la couleur de ses cheveux, il aurait vu deux grands yeux bleus, qui, moins vifs que ceux de sa compagne, se faisaient remarquer par un air de tendresse et de douceur persuasive.

— Le succès de votre folle excursion sur les bords de la mer, ma cousine, répondit Cécile, vous a, je crois, troublé l'esprit. Mais je ne sais comment vous guérir de cette maladie, à moins de vous ordonner les bains de mer, comme c'est l'usage dans certains cas de folie.

— Ah! Cécile, je doute que ce remède pût réussir, puisqu'il n'a produit aucun effet sur M. Barnstable, à qui la mer a sans doute administré bien des douches pendant plus d'un ouragan, et qui a plus que jamais des droits à être admis à Bedlam. Croirez-vous que, dans la conversation de dix minutes que nous avons eue ensemble, cet écervelé m'a pressée de prendre son schooner pour baignoire?

— Je crois que votre cruauté ne le jette pas dans le découragement, mais certes il ne peut vous avoir fait une telle proposition sérieusement.

— Oh! pour lui rendre justice, je dois convenir qu'il a dit quelques mots du chapelain pour sanctionner cette mesure; mais ce n'en était pas moins une impudence sans égale. Je n'oublierai ni ne pardonnerai ce trait de folie d'ici à vingt-six ans. Quel plaisir il a dû avoir ce soir dans son petit *Ariel*, au milieu des vagues monstrueuses que nous avons vues se briser sur le rivage! J'espère qu'elles l'auront corrigé de son impertinence. Il a passé par une bonne lessive. C'est une punition de son audace, et je ne manquerai pas de le lui dire. Je vais préparer d'avance une demi-douzaine de signaux pour me moquer du bain qu'il a pris.

Se livrant à sa gaieté, et pleine de l'espoir que l'occasion de faire usage de ses signaux ne tarderait pas à se présenter, l'aimable jeune fille secoua ses cheveux noirs en riant, et se mit à former de nouvelles combinaisons avec ses morceaux de soie, pour s'amuser aux dépens de son amant quand elle le reverrait.

— Pouvez-vous plaisanter ainsi, Catherine, quand nous avons tant de sujets de crainte? dit miss Howard d'une voix qui, malgré sa douceur, avait un accent de reproche. Oubliez-vous ce qu'Alix Dunscombe nous a dit ce matin de l'ouragan? Ne vous souvenez-vous pas qu'elle nous a parlé de deux navires, une frégate et un schooner, qui avaient eu la témérité d'entrer dans une baie pleine d'écueils et de bas-fonds à six milles d'ici, et qu'à moins que Dieu ne les ait pris sous sa protection spéciale, il est presque impossible qu'ils aient échappé aux dangers qui les entouraient? Vous qui savez mieux que personne quels étaient les audacieux marins qui montaient ces bâtiments, pouvez-vous parler de leurs périls avec ce ton de légèreté?

Cette remontrance rappela miss Plowden à elle-même. Toute trace de gaieté disparut à l'instant de sa physionomie, et elle devint pâle comme la mort. Elle joignit les mains avec un air de profonde affliction, et fixa sur les morceaux de soie dispersés devant elle des regards vagues et hagards.

En ce moment critique la porte du salon s'ouvrit lentement, et le colonel y entra avec un air qui offrait un singulier mélange d'indignation et du respect chevaleresque qu'il avait pour le beau sexe.

— Je vous demande pardon de vous interrompre ainsi, Mesdemoiselles, leur dit-il; mais je présume que l'arrivée d'un vieillard ne peut jamais être tout à fait indiscrète dans le salon de ses pupilles.

Après les avoir saluées, il alla s'asseoir à l'autre bout du sofa sur lequel était sa nièce, qui s'était levée en le voyant entrer, et qui resta debout jusqu'à ce que son oncle se fût assis. Le vieillard jeta un regard satisfait sur l'ameublement du salon, et continua sur le même ton.

— Cet appartement est de nature à vous permettre d'y recevoir compagnie honorablement, et je ne vois pas la nécessité de cette réclusion constante à laquelle vous vous condamnez.

— Nous vous sommes certainement très-obligées de toutes vos attentions, mon oncle, lui dit-elle; mais notre réclusion est-elle tout à fait volontaire?

— Que voulez-vous dire, Mademoiselle? N'êtes-vous pas la maîtresse de cette maison? En choisissant pour résidence un endroit où vos ancêtres, et permettez-moi d'ajouter où les miens ont demeuré si longtemps avec crédit et honneur, j'ai moins suivi les conseils d'un orgueil assez naturel que le désir de contribuer à votre satisfaction et à votre bonheur. Il me semble que je ne vois rien ici qui doive nous faire rougir d'y recevoir nos amis; les murailles du cloître de Sainte-Ruth ne sont pas tout à fait nues, miss Howard; et celles qui les habitent peuvent se montrer sans trop de crainte.

— Ouvrez-en donc le portail, mon oncle, et votre nièce tâchera d'en faire les honneurs d'une manière digne de l'hospitalité de celui qui en est le maître.

— C'est parler comme doit le faire la fille d'Harry Howard, dit le vieillard en se rapprochant insensiblement de sa nièce. Si mon frère s'était dévoué aux camps, au lieu de prendre le parti de la marine, Cécile, il serait devenu un des plus braves et des plus habiles généraux de Sa Majesté. Le pauvre Harry! il vivrait peut-être encore! peut-être conduirait-il en triomphe les troupes victorieuses de Sa Majesté dans les colonies révoltées! Mais il n'existe plus, Cécile, et il vous a laissée après lui pour le représenter, pour perpétuer sa famille, et posséder le peu que nous ont laissé les ravages du temps.

— Bien certainement, mon oncle, répondit Cécile en lui prenant la main, et en la touchant de ses lèvres, nous n'avons aucun motif de nous plaindre de notre sort, relativement à la fortune. Hélas! bien des gens sont en ce moment plus à plaindre que nous.

— Non, non, s'écria Catherine d'une voix agitée; Alix Dunscombe s'est trompée! la Providence n'a pu condamner de braves gens à un destin si cruel.

— Alix Dunscombe est ici pour réparer ses erreurs si elle en a commis, dit une voix douce et tranquille, dans laquelle on pouvait remarquer un léger accent de province, et privée du charme si touchant des moindres mots de miss Howard, charme qui ajoutait une nouvelle mélodie aux expressions vives et enjouées de sa cousine.

La surprise occasionnée par cette interruption soudaine amena un instant de silence. Catherine Plowden, restée sur le tapis dans l'attitude que nous avons déjà décrite, se releva, et elle éprouva un moment de confusion qui vint rendre à ses joues les vermeilles couleurs de la vie. La femme qui venait de parler en entrant avança d'un pas ferme jusqu'au milieu du salon, et après avoir rendu avec une politesse étudiée le salut que lui adressa le colonel, elle s'assit en silence sur le sofa situé en face de celui que sa nièce et lui occupaient.

La manière dont elle était entrée, l'accueil qu'elle reçut et le costume qu'elle portait, prouvaient que sa visite n'était ni extraordinaire, ni désagréable aux deux cousines. Elle était vêtue avec la plus grande simplicité, mais avec une propreté recherchée qui la dispensait de tout autre ornement. Elle ne pouvait avoir plus de trente ans, mais la manière dont elle s'habillait semblait annoncer qu'elle n'était pas fâchée de passer pour être moins jeune. Ses beaux cheveux blonds étaient resserrés sous un bandeau noir, semblable au *snood*[1] des jeunes Ecossaises, qui ne laissait échapper que quelques boucles. Son teint avait beaucoup perdu de son éclat, mais il lui en restait encore assez pour qu'on pût juger de celui dont il avait dû briller quelques années auparavant. Ses grands yeux bleus étaient pleins de douceur, ses dents d'une blancheur éclatante, et ses traits réguliers; elle portait une robe de soie d'un gris foncé qui allait à ravir à sa taille élégante.

1. Ruban avec lequel les jeunes filles retiennent leurs cheveux, et que ne portent pas les femmes mariées.

Après qu'elle se fut assise, le colonel garda le silence encore un instant, et se tournant vers Catherine, il lui dit d'un air qui ne paraissait que plus raide et plus contraint, par les efforts qu'il faisait pour montrer de l'aisance.

— Miss Plowden, vous n'avez pas plus tôt évoqué miss Alix, que la voilà qui paraît disposée, — comme j'ose le dire, miss Dunscombe, — à se défendre contre toute accusation que pourraient intenter contre elle ses plus cruels ennemis.

— Je n'ai aucune accusation à intenter contre miss Dunscombe, dit Catherine avec un mouvement d'humeur, et je ne me soucie pas que personne jette la dissension entre mes amies et moi, fût-ce même le colonel Howard.

— Le colonel Howard aura grand soin de ne pas commettre à l'avenir de pareilles fautes, dit le vieillard en saluant Catherine avec un air de raideur. Se tournant ensuite vers l'étrangère : — Lorsque vous êtes arrivée, miss Alix, lui dit-il, je représentais à ma nièce qu'il ne convient pas qu'elle reste invisible entre ces murailles, comme les nonnes qui les habitaient autrefois. Ni son âge, ni ma fortune, ni même la sienne, car Henri Howard n'a pas déshérité sa fille, n'exigent que nous vivions comme si nous voulions fermer nos portes au monde entier, et qu'on ne pût entrer à Sainte-Ruth que par ses antiques fenêtres. Miss Plowden, je crois devoir vous demander ce que signifie cette prodigieuse quantité de morceaux de soie de toutes couleurs taillés d'une manière si extraordinaire.

— J'en veux faire une parure pour le premier bal que vous nous donnerez, Monsieur, répondit Catherine avec un sourire malin, qui ne fut qu'à moitié réprimé par le coup d'œil de reproche que lui lança sa cousine. Vous avez du goût, colonel Howard ; dites-moi si ce jaune brillant ne produira pas un excellent effet sur mon teint ; si ce noir et ce blanc ne contrasteront pas bien ensemble ; si ce rose n'ira pas à ravir avec des yeux noirs ? cela ne fera-t-il pas un turban qu'une impératrice pourrait porter ?

Pendant qu'elle babillait ainsi, les doigts agiles de la jeune fille arrangeaient ses petits pavillons, les attachaient avec des épingles, et en formaient une espèce de coiffure qui ressemblait assez à celles dont elle venait de parler, et qu'elle se mit sur la tête en riant. Le colonel avait trop de politesse pour contredire une femme en matière de goût, et s'il avait d'abord conçu quelques légers soupçons sans objet certain, ils furent complètement dissipés par la dextérité de sa pupille. Mais s'il n'était pas difficile de tromper le colonel en ce qui concernait la toilette des dames, il n'en était pas de même d'Alix Dunscombe ; elle regarda le turban de manière à laisser voir que cette parure lui paraissait suspecte, et Catherine s'en apercevant, alla s'asseoir près d'elle, et tâcha de détourner son attention en lui faisant diverses questions à voix basse.

— Je disais, miss Alix, continua le colonel, que quoique le malheur des temps ait certainement fait quelque brèche à ma fortune, nous n'étions pas réduits à ne pouvoir recevoir nos amis d'une manière digne des descendants des anciens propriétaires de Sainte-Ruth. Cécile que voici, la fille de mon frère Harry, est une jeune personne que tout oncle pourrait être fier de montrer, et je voudrais qu'elle fît voir à nos dames anglaises que nous élevons, de l'autre côté de la mer Atlantique, des rejetons qui ne sont pas indignes de la tige-mère.

— Vous n'avez qu'à déclarer votre bon plaisir, mon cher oncle, dit miss Howard, et l'on s'y conformera.

— Dites-nous en quoi nous pourrons vous obliger, Monsieur, ajouta Catherine, et pour peu que cela puisse contribuer à diminuer l'ennui qu'inspire ce séjour, je vous promets que vous trouverez, du moins en moi, une aide disposée à vous seconder dans tous vos projets.

— C'est bien parler, dit le colonel, et comme deux filles sages et discrètes. Eh bien ! pour commencer, nous enverrons un messager à Dillon et au capitaine Borroughcliffe pour les inviter à prendre le café avec vous. Il est l'heure d'y songer.

Cécile ne répondit rien, mais elle parut vivement contrariée, et ses yeux se fixèrent sur le tapis. Ce fut Catherine qui se chargea de prendre la parole.

— Il me semble, dit-elle, que ce serait à eux à prendre l'initiative, et à nous faire demander s'il peut nous convenir de les recevoir. Mais puisque votre bon plaisir est que nous fassions les avances, ne vaudrait-il pas mieux, mon cher Monsieur, que nous nous rendissions dans votre salon pour y faire les honneurs de la table à thé? J'ai appris que vous avez fait arranger à cet effet un appartement ; et quoique je ne doute pas de votre goût, celui d'une femme n'est pas à dédaigner.

— Je crois vous avoir déjà dit, miss Plowden, répondit le colonel avec un air de mécontentement, que tant que les deux navires qui me sont suspects seront dans le voisinage de cette côte, je désire que vous et miss Howard vous ne quittiez pas votre appartement.

— Ne dites donc pas que nous nous y enfermons volontairement. Avouez en bon anglais que c'est vous qui nous y tenez dans la réclusion.

— Suis-je un geôlier, miss Plowden, pour que vous me parliez de la sorte? Que pensera de moi miss Dunscombe? Si une remarque aussi singulière fait impression sur elle, elle doit tirer d'étranges conclusions! Je...

Miss Dunscombe l'interrompit.

— On peut se dispenser maintenant, dit-elle d'un ton mélancolique, de toutes les précautions que pouvait inspirer la crainte du vaisseau et du schooner avancés hier soir dans la baie de Devil's-Grip. Il n'existe aujourd'hui que bien peu de gens qui soient en état de diriger les plus petits bâtiments, en plein jour et avec le vent favorable, dans ces dangereux parages. Mais dans l'obscurité et par un vent contraire, c'est de Dieu seul que peut venir le salut.

— Il y a véritablement tout lieu de croire qu'ils ont péri, dit le colonel d'une voix qui ne prenait nullement le ton du triomphe de la satisfaction.

Catherine se leva, traversa la chambre d'un air qui semblait rehausser sa petite taille, et alla s'asseoir à côté de sa cousine.

— Non! s'écria-t-elle en même temps avec énergie, non, ils n'ont pas péri! Ils sont habiles autant que braves; ils feront tout ce que peuvent faire d'excellents marins. Et en faveur de qui une juste Providence interviendrait-elle dans sa merci, si elle ne protégeait les enfants entreprenants d'un pays opprimé qui se défend contre la tyrannie et l'injustice?

Les dispositions toutes conciliatrices du colonel s'évanouirent quand il entendit ces paroles, et sa politesse lui permit à peine d'attendre que sa pupille eût fini de parler.

— Et quel péché, s'écria-t-il, les yeux brillants d'un feu que les glaces de l'âge n'avaient pu éteindre, quel crime plus digne de la damnation que la révolte, pourrait plus justement appeler le courroux du ciel sur ceux qui s'en rendent coupables? Ce fut ce crime qui inonda l'Angleterre de sang sous le règne de Charles Ier, ce fut ce crime qui ensanglanta plus de champs de bataille que toutes les autres causes de guerre réunies. Il a été puni des châtiments qu'il méritait, depuis le temps d'Absalon jusqu'à nos jours; il a fait perdre le ciel à quelques uns de ses anges les plus brillants de gloire, et il y a tout lieu de croire que c'est le péché impardonnable dont parle le saint Evangile.

— Je ne sais pas si vous avez droit de penser que ce soit le crime énorme dont vous parlez, colonel, dit miss Dunscombe prévoyant que Catherine allait répondre avec trop de vivacité, et voulant l'en empêcher; et avec un soupir qui semblait partir du cœur, elle ajouta d'une voix qui devenait de plus en plus douce:
— Oui, c'est sans doute un grand crime, un crime plus noir que toutes les autres fautes de la vie. Combien de gens ont brisé les liens les plus chers pour s'élancer dans ce gouffre! Je crois réellement que le cœur s'endurcit à la vue des calamités humaines, qu'il devient insensible aux maux qu'il fait souffrir aux autres, et qu'il ne songe plus si ceux dont il cause le malheur sont des amis et des parents. D'ailleurs, colonel Howard, c'est une tentation bien dangereuse pour celui qui n'a qu'une faible connaissance du grand monde que de se trouver élevé tout à coup au souverain pouvoir; et s'il ne commet pas sur-le-champ de grands crimes, il s'y prépare du moins par l'endurcissement de son cœur.

— Je vous écoute avec impatience, miss Alix, s'écria Catherine en battant la terre de son petit pied avec un sang-froid affecté, car vous ne savez ni de qui ni à qui vous parlez. Mais le colonel Howard n'a pas la même excuse. Paix! Cécile, il faut que je parle. Croyez-moi, ma chère amie, je vous réponds qu'il n'existe pas sur leur tête un seul cheveu qui soit mouillé. Quant à vous, colonel Howard, qui devez vous rappeler que le fils d'une sœur de la mère de Cécile et de la mienne se trouve à bord de cette frégate, il y a une apparence de cruauté à parler comme vous le faites.

— J'ai pitié de lui, s'écria le colonel, j'en ai pitié de tout mon cœur; il a suivi le torrent qui entraîne nos malheureuses colonies à leur destruction. Mais ce n'est qu'un enfant, et il y a sur ce vaisseau des gens qui n'ont pas comme lui leur ignorance à alléguer pour excuse. Il s'y trouve, entre autres, le fils de mon ancienne connaissance, de l'ami de cœur d'Harry, du père de Cécile, d'Hugues Griffith, que nous avions surnommé l'Entreprenant. Ils partirent ensemble le même jour, à bord d'un des vaisseaux de Sa Majesté. Le pauvre Harry vécut juste assez pour atteindre le grade de lieutenant, et Hugues mourut commandant d'une frégate. Son fils fut élevé sur le vaisseau de son père, et il apprit au service de Sa Majesté à combattre contre son roi. Il y a en cela quelque chose qui révolte la nature, miss Alix; c'est comme l'enfant qui lève la main contre son propre père. Ce sont pourtant de tels hommes, et Washington à leur tête, qui soutiennent l'audace de cette rébellion.

— Il y a des hommes, Monsieur, dit Catherine avec fierté, qui n'ont jamais porté l'uniforme servile de la Grande-Bretagne, et dont les noms sont aussi chéris et aussi respectés en Amérique qu'aucun de ceux dont l'Angleterre puisse se vanter; des hommes, Monsieur, qui ne craindraient pas à l'abordage les plus braves officiers de la marine anglaise.

— Je n'ai pas besoin de lutter contre votre raison égarée, dit le colonel en se levant avec un air de froid respect. Une jeune fille qui se hasarde à mettre des rebelles en comparaison avec de braves et fidèles sujets ne peut être accusée que de délire. Nul homme, je ne parle pas des femmes, qu'on ne peut supposer connaître si bien la nature humaine; nul homme, dis-je, arrivé à l'époque de la vie où il peut lui être permis de se donner ce titre, ne peut faire cause commune avec ces désorganisateurs qui voudraient détruire tout ce qu'il y a de plus sacré; avec ces niveleurs, qui voudraient élever les petits sur les ruines des grands; avec ces jacobins, qui...

— Monsieur, dit Catherine avec une froideur provoquante, si vous êtes embarrassé pour trouver de nouvelles épithètes insultantes, appelez à votre aide M. Christophe Dillon; le voilà à la porte.

Le colonel se retourna d'un air surpris, oubliant sa colère et ses déclamations à cette nouvelle inattendue, et vit effectivement le visage livide de son parent, qui était debout, tenant d'une main la porte entr'ouverte, et en apparence aussi étonné de se trouver devant les jeunes dames, qu'elles pouvaient elles-mêmes être surprises de sa visite.

CHAPITRE XI.

> Je t'en prie, Catherine, tenons-nous à l'écart pour voir la fin de cette querelle.
> SHAKSPEARE. *La méchante femme mise à la raison.*

PENDANT la discussion un peu vive rapportée dans le chapitre précédent, miss Howard s'était appuyé la tête sur un des bras du sofa, écoutant avec chagrin l'espèce de querelle qui venait de s'élever entre son oncle et sa cousine. Mais quand elle vit entrer un homme qu'elle ne croyait pas autorisé à se présenter devant elle sans sa permission, elle s'arma de toute la dignité de son sexe, et montra autant de fierté qu'aurait pu en déployer sa cousine, avec un peu plus de réserve peut-être.

S'étant levée sur-le-champ, elle dit froidement : — A quoi devons-nous la visite inattendue de M. Dillon ? Il ne peut ignorer qu'il nous est défendu d'aller dans la partie de la maison qu'il habite, et j'espère que le colonel Howard lui dira qu'il est juste qu'on nous permette de ne pas être interrompues dans notre appartement.

— Miss Howard n'aura plus de reproches à me faire, répondit Dillon d'un ton dont l'humilité calculée ne pouvait masquer tout son dépit, quand elle saura qu'une affaire importante m'amène près de son oncle.

— Cela change la face des choses, Kit, dit le colonel ; mais les dames doivent toujours obtenir de nous le respect dû à leur sexe. Je ne sais trop comment moi-même j'ai oublié de me faire annoncer. Cela vient sans doute de ce que Borroughcliffe m'a poussé dans le madère plus avant que de coutume. Je n'en avais pas fait autant depuis que mon pauvre frère Harry et son digne ami Hugues Griffith... Au diable Hugues Griffith et toute sa race ! Pardon, miss Alix. Eh bien ! monsieur Dillon, de quoi s'agit-il ?

— J'apporte un message du capitaine Borroughcliffe. Vous vous souvenez, Monsieur, que cédant à vos désirs, les sentinelles sont changées chaque nuit.

— Oui, oui; c'était ce que nous faisions dans notre campagne contre Montcalm, afin d'éviter les coups meurtriers de ses Indiens, qui étaient sûrs d'abattre un homme à son poste, s'il était placé deux nuits de suite au même endroit.

—Eh bien! Monsieur, votre sage précaution n'a pas été inutile, dit Dillon en s'avançant dans l'appartement comme s'il eût pensé que la nouvelle qu'il apportait aurait dû lui ménager un plus favorable accueil, et il en résulte que nous avons déjà fait trois prisonniers.

— En vérité! s'écria Catherine en jetant sur lui un regard de mépris : puisque M. Dillon y applaudit d'une manière si évidente, cette mesure doit être aussi légale que politique. La redoutable garnison de Sainte-Ruth va donc avoir la gloire d'avoir triomphé des efforts réunis de trois voleurs, de trois filous!

La figure jaune de Dillon devint livide de colère.

— Oui, oui, cette mesure est légale, dit-il, et cette affaire donnera peut-être, à celui qui est chargé en dernier ressort d'exécuter les lois, plus de besogne que miss Plowden ne le désirerait, car la rébellion est un crime que ne pardonne le code pénal d'aucune nation chrétienne.

— La rébellion! s'écria le colonel; et qu'a de commun l'arrestation de trois vagabonds avec la rébellion, Kit? Le maudit poison a-t-il traversé la mer Atlantique? Pardon, miss Alix; mais c'est un sujet sur lequel vous pensez comme moi; je vous ai entendue exprimer vos sentiments sur la fidélité due à notre souverain, à l'oint du Seigneur. Parlez, monsieur Dillon; sommes-nous menacés par une autre bande de démons? En ce cas, il faut mettre la main à l'œuvre, et nous rallier autour de notre roi, car cette île est la principale colonne de son trône.

— Je ne puis dire, répondit Dillon avec une gravité ridicule, qu'il y ait à présent aucune apparence de soulèvement dans cette île, quoique les émeutes qui ont eu lieu à Londres justifient les mesures de précaution prises par les ministres de Sa Majesté, et même la suspension de l'*habeas corpus*. Mais vous avez regardé comme suspects deux navires qui depuis quelque temps se sont plusieurs fois rapprochés des côtes en vrais pirates.

Le petit pied de Catherine battait avec rapidité sur le beau tapis; mais elle se contenta de jeter un nouveau coup d'œil de mépris sur l'orateur. Il n'en fut pas de même du colonel; ce sujet lui tenait au cœur, et il y répondit d'une manière digne de l'importance qu'il y attachait.

— Vous parlez en homme sensé et en sujet loyal, monsieur Dillon. L'*habeas corpus*, miss Alix, fut obtenu sous le règne du roi Jean, par ses barons, ainsi que la grande charte, pour la sécurité du trône. Le sang de quelques uns d'entre eux coule encore dans mes veines, ce qui suffirait seul pour prouver qu'on n'oublia pas de consulter convenablement la dignité de la couronne. Quant aux pirates nos concitoyens, Christophe, il y a tout lieu de croire que la vengeance d'une Providence offensée les a déjà atteints. Ceux qui connaissent bien la côte me disent qu'il serait impossible à aucun bâtiment de se tirer du milieu des rochers où on les a vus, par une nuit aussi sombre, avec un vent si contraire; et dans le fait, quand le jour est arrivé, on ne les a plus revus : il leur aurait fallu un pilote tel qu'un ennemi ne pourrait s'en procurer.

— Mais quels qu'ils soient, amis ou ennemis, Monsieur, continua Dillon, il y a tout lieu de croire que nous tenons en ce moment dans l'abbaye des gens qui peuvent nous en donner des nouvelles certaines, car les trois hommes que nous venons d'arrêter, non seulement paraissent fraîchement débarqués, mais ont le costume et l'air de marins.

— De marins! répéta Catherine; et une pâleur mortelle remplaça le vermillon que l'indignation avait appelé sur son visage.

— De marins, miss Plowden, dit encore Dillon en appuyant sur ce mot avec une satisfaction malicieuse qu'il cherchait à cacher sous un air de soumission respectueuse.

— Je vous remercie, Monsieur, de vous être servi d'un terme si honnête, répondit Catherine retrouvant au même instant sa présence d'esprit. L'imagination de M. Dillon est si disposée à peindre les choses en mal, qu'il a droit à nos remerciements pour ne pas avoir ajouté à notre frayeur en nous représentant ces hommes comme des pirates.

— Il peut encore se faire qu'ils méritent ce nom, miss Plowden, répliqua Dillon avec froideur; mais mon éducation m'a appris qu'il faut entendre l'instruction d'une affaire avant de prononcer une sentence.

— Il a trouvé cela dans *Coke sur Littleton*, s'écria le colonel. La loi est un correctif salutaire pour les infirmités humaines, miss

Alix, et, entre autres choses, elle enseigne la patience à un caractère impétueux. Sans cette maudite rébellion, cette rébellion contre nature, ce jeune homme, assis sur un fauteuil de juge, répandrait les bienfaits de la justice dans quelqu'une de nos colonies, je vous le garantis; il le ferait sans distinction de personnes, et quelque couleur qu'eût la peau de l'accusé, blanche ou noire, jaune ou rouge, sauf la différence que la nature a établie entre l'officier et le soldat. Prenez courage, Kit; le bon temps reviendra. Les rois ont de longs bras, et nous ne tarderons pas à recevoir de meilleures nouvelles que les dernières. Mais nous allons nous rendre au corps-de-garde, et interroger ces rôdeurs. Ce sont sans doute quelques déserteurs d'un des bâtiments en croisière de Sa Majesté; à moins que ce ne soient quelques braves gens occupés du service de la presse. Allons, Kit, partons, et...

— Allons-nous donc perdre sitôt la compagnie du colonel Howard? dit Catherine en s'avançant vers son tuteur de l'air le plus agréable et le plus flatteur. Je sais qu'il oublie trop aisément la vivacité avec laquelle je me laisse emporter dans nos petites querelles, pour croire qu'il puisse en conserver du ressentiment. Ne voudra-t-il pas goûter notre café?

Le vieillard s'était tourné vers elle pendant qu'elle lui parlait ainsi, et l'avait écoutée avec attention. Quand elle eut cessé de parler, il lui répondit avec un ton de bienveillance:

— Oui, vraiment, petite malicieuse, vous me connaissez trop bien pour douter de mon indulgence. Mais le devoir doit marcher avant tout; il faut savoir résister même aux sourires de la beauté. Et vous aussi, mon enfant, vous êtes fille d'un brave et digne marin; mais vous portez trop loin votre attachement à cette profession. Oui, je vous le dis, miss Plowden, beaucoup trop loin.

Catherine rougit peut-être un peu en ce moment; mais le sourire qui parut sur ses lèvres en même temps fut un charme qui détourna l'attention du colonel. Elle appuya légèrement la main sur son bras pour le retenir, et lui dit:

— Mais pourquoi nous quitter, colonel? Il y a longtemps que nous ne vous avions vu dans notre cloître, et vous savez que vous venez près de nous comme un père. Attendez encore quelques instants, et vous joindrez peut-être à ce titre celui de confesseur.

— Je connais déjà toutes vos fautes, mon enfant, dit le digne colonel en cédant presque sans s'en apercevoir à la douce violence qu'elle lui faisait pour le reconduire vers le sofa. Votre cœur est coupable du péché mortel de rébellion contre votre souverain légitime, d'un penchant invétéré pour l'eau salée, et d'un grand manque d'égards pour les avis et les désirs d'un vieillard à qui la volonté de votre père et les lois ont confié le soin de votre personne et de votre fortune.

—Non, mon cher Monsieur, non, je ne suis pas coupable de cette dernière faute; je n'ai pas oublié un mot de tout ce que vous m'avez dit. Voulez-vous vous rasseoir, Cécile? le colonel consent à prendre le café avec nous.

— Mais vous oubliez les trois hommes arrêtés, le brave Kit que voici, et notre hôte respectable, le capitaine Borroughcliffe.

— Que le brave Kit reste ici, si bon lui semble. Envoyez prier le capitaine Borroughcliffe de venir nous joindre : je suis curieuse autant que peut l'être une femme de connaître cet officier. Quant à ces trois hommes... Elle s'interrompit pour réfléchir un moment, et s'écria comme frappée d'une pensée soudaine : — Sans doute, vous pouvez les faire venir et les interroger ici. Au lieu de mériter vos soupçons, ils ont peut-être droit à notre pitié et à nos secours. Qui sait s'ils n'ont pas fait naufrage dans le dernier ouragan?

— Je trouve dans la conjecture de miss Plowden, dit Alix Dunscombe, quelque chose de solennel qui doit se faire entendre au cœur de tous ceux qui habitent cette côte dangereuse. J'ai vu plus d'un triste naufrage sur les rochers qui la bordent, dans des moments où le vent n'était qu'un doux zéphyr en comparaison de la tempête de la nuit dernière. La guerre, les malheurs des temps, les funestes passions des hommes ont cruellement diminué le nombre de ceux qui connaissaient les canaux par lesquels on peut se sauver à travers ces brisants. Il y a eu des pilotes en état de passer à quelques toises du rocher effrayant et dangereux nommé Devil's-Grip, pendant la nuit la plus sombre. Mais ils ont disparu. La mort a moissonné les uns; les autres, se condamnant à un exil contre nature, ont déserté le pays de leurs pères.

—C'est sans doute pendant la guerre actuelle qu'ils ont disparu ainsi, dit le colonel, car vos souvenirs ne peuvent remonter bien loin, miss Alix. Mais comme la plupart des gens dont vous parlez étaient occupés à frauder le revenu des douanes de Sa Majesté, leur perte n'en est pas une bien grande pour le pays.

Pendant qu'il parlait ainsi, les joues pâles d'Alix Dunscombe se couvraient d'un coloris plus vif, et elle lui répondit :

— Il pouvait exister parmi eux des gens qui ne respectaient pas les lois du pays ; mais il en était d'autres qui, quelque coupables qu'ils pussent être à d'autres égards, ne l'étaient pas d'un crime si bas, et qui auraient trouvé leur chemin dans cette baie dangereuse, au milieu des flots agités et par la nuit obscure, aussi aisément que vous trouvez le vôtre en plein midi dans les corridors de cette abbaye.

— Eh bien ! colonel Howard, irons-nous interroger ces trois hommes et voir s'ils sont du nombre de ces pilotes doués de si bons yeux ? demanda Dillon, qui commençait à se trouver mal à l'aise dans sa situation, et qui crut à peine nécessaire de cacher l'air de mépris avec lequel il regardait Alix en parlant ainsi ; peut-être avec leur aide serons-nous en état de tracer une carte du fond de la baie, et cela nous ferait honneur auprès des lords de l'amirauté.

Ce sarcasme peu mérité et peu courtois fit rougir miss Howard jusqu'au front ; se levant sur-le-champ, elle s'adressa à Christophe d'un ton à laisser apercevoir un juste mécontentement :

— Si M. Dillon voulait se conformer aux désirs du colonel Howard, dit-elle, comme ma cousine vient de les exprimer, nous n'aurions pas à nous reprocher de retenir sans nécessité des gens probablement plus infortunés que coupables.

A ces mots, elle traversa l'appartement, et alla s'asseoir près d'Alix Dunscombe, avec qui elle se mit à causer à voix basse.

Dillon la salua avec un air d'humilité ; et, s'étant assuré que le colonel Howard avait dessein de donner audience aux prisonniers dans cet appartement, il sortit pour exécuter sa mission, triomphant secrètement en voyant que la réclusion des deux cousines allait probablement devenir moins rigoureuse, et se flattant de trouver, pour voir la beauté hautaine dont il briguait les bonnes grâces, plus d'occasions qu'elle ne paraissait disposée à lui en fournir.

—Christophe est un digne garçon, bon et serviable, dit le colonel quand il fut parti, et j'espère encore vivre assez pour le voir porter l'hermine. Je parle ainsi au figuré ; il ne faudrait pas le prendre à la lettre, car l'hermine serait un vêtement peu commode sous le soleil brûlant de la Caroline. Je me flatte que les ministres de Sa Majesté me consulteront lorsqu'il s'agira de nommer aux emplois publics dans les colonies subjuguées, et il peut bien compter que je ne manquerai pas de parler en sa faveur. Ne trouvez-vous pas qu'il serait un des ornements du barreau, miss Plowden, un modèle d'indépendance et de droiture?

—Je dois profiter de la règle qu'il vient d'établir lui-même, Monsieur, répondit-elle en se pinçant les lèvres; il faut voir et entendre avant de juger. Mais écoutez! ajouta-t-elle en changeant tout à coup de couleur, et en fixant sur la porte des yeux brillants d'impatience et d'inquiétude, j'entends plusieurs personnes marcher dans le corridor. Il a du moins fait preuve d'activité.

—Bien certainement, dit le colonel, la justice doit toujours être aussi prompte que certaine pour être complète, comme une cour martiale assemblée autour d'un tambour; ce qui, soit dit en passant, est une sorte de gouvernement très-simplifié; si l'on pouvait décider les ministres de Sa Majesté à l'introduire dans les colonies...

—Ecoutez! s'écria Catherine d'une voix agitée; voilà qu'ils arrivent!

Effectivement, à l'approche du bruit de leurs pas, le colonel suspendit l'exposé de son plan pour le gouvernement futur des colonies soumises. Les grandes dalles du long corridor retentissaient de plus en plus, et un instant après on entendit frapper doucement à la porte.

—Entrez! s'écria le colonel Howard en se levant avec l'air d'un homme qui allait jouer le principal rôle dans une scène importante. Cécile et Alix Dunscombe jetèrent un regard d'indifférence vers la porte qui s'ouvrait; mais les yeux de Catherine annonçaient que son âme tout entière y était attachée, et d'un seul coup d'œil elle distingua toutes les figures composant le groupe qui se présentait. Respirant péniblement, elle retomba sur son sofa, mais ses yeux reprirent sur-le-champ leur expression ordinaire d'enjouement, et elle se mit même à fredonner à demi-voix un air dont le mouvement était vif et rapide.

Dillon entra le premier, suivi du capitaine Borroughcliffe, dont la démarche était devenue plus ferme, et dont la physionomie avait pris un caractère pensif et réfléchi qui ne lui était pas ordinaire. On pouvait remarquer qu'il n'était pas à jeun, mais il avait du moins dissimulé tout signe extérieur d'ivresse. Le reste de la compagnie resta dans le corridor, pendant que le colonel Howard présentait le capitaine aux dames.

— Miss Plowden, dit-il à Catherine, par hasard la plus voisine de lui, voici mon ami le capitaine Borroughcliffe, qui désirait depuis longtemps avoir l'honneur de vous voir. Je ne doute pas que l'accueil qu'il recevra ne lui donne lieu de se féliciter d'y avoir enfin réussi.

Catherine sourit, et répondit d'un ton qui pouvait s'interpréter de deux manières différentes :

— Je ne sais comment remercier dignement le capitaine de tous les soins qu'il a pris pour garder de pauvres recluses.

Le capitaine la regarda un instant en face avec des yeux qui semblaient la menacer de représailles.

— Un seul de vos sourires, Madame, répondit-il, serait une ample récompense pour des services plus réels que ceux que je ne vous ai rendus qu'en intention.

Catherine le salua avec plus de bienveillance qu'elle n'avait coutume d'en accorder à ceux qui portaient son uniforme.

Le colonel continua sa ronde.

— Je vous présente miss Alix Dunscombe, capitaine, fille d'un digne ecclésiastique, autrefois ministre de cette paroisse. Elle nous fait le plaisir de nous accorder souvent sa compagnie, mais jamais autant que nous le désirerions.

Le capitaine répondit civilement à la révérence polie de miss Dunscombe par une inclination de tête, et suivit le colonel qui le conduisit devant sa nièce.

— Miss Howard, permettez-moi de vous présenter le capitaine Borroughcliffe, qui, s'étant volontairement chargé de la défense de Sainte-Ruth dans ce temps critique, a droit aux bonnes grâces de celle qui en est la maîtresse.

Cécile se leva avec grâce et l'accueillit avec son air d'affable douceur. Le capitaine ne répondit rien au compliment d'usage qu'elle lui adressa ; mais, après avoir fixé les yeux un instant sur ses traits expressifs, il porta presque involontairement la main droite sur sa poitrine, et la salua en baissant la tête jusqu'à la garde de son épée.

Après ces formalités, le colonel annonça qu'il était prêt à recevoir les prisonniers. Tandis que Dillon ouvrait la porte, Catherine jeta un coup d'œil ferme sur les étrangers, et vit la lumière briller sur les armes des soldats qui les gardaient. Les marins entrèrent seuls, mais le bruit que firent les crosses des mousquets en s'appuyant par terre, annonça qu'on avait jugé à propos de conserver une force armée pour surveiller les rôdeurs surpris sur les terres de l'abbaye.

CHAPITRE XII.

>FALSTAFF: Chair à canon ! chair à canon ! Ils rempliront une fosse aussi bien que ceux qui valent mieux qu'eux.
>
>SHAKSPEARE.

Les trois hommes qui entrèrent alors dans l'appartement ne parurent nullement intimidés par la présence de la compagnie devant laquelle ils étaient introduits, quoiqu'ils portassent les vêtements grossiers de marins, et dont l'état annonçait qu'ils avaient eu du service. Ils suivirent en silence la direction du doigt du capitaine, et se rangèrent dans un coin du salon comme connaissant la déférence due à un rang supérieur, et accoutumés depuis longtemps à toutes les vicissitudes du monde.

Le colonel commença alors à entrer en matière.

— Je me flatte que vous êtes tous trois de loyaux et fidèles sujets de Sa Majesté, dit-il; mais, dans un temps comme celui-ci, les hommes les plus respectables peuvent éveiller le soupçon; et si nous avons conçu à votre égard des idées mal fondées, vous devez excuser notre erreur, et l'attribuer à l'état fâcheux dans lequel la rébellion a plongé cet empire. Nous avons lieu de craindre que l'ennemi ne médite quelque projet sur cette côte, car il s'y est montré avec une frégate et un schooner, audace qui ne peut être égalée que par le crime d'une révolte impie contre un souverain légitime.

Pendant que le colonel prononçait ce préambule apologétique, les prisonniers restaient les yeux fixés sur lui avec un air d'attention; mais, quand il parla de la crainte d'une attaque, deux d'entre eux le regardèrent avec encore plus d'intérêt, et quand il eut cessé de parler, ils jetèrent l'un sur l'autre à la dérobée un coup d'œil expressif. Aucun d'eux ne prit pourtant la parole, et après une courte pause, comme pour laisser le temps à ce qu'il venait de dire de faire impression sur leur esprit, le colonel continua :

— Nous n'avons aucune preuve, à ma connaissance, que vous ayez la moindre liaison ou relation avec les ennemis de ce pays ; mais comme vous avez été trouvés hors du grand chemin du roi, sur une route de traverse qui, comme je dois pourtant en convenir, est fréquentée par tous les habitants des environs, le soin de notre sûreté doit nous porter à vous faire quelques questions auxquelles nous espérons que vous répondrez d'une manière satisfaisante. Et pour me servir de vos phrases nautiques, d'où faites-vous voile, et pour quel port êtes-vous frétés ?

Une voix dont le son était bas et creux répondit :

— De Sunderland ; et nous sommes frétés pour Whitehaven.

A peine cette réponse simple et directe eut-elle été faite, que l'attention de tous ceux qui venaient de l'entendre fut attirée sur Alix Dunscombe ; elle poussa un cri qui paraissait inspiré par l'effroi ; car elle se leva involontairement, et ses yeux égarés parcouraient tout l'appartement comme pour y chercher quelque chose.

— Vous trouvez-vous indisposée, miss Alix ? demanda la voix douce de Cécile. Oui, vous l'êtes bien sûrement. Appuyez-vous sur mon bras, je vous conduirai dans votre appartement.

— L'avez-vous entendu, ou n'était-ce que l'ouvrage de mon imagination ? s'écria miss Dunscombe, les joues pâles comme la mort, et le corps agité de convulsions ; dites, l'avez-vous entendu aussi ?

— Je n'ai entendu que la voix de mon oncle ; le voilà près de vous, inquiet, comme nous le sommes tous, de vous voir dans une telle agitation.

Alix continuait à jeter des regards égarés sur tous ceux qui l'entouraient, et même sur les trois hommes debout à l'extrémité de l'appartement, spectateurs passifs et silencieux de cette scène extraordinaire. Enfin elle se cacha les yeux des deux mains, comme pour se dérober à quelque horrible vision, et les retirant ensuite, elle fit signe à Cécile qu'elle désirait quitter l'appartement. Elle ne répondit aux offres de service du colonel, du capitaine et même de Christophe que par un geste de remerciement ; mais, quand elle eut passé à travers les sentinelles qui étaient dans le corridor, et qu'elle se trouva seule avec ses deux jeunes amies, elle poussa un profond soupir, et retrouva l'usage de la parole.

— C'était comme une voix sortant du silence du tombeau, dit-elle ; mais ce ne peut être qu'une illusion, ou plutôt c'est un châtiment que le ciel m'a infligé, pour avoir souffert que l'image de la créature occupât une place qui ne devait être remplie que par le Créateur. Ah ! miss Howard, miss Plowden, vous êtes toutes deux dans la fleur de la jeunesse et de la beauté, vous ne connaissez guère et vous craignez encore moins les tentations et les erreurs que présente un monde trompeur !

— Elle divague ! dit Catherine à demi-voix. Il faut que quelque calamité terrible ait dérangé sa raison.

Alix l'entendit.

— Oui, dit-elle avec un sourire dont l'expression était effrayante, mais avec plus de calme, en regardant tour à tour les deux charmantes cousines qui la soutenaient ; oui, il peut se faire que mes pensées coupables aient divagué, et conjuré des sons qu'il aurait été terrible d'entendre en réalité, surtout entre ces murailles. Mais ce moment de faiblesse est passé ; aidez-moi à regagner ma chambre, et rentrez dans votre salon pour ne pas interrompre l'harmonie qui a commencé à renaître entre le colonel Howard et vous. Je me sens mieux, tout à fait bien.

— Ne parlez pas ainsi, ma chère miss Alix, dit Cécile ; votre visage dément ce que votre amitié vous porte à nous dire. Vous êtes mal, très-mal, et vous auriez beau me l'ordonner, je ne vous quitterai pas.

— Eh bien ! restez donc, dit miss Dunscombe en jetant sur Cécile un regard de reconnaissance, mais que Catherine retourne dans le salon pour servir le café à votre oncle et à ses hôtes. Les soins d'une amie comme vous me suffiront et au-delà.

Elles arrivaient alors dans l'appartement que miss Dunscombe occupait dans l'abbaye, et Catherine, après avoir aidé sa cousine à la mettre au lit, retourna dans le salon pour faire les honneurs du café.

En la voyant entrer, le colonel interrompit l'interrogatoire qu'il faisait subir aux prisonniers, pour lui demander des nouvelles de miss Dunscombe, et lorsqu'elle eut répondu à ses questions, il continua ainsi qu'il suit :

— Ces braves gens s'expliquent en francs marins, Borroughcliffe. Ils se sont trouvés sans occupation à Sunderland, et ils vont en chercher à Whitehaven, où ils ont des parents et des amis. Tout cela est fort vraisemblable, et je n'y vois rien de suspect.

— Sans contredit, respectable colonel; mais il me semble que c'est une étrange calamité qu'un trio de gaillards vigoureux et bien bâtis comme ceux-ci ne sachent où trouver de l'occupation, quand il y a tant de vaisseaux de Sa Majesté qui parcourent l'Océan pour chercher les ennemis de la vieille Angleterre.

— Il y a quelque chose de vrai, de très-vrai dans votre remarque, capitaine. — Voulez-vous aller combattre les *Dons*, les *Messieurs*[1], et même les rebelles dont j'ai le malheur d'être le compatriote? De par le ciel! ce n'est pas une bagatelle qui privera Sa Majesté des services de trois hommes de bonne volonté, comme vous paraissez l'être. Voilà cinq guinées pour chacun de vous, du moment que vous serez à bord de *l'Alerte*, cutter de Sa Majesté, qui est entré hier au soir dans un petit port à deux milles d'ici vers le sud, où il s'est moqué de la tempête, comme s'il eût été dans cet appartement.

Un des hommes affecta de regarder les pièces d'or avec un air d'envie, et dit comme s'il avait réfléchi sur les conditions de l'engagement :

— *L'Alerte* passe-t-il pour un bon navire? L'équipage y est-il logé à l'aise?

— On assure que c'est le meilleur cutter de toute la marine anglaise, répondit Borroughcliffe. — Vous avez sans doute beaucoup voyagé? avez-vous jamais vu l'arsenal de la marine de Carthagène, en Espagne?

— Oui, Monsieur, répondit le même marin d'un ton froid et tranquille.

— Oui-dà! vous avez vu peut-être aussi à Paris une maison qu'on appelle les Tuileries? Eh bien! ce n'est qu'un chenil en comparaison de *l'Alerte*.

— J'ai vu l'endroit dont vous parlez, Monsieur; et si *l'Alerte* lui ressemble, je crois qu'on peut s'en contenter.

---

1. Les Espagnols et les Français.

— Au diable soient ces jaquettes bleues! s'écria Borroughcliffe en se tournant vers miss Plowden près de qui il se trouvait; ils portent leurs figures de goudron dans les quatre coins du monde, et l'on ne sait où prendre des comparaisons pour leur parler. Qui diable aurait pensé que ce drôle aurait jamais fixé ses yeux couleur d'eau de mer sur le palais du roi Louis?

Catherine l'entendit à peine. Ses yeux étaient attachés sur les prisonniers, et sa physionomie exprimait un mélange de doute, d'inquiétude et de confusion.

— Allons, allons, Borroughcliffe, dit le colonel Howard, ne faisons pas de contes à ces braves gens; parlons-leur bon anglais, et que Dieu bénisse cette langue et le pays où elle a pris naissance! Si ces hommes sont vraiment des marins de profession comme ils le paraissent, il n'y a pas besoin de leur dire qu'un cutter de dix pièces de canon est aussi spacieux et aussi commode qu'un palais.

— Et surtout un cutter anglais, mon cher hôte, dit le capitaine; croyez-vous que je mesure l'espace et l'aisance avec un compas, comme si je voulais construire le temple de Salomon? Tout ce que j'ai à dire, c'est que *l'Alerte* est un bâtiment de construction singulière et presque magique. Il ressemble à la tente du frère de la fée dans les Mille et une Nuits : il s'élargit ou se resserre suivant les occasions. Et maintenant je veux être pendu si je n'ai pas dit en sa faveur plus que son capitaine n'en dirait pour m'aider à faire une recrue, quand même il ne se trouverait pas dans les trois royaumes un jeune paysan qui voulût essayer comment un habit rouge irait sur ses larges épaules.

— Ce temps n'est pas encore arrivé! s'écria le colonel, et à Dieu ne plaise qu'il arrive jamais, tant que notre souverain aura besoin d'un homme dans son armée pour la défense de ses droits! Mais qu'en pensez-vous, mes amis? Vous venez d'entendre ce que le capitaine vous a dit de *l'Alerte;* or il ne vous a dit que la vérité, et vous avez su le comprendre. Voulez-vous servir à bord de ce cutter? vous ferai-je verser un verre d'eau-de-vie, et donnerai-je cet argent à quelqu'un qui vous conduira sur ce bâtiment, et qui vous le remettra dès que vous serez enrôlés sous le pavillon du meilleur des rois?

Catherine respirait à peine, tant elle examinait avec attention et intérêt les trois prisonniers; elle crut voir en ce moment un sourire mal dissimulé se peindre sur leur physionomie. Mais si cette conjecture était vraie, leur disposition à la gaieté n'alla pas plus loin, et celui qui avait joué le rôle d'orateur répondit avec le calme qu'il avait déjà montré :

— Vous nous excuserez, Monsieur, si nous ne nous soucions pas de monter sur le cutter. Nous sommes habitués à de longs voyages et à de grands vaisseaux, et *l'Alerte* n'est qu'un bâtiment côtier ; il n'est pas de taille à se mettre bord à bord avec un Don ou un Monsieur, qui aurait une double rangée de dents.

— Si c'est là ce qu'il vous faut, reprit le colonel, rendez-vous donc à Yarmouth : vous y trouverez des vaisseaux de haut bord en état de prêter le flanc à tout ce qui vogue sur les eaux.

— Ces braves gens, dit le capitaine, préféreraient peut-être abandonner les inquiétudes et les dangers de l'Océan pour embrasser une vie qui offre plus d'aisance et de gaieté. Eh bien! la main qui a manié une pique d'abordage peut apprendre à tirer le chien d'un mousquet avec autant de grâce que les doigts d'une femme voltigent sur les touches de son piano. Sous certains rapports, la vie d'un marin ressemble beaucoup à celle d'un soldat ; mais, sous plusieurs autres, quelle différence ! Nous ne connaissons ni ouragans, ni tempêtes, ni naufrages, ni demi-rations. On rit, on chante, on boit, on chasse les soucis dans un camp ou à la caserne, autour d'une bonne cantine, tout aussi bien et encore mieux que sur un navire, n'importe lequel. J'ai traversé plusieurs fois l'Océan, et je dois dire que, même par un beau temps, je préférerais le bivouac à un vaisseau.

— Nous ne doutons pas que tout ce que vous dites ne soit vrai, Monsieur, répondit le même marin, continuant de servir d'interprète aux autres ; mais ce qui vous semble si dur n'est pour nous qu'un plaisir. Nous avons supporté trop d'ouragans pour nous mettre en peine d'un coup de vent, et nous croirions être toujours dans un calme, si nous nous trouvions dans une de vos casernes où l'on n'a autre chose à faire qu'à manger sa ration et à se promener en long et en large sur un petit terrain couvert de verdure. Nous savons à peine distinguer un des bouts d'un mousquet de l'autre.

— Oh ! oh ! dit Borroughcliffe d'un air pensif. Puis s'avançant tout à coup vers eux à grands pas, il s'écria avec vivacité : — Attention ! demi-tour à droite !

L'orateur et le marin qui étaient près de lui regardèrent le capitaine en silence, d'un air surpris, et sans faire un seul geste. Mais le troisième, qui était un peu à l'écart, soit qu'il désirât qu'on ne fît pas attention à lui, soit qu'il fût occupé à réfléchir sur sa situation, tressaillit involontairement en entendant cet ordre inattendu, et, se redressant sur-le-champ, il fit le mouvement ordonné avec la même promptitude que s'il eût été à la parade.

— Fort bien, dit Borroughcliffe ; je vois que vous êtes d'excellents écoliers, et vous apprendrez facilement. Colonel Howard, je désire garder ces trois hommes jusqu'à demain matin, et cependant je voudrais leur donner un meilleur gîte que les planches du corps-de-garde.

— Faites ce qu'il vous plaira, capitaine ; je sais que vous ne voulez que remplir vos devoirs envers le roi notre maître. On leur donnera à souper, et on les logera dans une grande chambre, dans le quartier occupé par les domestiques, du côté du sud.

— Trois chambres, colonel ; il faut qu'ils aient trois chambres séparées, dussé-je céder la mienne.

— Rien de plus facile. Plusieurs petites chambres sont vides ; il ne s'agit que d'y faire porter des couvertures, et vous pourrez placer une sentinelle si vous le jugez nécessaire, quoiqu'il me semble que ce sont d'honnêtes marins, des sujets loyaux qui n'ont d'autre envie que de servir leur roi, et dont le plus grand plaisir serait de se trouver bord à bord avec un Don ou un Monsieur.

— Ajournons cette discussion à un autre moment, dit Borroughcliffe ; je vois que miss Plowden devient pensive, et nous abusons de sa patience trop longtemps. Le café froid est, comme l'amour sous les rides, une bonne chose dépouillée de toute sa saveur. Allons, Messieurs, *en avant!* puisque vous avez vu les Tuileries, vous devez savoir un peu de français. Monsieur Christophe Dillon, savez-vous où ces trois petites chambres sont placées, situées et disposées, comme vous le diriez dans vos parchemins?

— Oui, Monsieur, répondit le juge futur, et j'aurai beaucoup de plaisir à vous y conduire. Je pense que votre décision fait honneur à votre prudence et à votre sagacité, et je serais bien trompé si l'on ne juge pas bientôt que le château de Durham, ou quelque autre forteresse, est plutôt ce qu'il faut pour les garder.

Comme il prononça ces mots pendant que les marins sortaient

du salon, on ne put voir quel effet ils produisaient sur eux ; mais Catherine Plowden, qui resta seule quelques instants, réfléchit sur tout ce qu'elle venait de voir et d'ouïr avec un air sérieux qui ne lui était pas ordinaire. Le bruit des pas de la troupe qui s'éloignait cessa bientôt de se faire entendre, et son tuteur, qui était sorti en causant avec Borroughcliffe, rentra seul dans l'appartement.

Tout en faisant les préparatifs pour le café, elle jeta à la dérobée plus d'un coup d'œil sur le colonel ; mais, quoiqu'il parût sérieux et pensif, elle ne vit sur sa physionomie franche et ouverte rien qui annonçât le soupçon ou la sévérité.

— On se donne bien de l'embarras inutilement avec ces trois marins, Monsieur, dit-elle enfin. Il semble que M. Dillon soit spécialement chargé de tourmenter tout ce qui vient en contact avec lui.

— Et qu'a-t-il de commun avec la détention de ces hommes?

— Quoi ! n'a-t-il pas déjà nommé les prisons qu'il prétend leur convenir? En vérité, colonel Howard, il y a de quoi faire perdre patience même à une femme. Voilà une affaire qui procurera de la renommée à Sainte-Ruth. On lui donnait déjà je ne sais combien de noms, maison, abbaye, château, palais même. Laissez agir M. Christophe Dillon à son gré pendant un mois, et vous aurez le plaisir de l'entendre appeler une prison.

— Kit n'est pas heureux pour posséder les bonnes grâces de miss Plowden ; et cependant Kit est un digne garçon, un bon garçon, un garçon de bon sens ; et ce qui vaut encore mieux que tout cela, M. Christophe Dillon est un sujet fidèle et loyal. Sa mère était ma cousine-germaine, miss Catherine, et j'espère qu'il ne se passera pas longtemps avant que je l'appelle mon neveu. Les Dillon sont d'une excellente famille écossaise, et je me flatte que le nom d'Howard peut mériter quelque considération.

— C'est précisément ce que je voulais dire, mon cher tuteur. Il n'y a pas une heure, vous étiez indigné parce que je vous donnais à entendre qu'on pourrait mettre le nom de geôlier à côté de celui d'Howard, et maintenant vous vous laissez contraindre à en remplir les fonctions !

— Vous oubliez, miss Plowden, que ces hommes sont détenus par ordre d'un officier de Sa Majesté.

— Mais je croyais que la glorieuse constitution de l'Angleterre, dont vous parlez si souvent, donnait la liberté à tous ceux qui touchaient ses bienheureux rivages. Vous savez, Monsieur, que sur vingt esclaves nègres que vous aviez amenés ici, il ne vous en reste que deux, tous les autres ayant pris leur vol sur les ailes de la liberté britannique.

C'était rouvrir une blessure mal fermée, et la malicieuse pupille savait fort bien quel effet cette remarque produirait sur l'esprit de son tuteur. Il ne se livra pourtant pas à ces transports de colère auxquels il s'abandonnait souvent dans des occasions moins importantes ; mais il se leva en concentrant toute sa dignité dans un regard qu'il jeta sur Catherine, et il ne se hasarda à lui répondre qu'après avoir fait un violent effort pour se maintenir dans les bornes du décorum.

— Il est très-vrai, miss Plowden, lui dit-il, que la constitution anglaise est *glorieuse*. Il est encore très-vrai que ce n'est que dans cette île que la liberté a pu trouver un domicile ; car la tyrannie et l'oppression du congrès, qui font des colonies un séjour de misère et de désolation, ne méritent pas ce nom sacré. La rébellion souille tout ce qu'elle touche, miss Plowden. Quoiqu'elle se montre souvent en naissant sous les bannières de la liberté, elle finit toujours par le despotisme. Les annales du monde en offrent la preuve depuis les Grecs et les Romains jusqu'à nos jours. Qu'était Jules César ? Un de nos favoris du peuple ; et il devint un tyran. Olivier Cromwell en fut un autre ; Cromwell, rebelle, démagogue, et enfin tyran. Ces gradations sont aussi inévitables que celles de l'enfance à la jeunesse, de l'âge mûr à la vieillesse. Quant à la bagatelle que vous avez jugé à propos de me rappeler, et qui... qui ne concerne que moi, je me bornerai à vous dire que... les affaires des nations ne doivent pas être jugées d'après les affaires domestiques ; de même que l'intérieur d'une famille ne doit pas se régler d'après la politique d'un État.

Comme beaucoup de logiciens plus habiles, le colonel prit son antithèse pour un argument, et resta un instant en admiration de son éloquence. Mais la suite de ses idées, toujours fécondes sur ce sujet, l'entraîna bientôt ; et reprenant son air de majesté imposante : — Oui, miss Plowden, continua-t-il, c'est ici, et ce n'est qu'ici, que peut se trouver la véritable liberté. Après vous avoir fait cette assertion solennelle, qui n'est pas faite légèrement puisqu'elle est le résultat de soixante ans d'expérience, je me retire, miss Plowden. Que ce que je viens de vous dire soit pour vous un sujet de profondes réflexions ; car je vous connais trop bien pour ne pas savoir que les erreurs politiques de votre esprit vous encouragent dans une faiblesse dont la source est dans votre cœur. Réfléchissez-y bien par intérêt pour vous-même, si vous désirez non seulement assurer votre bonheur, mais trouver du respect et de la considération dans le monde. Quant aux misérables dont vous parliez, c'est une bande de mutins, de rebelles, d'ingrats coquins ! Et si jamais un de ces damnés me tombe sous la main...

Ce furent les derniers mots de cette phrase que Catherine put entendre, car le colonel sortait en la commençant ; et, quoique la colère le fît parler assez haut, sa voix se perdit à mesure qu'il avançait dans le corridor. Elle resta un moment un doigt appuyé sur ses lèvres ; secouant alors la tête avec un sourire malin qui exprimait une satisfaction mêlée de quelque regret, elle mit le désordre, en se parlant à elle-même et sans s'en apercevoir, dans tous les préparatifs qu'elle venait de faire pour le thé et le café.

— Je l'ai amené à une épreuve peut-être un peu cruelle, se dit-elle ; mais elle a réussi. Quoique nous soyons nous-mêmes prisonnières, nous voilà du moins libres pour le reste de la nuit. Il faut absolument savoir qui sont ces marins mystérieux. Si l'œil fier d'Édouard Griffith ne brillait pas sous la perruque noire de l'un d'eux, je ne me connais pas en physionomie. Mais où M. Barnstable a-t-il donc caché son charmant visage ? il est impossible qu'il soit l'un des deux autres. Allons rejoindre Cécile.

Elle sortit en prononçant ces mots, et, parcourant légèrement les corridors, elle disparut dans un des détours qui conduisaient aux appartements plus secrets de l'abbaye.

CHAPITRE XIII.

> Comment ! Lucia, veux-tu donc que je m'abandonne à des songes agréables, et que je me perde dans les pensées d'amour ?
>
> ADDISON. *Caton.*

Il ne faut pas que le lecteur s'imagine que le mouvement du monde était suspendu pendant les scènes que nous venons de décrire. Lorsque les trois marins furent placés dans trois chambres séparées s'ouvrant sur le même corridor, dans lequel on posta une sentinelle chargée de les surveiller, la nuit était déjà bien avancée.

Le colonel Howard envoya prier Borroughcliffe de venir le joindre; et dès que celui-ci fut arrivé, il lui adressa quelques excuses sur le changement survenu dans la manière dont ils comptaient passer la soirée; ensuite, pour remplacer le thé et le café, il lui proposa de renouveler l'attaque sur le madère. Cette proposition était trop agréable au capitaine pour qu'il y fît aucune objection, et l'horloge de l'abbaye avait sonné minuit avant qu'ils se séparassent.

Pendant ce temps, Christophe Dillon était devenu invisible. Un domestique, questionné par son maître à ce sujet, répondit que M. Dillon était monté à cheval, et qu'il le croyait parti pour se rendre à ***, afin d'être prêt à suivre la chasse le lendemain à la pointe du jour. Mais tandis que les deux convives se livraient à leur humeur joyeuse en se racontant des histoires du bon vieux temps, et en s'entretenant de leurs campagnes, des scènes bien différentes se passaient dans une autre partie du bâtiment.

Lorsque le repos de l'abbaye ne fut plus interrompu que par le sifflement du vent et par les éclats de rire que poussaient de temps en temps le colonel et le capitaine assis d'une manière tout à fait comfortable en face d'une bouteille, et qui retentissaient dans tous les corridors de la maison, la porte d'une chambre de la partie de l'édifice qu'on nommait le cloître s'ouvrit doucement, et Catherine Plowden, enveloppée dans une grande mante, en sortit tenant en main une lampe de nuit, dont la lumière, faible et vacillante, projetée d'un seul côté, laissait tout le reste dans l'obscurité. Elle était suivie de deux autres femmes, vêtues de la même manière, et tenant toutes deux une lampe semblable. Quand elles furent toutes trois dans le corridor, Catherine ferma la porte avec précaution, et précéda les deux autres.

— St! st! dit Cécile d'une voix basse et tremblante; on est encore levé de l'autre côté de la maison. Si vos soupçons sont justes, la visite que nous voulons leur faire les trahirait, et causerait certainement leur perte.

— Est-il donc si rare et si singulier d'entendre rire le colonel Howard quand il est à table avec un ami? répliqua Catherine; et oubliez-vous qu'en pareille occasion il lui reste rarement des yeux pour voir et des oreilles pour entendre? Suivez-moi, mes soupçons sont fondés; il est impossible qu'ils ne le soient pas. Si nous ne réussissons pas à les secourir, ils sont perdus, à moins que leurs projets ne soient plus profondément combinés qu'ils ne le paraissent.

— Vous entreprenez toutes deux un voyage dangereux, dit la voix douce et grave d'Alix Dunscombe; mais vous êtes jeunes, et par conséquent crédules.

— Si vous désapprouvez notre visite, dit Cécile, elle peut être imprudente, et nous ferons mieux de rentrer chez nous.

— Non, répondit Alix, je n'ai rien dit dans l'intention de vous blâmer. Si Dieu a mis sous votre sauvegarde la vie de ceux que vous avez appris à aimer avec cette tendresse qu'il permet à la femme d'accorder à l'homme, il a eu ses raisons pour le faire. Montrez-nous leur porte, Catherine, et du moins sortons d'incertitude.

La vive Catherine n'eut pas besoin qu'on lui répétât cette invitation, et elle continua à précéder ses compagnes d'un pas agile et léger. Au bout du corridor elles descendirent un escalier tournant, et ayant ouvert une porte sans bruit, elles se trouvèrent sur une pelouse située entre le bâtiment et le jardin. Elles la traversèrent rapidement en cachant leurs lumières sous leurs mantes, et en baissant la tête pour se garantir du vent piquant de la mer. Elles arrivèrent bientôt à un grand bâtiment qui était la dernière aile ajoutée à l'édifice principal. L'architecture en était fort simple, mais elle était cachée par les parties plus ornées des autres bâtiments. Elles y entrèrent par une porte massive entr'ouverte comme pour leur livrer passage.

— Cloé a parfaitement exécuté mes ordres, dit Catherine; et maintenant si tous les domestiques sont endormis, nous avons la certitude de n'être ni dérangées ni surprises dans nos opérations.

Il fallait traverser le vestibule, ce qu'elles firent sans obstacle; car il ne s'y trouvait qu'un vieux nègre profondément endormi à deux pas d'une sonnette. Elles passèrent ensuite par divers corridors formant une sorte de labyrinthe que Catherine semblait aussi bien connaître que ses compagnes le connaissaient peu, et après avoir monté un autre escalier, se trouvant sur le point d'arriver au terme de leur course, elles s'arrêtèrent un moment pour voir si elles pouvaient s'avancer davantage sans courir aucun risque.

Catherine entrant la première dans le corridor long et étroit où étaient les chambres des prisonniers, se retourna tout à coup vers ses deux amies, et leur dit à voix basse :

— Notre projet est manqué. Il y a une sentinelle dans ce corridor, et je croyais qu'on l'avait placée sous les fenêtres.

— N'allons pas plus loin, dit Cécile; je ne manque pas d'influence sur mon oncle, quoiqu'il nous traite quelquefois avec rigueur. Je m'en servirai demain matin pour le déterminer à les remettre en liberté, sous la promesse qu'ils feront de renoncer à toute tentative semblable.

— Demain matin il sera trop tard, répondit Catherine. J'ai vu ce démon incarné, ce Kit Dillon monter à cheval sous prétexte de se trouver à la grande chasse qui doit commencer au point du jour; mais je connais trop bien l'expression de ses yeux méchants pour qu'il puisse me tromper. Si le jour trouve Griffith dans ces murs, il sera condamné à l'échafaud.

— N'en dites pas davantage, s'écria Alix avec une émotion extraordinaire; quelque heureux hasard peut nous favoriser. Avançons vers la sentinelle.

En parlant ainsi, elle se remit en marche, et ses deux compagnes en firent autant. Mais à peine avaient-elles fait quelques pas qu'elles entendirent la voix ferme du soldat s'écrier :

— Qui va là?

— Il n'est plus temps d'hésiter, dit Catherine; et s'adressant au factionnaire : — Nous sommes les maîtresses de la maison, lui dit-elle, et nous examinons nous-mêmes si tout est en ordre. Il me semble bien étonnant que, lorsque nous parcourons notre demeure, nous y rencontrions des hommes armés.

— J'ai ordre de veiller sur les portes de ces trois chambres, Madame, répondit le soldat en présentant respectueusement les armes, attendu qu'il s'y trouve trois prisonniers ; du reste, mes camarades et moi nous ne sommes ici que pour vous servir.

— Des prisonniers ! répéta Catherine en affectant un air de surprise ; le capitaine Borroughcliffe veut-il donc faire une prison de l'abbaye de Sainte-Ruth ? Et de quel crime sont coupables ces pauvres gens ?

— Je l'ignore, Madame ; mais ce sont des marins qui ont, je suppose, déserté le service de Sa Majesté.

— Cela est bien étrange ! et pourquoi ne les a-t-on pas envoyés dans la prison du comté ?

— C'est une affaire qu'il faut approfondir, dit Cécile en écartant la mante qui lui couvrait une grande partie du visage. Comme maîtresse de cette maison, j'ai droit de savoir ce qui se passe dans ses murs, et je vous prie de m'ouvrir ces portes, car je vois que vous en avez les clefs à votre ceinture.

Le soldat hésita. Il était intimidé par le ton qu'avait pris Cécile autant qu'ébloui par sa beauté peu commune ; mais une heureuse pensée qui se présenta tout à coup à son esprit le tira d'embarras en conciliant ses principes de subordination avec le désir qu'il avait de satisfaire miss Howard.

— Voici les clefs, Madame, lui dit-il en les lui remettant ; ma consigne est de veiller à ce que les prisonniers ne sortent pas de leur chambre, mais non d'empêcher que personne y entre. Je vous prie seulement d'être le moins longtemps possible, quand ce ne serait que par compassion pour les yeux d'un pauvre diable comme moi, car je n'oserai perdre les portes de vue un seul instant jusqu'à ce qu'elles soient bien fermées.

Cécile prit les clefs, et elle allait en essayer une dans la serrure de la première porte quand Alix Dunscombe lui arrêta la main qui tremblait comme une feuille agitée par le vent, et adressa à son tour la parole au soldat.

— Ne dites-vous pas qu'ils sont trois ? Sont-ce des gens d'un âge avancé ?

— Non, Madame. Ce sont des hommes dispos et gaillards, en état de servir Sa Majesté, et qui pouvaient faire pis que de déserter leur pavillon.

— Mais sont-ils tous trois de même âge ? Je vous le demande parce que j'ai un parent qui s'est rendu coupable de quelques enfantillages, et qui entre autres folies, s'est, dit-on, engagé comme marin.

— Il n'y a pas d'enfant ici. Dans la troisième chambre plus loin est un gaillard bien bâti, d'une trentaine d'années, qui a l'air militaire, et que notre capitaine soupçonne d'avoir porté le mousquet. Je suis chargé d'avoir particulièrement l'œil sur lui. Dans l'autre est un beau jeune homme, et l'on ne peut songer sans chagrin au sort qui l'attend s'il a vraiment déserté. Dans celle-ci est un homme plus petit, le plus âgé des trois à ce qu'il paraît, et qui a l'air si calme et si tranquille qu'on le prendrait plutôt pour un prédicateur que pour un marin ou un soldat.

Alix se couvrit les yeux d'une main un instant, et reprenant presque aussitôt la parole, elle s'adressa de nouveau à la sentinelle.

— Il est possible, dit-elle, qu'on obtienne plus de ces infortunés par la douceur que par la crainte. Voici une guinée ; retirez-vous à l'autre bout du corridor d'où vous pourrez également avoir les yeux sur ces portes ; et nous tâcherons de leur faire avouer ce qu'ils sont réellement.

La sentinelle prit l'argent, porta les yeux autour d'elle d'un air incertain, et réfléchissant que les prisonniers ne pouvaient s'évader qu'en descendant l'escalier, elle se retira enfin vers le bout du corridor qui y conduisait. Lorsqu'elle fut assez éloignée pour ne pouvoir entendre ce qui se disait à demi-voix, Alix se tourna vers ses compagnes, rougissant comme dans l'ardeur de la fièvre.

— Il serait inutile de chercher à vous cacher, leur dit-elle, que je m'attends à trouver dans cette chambre l'individu dont j'ai entendu la voix cette nuit, ce que j'avais regardé comme une illusion produite par le désordre de mon imagination. Je le croyais mort ; mais à présent je soupçonne qu'il est ligué avec les rebelles Américains dans cette guerre impie. Ne vous offensez pas de ces expressions, miss Plowden ; vous savez que je suis née dans cette île. Ce n'est pas un vain mouvement de faiblesse qui m'amène ici, miss Howard ; mon but est d'empêcher l'effusion du sang. Elle se tut un instant, et ajouta ensuite : Mais Dieu seul peut être témoin de son entrevue avec moi.

— Entrez donc, dit Catherine secrètement charmée de cette résolution ; et pendant ce temps, nous verrons quel est le prisonnier détenu dans la seconde chambre.

Miss Dunscombe mit la clef dans la serrure, ouvrit doucement la porte, pria ses compagnes d'y frapper quand elles se retireraient, et entra dans l'appartement.

Les deux cousines s'avancèrent vers la porte voisine, l'ouvrirent en silence, et entrèrent pareillement dans la chambre.

Catherine Plowden s'était procuré des renseignements assez exacts pour connaître tous les arrangements qu'avait pris le colonel Howard pour le logement des prisonniers. Il n'y avait de lit dans aucune de ces trois chambres, et il s'était contenté de faire porter deux couvertures dans chacune, convaincu que des gens habitués à coucher sur les planches d'un navire n'avaient pas besoin d'autre chose.

Elles trouvèrent donc le jeune marin qu'elles cherchaient, enveloppé dans sa couverture, étendu sur le plancher, et endormi profondément. Elles s'en rapprochèrent d'un pas si léger et si timide, qu'elles arrivèrent à côté de lui sans interrompre son sommeil. La tête du prisonnier était appuyée sur une de ses mains, placée sur un morceau de bois qui lui servait d'oreiller ; l'autre, à demi passée dans sa ceinture, reposait sur le manche d'un poignard. Quoiqu'il fût bien endormi, son sommeil paraissait agité et troublé. Sa respiration était pénible, et il laissait échapper de temps en temps quelques sons inarticulés.

Le caractère de Cécile Howard parut subir en ce moment un changement total. Jusqu'alors elle avait suivi sa cousine, que son esprit actif et entreprenant semblait rendre plus propre à remplir les fonctions de guide ; mais en entrant dans la chambre, elle précéda Catherine ; et baissant sa lampe de manière à éclairer le visage du dormeur, elle examina ses traits avec autant d'attention que d'inquiétude.

— Me suis-je trompée ? lui demanda miss Plowden à voix basse.

— Que Dieu, dans sa merci infinie, lui accorde pitié et protection ! répondit Cécile avec un frisson involontaire, lorsqu'elle ne put douter que c'était bien Griffith qui était devant ses yeux. Oui,

Catherine, c'est lui ; sa folie présomptueuse l'a conduit ici. Mais le temps presse ; il faut l'éveiller, et le faire évader à quelque prix que ce soit.

— Eh bien ! pourquoi tardez-vous ? Eveillez-le !

— Griffith ! Edouard Griffith !

— Vous parlez trop bas, Cécile, pour éveiller un homme habitué à dormir au milieu du fracas des vents et des vagues, et il ne faut pourtant pas crier trop haut. Tirez-le par le bras ; on dit qu'il ne faut que toucher un marin endormi pour l'éveiller. Griffith ! répéta Cécile en appuyant légèrement une main sur le bras de son amant.

Le jeune marin tressaillit et se leva, les bras étendus, tenant d'une main un pistolet et de l'autre un poignard, dont on voyait briller la lame à la lueur des deux lampes, et dans cette attitude menaçante il s'écria :

— Eloignez-vous ! il faut m'arracher la vie pour me faire prisonnier !

Ses yeux égarés, son air effrayant, épouvantèrent Cécile, qui recula de quelques pas. Laissant alors tomber la mante qui l'enveloppait, elle jeta sur lui un regard plein de douceur et de confiance, qui démentait la crainte que sa retraite avait annoncée.

— C'est moi, Edouard, lui dit-elle ; c'est Cécile Howard : je viens vous sauver. Vous êtes reconnu, malgré votre déguisement ingénieux.

Le poignard et le pistolet tombèrent en même temps sur le plancher, et les yeux du jeune marin, perdant à l'instant leur expression menaçante, ne brillèrent plus que de plaisir.

— La fortune me favorise enfin ! s'écria-t-il ; que de bonté, Cécile ! c'en est plus que je ne mérite ; beaucoup plus que je ne l'espérais. Mais vous n'êtes pas seule.

— C'est ma cousine ; c'est Catherine. Ce sont ses yeux perçants qui vous ont reconnu, et elle a bien voulu m'accompagner pour vous engager à fuir sans délai, pour vour y aider, s'il est nécessaire. Quelle cruelle folie, Griffith, que de tenter ainsi votre destin !

— L'ai-je donc tenté mal à propos ? miss Plowden, c'est vous que je dois prier de prendre ma défense et de me justifier.

— Votre servante, monsieur Griffith, répondit Catherine après avoir hésité un instant, et avec un air de mécontentement. Je m'aperçois que le savant monsieur Barnstable a non seulement réussi à déchiffrer mon griffonnage, mais qu'il a jugé à propos de le montrer à qui a voulu le voir.

— Vous êtes injuste envers lui et envers moi, miss Plowden. Ne fallait-pas qu'il me communiquât un plan dans lequel je devais jouer un rôle ?

— Je vois que les excuses se présentent à vous aussi promptement que vos marins quand vous les appelez. Mais comment se fait-il que le héros de *l'Ariel* ne se soit pas montré lui-même dans une affaire qui l'intéressait personnellement ? Est-il dans l'habitude de se contenter des seconds rôles ?

— A Dieu ne plaise que vous pensiez un seul instant si mal de lui, miss Catherine ! mais nous avons des devoirs à remplir ; vous savez que nous servons notre patrie commune ; et nous avons un officier supérieur dont la moindre volonté est un ordre pour nous.

— Et cette patrie a besoin des efforts de tous ses enfants, répondit Cécile ; retournez donc sur votre bord, pendant que vous le pouvez, et lorsque la bravoure de nos compatriotes aura chassé de son sol ceux qui veulent l'asservir, espérons qu'il viendra un temps où Catherine et moi nous pourrons revoir notre pays natal.

— Songez-vous, miss Howard, que le bras de l'Angleterre est assez fort pour reculer cette époque encore bien loin ? Nous triompherons ; une nation qui combat pour tout ce qu'elle a de plus cher ne peut manquer de triompher. Mais ce n'est pas l'ouvrage d'un jour pour une population appauvrie et dispersée comme la nôtre, que d'abattre une puissance comme celle de la Grande-Bretagne. Vous oubliez sûrement qu'en me disant d'attendre, c'est presque m'ôter toute espérance !

— Il faut nous en rapporter à la volonté de Dieu. S'il veut que l'Amérique ne soit libre qu'après de longues souffrances, je ne puis aider ma patrie que de mes prières ; mais votre bras et votre expérience, Griffith, peuvent lui rendre d'autres services. Songez à ce qu'elle attend de vous, au lieu de former des projets qui n'ont pour but que votre bonheur privé. Profitez de l'instant qui vous reste ; retournez à votre vaisseau, s'il est encore en sûreté ; tâchez d'oublier cette folle entreprise ; oubliez même pendant un certain temps celle pour qui vous l'avez hasardée.

— C'est un accueil auquel je ne m'attendais pas, Cécile. Quoique ce soit le hasard plutôt qu'une intention formelle qui m'a amené ce soir ici, je me flattais bien de ne retourner à ma frégate qu'avec vous.

— Si vous vous êtes livré à un pareil espoir, monsieur Griffith, vous ne pouvez m'en faire un reproche, car je ne vous ai ni dit ni fait dire un seul mot qui pût vous autoriser à croire, vous ou personne, que je consentirais à quitter mon oncle.

— Miss Howard ne m'accusera pas de présomption, j'espère, si je lui rappelle qu'il fut un temps où elle croyait pouvoir me confier le soin de sa personne et de son bonheur, où elle ne m'en jugeait pas indigne.

— Je pense toujours de même, monsieur Griffith; mais vous avez raison de me rappeler mon ancienne faiblesse, car le souvenir de mon imprudence ne peut que me confirmer dans ma résolution actuelle.

— Ah! miss Howard! si j'ai voulu vous faire un reproche, si j'ai entendu me prévaloir de vos bontés passées, je consens que vous me bannissiez de votre cœur comme indigne d'une seule de vos pensées.

— Je vous absous de ces deux fautes plus aisément que je ne puis m'absoudre moi-même de folie et d'inconséquence. Mais depuis que nous ne nous sommes vus, il s'est passé bien des choses qui doivent m'empêcher d'agir à l'avenir d'une manière si inconsidérée. La première c'est que j'ai ajouté douze mois à mon âge et cent à mon expérience. Une autre, et c'est peut-être la plus importante, c'est qu'alors mon oncle était au milieu de ses parents et des amis de sa jeunesse, au lieu qu'ici il est étranger, isolé; et quoiqu'il éprouve quelque consolation à occuper une demeure où ses ancêtres ont demeuré avant lui, il n'en sent pas moins sa solitude, et il n'y trouverait qu'une faible compensation des soins et de l'affection de celle qu'il a chérie depuis son enfance.

— Cependant il s'oppose aux désirs de votre cœur, Cécile, à moins qu'une folle vanité ne m'ait porté à croire ce dont je ne pourrais plus me désabuser sans perdre la raison; vos opinions politiques ne sont pas moins contraires. Quel bonheur peuvent trouver à vivre ensemble deux personnes qui n'ont pas un sentiment en commun?

— Nous en avons un qui nous est commun, monsieur Griffith, le plus puissant de tous, celui de l'affection. C'est un oncle plein de bonté et de tendresse, un tuteur indulgent, à moins qu'il ne soit fortement contrarié ; je suis la fille d'un frère qu'il chérissait. Ces liens ne se rompent pas aisément. Comme je ne désire pas vous voir perdre la raison, je ne vous dirai pas que votre folle vanité vous a trompé ; mais bien certainement, Edouard, on peut se sentir lié par les nœuds d'une double affection, quoique d'une nature différente, et se conduire de manière à ne briser ni l'un ni l'autre. Jamais je ne consentirai à abandonner mon oncle, à le laisser isolé dans un pays dont il reconnaît si aveuglément la suprématie. Vous ne connaissez pas cette Angleterre, Griffith. Elle reçoit ses enfants des colonies avec un froid dédain, avec une fierté hautaine, comme une belle-mère jalouse qui craint d'accorder une faveur aux enfants du premier lit de son mari.

— Je la connais en paix, et je la connais en guerre, répondit le jeune officier en relevant la tête. Je sais qu'elle est amie orgueilleuse et ennemie implacable. Aujourd'hui il faut lutter contre des gens qui ne lui demandent d'autre faveur que le combat à outrance. Mais votre détermination va me forcer à porter de mauvaises nouvelles à Barnstable.

— Oh ! dit Cécile en souriant, je ne parle pas pour celles qui n'ont pas d'oncle, et qui sont tourmentées par une surabondance de bile et d'humeur contre ce pays, ses habitants, ses lois, ses usages, quoiqu'elles n'en connaissent rien.

— Miss Howard est-elle donc lasse de me voir sous le toit de Sainte-Ruth ? demanda Catherine ; mais écoutez ! n'entends-je pas marcher dans le corridor ?

On entendit effectivement le bruit des pas de plusieurs personnes qui avançaient, en causant ensemble ; et avant qu'elles eussent eu le temps de réfléchir sur ce qu'elles devaient faire, les voix devinrent distinctes, et ceux qui parlaient s'arrêtèrent à la porte de la chambre de Griffith.

— Oui, Peters, oui, disait l'un, il a vraiment la tournure militaire ! et il fera un excellent soldat. Ouvrez-moi la porte de cette chambre.

— Ce n'est pas là qu'il est logé, mon capitaine, répondit la sentinelle alarmée ; il est dans la dernière chambre, au bout du corridor.

— Comment savez-vous cela, drôle ? Prenez la clef, et ouvrez-moi la porte. Peu m'importe qui y est logé. Qui sait si je ne les enrôlerai pas tous trois ?

Un moment de silence s'ensuivit. La sentinelle ne savait que dire, et elle était inquiète du résultat de cette affaire. Enfin sa voix se fit entendre.

— Je croyais que vous vouliez parler à celui qui porte une cravate noire, mon capitaine, et j'ai laissé les deux autres clefs par terre au bout du corridor; mais...

— Mais? mais quoi, drôle? une sentinelle doit toujours porter ses clefs sur elle comme un geôlier. Allons, marchez, et ouvrez-moi la porte de celui qui fait si bien demi-tour à droite.

Le cœur de Catherine commença à battre moins vivement, et elle dit à sa cousine :

— C'est Borroughcliffe; heureusement il a trop bu pour voir que la clef est à la porte. Mais que faire? Nous n'avons qu'un instant pour délibérer.

— Dès que le jour paraîtra, dit Cécile à Griffith avec vivacité, je vous enverrai ma femme de chambre sous prétexte de vous faire porter de la nourriture, et...

— Il ne faut courir aucun risque pour vouloir nous mettre en sûreté, dit Griffith. Je crois qu'on nous rendra la liberté demain matin, et si l'on voulait nous retenir, Barnstable, qui n'est pas bien loin, a une force suffisante pour faire fuir vers les quatre points cardinaux ces misérables recrues.

— Ah! dit Cécile, ce serait provoquer des scènes de sang et d'horreur.

— Paix! s'écria Catherine; j'entends des pas qui viennent de ce côté.

On entendit la clef tourner avec précaution dans la serrure; la porte s'ouvrit sans bruit, et la sentinelle avança la tête dans la chambre.

— Le capitaine Borroughcliffe fait sa ronde, dit-elle à demi-voix; pour cinquante de vos guinées je ne vous laisserais pas ici un moment de plus.

— Un seul mot! dit Cécile.

— Pas seulement une syllabe. La dame qui était dans l'autre chambre vous attend. Partez bien vite, et par pitié pour un pauvre diable, retournez d'où vous êtes venues.

Il eût été dangereux d'insister. Elles sortirent, et Cécile dit à Griffith en quittant la chambre :

— Je vous enverrai de la nourriture ce matin de bonne heure, jeune homme, et je vous ferai dire en même temps ce que vous devez faire pour votre sûreté.

Elles trouvèrent dans le corridor Alix Dunscombe qui les attendait. Son visage était caché sous sa mante, mais les palpitations redoublées de son sein et ses soupirs prouvaient suffisamment combien son entrevue l'avait agitée.

Comme le lecteur peut avoir quelque curiosité de connaître la cause qui lui avait occasionné une si vive émotion, nous allons retarder un instant la marche de notre histoire pour rendre compte de la conversation de miss Dunscombe avec l'individu qu'elle cherchait.

CHAPITRE XIV.

Tel un lion qui du fond de sa tanière a entendu les cris du chasseur, s'élance au-devant de son ennemi; tel se lève Douglas.
La ballade de Chevy-Chase.

Alix Dunscombe ne trouva pas le second prisonnier enseveli comme Griffith dans un profond sommeil. Il était assis sur une des vieilles chaises qui garnissaient sa chambre, le dos tourné vers la porte, et il semblait regarder par une croisée un petit paysage aride dont l'ouragan troublait encore la sérénité : il ne s'aperçut qu'on était entré dans l'appartement que lorsque la clarté de la lampe frappa ses yeux : alors il se leva sur-le-champ, s'avança vers Alix, et rompit le silence le premier.

—Je m'étais attendu à cette visite, lui dit-il, dès l'instant que j'ai vu que vous aviez reconnu ma voix; et mon cœur m'assurait que jamais Alix Dunscombe ne me trahirait.

Quoiqu'elle s'attendît à voir ses conjectures se confirmer, Alix resta d'abord hors d'état de lui répondre. Elle se laissa tomber sur le siége qu'il venait de quitter, et elle attendit quelques instants comme pour recouvrer l'usage de la voix.

—Ce n'était donc pas l'ouvrage de mon imagination! dit-elle enfin, ce n'était pas une voix mystérieuse et inexplicable qui frappait mon oreille! c'était une terrible réalité. Pourquoi avez-vous ainsi bravé l'indignation des lois de votre pays? à quels projets perfides votre caractère indomptable vous a-t-il encore entraîné?

— De vous à moi, Alix, répondit le marin avec une froideur sévère, un pareil langage est fort cruel. J'ai vu le temps où, même après une plus courte absence, j'aurais été mieux accueilli.

— Je ne le nie pas. Quand je le voudrais, je ne pourrais dérober la connaissance de ma faiblesse ni à celui qui en est l'objet, ni à moi-même. A peine désiré-je la cacher à qui que ce soit au monde. Si je vous ai estimé, si je vous ai engagé ma foi, si ma folle confiance m'a fait oublier de plus sérieux devoirs, Dieu m'en a terriblement punie en permettant votre conduite perverse.

— Ne remplissons pas d'amertume cette courte entrevue par des reproches mutuels, Alix. Nous avons bien des choses à nous dire avant que vous me fassiez part du motif de merci qui vous amène ici. Je vous connais trop bien, Alix, pour ne pas voir que vous sentez dans quel péril je me trouve, et que vous êtes disposée à hasarder quelque chose pour m'en tirer. Mais, avant tout, votre mère vit-elle encore?

— Elle est allée rejoindre mon vertueux père, répondit Alix en couvrant des deux mains son visage pâle. Je suis restée seule, complètement seule; car celui qui devait me tenir lieu de tout s'est rendu indigne de ma confiance.

Le marin devint la proie d'une vive agitation. Ses yeux jusqu'alors doux et paisibles se fixèrent sur Alix avec ardeur, et il se promena à grands pas dans la chambre.

— J'aurais à dire pour ma justification, reprit-il enfin, bien des choses que vous ignorez. J'ai quitté ce pays parce que je n'y trouvais qu'oppression et injustice, et je ne pouvais vous lier au sort d'un fugitif sans nom, sans fortune. Aujourd'hui les circonstances sont changées, et je puis vous prouver que je ne vous ai pas manqué de foi. Vous êtes seule, dites-vous? Ne le soyez plus, et voyez si vous vous êtes trompée en croyant que je pourrais un jour remplacer près de vous un père et une mère.

Une pareille offre, même quand elle est faite un peu tard, a toujours quelque chose qui sonne agréablement aux oreilles d'une femme; et pendant le reste de l'entretien Alix parla d'un ton plus doux, quoique son langage ne fût pas moins sévère.

—Vous ne parlez pas en homme dont la vie ne tient qu'à un fil. Où me conduiriez-vous? est-ce à la Tour de Londres?

— Ne croyez pas que je me sois exposé ainsi sans une précaution suffisante, répondit le marin avec l'air d'une insouciance complète. J'ai sous la main une troupe de braves gens qui n'attendent qu'un signal pour écraser les forces méprisables de cet officier.

—Voilà donc la conjecture du colonel Howard vérifiée! La manière dont les deux navires ennemis se sont tirés d'entre les écueils n'est plus un mystère pour moi. C'est vous qui leur avez servi de pilote!

—Vous ne vous trompez pas, oui, c'est moi-même.

— Juste ciel! est-ce ainsi que vous employez les connaissances que vous avez acquises dans les jours innocents de votre jeunesse pour apporter la désolation chez ceux que vous avez connus et respectés autrefois! Ah! John! l'image de celle que je m'étais imaginé que vous aimiez dans sa simplicité trop crédule, est-elle donc si faiblement gravée dans votre cœur qu'elle ne puisse en adoucir la dureté? Voulez-vous causer la misère et le désespoir de ceux au milieu desquels elle est née, de ceux qui sont le monde tout entier pour elle?

— Le dernier d'entre eux peut dormir tranquille. Pas un de leurs cheveux ne sera touché; pas un brin du chaume qui les couvre ne sera brûlé; et tout cela pour l'amour de vous, Alix. L'Angleterre a commencé cette lutte avec une mauvaise conscience, avec des mains ensanglantées, mais tout sera oublié quant à présent, même quand nous avons l'occasion et le pouvoir de lui faire sentir notre vengeance dans son propre sein. Je ne suis pas venu dans cette intention.

— Quel motif vous a donc fait tomber si aveuglément dans un piége d'où tous les secours que vous prétendez avoir à vos ordres ne pourraient vous tirer? Je n'aurais qu'à prononcer votre nom dans le coin le plus retiré de cet édifice, les échos le répéteraient dans tous les environs avant le lever du soleil, et toute la population prendrait les armes pour punir votre audace.

—Les échos ont déjà répété mon nom, répondit le pilote avec dédain, et ce son a jeté tout un peuple dans la consternation. Les lâches, les misérables ont fui devant l'homme qui fut la victime de leur injustice. J'ai levé fièrement la bannière de la nouvelle république, en vue des trois royaumes, et ni la force de leurs armes, ni leur longue expérience, n'ont été en état de l'abattre. Ah! Alix, les échos de vos montagnes répètent encore le bruit de mes canons, et celui de mon nom ne réveillerait vos cultivateurs endormis que pour les glacer d'effroi.

— Ne vous vantez pas du succès momentané qu'il a plu à Dieu d'accorder à vos armes impies; le jour de la vengeance arrivera, et elle sera terrible. Et ne vous flattez pas de la vaine espérance que votre nom, quelque redoutable que vous l'ayez rendu aux gens de bien, suffise lui seul pour bannir de l'esprit de quiconque l'entendra, le souvenir de sa patrie, de ses parents, de ses amis, de sa fortune. Je ne sais pas si moi-même, en vous écoutant en ce moment, je n'oublie pas un devoir solennel qui me prescrirait d'annoncer, de proclamer votre présence, afin de faire savoir à toute l'Angleterre que son enfant dénaturé menace son territoire.

Le pilote, qui continuait à se promener dans la chambre, se retourna brusquement; et après avoir étudié un moment la physionomie d'Alix, il dit du ton le plus doux et en homme qui sentait qu'il n'avait rien à craindre.

— Serait-ce agir d'une manière digne d'Alix Dunscombe, de celle que j'ai connue dans ma jeunesse si bonne et si généreuse? Mais, je vous le répète, cette menace ne m'intimiderait pas, quand même vous seriez disposée à l'exécuter. Je vous ai dit que je n'ai qu'un signal à faire pour attirer autour de moi une force suffisante pour disperser ces misérables soldats, comme des feuilles sèches emportées par le vent.

— Et avez-vous bien calculé vos moyens, John? demanda Alix, trahissant involontairement l'intérêt qu'elle prenait à sa sûreté; avez-vous compté sur la probabilité que M. Dillon arrive ce matin, accompagné d'un détachement de cavalerie? car ce n'est plus un secret dans l'abbaye, qu'il est allé chercher un renfort de troupes?

—Dillon! s'écria le pilote entre ssaillant: qui est-il? Quels soupçons l'ont engagé à aller chercher une augmentation de forces?

— Ne me regardez pas comme si vous vouliez pénétrer dans les secrets de mon cœur, John. Vous ne pouvez croire que ce soit moi qui lui aie inspiré une telle démarche, vous ne savez que trop que je suis incapable de vous trahir. Mais il est certain qu'il est parti, et comme la nuit s'avance, il faut profiter d'un moment de grâce pour songer à vous mettre en sûreté.

— Ne craignez pas pour moi, Alix, répondit le pilote avec fierté, en essayant de sourire ; et cependant j'avoue que ce mouvement ne me plaît pas. Comment l'appelez-vous ? Ce Dillon, je crois, est un mignon du roi George ?

— Il est ce que vous n'êtes pas, John, un fidèle et loyal sujet de son souverain ; et quoiqu'il soit né dans une des colonies révoltées, il n'a pris aucune part à leur crime, et il a conservé sa vertu sans tache au milieu de la corruption et des tentations qui l'environnaient.

— Un Américain ! un ennemi de la liberté de l'espèce humaine ! De par le ciel ! qu'il prenne garde que je ne le rencontre ; car, si mon bras peut l'atteindre, son châtiment apprendra au monde à connaître un traître !

— Le monde n'en connaît-il pas déjà un en vous, John ? ne respirez-vous pas en ce moment l'air de votre patrie ? n'y êtes-vous pas revenu méditant contre son bonheur et sa tranquillité des projets plus noirs que la nuit pendant laquelle vous cherchiez à les exécuter ?

Un éclair de fierté, de colère et de ressentiment jaillit des yeux du pilote ; il tressaillit d'émotion ; mais sa voix resta ferme et calme.

— Osez-vous bien, lui dit-il, comparer sa trahison inspirée par l'égoïsme et la lâcheté, et n'ayant pour but que d'agrandir le pouvoir de quelques individus aux dépens de plusieurs millions de ses semblables, à l'ardeur généreuse d'un homme qui combat pour la défense de la liberté ? Je pourrais vous dire que j'ai pris les armes pour la cause de mes concitoyens ; car quoique l'Océan nous sépare, nous sommes les enfants des mêmes pères, et la main qui opprime l'un commet une injustice envers l'autre. Mais je dédaigne une apologie fondée sur des motifs si étroits. Né sur le globe terrestre, je suis citoyen de l'univers ; un homme dont l'âme ne peut être limitée par les bornes placées par les tyrans et leurs satellites soudoyés, un homme qui a le droit comme le désir de lutter contre l'oppression, sous quelque nom qu'on l'exerce, et sous quelque spécieux prétexte qu'elle réclame le droit de tyranniser l'espèce humaine.

— Ah ! John ! l'esprit de rébellion peut faire que ce langage paraisse à vos oreilles celui de la raison; mais aux miennes ce n'est que celui d'un délire aveugle. C'est en vain que vous construisez vos nouveaux systèmes de gouvernement, ou, pour mieux dire, de désorganisation, opposés à tout ce qu'on a jamais vu, contraires à la paix et au bonheur du monde. Vos faux raisonnements et vos subtilités ne peuvent imposer silence à la voix du cœur, et c'est elle qui nous dit où est notre patrie, et comment nous devons l'aimer.

— Vous parlez comme une femme pleine de faiblesse et de préjugés, dit le pilote avec dédain, comme une femme qui voudrait enchaîner les nations par les liens qui retiennent la jeunesse et l'inexpérience de son sexe.

— Et par quels nœuds plus heureux, plus sacrés, peuvent-elles être unies? s'écria Alix. Dieu n'a-t-il pas établi les relations de la vie domestique? les familles n'ont-elles pas produit les nations, comme le tronc de l'arbre fait naître les branches qui couvrent tout ce qui l'entoure? C'est un lien aussi saint qu'il est ancien celui qui attache l'homme à son pays, et l'on ne saurait le briser sans se couvrir d'infamie.

Le pilote sourit dédaigneusement, et entr'ouvrant sa veste d'étoffe grossière, il tira de la poche secrète qui était dans la doublure, divers objets qu'il montra successivement à miss Dunscombe avec un air de fierté.

— Voyez, Alix, lui dit-il; appelez-vous cela des marques d'infamie! Cette feuille de parchemin, à laquelle est suspendu ce large sceau, est revêtue de la signature du vertueux Louis XVI. Voyez cette croix décorée de pierreries, c'est un présent reçu de sa main royale. Est-il d'usage d'accorder de semblables dons aux gens couverts d'infamie? est-il sage, est-il convenable de désigner par le surnom insultant de Pirate écossais un homme que des princes n'ont pas jugé indigne de leur compagnie?

— Et n'avez-vous pas bien mérité ce titre, John, par vos exploits sanglants et par votre animosité sans bornes? Je baiserais volontiers les babioles que vous me montrez, fussent-elles mille fois moins splendides, si elles étaient le prix de votre fidélité, et que vous les eussiez reçues des mains de votre roi légitime; mais en ce moment elles ne paraissent à mes yeux que des taches qui se fixent sur votre nom d'une manière ineffaçable. J'ai su comment vous avez été accueilli à la cour de France, et il me semble qu'une reine pourrait faire mieux que d'encourager dans leur déloyauté, par un sourire, les sujets d'un autre monarque, fût-il même son ennemi : Dieu seul sait si elle ne verra pas elle-même un jour l'esprit de rébellion s'introduire dans le sein de son propre peuple ; et l'appui donné à la révolte d'une autre nation sera alors pour elle un souvenir plein d'amertume.

— Oui, l'auguste Marie-Antoinette a daigné récompenser de son approbation les services que j'ai rendus à l'Amérique, et ce n'est pas ce dont je suis le moins glorieux, répondit le pilote avec un accent d'humilité qui contrastait avec l'orgueil qui brillait dans ses yeux et jusque dans son attitude. Mais ne hasardez pas un mot, pas une syllabe à son détriment ; car vous ne connaissez pas celle que vous censurez. Elle est moins distinguée par sa naissance illustre et son rang élevé que par ses vertus et son amabilité. Elle est la première de son sexe dans toute l'Europe, fille d'un empereur, épouse du roi le plus puissant, idole de toute une nation qui est à ses pieds. Sa vie est autant au-dessus de tout reproche qu'elle serait à l'abri de tout châtiment en ce monde, s'il était possible qu'elle en méritât. La volonté de la Providence l'a placée hors de l'atteinte de toute infortune.

— L'a-t-elle placée au-dessus de toutes les erreurs et de toutes les faiblesses humaines, John ? Non, la reine la plus puissante n'en est pas plus à l'abri que le dernier de ses sujets, et la main de la Providence, qui ne distingue pas les rangs, peut s'appesantir sur l'une comme sur l'autre. Mais puisque vous êtes si fier d'avoir eu la permission de baiser le bas de la robe de la reine de France, d'avoir été admis dans la compagnie des dames de sa cour, dites-moi si vous en avez trouvé une seule qui ait osé vous dire la vérité, dont le cœur ait été sincèrement d'accord avec sa bouche ?

— Certainement aucune d'elles ne m'a adressé les reproches que je viens d'entendre sortir de la bouche d'Alix Dunscombe, après une séparation de six longues années.

— Si je vous ai parlé le langage de la vérité, John, ne l'en écoutez pas moins, quoique vous ne soyez pas habitué à l'entendre. Songez que celle qui a osé parler ainsi à un homme dont le nom est devenu terrible à tous ceux qui habitent sur nos côtes n'a pu y être portée par aucun autre motif que par l'intérêt qu'elle prend à votre bonheur éternel.

— Alix, vos discours insensés me feront perdre la raison ! Suis-je un monstre dont le nom doive effrayer les femmes faibles, les enfants sans appui ? Que signifient toutes les épithètes dont vous m'accablez ? Avez-vous aussi prêté l'oreille aux viles calomnies auxquelles a toujours recours la politique des hommes qui vous gouvernent contre ceux qui les attaquent, quand surtout ils les attaquent avec succès ? Mon nom peut être terrible aux officiers de la flotte du roi d'Angleterre ; mais où, quand, comment a-t il mérité de le devenir aux habitants paisibles des côtes ?

Alix jeta sur le pilote un regard furtif et timide qui semblait en dire encore plus que ses paroles.

— Je ne sais si tout ce qu'on dit de vous et de vos actions est vrai, lui répondit-elle. Bien des fois j'ai prié, dans l'amertume de mon cœur, que vous n'ayez pas à répondre, au dernier jour, de la dixième partie de tout ce dont on vous accuse. Mais je vous connais bien, John ; je vous connais depuis longtemps, et à Dieu ne plaise qu'en cette occasion solennelle, dans une entrevue qui sera peut-être notre dernière en ce monde, la faiblesse d'une femme me fasse oublier les devoirs d'une chrétienne ! J'ai souvent pensé que ceux qui vomissaient contre vous avec tant d'amertume des reproches inspirés par la haine, ne vous connaissaient guère. Mais quoique vous soyez quelquefois, je pourrais dire presque toujours, aussi calme, aussi tranquille que la mer sur laquelle vous avez toujours navigué, quand elle n'est pas troublée par les vents, cependant la nature vous a donné des passions violentes qui, lorsqu'elles s'éveillent, sont aussi terribles que l'Océan méridional quand une tourmente en soulève les eaux. Il me serait difficile de dire jusqu'où ce mauvais esprit peut conduire un homme à qui des injures imaginaires ont fait oublier sa patrie, et qui se trouve tout à coup armé du pouvoir de se venger.

Le pilote l'écoutait avec une profonde attention, et ses yeux perçants semblaient vouloir pénétrer jusque dans la source même des pensées qu'elle n'exprimait qu'à demi. Il conserva pourtant son empire sur lui-même, et lui répondit d'un ton qui annonçait plus de chagrin que de courroux :

— Si quelque chose pouvait me convertir à vos opinions pacifiques, Alix, ce serait la conviction que je viens d'acquérir que vous-même vous vous êtes laissé entraîner par les calomnies de mes lâches ennemis, jusqu'à douter de mon honneur, jusqu'à accuser ma conduite. Qu'est-ce donc que la renommée, si l'on peut déshonorer ainsi un homme aux yeux de ses meilleurs amis? Mais écartons ces réflexions puériles ; elles sont indignes de moi, de mon devoir, et de la cause sacrée que j'ai embrassée.

— Non, John, ne les écartez pas, dit vivement Alix en lui appuyant la main sur le bras ; elles sont pour vous ce qu'est la rosée pour l'herbe desséchée. Elles peuvent reproduire les sentiments de votre première jeunesse, et adoucir le cœur égaré moins par son penchant naturel que par la faiblesse avec laquelle il s'est laissé entraîner par les circonstances.

— Alix, dit le pilote en la regardant avec un air grave et solennel, j'ai appris cette nuit bien des choses que je ne venais pas ici pour apprendre. Vous m'avez fait voir combien est puissant le souffle du calomniateur, combien est faible la voix d'une bonne renommée. Vingt fois j'ai combattu ouvertement les satellites soudoyés de votre prince, toujours sous le pavillon que j'ai le premier arboré de mes propres mains ; et je rends grâce à Dieu de ce que je ne l'ai jamais vu baisser d'un pouce ; je n'ai pas à me reprocher un acte de lâcheté, pas un trait d'injustice envers un seul particulier, pendant tout le temps que j'ai porté les armes ; et cependant comment en suis-je récompensé? La langue du vil calomniateur est plus meurtrière que l'épée du guerrier, et elle fait des blessures plus difficiles à guérir.

— Vous n'avez jamais parlé avec plus de vérité, John, et puisse Dieu vous envoyer souvent des pensées qui peuvent être si utiles pour votre salut éternel! Vous dites que vous avez risqué votre vie dans vingt occasions ; voyez donc combien le ciel se montre peu favorable aux fauteurs de la rébellion! On dit que le monde n'a jamais vu un combat plus désespéré, plus sanglant que le dernier que vous avez livré, et qui a fait retentir votre nom d'un bout à l'autre de cette île.

— Et ce bruit arrivera partout où l'on sait ce que c'est qu'un combat naval, dit le pilote ; et la mélancolie qui commençait à rembrunir son front fit place à un air de fierté et de triomphe.

— Et cependant cette gloire imaginaire n'atténue en rien la tache odieuse de votre nom. Le vaincu a reçu même en ce monde des récompenses plus flatteuses que le vainqueur. Savez-vous quelles faveurs notre gracieux souverain a accordées à l'ennemi que vous avez défait?

— Oui, il l'a fait chevalier, répondit le pilote avec un sourire amer et méprisant. Eh bien! qu'il prenne un autre vaisseau, qu'il me fournisse l'occasion de le rencontrer, et je lui promets le titre de comte, s'il ne faut pour cela que le vaincre une seconde fois.

— Ne parlez pas avec tant de confiance et de témérité, comme si vous aviez un pouvoir qui vous protége, John. La fortune peut vous abandonner au moment où vous aurez le plus besoin de son aide, et quand vous y songerez le moins. Le prix du combat n'appartient pas toujours au plus fort, ni celui de la course au plus agile.

— Vous oubliez, ma bonne Alix, que vos paroles sont susceptibles d'une double interprétation. Dans l'occasion dont vous parlez, la victoire a-t-elle appartenu au plus fort? J'avoue pourtant que les lâches m'ont échappé plus d'une fois par leur agilité. Alix Dunscombe, vous ne connaissez pas la millième partie des tortures que m'ont fait éprouver des mécréants de haute naissance, envieux d'un mérite auquel ils ne peuvent atteindre, et qui cherchent à rabaisser la gloire qu'ils n'osent acquérir. N'ai-je pas été jeté sur l'Océan comme un navire incapable de tenir la mer, qu'on charge d'un service dangereux, parce que personne ne s'inquiète s'il périra dans cette entreprise? Combien de cœurs perfides ont triomphé en me voyant déployer mes voiles, parce qu'ils s'imaginaient que j'allais trouver la mort sur un gibet, ou une tombe dans l'Océan! mais j'ai su les désabuser.

Les yeux du pilote n'avaient plus cette expression de calme et de pénétration qui leur était habituelle, mais ils étincelaient de plaisir et de fierté, et il éleva la voix avec un nouvel enthousiasme.

— Oui, je les ai cruellement désabusés! ajouta-t-il; mais le triomphe que j'ai remporté sur mes ennemis vaincus n'est rien auprès des délices dont mon cœur a été enivré en me voyant élevé tellement au-dessus de ces lâches hypocrites. J'ai prié, conjuré les Français de m'accorder le dernier de leurs bâtiments de guerre; j'ai fait valoir les raisons de politique et de nécessité qui devaient les y déterminer, mais l'envie et la jalousie m'ont dérobé ce qui m'était dû, et m'ont privé de la moitié de ma gloire. On m'appelle pirate! ce nom est mérité; je le dois à la parcimonie de mes amis plutôt qu'à ma conduite envers mes ennemis.

— Et de pareils souvenirs, John, ne peuvent-ils faire renaître en vous des sentiments de loyauté pour votre prince, pour votre pays ?

— Loin de moi cette lâche pensée! s'écria le pilote, rappelé à lui-même par cette question, et rougissant de l'espèce de faiblesse qu'il venait de montrer. C'est toujours par ses œuvres que l'homme se rend recommandable. Mais venons-en à l'objet de votre visite. J'ai le pouvoir de me tirer, moi et mes compagnons, des faibles mains qui nous retiennent; mais je voudrais, à cause de vous, le faire sans en venir à des actes de violence. Venez-vous m'en indiquer les moyens?

— Demain matin vous serez conduits tous trois dans l'appartement où je vous ai déjà vu, à la sollicitation de miss Howard, sous prétexte de prendre des renseignements sur votre situation; l'humanité autant que la justice plaidera en faveur de sa demande, et tandis que vos gardes seront à la porte, nous vous ferons traverser l'intérieur des appartements de l'aile que nous habitons; il vous sera facile de sauter par une fenêtre du rez-de-chaussée, et le bois, qui n'est qu'à deux pas, vous fournira le moyen de pourvoir à votre sûreté.

— Et si ce Dillon, dont vous m'avez parlé, soupçonne la vérité, comment vous justifierez-vous aux yeux de la loi d'avoir favorisé notre fuite?

— Je crois qu'il ne se doute guère quel homme se trouve parmi les prisonniers, quoiqu'il soit possible qu'il ait reconnu un de vos compagnons. C'est un intérêt particulier qui l'anime, et non le zèle pour le bien public.

— Je m'en doutais, dit le pilote avec un sourire qui remplaça l'expression de son inébranlable et farouche caractère. Ce sourire pouvait être comparé à l'éclat d'un incendie qui révèle par une dernière lueur la dévastation qu'il a produite. Ce jeune Griffith, avec sa folle imprudence, m'a détourné de mon droit chemin, et il est juste que sa maîtresse coure quelque risque pour lui. Mais il n'en est pas de même de vous, Alix; vous n'habitez cette maison que momentanément, et il est inutile que vous paraissiez en rien dans cette malheureuse affaire. Si mon nom venait à être connu, ce mécréant américain, ce colonel Howard aurait besoin de tout le crédit qu'il a acheté en embrassant la cause de la tyrannie, pour se garantir des conséquences du déplaisir de vos ministres.

— Je crains d'abandonner le soin d'une affaire si délicate à la discrétion seule de ma jeune amie, dit Alix en secouant la tête.

— Songez qu'elle peut faire valoir pour excuse son attachement pour Griffith; mais vous, oseriez-vous avouer en face du monde que vous en conservez encore quelque reste pour l'homme que vous accablez de tant de termes d'opprobre?

Une légère rougeur colora les joues pâles de miss Dunscombe, tandis qu'elle répondit d'une voix qu'on entendait à peine :

— Il n'y a plus de motif pour que le monde soit informé d'une telle faiblesse, quand même elle existerait encore. Sa faible rougeur disparut alors, mais ses yeux brillèrent d'un feu extraordinaire pendant qu'elle ajoutait : — On ne peut me prendre que la vie, John, et je suis prête à la sacrifier pour vous.

— Alix, s'écria le pilote d'une voix attendrie, ma bonne et douce Alix!

La sentinelle frappa à la porte en ce moment critique, et sans attendre qu'on lui répondît, elle entra dans la chambre et déclara dans les termes les plus pressants qu'il était indispensable que la dame se retirât à l'instant même. Alix et le pilote, qui désiraient s'expliquer davantage relativement au projet d'évasion, lui demandèrent en peu de mots quelques instants de répit; mais la crainte de s'exposer à quelque châtiment rendit le soldat inébranlable, et celle d'être surprise dans cet appartement détermina miss Dunscombe à partir. Elle se leva donc, et, suivant le factionnaire, elle se retirait à pas lents, quand le pilote lui touchant la main, lui dit à l'oreille d'un ton expressif :

— Alix, nous nous reverrons avant que je quitte cette île pour toujours?

— Nous nous reverrons demain matin, John, lui répondit-elle sur le même ton, dans l'appartement de miss Howard.

Le pilote laissa tomber la main qu'il avait prise; Alix sortit, et la sentinelle impatiente ferma bien vite la porte à double tour. Le prisonnier écouta le bruit de leurs pas, jusqu'à ce qu'ils s'arrêtassent à la porte de la chambre voisine, et il se remit à parcourir à grands pas son appartement, s'arrêtant de temps en temps pour regarder les nuages que le vent chassait avec impétuosité, et les grands chênes dont il forçait la tête orgueilleuse à se courber. Au bout de quelques minutes, la tempête de ses propres passions fit place au calme sombre et désespéré qui l'avait rendu ce qu'il était. Il se rassit à la place qu'Alix avait occupée, et se mit à réfléchir sur les événements du temps, ce qui n'était pour lui qu'une transition pour passer à la conception de projets audacieux, occupation ordinaire de son esprit entreprenant.

CHAPITRE XV.

>Je n'ai pas d'excellentes raisons pour cela, mais j'en ai une assez bonne.
>SHAKSPEARE. *La Nuit des Rois.*

On aurait pu remarquer dans la physionomie du capitaine Borroughcliffe, quand la sentinelle l'eut introduit dans la chambre du troisième prisonnier, un mélange de malice et d'insouciance, de gaieté et de sombre rêverie ; on eût deviné que la visite nocturne de cet officier n'était pas sans motif, par l'air important et solennel avec lequel il se présenta, et par la dignité avec laquelle il fit un geste de la main pour ordonner au factionnaire de se retirer.

Tandis que le soldat obéissait et fermait la porte, le capitaine, balançant son corps sur ses jambes, entendit un bruit qui parut assez extraordinaire à son esprit confus, et il resta un instant les yeux fixés vers l'endroit d'où partait ce bruit, avec cet air d'importance que tant de gens prennent faute de mieux. Cependant, dès qu'il fut sûr de ne plus être interrompu, il marcha avec vivacité et avec une précision militaire, pour faire face à l'homme qu'il voulait voir.

Griffith s'était endormi, quoique d'un sommeil inquiet et agité ; le pilote attendait avec calme une visite qu'il paraît qu'il avait prévue ; leur compagnon, qui n'était autre que le capitaine Manuel, fut trouvé dans une situation toute différente. Quoique le temps fût froid et la nuit orageuse, il avait ôté la jaquette de marin qui le déguisait, et assis sur sa couverture, il ressemblait assez au chevalier de la triste figure, essuyant d'une main les gouttes de sueur qui lui tombaient du front, et se serrant de temps en temps le gosier de l'autre avec une sorte de mouvement machinal et convulsif. Il tressaillit de surprise en voyant quelqu'un entrer dans sa chambre; mais l'arrivée du capitaine Borroughcliffe ne produisit d'autre changement dans ses occupations que de donner plus d'exercice à son mouchoir, et de l'engager à se serrer la gorge plus fréquemment, comme s'il eût voulu s'assurer par expérience quel degré de pression le cou pouvait supporter sans trop d'inconvénient.

— Bonjour, camarade! dit Borroughcliffe en s'avançant d'un pas chancelant vers son prisonnier, et en s'asseyant sans cérémonie à côté de lui; bonjour, camarade! est-ce que le royaume est en danger, pour que les gens comme il faut traversent notre île en portant l'uniforme du régiment d'*incognitus, incogniti, incognitorum?* Diable! comme mon latin est rouillé! Dites-moi, mon gaillard, n'êtes-vous pas un de ces *torum?*

Manuel respirait péniblement, ce qui n'était pas très-étonnant d'après la manière dont il venait de se serrer la gorge; mais il surmonta ses craintes, et répondit avec plus de vivacité que sa situation ne le permettait, et que l'occasion ne l'exigeait.

— Dites-moi ce que vous voudrez, traitez-moi comme il vous plaira, mais je défie qui que ce soit de prouver que je sois un *tory*.

— Vous n'êtes pas *torum?* En ce cas le bureau de la guerre a inventé un nouvel uniforme, ou vous avez gagné le vôtre en prenant quelque batterie flottante; ou peut-être vous avez servi comme soldat de marine. Ai-je deviné?

— Je ne le nierai pas, j'ai servi deux ans à bord d'un navire, quoique j'aie été pris dans la ligne, dans le...

— Dans l'armée de terre, dit Borroughcliffe interrompant fort à propos l'aveu imprudent que Manuel allait faire de sa véritable situation; je m'en doutais. Et moi aussi, j'ai été une fois de service à bord de la flotte de lord Howe, mais c'est ce que je n'envie à personne. Quand il y avait parade dans l'après-midi, nous trouvions le plancher diablement glissant; car vous savez que c'est une époque de la journée où un homme a besoin d'un terrain solide pour se tenir ferme sur ses jambes. Quoi qu'il en soit, j'achetai ma compagnie avec l'argent qui me revint pour ma part des prises, ce qui fait que je me rappelle toujours le service de la marine avec reconnaissance. Mais c'est causer trop à sec. J'ai dans une de mes poches une bouteille d'excellent madère, et deux verres dans l'autre, nous lui dirons deux mots en jasant de choses plus importantes. Chargez-vous de fouiller dans mes poches, s'il vous plaît; car depuis que je suis arrivé au commandement, rien ne me paraît plus gauche que de faire ce mouvement de bras en arrière, comme s'il s'agissait de porter la main à la giberne.

Manuel ne savait trop ce qu'il devait penser des manières et des discours de Borroughcliffe; mais les dernières phrases que celui-ci venait de prononcer étaient conçues en trop bon anglais pour qu'il ne le comprît pas sur-le-champ, et il soulagea les poches de son compagnon avec une promptitude qui fit honneur à son intelligence. Borroughcliffe tira le bouchon avec ses dents d'une manière scientifique, emplit deux verres, et en offrit un à son compagnon sans que l'un ou l'autre prononçât un seul mot pendant cette opération. Tous deux vidèrent leur verre d'un seul trait, et finirent par faire claquer leur langue avec un son presque semblable au bruit de deux coups de pistolet tirés en même temps par deux duellistes bien exercés, quoique certainement beaucoup moins alarmant. Borroughcliffe reprit alors la parole.

— J'aime la vue de ces bouteilles couvertes de sable et de toiles d'araignée; c'est toujours un présage favorable pour l'intérieur. Une liqueur comme celle-ci ne s'arrête pas dans l'estomac; elle va droit au cœur et se change en sang en moins de temps qu'il n'en faut pour un battement du pouls. Mais n'admirez-vous pas comme je vous ai promptement reconnu? c'est qu'il existe une sorte de franc-maçonnerie dans notre profession. Je vous ai reconnu pour ce que vous êtes, dès l'instant que j'ai jeté les yeux sur vous dans ce que nous appelons notre corps-de-garde. Mais j'ai cru devoir laisser au vieux colonel qui demeure ici le plaisir de faire un interrogatoire en forme; c'est une déférence due à son âge et à son grade; mais je vous ai reconnu dès le premier coup d'œil. Je vous ai déjà vu auparavant.

Borroughcliffe, pour soutenir sa théorie sur le changement subit du vin en sang, aurait pu trouver une preuve dans celui qui s'opéra tout à coup dans toute la personne du capitaine Manuel. Tandis que la bouteille se vidait, et il est bon de dire au lecteur que cette opération ne fut pas très-longue, une sorte de magie faisait que les gouttes de sueur cessaient de couler sur son front, et son gosier, intérieurement humecté, ne semblait plus exiger cette application extérieure de la main qui lui faisait produire le son extraordinaire dont Borroughcliffe avait été surpris à son arrivée. Sa physionomie prit un air de curiosité froide et réfléchie, accompagné de toute l'attention qu'exigeait sa situation.

— Il est possible que nous nous soyons rencontrés quelque part, dit Manuel, car ce n'est pas d'hier que je suis entré au service, et cependant je ne sais pas trop où vous pourriez m'avoir vu. Avez-vous jamais été prisonnier de guerre?

— Hum? pas tout à fait si malheureux ; j'ai été seulement une sorte de combattant non combattant par convention. J'ai partagé les fatigues de l'armée anglaise en Amérique, ses dangers, sa gloire, ses victoires un peu équivoques, où nous mettions en fuite et où nous taillions en pièces une foule de rebelles qui n'existaient pas. Enfin, pour mon malheur, je fus compris dans la capitulation de Burgoyne ; mais passons cela. Vous ne savez pas où je vous ai vu? Je vous ai vu à la caserne, à la parade, à l'armée, sur le champ de bataille : je vous ai vu partout, excepté dans un salon.

Manuel le regarda avec surprise et inquiétude en l'entendant parler avec un ton d'assurance qui menaçait de mettre sa vie en danger, et l'on peut croire qu'une sensation désagréable le prit de nouveau à la gorge, car il but un grand verre de vin pour faciliter le passage de ses paroles. — Oui, c'est aujourd'hui la première fois que je vous ai vu dans un salon.

— En jureriez-vous? Savez-vous quel est mon nom?

— J'en prêterais serment devant toutes les cours de la chrétienté ; et quant à votre nom, c'est... c'est... Fugleman.

— Je veux être damné si c'est mon nom ! s'écria Manuel avec joie.

— Ne jurez pas! dit Borroughcliffe d'un ton grave. Qu'est-ce qu'un nom? rien qu'un vain son. Donne-toi le nom que tu voudras, je te connais. Ton nom est soldat. Il est gravé sur ton front martial. La raideur de ton genou le proclame. Je doute que ce membre rebelle sache plier même pour la prière.

— Allons, Monsieur, dit Manuel en prenant un ton plus sérieux, trêve à ce badinage, et faites-moi connaître tout d'un coup ce que vous me voulez. Membre rebelle! En vérité, ces drôles appelleront bientôt le firmament de l'Amérique un ciel rebelle!

— J'aime ta fierté, mon garçon, reprit Borroughcliffe avec le plus grand sang-froid ; elle sied à un soldat comme sa giberne et son ceinturon : mais c'est l'user en pure perte que de l'employer avec un vieux pandour. Je suis pourtant surpris que ton orthodoxie s'effarouche d'une si légère attaque. Il faut que la citadelle soit bien faible, quand on en défend les ouvrages avancés avec une opiniâtreté si peu nécessaire.

— Je ne sais pas pourquoi vous m'avez rendu cette visite, capitaine Borroughcliffe, dit Manuel, plus discret et cherchant à reconnaître les vues de son compagnon de bouteille avant de s'ouvrir davantage, s'il est vrai que vous ayez le grade de capitaine, et que vous vous nommiez Borroughcliffe; mais ce que je sais, c'est que si vous n'avez d'autre but que d'insulter à ma situation actuelle, c'est agir d'une manière indigne d'un militaire, indigne d'un homme; et en toute autre circonstance cette conduite pourrait être suivie de quelque rixe.

— Oh! oh! dit Borroughcliffe avec son sang-froid imperturbable, je vois que vous comptez le vin pour rien, quoique le roi n'en boive pas d'aussi bon, et pour une excellente raison : le soleil d'Angleterre ne peut percer les murs de pierre du château de Windsor aussi aisément que celui de la Caroline échauffe les planches de cèdre qui y couvrent un cellier. Mais n'importe, votre fierté me plaît de plus en plus; ainsi les armes à la main! Faisons encore une charge sur cette bouteille, après quoi je développerai tout mon plan de campagne.

Manuel examina avec attention la physionomie de son compagnon, mais n'y découvrant d'autre expression qu'une sorte de malice mêlée d'amour-propre, qui semblait sur le point de céder la place à la stupidité de l'ivresse, il se rassura et, en militaire docile, obéit au commandement. Lorsqu'ils eurent vidé leurs verres, Borroughcliffe commença à s'expliquer sans réserve.

— Vous êtes un soldat, et je suis un soldat. Que vous soyez un soldat, c'est ce que mon sergent aurait pu dire, car le drôle a fait une campagne et flairé le salpêtre. Mais il fallait l'œil d'un officier pour découvrir en vous un officier. Un soldat ne porte pas du linge comme le vôtre, et, par parenthèse, votre costume en ce moment est un peu froid pour la saison. Un soldat ne porte pas un col de velours noir attaché avec une boucle d'argent. Les cheveux d'un soldat n'ont jamais une odeur parfumée. En un mot, si vous êtes soldat, vous êtes en même temps officier.

— J'en conviens. J'ai le grade de capitaine, et je désire être traité en conséquence.

— Je crois vous avoir traité en général, eu égard au vin que je vous ai offert; mais comme il vous plaira. Or il serait évident, même pour ceux dont l'intelligence n'aurait pas été aidée par la liqueur cordiale dont il y a abondance en cette maison, que lorsque des officiers voyagent dans l'intérieur de cette île, sous l'uniforme du corps d'*incognitorum*, ce qui, dans ce cas, signifie la jaquette d'un marin, il faut que le vent souffle d'un quartier peu ordinaire. Un soldat doit fidélité à son roi, et ensuite au vin et aux femmes. Le roi n'est pas en guerre dans l'intérieur de cette île. Le vin, je regrette de le dire, le bon vin y est aussi rare que cher. Mais quant aux femmes, il n'y en manque pas. Eh bien! vais-je droit au but, camarade?

— Continuez, répondit Manuel, attentif dans l'espoir de découvrir s'il était reconnu comme Américain.

— En avant! marche! c'est de fort bon anglais. La difficulté gît donc entre le vin et les femmes; et quand l'un est bon, et que les autres sont jolies, c'est une sorte d'alternative fort agréable. Maintenant est-ce le vin que vous cherchez? je n'en crois rien, camarade capitaine, car vous ne vous mettriez pas en campagne sous un costume si misérable. Vous m'excuserez, mais qui diable penserait à offrir autre chose que du porter à un homme en pantalon taché de goudron? Un verre de genièvre de Hollande serait tout ce que pourrait espérer de mieux un homme portant comme vous la jaquette bleue.

— Et cependant j'ai trouvé quelqu'un qui m'a offert le madère le plus délicieux du sud.

— Vous savez de quel côté vient ce précieux fluide! cela fait pencher la balance en faveur du vin. Mais non, non. C'est la femme, la femme capricieuse, la femme qui voit un héros sous l'uniforme, un saint sous la soutane, quelque chose de toujours admirable dans un amant, qu'il soit couvert de velours ou de toile bleue; la femme, dis-je, est la cause de cette mascarade mystérieuse. Ai-je bien deviné, camarade?

Manuel vit alors qu'il n'était ni reconnu, ni même soupçonné: et il retrouva toute sa liberté d'esprit. Jetant un regard malin sur son compagnon, et prenant ensuite un air grave, digne de toute la sagesse de Salomon, il lui répondit:

— Ah! la femme sera tenue de répondre de bien des choses!

— Je le savais, s'écria Borroughcliffe; et cet aveu ne fait que me confirmer dans la bonne opinion que j'ai toujours eue de moi-même. Si Sa Majesté a vraiment à cœur de terminer cette affaire d'Amérique, elle n'a qu'à mettre au feu certaine convention [1], donner de l'avancement à quelqu'un que je ne nommerai pas, et nous verrons! Mais dites-moi avec franchise et vérité, s'agit-il d'un mariage véritable, ou n'est-ce qu'un badinage avec Cupidon?

— D'un mariage très-honnête, répondit Manuel d'un ton aussi sérieux que s'il avait déjà senti le poids des fers de l'hymen.

— Très-honnête! y a-t-il de l'argent?

— S'il y a de l'argent? répliqua Manuel avec une sorte de mépris; un soldat sacrifierait-il sa liberté si les chaînes qu'il veut prendre n'étaient d'or?

— C'est la vraie doctrine militaire. Sur ma foi, vous avez de la discrétion dans votre corps amphibie, à ce qu'il me semble. Mais pourquoi ce déguisement? Les grands parents sont-ils graves, puissants et révérends? Je vous le demande encore, pourquoi ce déguisement?

— Pourquoi ce déguisement? répéta Manuel d'un ton froid. Est-ce qu'on fait l'amour sans déguisement, dans votre régiment? Chez nous, c'est un symptôme régulier de la maladie.

— C'est une description sage et discrète de cette passion, mon camarade amphibie; et cependant les symptômes en sont accompagnés chez vous de signes peu agréables. Votre maîtresse a-t-elle donc un goût particulier pour le goudron?

— Non, mais elle m'aime, et par conséquent elle s'inquiète peu sous quels vêtements je me montre à elle.

— C'est encore de la discrétion et de la sagacité; et pourtant ce n'est qu'une feinte pour parer ma botte directe. J'ose dire, mon camarade aquatique, que vous connaissez certaine place, qu'on nomme Gretna-Green, un peu au nord d'ici, me trompé-je?

— Gretna-Green? répéta Manuel un peu embarrassé par son ignorance, un terrain où l'on passe des revues, sans doute.

— Précisément; où l'on passe en revue ceux qui sont exposés au feu de maître Cupidon. Eh bien! il y a de l'adresse dans cette apparence de simplicité; mais cela ne peut réussir avec un vieux pandour. Je suis retors, mon ami marin, et il est difficile de m'en imposer. Maintenant, écoutez, et répondez-moi; mais ne cherchez pas à rien nier. Vous êtes amoureux.

1. Capitulation du général Burgoyne.

— Je ne le nie pas, répondit Manuel, qui crut que cette marche était la plus sûre.

— Vous avez le consentement de votre maîtresse; l'argent est prêt; mais les vieilles gens disent : Halte là!

— Je suis muet.

— C'est prudent. Vous vous dites : — Marche! Gretna-Green est le but de votre course, et vous vous y rendez par eau.

— Si je ne puis m'échapper par eau, je ne m'échapperai jamais, dit Manuel, en portant encore machinalement la main à son cou.

— Continuez à être muet; vous n'avez pas besoin de me rien dire. Je serais en état cette nuit de percer un mystère, fût-il aussi profond qu'un puits. Vos compagnons sont des gens soudoyés; peut-être des compagnons d'armes qui vous servent de pilotes dans votre expédition.

— L'un est mon camarade, l'autre nous sert de pilote, répondit Manuel avec plus de vérité qu'il ne l'avait fait jusqu'alors.

— Vos précautions sont bien prises. Encore un mot, et je deviens muet à mon tour. L'objet que vous cherchez demeure-t-il dans cette maison?

— Non, mais il n'en est qu'à peu de distance, et je m'estimerais bien heureux si je pouvais...

— Tourner à droite pour la voir? Ecoutez-moi, et vos désirs seront accomplis. Vous avez les jambes encore assez fermes pour marcher, ce qui n'est pas un petit privilége à l'heure qu'il est. Ouvrez cette fenêtre; elle peut servir à votre évasion.

Manuel s'empressa de suivre ce conseil, mais à peine eut-il avancé la tête à la croisée, qu'il s'en détourna d'un air peu satisfait.

— Tenter un pareil saut, dit-il, ce serait se vouer à une mort certaine. Le diable seul pourrait s'envoler par-là

— C'est ce que je pense, dit Borroughcliffe d'un ton sec. Il faut pourtant vous résoudre à passer le reste de vos jours pour le respectable personnage dont vous parlez; car c'est par cette croisée qu'il faut que vous vous envoliez sur les ailes de l'amour.

— Mais comment? la chose est impossible.

— En imagination seulement. Votre présence a fait naître de sottes craintes et une vaine curiosité dans l'imagination de certains habitants de cette maison. Ils craignent les rebelles; mais comme nous le savons fort bien vous et moi, les rebelles n'ont pas assez de bras pour faire leur besogne chez eux, et il est impossible qu'ils songent à venir ici nous tailler des croupières. Vous désirez pouvoir continuer votre course amoureuse, moi je désire servir un camarade dans l'embarras. Il faudra qu'on suppose que vous vous êtes envolé par cette fenêtre, peu importe comment, tandis qu'en me suivant vous allez passer tranquillement devant la sentinelle sur vos deux bonnes jambes.

C'était une conclusion qui excédait tout ce que Manuel avait pu se promettre d'une conversation amicale, mais assez étrange. A peine l'eut-il entendue, qu'il revêtit la partie de ses habits que son agitation lui avait rendus trop pesants, et en moins de temps qu'il ne nous en faut pour le dire, le capitaine américain était de nouveau métamorphosé en matelot et prêt à partir. Borroughcliffe se redressa avec un air d'importance, et quand il eut réussi à s'établir assez fermement sur ses pieds, il ouvrit la porte, dit à son prisonnier de le suivre, et ils entrèrent ensemble dans le corridor.

— Qui va là? s'écria le factionnaire avec une vigilance qui semblait vouloir expier la faiblesse dont quelques instants auparavant il avait été coupable.

— Marchez droit, afin qu'il puisse vous voir, dit Borroughcliffe avec beaucoup de philosophie.

— Qui va là? répéta la sentinelle en frappant le plancher de la crosse de son fusil avec un bruit qui retentit dans tout le corridor.

— Faites comme moi, dit Borroughcliffe à Manuel, marchez en zigzag, afin que s'il tire il puisse nous manquer.

— Nous attraperons une balle avec toutes ces folies, murmura Manuel. Nous sommes amis, cria-t-il à la sentinelle, et votre officier est un de nous.

— Halte là, ami! répondit le factionnaire. En avant l'officier et voyons le mot d'ordre.

— En avant! murmura à son tour Borroughcliffe dont les jambes chancelaient; cela est plus aisé à ordonner qu'à exécuter. Allons, camarade amphibie, vos jambes sont aussi fermes que celles d'un facteur de la poste; placez-vous à l'avant-garde et faites entendre le son magique du mot *Loyauté!* C'est le mot d'ordre de tous les jours dans cette maison; il a été donné par notre hôte, le vieux colonel. Eh bien! pourquoi vous arrêtez-vous? la côte est libre.

Manuel avait fait deux ou trois pas avec empressement, mais

une réflexion l'avait arrêté tout à coup, et il se retourna vers l'officier anglais.

— Et mes compagnons ! je ne puis rien faire sans eux.

— Ah ! ah ! les clefs sont sur leurs portes. Peters ne voulait plus me faire attendre. Eh bien ! entrez, rassemblez vos forces.

Borroughcliffe avait à peine cessé de parler, que Manuel était déjà dans la chambre de Griffith. Il lui communiqua en deux mots la situation des choses, sortit avec lui, et entra dans la chambre du pilote.

— Suivez-moi, lui dit-il, comportez-vous comme de coutume, ne dites pas un mot, et fiez-vous à moi.

Le pilote se leva et le suivit avec le sang-froid le plus admirable, sans lui faire une seule question.

— Je suis prêt à partir, dit Manuel en rejoignant Borroughcliffe.

Pendant le court intervalle qu'exigèrent ces préliminaires, la sentinelle et son capitaine étaient immobiles, les yeux fixés l'un sur l'autre avec toute la précision de la discipline, l'un voulant prouver sa vigilance, l'autre attendant le retour de son compagnon. Le capitaine anglais dit alors à Manuel d'avancer et de donner le mot d'ordre au factionnaire.

— *Loyauté !* dit Manuel en s'avançant.

Mais le soldat avait eu le temps de réfléchir, et comme il voyait dans quel état se trouvaient la tête et les jambes de son officier, il hésita à laisser passer les prisonniers.

— Avancez ! répondit-il pourtant. Mais quand ils furent près de lui, il mit son fusil en travers pour leur barrer le passage, et s'adressant à Borroughcliffe : Ils ont le mot d'ordre, mon capitaine, lui dit-il, mais je n'ose les laisser passer.

— Et pourquoi, drôle ? ne suis-je pas ici ? Ne me connaissez-vous pas ?

— Pardon, mon capitaine ; je vous connais et je vous respecte, mais j'ai été placé ici par mon sergent, et ma consigne est de ne laisser passer ces prisonniers pour quelque cause que ce soit.

— Voilà ce que j'appelle de la discipline, dit Borroughcliffe en riant avec un air de satisfaction. Je me doutais que ce brave garçon n'écouterait pas plus mes ordres qu'il n'obéirait à ceux de cette lampe. Nous n'avons pas ici des esclaves de la lampe, mon camarade amphibie. Exercez-vous nos marins à une discipline si scrupuleuse ?

— Que signifie cette mauvaise plaisanterie? demanda le pilote en fronçant le sourcil.

— Je croyais que ce serait moi qui rirais à vos dépens, dit Manuel, affectant de partager la gaieté du capitaine anglais ; je vous assure que la discipline est aussi rigoureuse dans notre corps que dans aucun autre. Mais puisque le factionnaire ne veut pas vous connaître, le sergent vous connaîtra. Faites-le appeler, et qu'il donne ordre à ce soldat de nous laisser passer.

— Je vois que vous avez à la gorge quelque chose qui vous gêne, dit Borroughcliffe; vous avez besoin d'une bouteille de ce généreux liquide. A la bonne heure, Peters, ouvrez cette fenêtre, et appelez le sergent.

— Suivez-moi, répondit le jeune marin.

A l'instant où la sentinelle avait le dos tourné pour exécuter l'ordre de son capitaine, Griffith sauta sur lui, lui arracha son mousquet des mains, lui donna un grand coup de crosse sur les épaules, le renversa par terre, et s'écria :

— En avant maintenant! le chemin est libre.

— En avant! répéta le pilote en sautant par-dessus le corps du soldat, un poignard dans une main et un pistolet dans l'autre.

Manuel le suivit au même instant, armé de la même manière, et tous trois descendirent l'escalier à pas précipités, sans rencontrer personne pour mettre obstacle à leur fuite.

Peters était encore étendu sur le carreau, et Borroughcliffe était hors d'état de poursuivre les fugitifs. Cet acte imprévu de violence l'avait même tellement étourdi qu'il se passa quelques instants avant qu'il pût recouvrer la voix, lui que la parole abandonnait rarement. Le factionnaire fut le premier à retrouver l'usage de ses sens et de ses jambes; et s'étant relevé, son capitaine et lui se regardèrent avec un air de condoléance mutuelle.

— Donnerai-je l'alarme, mon capitaine? demanda enfin la sentinelle.

— Je crois, Peters, qu'il vaut mieux n'en rien faire. On ne sait pas ce que c'est que la reconnaissance et la civilité dans le corps de la marine.

— J'espère que vous vous rappellerez, mon capitaine, que j'ai fait mon devoir, et que j'ai été désarmé en exécutant vos ordres.

— Je ne me rappelle rien, Peters, absolument rien, si ce n'est que nous avons été maltraités. Ce militaire amphibie m'en rendra raison. Mais fermez les portes au double tour, faites comme s'il n'était rien arrivé.

— Cela n'est pas aussi aisé que vous vous l'imaginez, mon capitaine. Je suis sûr que j'ai la crosse de mon mousquet gravée sur le dos ; on en verrait la marque.

— Eh bien ! aie l'air que tu voudras, drôle ; mais ne t'avise pas de jaser. Voilà une couronne pour t'acheter un emplâtre. J'ai entendu ce chien de mer jeter ton mousquet sur l'escalier ; va le ramasser, et reviens à ton poste. Quand on viendra te relever, tu feras comme s'il n'était rien arrivé. Je prends toute la responsabilité sur moi.

Peters obéit, et quand il fut de retour avec son arme, Borroughcliffe, que cet événement avait un peu dégrisé, retourna aussi bien qu'il le put à son appartement, en proférant des menaces et des imprécations contre le corps de l'artillerie de marine et toute la race des amphibies.

CHAPITRE XVI.

> Partons, partons ! la couvée a pris son vol ; lâchez les chiens et faites lancer les faucons, je vais m'occuper activement de la poursuite, et ne plus perdre mon temps dans un repos paresseux.

BORROUGHCLIFFE passa le reste de la nuit dans le sommeil pesant qui suit l'ivresse, et il ne s'éveilla que lorsque son domestique entra dans sa chambre. Le bruit du tambour fut le premier son qu'il entendit en ouvrant sa paupière. Il se mit sur son séant, se frotta les yeux suivant sa coutume, se tourna brusquement vers son domestique, et lui dit avec un ton d'humeur qui semblait vouloir le rendre responsable d'une faute qu'il n'avait pas commise :

— Que signifie cela, drôle ? N'avais-je pas dit au sergent Drill que je ne voulais pas qu'une baguette touchât la peau d'un tambour tant que nous serions sous le toit hospitalier de ce bon vieux colonel ? Méprise-t-il mes ordres ? ou pense-t-il que le roulement d'un tambour répété par les échos du labyrinthe des corridors de cette vieille maison soit une mélodie agréable pour troubler le sommeil de ceux qui l'habitent ?

— Je crois, Monsieur, que c'est le colonel Howard lui-même qui a désiré que le sergent fît ce matin l'appel de la troupe au son du tambour.

— Diable ! son oreille aime donc encore à entendre de temps en temps les sons qui lui étaient familiers autrefois ? Mais est-ce qu'on passe en revue les bestiaux de la ferme comme mes soldats ? J'entends des piétinements dans la cour, comme si cette vieille abbaye était une seconde arche de Noé, et que toutes les bêtes des champs vinssent y chercher un asile.

— Ce n'est qu'un détachement de dragons qui entre dans la cour, Monsieur ; et le colonel s'y est rendu pour les recevoir.

— Dans la cour ! un détachement de dragons ! de la cavalerie légère ! Est-ce que le vieux fou s'imagine que vingt gaillards comme les miens ne suffisent pas pour défendre contre les esprits et les bouffées du vent du nord-est un nid à corbeaux comme cette vieille abbaye ? Nous faut-il un renfort de troupes à cheval ? Hum ! je suppose que quelques uns de ces messieurs en bottes ont entendu parler du vieux madère de la Caroline.

— Oh ! non, Monsieur ! c'est un détachement que M. Dillon est allé chercher hier soir, après que vous avez jugé à propos de faire mettre aux fers les trois pirates.

— Trois pirates aux fers ! s'écria le capitaine en se frottant encore les yeux, mais d'une manière plus réfléchie. Ah ! je me souviens que j'ai fait mettre au cachot, ou je ne sais où, trois drôles qui avaient l'air suspect. Mais qu'est-ce que M. Dillon ou ces dragons ont à faire avec eux ?

— C'est ce que j'ignore, Monsieur ; mais il paraît qu'on les soupçonne d'être des conspirateurs ou des rebelles des colonies. Les uns disent que ce sont des officiers-généraux déguisés, et que le général Washington est un d'eux ; les autres prétendent que ce sont seulement trois membres du parlement yankie, qui sont venus en Angleterre pour en apprendre les coutumes, afin de s'y conformer.

— Washington !... des membres du congrès !... Allez, fou que vous êtes, allez voir de combien d'hommes est composé ce détachement, et venez m'en rendre compte. Un instant ! mettez mes habits à ma portée! Partez maintenant, et si l'officier qui commande ces dragons venait à me demander, faites-lui mes compliments et dites-lui que je vais descendre.

Lorsque le domestique fut parti, le capitaine, tout en faisant sa toilette, prononça à diverses reprises le monologue suivant :

— Je gagerais ma commission contre une demi-paie d'enseigne que quelqu'un de ces paresseux à qui il faut un quadrupède pour les porter, a entendu parler du vin de la Caroline. Mais je crois qu'il faut que je mette une annonce dans la gazette de Londres, pour demander raison de sa conduite à ce capitaine amphibie. Si c'est un homme de cœur, il ne se cachera pas sous son incognito, et il me donnera un rendez-vous. Si cette mesure ne me réussit pas, morbleu! je me rendrai à Yarmouth, et je ferai payer tout au premier de cette race de métis qui me tombera sous la main. Par la mort! jamais un homme comme il faut, jamais un militaire n'ont été insultés de cette manière. Si je savais seulement son nom! Que cette histoire vienne à s'ébruiter, je deviendrai le plastron des railleries de tous mes camarades, jusqu'à ce qu'ils trouvent à s'amuser aux dépens d'un plus grand fou que moi. Il me faudrait au moins six duels pour les faire taire. Mais non, non; je ne veux pas qu'il se brûle une amorce dans mon régiment pour cette affaire : j'en ferai payer les frais à quelque officier aquatique. Cela n'est que juste et raisonnable. Et ce Peters! si le coquin s'avise de dire un seul mot de la manière dont il s'est laissé battre avec son propre mousquet.. Je ne puis le faire passer par les verges pour cela ; mais si je ne m'en dédommage pas la première fois qu'il m'en fournira l'occasion, je n'entends rien à la manière dont on balance les comptes dans un régiment.

Lorsqu'il eut terminé ce soliloque, qui peut donner une idée assez juste du cours que prenaient ses pensées, l'officier de recrutement ayant achevé sa toilette, se disposa à aller joindre les nouveau-venus, comme il croyait que son devoir l'exigeait. En arrivant dans la cour, il rencontra son hôte qui était en conversation assez animée avec un jeune officier de cavalerie; le colonel l'interrompit pourtant pour s'adresser à Borroughcliffe.

— Bonjour, mon digne gardien, mon brave protecteur. J'ai de belles nouvelles à faire entendre à votre loyauté. Il paraît que nos prisonniers sont des gens déguisés, des ennemis du roi ; et le cornette Fitzgerald... Capitaine Borroughcliffe, permettez-moi de vous présenter M. Fitzgerald, cornette de dragons dans la cavalerie légère.

Les deux officiers se saluèrent, et le vieillard continua.

— M. Fitzgerald a eu la bonté d'amener ici un détachement de sa troupe pour conduire ces coquins sous bonne et sûre garde, soit à Londres, soit en toute autre ville, où ils trouveront assez de braves et loyaux officiers pour former une cour martiale qui ordonnera leur exécution comme espions. Mon digne parent Kit Dillon a reconnu d'un seul coup d'œil qui ils étaient; tandis que vous et moi, comme deux vrais enfants, nous ne pensions qu'à les enrôler pour le service du roi. Mais Christophe a des yeux et une tête comme peu de gens peuvent se vanter d'en posséder, et je voudrais qu'il pût recevoir ce qui lui est dû au barreau d'Angleterre.

— C'est ce qui est à désirer, Monsieur, répondit Borroughcliffe avec un air grave, qu'il devait partie aux efforts qu'il faisait pour donner de l'effet à ce sarcasme, partie au souvenir de ce qui s'était passé la nuit précédente. Mais quelle raison a eue M. Christophe Dillon pour croire que ces trois marins ne sont pas ce qu'ils paraissent?

— Je n'en sais rien, mais je garantirais sur ma vie qu'il en a eu de bonnes et valables. Christophe est un homme à trouver des raisons pour tout; car vous savez que c'est la pierre fondamentale de sa profession, et il sait les déduire en lieu convenable. Mais vous savez, Messieurs, qu'il arrive souvent que les membres du barreau ne peuvent avoir la bouche franche et ouverte du soldat sans mettre en danger la cause dont ils sont chargés. Oui, oui, fiez-vous-en à moi; Kit a eu de bonnes raisons, et il les fera connaître en temps et lieu.

— J'espère donc que vous reconnaîtrez qu'ils ont été bien gardés, colonel. Je crois que vous m'avez dit que les fenêtres étaient trop élevées pour qu'elles pussent servir à leur évasion; c'est pourquoi je n'ai pas placé de sentinelle sous les croisées, à l'extérieur du bâtiment.

— Ne craignez rien, mon digne ami, s'écria le colonel; à moins que vos gens ne se soient endormis à leur poste, je vous réponds que les coquins sont en sûreté. Mais comme il sera nécessaire de les emmener promptement, avant que l'autorité civile mette la main sur eux, rendons-nous dans le corps de bâtiment qui est sur le derrière, et tirons ces chiens de leur chenil. Une partie du détachement de cavalerie se chargera de les escorter pendant que nous déjeunerons. Il ne serait pas prudent de laisser les autorités civiles s'emparer de cette affaire, car il est rare qu'elles se fassent une juste idée du crime dont il s'agit.

— Pardon, Monsieur, dit le jeune officier de cavalerie, mais, d'après ce que m'avait dit M. Dillon, je m'imaginais que nous trouverions un parti ennemi, et j'espérais avoir à remplir un devoir moins désagréable que les fonctions de constable. D'ailleurs, Monsieur, d'après les lois de ce royaume, tout accusé doit être jugé par ses pairs, et je ne me permettrais pas de conduire ces gens en prison avant de les avoir fait comparaître devant un magistrat.

— Ce que vous dites ne s'applique qu'à des sujets loyaux et fidèles, répliqua le colonel et en ce qui les concerne, vous avez raison sans contredit; mais le même privilége n'est pas accordé à des ennemis, à des traîtres.

— Il faut d'abord qu'il soit prouvé qu'ils le sont, répondit le jeune cornette d'un ton positif (car il parlait avec d'autant plus de confiance qu'il n'avait abandonné l'étude du droit que l'année précédente); ce n'est qu'alors qu'ils pourront être traités et punis comme ils le méritent. Quant à moi, si je me charge de vos prisonniers, ce ne sera que pour les conduire en sûreté devant l'autorité civile.

— Allons d'abord les chercher, s'écria Borroughcliffe, pour terminer une discussion qui paraissait s'échauffer et dont il connaissait l'inutilité. Peut-être consentiront-ils paisiblement à s'enrôler sous les bannières de notre souverain, et alors il ne faudra plus d'autre intervention que celle d'une discipline salutaire.

— S'ils sont d'une classe qui rende ce dénouement probable, dit Fitzgerald, je serai très charmé que l'affaire se termine ainsi. J'espère pourtant que le capitaine Borroughcliffe aura quelque égard à la démarche que vient de faire notre régiment. Il s'en faut de beaucoup que notre escadron soit au complet.

— Nous nous entendrons facilement, répondit Borroughcliffe, chacun de nous en prendra un, et une guinée jetée en l'air décidera à qui appartiendra le troisième. Allons, Drill! sergent! représentez-nous vos prisonniers, et relevez votre sentinelle.

— Je ne doute pas de la pénétration du capitaine Borroughcliffe, dit le colonel; mais je tiens de M. Christophe Dillon qu'il y a de bonnes raisons pour croire qu'un de ces hommes au moins est d'une classe fort au-dessus de celle de simple soldat ; et dans ce cas, tous vos plans sont brisés comme du verre.

— Et pour qui donc le prend-il ? demanda Borroughcliffe ; est-ce un Bourbon déguisé ? est-ce un secret représentant du congrès des rebelles ?

— Il ne m'en a pas dit davantage. Kit sait tenir sa bouche close quand dame justice va prendre ses balances. Il y a des gens qu'on reconnaît sur-le-champ comme étant nés pour être soldats, par exemple, le comte Cornwallis, qui tient si vaillamment tête aux révoltés dans les deux Carolines ; d'autres paraissent avoir été formés par la nature pour être des saints sur la terre, comme Leurs Grâces les archevêques d'York et de Cantorbery. Enfin il est une autre classe dont on pourrait dire qu'ils ne voient rien qu'avec des yeux pénétrants, impartiaux et désintéressés, de laquelle classe font partie le président lord Mansfield et mon parent Kit Dillon. Je me flatte, Messieurs, que, lorsque les armes royales auront étouffé cette rébellion, les ministres de Sa Majesté reconnaîtront qu'il convient d'étendre jusque dans les colonies la dignité de la pairie, comme un moyen de récompenser la loyauté pour le passé, et comme une mesure politique pour prévenir tout germe de mécontentement à l'avenir ; et dans ce cas, j'espère voir mon parent décoré du manteau de pair, bordé de l'hermine de la justice.

— Vos espérances sont très-raisonnables, mon cher Monsieur, dit Borroughcliffe, et je ne doute pas que votre parent ne devienne un jour (ce qu'il n'est pas encore malgré tout son mérite) très-honorable [1]. Prenez donc courage, Monsieur ; je le connais assez pour ne pas douter que la loi ne lui rende justice en temps convenable, et que nous ne le voyions revêtu d'une dignité telle qu'elle serve de point de mire à tous ceux qui aspireraient à une pareille élévation en ce monde, quoique je ne sache trop sous quel titre il sera alors connu.

Le colonel était trop plein de sa manière d'envisager les choses en général et M. Christophe Dillon en particulier, pour faire attention aux regards malins que les deux officiers se jetaient mutuellement pendant que le capitaine parlait ainsi, et il lui répondit avec la plus grande simplicité de cœur :

1. Titre honorifique donné aux pairs d'Angleterre.

— J'ai fait beaucoup de réflexions sur ce sujet, et enfin je suis venu à penser que, comme il possède une petite propriété sur les bords de cette rivière, il pourrait prendre pour premier titre celui de baron de Pedie.

— Baron ! répéta Borroughcliffe ; j'espère que les nouveaux nobles d'un nouveau monde auront assez de bon sens pour dédaigner les titres rebattus d'un univers suranné. Fi de toutes les baronnies, mon cher hôte, et envoyez au diable tous les comtés et tous les duchés ! L'immortel Locke s'est disloqué l'esprit pour vous fournir des titres convenables à votre condition et à la nature de votre pays. Mais je vois arriver le cacique de Pedie en propre personne.

Tandis que Borroughcliffe parlait ainsi, ils montaient l'escalier de pierre qui conduisait aux étages supérieurs de ce corps de logis où l'on supposait que les trois prisonniers étaient encore enfermés; et au même instant on vit Dillon s'avancer avec l'air sombre et de mauvaise humeur qui lui était ordinaire, mais tempéré cependant par une expression malicieuse qui annonçait un triomphe secret. Comme il s'était passé quelques heures depuis le départ des prisonniers, Peters était de nouveau en faction devant leurs portes, et comme il savait parfaitement qu'il n'avait pas besoin d'exercer une grande surveillance, il avait cherché à s'indemniser de l'interruption qu'avait subie son sommeil pendant la nuit, et en se plaçant le plus commodément possible, assis par terre, le dos appuyé contre la muraille, et son fusil étendu sur ses genoux. Le bruit des pas qui se faisaient entendre sur l'escalier le tira pourtant du demi-repos qu'il goûtait, et il se leva à temps pour ramasser son mousquet lorsque son capitaine, qui marchait à l'avant-garde, entra dans le corridor.

— Eh bien ! drôle ! s'écria Borroughcliffe à haute voix, que font vos prisonniers ?

— Je crois qu'ils dorment, mon capitaine ; car je n'ai pas entendu le moindre bruit dans leurs chambres depuis que j'ai relevé la sentinelle qui m'a précédé.

— C'est qu'ils sont fatigués, et ils ont raison de dormir puisqu'ils le peuvent. Mais allons donc, drôle ! portez les armes, redressez-vous, et ne marchez pas comme un caporal de milice. Songez que voilà un officier de cavalerie qui arrive ; voulez-vous déshonorer votre régiment ? Rabattez-moi ces épaules.

— Ah! mon capitaine, Dieu sait si je pourrai jamais les redresser!

— Paix! voici pour acheter un second emplâtre, dit Borroughcliffe en lui glissant une pièce d'argent dans la main; et songez que vous ne savez rien que votre devoir.

— Qui est, mon capitaine?...

— De songer à ce que je vous dis, et de vous taire. Mais voici le sergent qui va vous relever de faction.

Le reste de la compagnie s'était arrêté à l'autre bout de la galerie pour laisser passer quelques soldats à la tête desquels marchait le sergent. Tous s'avancèrent ensuite vers les chambres qui avaient servi de prison. La sentinelle fut relevée de son poste avec toutes les formes d'usage; et Dillon, plaçant alors la main sur une des portes, dit en ricanant:

— Ouvrez-nous d'abord cette porte, monsieur le sergent; c'est dans cette cage qu'est enfermé l'oiseau dont nous avons besoin.

— Doucement, doucement! milord président, très-noble et très-puissant cacique, dit Borroughcliffe; le moment n'est pas encore venu où vous aurez à installer un jury de gros et gras paysans; quant à présent, mes soldats n'ont d'ordres à recevoir que de moi.

— Le reproche est un peu dur, capitaine, il faut que j'en convienne, dit le colonel; mais je le pardonne, parce qu'il est fondé sur la discipline militaire. Oui, Kit, tel est l'usage des corps, et il faut s'y conformer. Mais prenez patience, le temps viendra où vous tiendrez les balances de la justice, et où vous pourrez vous livrer à tout votre zèle en prononçant des sentences loyales contre plus d'un traître. Morbleu! je crois que je pourrais les exécuter de mes propres mains!

— Je puis réprimer mon impatience, Monsieur, répondit Christophe avec un sang-froid mêlé d'une douceur hypocrite, malgré la joie farouche qui brillait dans ses yeux; et je demande pardon au capitaine Borroughcliffe si le désir de rendre l'autorité civile supérieure au pouvoir militaire m'a fait empiéter sur ses droits.

— Vous l'entendez! Borroughcliffe, s'écria le colonel d'un ton de triomphe. Je vous dis qu'il est guidé par un instinct infaillible en tout ce qui concerne les lois et la justice. Je regarde comme impossible qu'un homme doué d'un tel discernement devienne jamais un sujet déloyal. Mais notre déjeuner nous attend; M. Fitzgerald a fait une longue course par une matinée froide; hâtons-nous de finir cette besogne.

Borroughcliffe fit signe au sergent d'ouvrir la porte, et toute la compagnie entra dans la chambre.

— Votre prisonnier s'est évadé! s'écria le jeune cornette, qui n'eût besoin que d'un instant pour s'assurer du fait.

— Non! non! impossible! il n'en est rien! s'écria Dillon, frémissant de rage. Et après avoir lancé des regards furieux de tous côtés dans l'appartement, il s'écria avec un nouvel accent de colère : — Il y a eu ici trahison! trahison infâme contre le roi!

— Et qui en est coupable, monsieur Christophe Dillon? demanda le capitaine Borroughcliffe en serrant les dents et en fronçant les sourcils. Oseriez-vous, quelqu'un oserait-il accuser de trahison un seul individu appartenant au régiment dans lequel je sers?

Un sentiment tout différent de la rage parut en ce moment agiter le futur juge. Il s'aperçut tout d'un coup qu'il était sage de mettre des bornes à son emportement, et il reprit, comme par un effet magique, le ton hypocrite et insinuant qui lui était ordinaire.

— Le colonel Howard, dit-il, comprendra la cause de la chaleur que j'ai montrée, quand je lui aurai appris que c'est dans cette chambre qu'a été enfermée hier soir cette honte de son nom et de son pays, ce traître à son roi, Richard Griffith, lieutenant dans la marine des rebelles.

— Quoi! s'écria le colonel en tressaillant, ce jeune téméraire aurait-il osé souiller mon domicile de sa présence? Vous rêvez, Kit; il ne peut avoir commis une telle imprudence.

— Je n'y vois pas tant d'imprudence, Monsieur; car quoiqu'il soit bien certain qu'il a été enfermé hier soir dans cette chambre il ne s'y trouve plus ce matin. Et cependant, quoique la fenêtre soit ouverte, il paraît impossible qu'il se soit échappé par la croisée, quelque assistance qu'on lui ait prêtée.

— Si je croyais que ce jeune audacieux eût osé se rendre coupable d'un tel acte d'impudence, je serais tenté de reprendre les armes, malgré mon âge, pour le punir de son effronterie. Quoi! n'est-ce pas assez qu'il ait pénétré dans ma demeure à la Caroline, profitant des désastres du temps où nous vivons, avec l'intention de me dérober mon trésor le plus précieux? Oui, Messieurs, la fille de mon frère Harry. Faut-il encore qu'il fasse une invasion dans cette île sacrée dans le même dessin? qu'il apporte sa trahison en quelque sorte sous les yeux du souverain qu'il trahit? Non, non, Kit, votre loyauté vous égare : il ne peut avoir porté la témérité jusqu'à ce point.

— Écoutez-moi, Monsieur, et vous serez convaincu. Je ne suis pas surpris de votre incrédulité ; mais comme un bon témoignage est l'âme de la justice, je ne puis résister à son influence. Vous savez qu'on a vu pendant plusieurs jours sur ces côtes deux navires qui, d'après la description qu'on nous en a faite, paraissaient être ceux qui nous ont fait tant de mal dans les parages de la Caroline, et c'est même ce qui vous a déterminé à mettre l'abbaye de Sainte-Ruth sous la protection du capitaine Boroughcliffe. Le lendemain du jour où nous apprenons que ces bâtiments se sont avancés au milieu des brisants de la baie de Devil's-Grip, on trouve trois individus vêtus en marin, rôdant dans les environs de votre maison ; on les conduit devant vous, et dans les traits de l'un d'eux je reconnais sur-le-champ ceux du traître Griffith ; il était déguisé à la vérité, très-déguisé ; mais quand un homme a dévoué toute sa vie à la recherche de la vérité, il est difficile qu'aucun déguisement lui en impose.

Il prononça cette dernière phrase avec l'air de la plus grande modestie.

Ces divers rapprochements donnaient à ce qu'il avançait un air de probabilité aux yeux du colonel Howard, et le dernier raisonnement de Christophe acheva de le convaincre. Cependant Boroughcliffe écoutait la conversation avec intérêt et il se mordit plus d'une fois les lèvres de dépit. Dès que Dillon eut cessé de parler, il s'écria :

— Je gagerais ma vie qu'il y en avait un des trois qui avait servi.

— Rien n'est plus probable ; digne capitaine, répondit Christophe ; car ce débarquement n'ayant pas été fait sans de mauvais desseins, vous pouvez être sûr que Griffith n'est pas venu ici sans sauvegarde et sans protection. Tous trois étaient sans doute des officiers, et il est possible que l'un d'eux soit un officier des troupes de marine. Je suis convaincu qu'ils avaient des secours sous la main, et c'est d'après cette conviction que j'ai été chercher du renfort.

Toutes ces suppositions étaient assez plausibles, et dans le fait il s'y trouvait beaucoup de vérité. Borroughcliffe lui-même se sentit convaincu malgré lui, et il se retira un moment à l'écart pour cacher la confusion qu'il craignait qu'on ne remarquât sur ses traits, en dépit de leur impassibilité ordinaire.

— Le maudit amphibie! pensa-t-il. Ainsi donc c'était un officier, un ennemi, un traître. Quel plaisir il va avoir en racontant à ses camarades de quelle manière un certain capitaine Borroughcliffe a eu la bonté de lui arroser le gosier avec d'excellent madère! Morbleu! j'ai grande envie de changer mon habit rouge pour une jaquette bleue, afin de pouvoir le rencontrer sur son élément et avoir avec lui deux mots de conversation. Eh bien! Drill, avez-vous trouvé les deux autres?

— Ils sont partis tous les trois, mon capitaine, répondit le sergent qui venait de visiter les deux autres chambres; et à moins que le diable ne soit venu à leur aide, c'est une affaire à laquelle je ne conçois rien.

— Colonel Howard, dit Borroughcliffe avec gravité, il faut que le précieux nectar que vous avez apporté de la Caroline disparaisse régulièrement de votre table avec la nappe[1] jusqu'à ce que je sois vengé, car c'est à moi que cette insulte a été faite, et c'est à moi qu'il appartient d'en obtenir satisfaction, ce dont je vais m'occuper sur-le-champ. Drill, faites déjeuner votre troupe et battre la générale; je laisserai une garde pour la protection de l'abbaye, et nous nous mettrons en campagne avec le reste. Oui, mon digne hôte, pour la première fois depuis le temps du malheureux Charles Stuart, il y aura une campagne dans le cœur de l'Angleterre.

— Rébellion! s'écria le colonel, maudite rébellion! rébellion dénaturée! tu fus la source de tous nos maux, alors comme aujourd'hui.

— Ne vaudrait-il pas mieux, dit Fitzgerald, faire rafraîchir à la hâte mes hommes et leurs chevaux, et galoper avec eux quelques milles le long de la côte? Je puis être assez heureux pour rencontrer les fugitifs, ou une partie du détachement qu'ils peuvent avoir débarqué.

— Vous avez prévenu mes pensées, répondit le capitaine; le

---

1. En Angleterre, on enlève la nappe au dessert; c'est alors seulement que les convives se livrent à la boisson.

cacique de Pedie peut fermer les portes de Sainte-Ruth, et en barricadant les fenêtres et armant les domestiques, faire bonne résistance si l'ennemi jugeait à propos d'attaquer notre citadelle. Après qu'il l'aura repoussé, qu'il se repose sur moi du soin de lui couper la retraite.

Cette proposition ne plut pas infiniment à Dillon, car il regardait comme très-probable que Griffith ferait une tentative pour pénétrer dans l'abbaye et enlever sa maîtresse. D'ailleurs, le juriste n'avait pas dans tout son être un seul atome d'esprit militaire. C'était même la crainte qu'il avait eue que cette attaque n'eût lieu dès la nuit précédente qui l'avait déterminé à aller en personne chercher du renfort, au lieu d'en envoyer demander par un exprès. Il se creusait déjà la tête pour trouver quelque moyen de faire changer un arrangement qui lui semblait dangereux à sa sûreté personnelle; mais le colonel Howard le tira d'embarras, et s'écria, dès que Borroughcliffe eût cessé de parler :

— C'est à moi, capitaine, qu'appartient de droit la défense de Sainte-Ruth, et ce ne sera pas un jeu d'enfant que de me forcer dans mes retranchements. Mais je suis sûr que Kit aimera mieux exercer sa prouesse en rase campagne. Allons, hâtons-nous de déjeuner, après quoi il montera à cheval et servira de guide à la cavalerie le long des côtes, dont il connaît tous les passages difficiles.

— Allons déjeuner! s'écria le capitaine; je suis plein de confiance dans le commandant de la forteresse; et en rase campagne, vive le cacique! Nous vous suivons, mon digne hôte.

Le déjeuner ne fut pas long; les militaires prirent à la hâte quelques aliments, et au bout d'un quart d'heure, l'abbaye présenta une scène d'activité comme ses murs n'en avaient jamais vu.

Les troupes à pied et à cheval furent rangées en bon ordre dans la cour. Borroughcliffe laissa en réserve quelques soldats pour garder le château, et partit à la tête des autres au pas redoublé. Dillon se vit avec grand plaisir monté sur le meilleur cheval de chasse du colonel Howard, sur lequel il savait qu'il était à peu près le maître de sa destinée; son cœur brûlait du désir d'assurer la perte de Griffith, mais il désirait encore plus d'arriver à ce but sans courir aucun danger.

A côté de Dillon était le jeune cornette, monté sur un beau cheval avec toute la grâce d'un excellent cavalier. Après avoir laissé le temps à l'infanterie de défiler, il tourna la tête vers sa petite troupe, et donna l'ordre du départ. Sa cavalerie se forma alors en colonne, et l'officier, portant la main à son casque de dragon pour saluer le colonel Howard, se mit à la tête de son escadron, et partit au galop en se dirigeant vers la mer.

Le colonel resta quelques minutes à sa porte, c'est-à-dire tant qu'il put entendre le bruit de la marche des chevaux et voir briller les armes des cavaliers; car c'était un son qui flattait encore son oreille, et un spectacle qui plaisait toujours à ses yeux. Ensuite il rentra chez lui, et ce ne fut pas sans une sorte d'émotion secrète, mélangée d'inquiétude et d'enthousiasme, qu'il s'occupa de faire barricader toutes les portes et les fenêtres de sa maison, avec la ferme résolution de s'y défendre s'il y était attaqué.

Sainte-Ruth n'est qu'à environ deux milles de l'Océan, et différentes routes y conduisaient en traversant les terres dépendantes de l'abbaye, qui s'étendaient presque jusqu'au rivage. Dillon indiqua la plus courte, et la cavalerie allait si bon train, qu'en peu de minutes elle arriva près des rochers qui bordaient la côte. Laissant sa troupe sous le couvert d'un petit bois, Fitzgerald avança avec son guide jusque sur les bords des rochers escarpés du côté de la mer, et dont la base était couverte d'écume, quoique l'agitation des flots commençât à se calmer.

Le vent avait cessé avant l'évasion des prisonniers; et comme la violence de la tempête avait diminué, il régnait dans l'eau, le long du rivage, un léger courant venant du sud, et, quoique l'Océan continuât à rouler des vagues effrayantes, leur surface était unie, et elles devenaient de moment en moment moins hautes et plus régulières. Les yeux des deux cavaliers parcoururent en vain l'immense étendue d'eau qui réfléchissait les rayons du soleil levant, pour y chercher quelque navire éloigné qui pût confirmer leurs soupçons ou dissiper leurs doutes; mais tous les bâtiments semblaient s'être soustraits aux dangers de la navigation pendant la dernière tempête. Les yeux de Dillon, longtemps déçus dans leur attente, se rapprochaient du rivage, quand il s'écria vivement en apercevant un objet qui fixa tout à coup son attention :

— Les voici! De par le ciel! ils nous échapperont.

Fitzgerald suivit la direction du doigt de Christophe, et vit à peu de distance de la terre, et presque sous ses pieds, une petite barque qui semblait une coquille flottant sur l'eau, s'élevant et s'enfonçant successivement au milieu des vagues, comme si les rameurs se fussent reposés sur leurs avirons, sans vouloir s'approcher du rivage ni s'en éloigner.

— Ce sont eux! continua Dillon; ou, ce qui est encore plus probable, c'est leur barque qui les attend pour les reconduire à leur vaisseau. Il faut un motif plus qu'ordinaire pour engager des mariniers à rester stationnaires à si peu de distance des brisants de la côte.

— Et que pouvons-nous faire? demanda le cornette. Ils sont à l'abri de la poursuite de mes cavaliers et hors de la portée du mousquet. Un petit canon de trois livres de balle ferait parfaitement leur affaire.

L'extrême désir qu'avait Dillon d'arrêter ou plutôt de faire périr les prisonniers échappés le rendait prompt à trouver des expédients. Il n'eut besoin que d'un moment de réflexion pour répondre.

— Nos fugitifs doivent encore être à terre; et en surveillant la côte, en plaçant des postes aux endroits convenables, il est facile de leur couper la retraite. Pendant ce temps, je vais courir à toute bride vers la baie dans laquelle se trouve un cutter de Sa Majesté. Il ne me faut qu'une demi-heure pour y arriver. Si le capitaine veut seulement doubler ce promontoire, nous ferons prisonniers ou nous coulerons à fond ces déprédateurs nocturnes.

— Partez donc! s'écria Fitzgerald, dont l'attente d'une escarmouche faisait bouillir le sang; vous les forcerez du moins à débarquer, et alors je pourrai avoir affaire à eux.

A peine avait-il prononcé ces mots, que Dillon partit au grand galop, et, en moins d'une minute, il disparut dans un petit bois sur la route. L'opinion royaliste était chez lui le résultat du calcul, et elle se trouvait intimement liée avec ce qu'il regardait comme la fidélité qu'il se devait à lui-même. Il pensait que la main et la fortune de miss Howard étaient un avantage de beaucoup supérieur pour lui à tous ceux qu'il aurait pu se promettre de la révolution survenue dans son pays natal. Il regardait Griffith comme le seul obstacle qui pût s'opposer à la réussite de ses projets, et il pressa son cheval avec l'ardeur d'un homme déterminé à perdre son rival avant le coucher du soleil. Quand on travaille pour une mauvaise cause, dans de tels sentiments et avec des motifs si puissants, il est rare qu'on n'ait pas une double vitesse;

aussi M. Dillon était-il à bord de *l'Alerte* quelques minutes avant l'expiration du temps qu'il avait jugé nécessaire pour faire cette course.

Le vieux commandant du cutter écouta le récit de Dillon avec gravité et circonspection, examina l'horizon et la mer, réfléchit si ce qu'on lui proposait était d'accord avec ses instructions qu'il eut soin de relire en entier, montrant la lenteur et l'indécision d'un homme qui avait peu de motifs pour avoir beaucoup de confiance en lui-même, et qui avait été assez mal récompensé du peu qu'il avait véritablement fait.

Cependant, le temps paraissant favorable, le capitaine céda aux instances de Dillon, et se décida enfin à ordonner qu'on levât l'ancre.

Un équipage composé d'environ cinquante hommes participait un peu à la lenteur du commandant; mais tandis que le bâtiment doublait la pointe derrière laquelle il était à l'ancre, on mit les canons en état, et l'on fit tous les préparatifs ordinaires pour une action, si elle devenait nécessaire.

Dillon, bien malgré lui, fut obligé de rester à bord afin de montrer l'endroit où l'on devait surprendre les marins qui montaient la barque. Lorsque tout fut préparé, *l'Alerte*, se tenant à une distance suffisante du rivage pour éviter les brisants, s'avança à l'aide du vent favorable avec une rapidité qui promettait que le but de cette courte expédition serait rempli en très-peu de temps.

CHAPITRE XVII.

Pol. Cela ressemble beaucoup à une baleine.
Shakspeare.

Quoique l'objet de leur expédition fût d'un intérêt général, on croira facilement qu'il y avait quelque motif particulier dans l'empressement que Griffith et Barnstable montrèrent pour accompagner le pilote.

Ce conducteur mystérieux n'avait encore passé que bien peu de temps avec ses nouveaux compagnons, et cependant il connaissait déjà parfaitement leur caractère. Quand ils eurent jeté l'ancre dans la petite anse dont nous avons déjà parlé, il résolut de faire une reconnaissance pour s'assurer si les individus dont il s'agissait de s'emparer devaient toujours se réunir le lendemain au rendez-vous qui avait été indiqué pour une partie de chasse. Il ne voulut prendre avec lui que Griffith et Manuel, laissant Barnstable sur le schooner qu'il commandait, pour y attendre leur retour et couvrir leur retraite.

Il fallut plus d'un raisonnement et même l'autorité de son officier supérieur pour déterminer Barnstable à consentir à cet arrangement; mais comme son bon sens lui disait qu'il ne fallait rien hasarder sans nécessité jusqu'à ce que le moment de frapper le coup décisif fût arrivé, il finit par s'y résigner; il eut grand soin de recommander à Griffith de ne pas manquer de comprendre l'abbaye de Sainte-Ruth dans la reconnaissance qu'il allait faire. Griffith n'avait garde de l'oublier, et ce fut le désir qu'il avait de se conformer à cette injonction qui fit qu'il obtint de ses compagnons de se détourner un peu du chemin direct qu'ils auraient dû suivre, ce qui amena les conséquences que nous avons déjà rapportées.

La reconnaissance devant se faire dans le cours de la nuit, il avait été convenu que Barnstable se rendrait, à la pointe du jour, avec sa barque, aussi près du rivage qu'il le pourrait, du côté de l'abbaye, pour avoir une entrevue avec ses compagnons, et apprendre d'eux quelles mesures ils auraient définitivement adoptées pour se rendre maîtres de ceux qu'ils cherchaient; car c'était dans la soirée suivante que le pilote comptait surprendre les personnes qu'il voulait arrêter dans le moment où les plaisirs de la table auraient succédé à ceux de la chasse. Cependant, si le pilote et ses compagnons ne reparaissaient pas à l'heure indiquée, les instructions de Barnstable étaient de retourner sur son schooner stationné dans une anse peu fréquentée, et cachée de toutes parts par des rochers escarpés.

Pendant que le cornette Fitzgerald avait les yeux fixés sur la barque que Dillon avait aperçue le premier, et qui attendait en effet le pilote, l'heure où celui-ci devait être de retour était expirée, et Barnstable, quoique fort à regret, crut devoir obéir à la lettre à ses instructions, et se fier à l'adresse et à la sagacité de Griffith et de ses compagnons pour rejoindre *l'Ariel*. Depuis le lever du soleil la barque avait été maintenue aussi près du rivage qu'il avait été possible, et les yeux de tout l'équipage se tournaient à chaque instant vers les rochers pour y chercher le signal qui devait avertir de s'approcher de l'endroit où il était possible de débarquer. Après avoir regardé vingt fois sa montre et puis le rivage avec inquiétude, le lieutenant s'écria :

— Une charmante vue, maître Coffin, mais, à ce qu'il me semble, un peu trop poétique pour votre goût, car je crois que vous n'aimez pas la terre ferme.

— Je suis né sur l'eau, Monsieur, et il est dans la nature des choses que chacun aime son pays natal. Je ne nierai pas que je ne préfère jeter l'ancre sur un fond de vase où elle puisse mordre ; et cependant, capitaine Barnstable, je n'ai pas de rancune contre la terre ferme.

— Et moi je ne lui pardonnerai jamais, Tom, s'il est arrivé quelque accident à Griffith dans cette excursion. Son pilote peut être plus habile sur mer que sur terre.

Le contre-maître tourna la tête du côté de son commandant avec un air expressif, mais encore plus grave et plus solennel que de coutume.

— Depuis que je vis sur les eaux, Monsieur, répondit-il, c'est-à-dire depuis la première ration qui m'a été donnée par ma mère, vu que je suis né à bord d'un bâtiment de Nantucket, je n'ai jamais vu pilote arriver plus à propos que celui que nous avons pêché hier en courant quelques bordées le long des côtes dans cette baie.

— Oui, le drôle a joué son rôle en bon marin ; l'occasion était importante, et il a prouvé qu'il était en état de faire ce qu'il avait entrepris.

— Les matelots de la frégate m'ont dit qu'il la maniait comme une toupie. Il est vrai que c'est un bâtiment dont la quille a une antipathie naturelle pour le fond de la mer.

— En dites-vous autant de cette barque, maître Coffin ? Ne la laissez pas tant s'avancer vers les brisants, ou elle sera jetée sur les rochers comme un baril vide. Vous devez songer que nous ne sommes pas en état de lever la tête au-dessus de deux brasses d'eau.

Le contre-maître regarda d'un air d'indifférence l'écume dont les vagues couvraient les brisants à quelques toises de distance, et cria à ses gens :

— Allons ! un coup de rames ou deux !

Les rames battirent l'eau avec la même régularité que si elles avaient été mises en mouvement par la machine la mieux organisée, et la barque légère flottait sur l'onde comme un oiseau aquatique qui s'approche sans crainte du danger le plus imminent, et qui l'évite au moment le plus critique, sans efforts apparents. Tandis que cette manœuvre indispensable s'exécutait, Barnstable se leva, jeta encore un coup d'œil sur les rochers, mais il n'y vit pas le signal qu'il cherchait.

— Ecartez-vous de la terre, et dirigez-vous vers *l'Ariel* sans faire force de rames, dit-il à son équipage. Ayez toujours l'œil sur les rochers ; il est possible qu'ils y soient cachés dans quelque trou, car la besogne qu'ils sont allés faire ne leur permet guère de se montrer en plein jour.

On obéit à cet ordre, et ils avaient fait près d'un mille dans le plus profond silence, quand on entendit une espèce de sifflement dans l'air, qui fut suivi sur-le-champ d'une grande agitation dans l'eau, à peu de distance.

— De par le ciel ! Tom, s'écria Barnstable, c'est une baleine qui souffle.

— Oui, Monsieur, oui, répondit le contre-maître avec le plus grand sang-froid ; je l'ai reconnue sur-le-champ. Elle n'est pas à un demi-mille de nous. Le vent d'est l'aura poussée vers la terre, et elle commence à se trouver à court d'eau. La paresseuse se sera endormie quand elle aurait dû travailler à regagner le large.

— Elle prend la chose assez bien, au surplus, car elle ne paraît pas pressée de retourner en mer.

— Je crois plutôt, Monsieur, dit Coffin en mâchant son tabac avec le plus grand calme, quoique ses yeux commençassent à briller de plaisir, que la bête navigue sans boussole, et qu'elle ne sait de quel côté se tourner pour trouver une eau plus profonde.

— Ce ne peut être qu'un cachalot, et il ne tardera pas à se tirer d'embarras.

— Un cachalot ! non, non, Monsieur, c'est une vraie baleine. J'ai vu la manière dont elle fait jaillir l'eau. C'est une véritable tonne d'huile que cette créature.

Barnstable sourit, jeta un nouveau regard vers les rochers,

toujours aussi inutilement, reporta ses yeux presque involontairement sur le cétacé dont la masse énorme s'élevait en ce moment de plusieurs pieds hors de l'eau. La tentation était forte, car il avait plusieurs fois assisté à la pêche de la baleine, et il fallut y céder.

Se tournant vers son contre-maître : — Y a-t-il dans la barque, lui demanda-t-il, une corde pour l'attacher à ce harpon, qui ne vous quitte pas plus que votre jaquette bleue ?

— Jamais la barque ne quitte le schooner, capitaine Barnstable, sans que j'aie soin d'y avoir tout ce qui peut être nécessaire. Il y a quelque chose de naturellement agréable pour mes yeux dans la vue d'une pareille tonne d'huile flottant sur la mer.

Barnstable regarda à sa montre, jeta un coup d'œil sur les rochers, et s'écria d'un ton joyeux :

— Allons! ramez, ramez, camarades ; puisque nous n'avons rien de mieux à faire, faisons sentir la pointe du harpon à cette impudente.

Les marins poussèrent un grand cri de joie, et le visage sérieux du contre-maître se permit une grimace de plaisir, tandis que la barque s'élançait sur les eaux comme un cheval de course entrant dans la carrière. Pendant ce temps, Tom Coffin passa sur la proue et fit tous les préparatifs nécessaires pour harponner le monstre marin quand on serait à portée. Une corde ayant à peu près moitié de la longueur de celle qu'on emploie ordinairement à la pêche de la baleine, et qui était roulée dans un tonneau, fut placée près de Barnstable, et le lieutenant prit, en place de la barre du gouvernail qu'on démonta, une rame pour gouverner la barque, dans le cas où il deviendrait nécessaire de virer pendant qu'elle serait stationnaire.

Le cétacé, ou ne les vit pas s'avancer, ou s'en inquiéta peu. Il continuait à faire jaillir deux jets d'eau formant un arc, et à battre la mer de temps en temps de son énorme queue. Cependant quand nos marins furent à une centaine de pieds de lui, il enfonça sa tête sous l'eau sur laquelle la partie postérieure de son corps était encore élevée de plusieurs pieds, et il agita sa queue redoutable avec un bruit qui ressemblait au souffle d'un ouragan.

Le contre-maître était debout, levant son harpon, prêt à le lancer dès qu'il serait à distance convenable. Mais quand il vit le monstre marin prendre cette formidable attitude, il fit un signe de la main à son commandant, qui ordonna aussitôt qu'on cessât de ramer. La barque resta stationnaire quelques instants, pendant lesquels la baleine continuait à battre la mer de sa queue, avec un bruit qui, répété par les rochers, ressemblait à celui qu'auraient produit des coups de canon. Après avoir donné ces preuves de sa force, le monstre s'enfonça sous l'eau et disparut.

— De quel côté est-elle partie, Tom? demanda Barnstable.

— Je crois qu'elle n'a fait que s'enfoncer, Monsieur, répondit le contre-maître sans lever les yeux de l'endroit où l'on venait de voir la baleine. Elle va se frotter le museau à fond de cale, mais elle ne tardera pas à remonter sur le pont pour humer l'air. Avançons de quelques brasses à tribord, Monsieur, et je vous réponds que nous n'en serons pas bien loin.

L'expérience du vieux marin ne fut pas trompée dans cette conjecture. Au bout de quelques minutes les ondes se fendirent à quelques toises de la barque, de nouvelles trombes d'eau jaillirent en l'air, et la masse énorme de la baleine reparut sur l'eau en occasionnant un refoulement de vagues semblable à celui que produit un vaisseau qu'on lance à la mer. Après cette évolution, elle resta tranquillement sur la surface de son élément sans faire aucun effort pour s'éloigner.

Barnstable et le contre-maître suivaient des yeux ses moindres mouvements, et dès qu'ils virent le cétacé dans une sorte de repos, le lieutenant donna ordre à l'équipage de reprendre les rames, qui amenèrent bientôt la chaloupe à côté de la baleine; la proue toucha presque une des énormes nageoires qui se montrait de temps en temps à la vue, tandis que l'animal se laissait indolemment entraîner par le roulis des vagues. Tom Coffin brandit un instant son harpon en l'air, et le lança ensuite avec une telle force, que le fer se cacha tout entier dans le corps de la baleine.

Dès qu'il eut lancé son harpon, Tom Coffin s'écria avec un empressement singulier:

— En arrière, tous!

— En arrière, tous! répéta Barnstable. Et tous les marins, agitant leurs rames et réunissant leurs efforts, firent reculer la barque pour la mettre à l'abri des redoutables coups de queue de leur antagoniste. La baleine alarmée ne méditait pourtant aucun acte d'agression. Elle ne connaissait ni sa force, ni la faiblesse de ses ennemis, et elle chercha son salut dans la fuite. Elle fut un instant saisie d'une sorte d'inertie stupide, quand elle sentit l'atteinte du harpon ; élevant ensuite en l'air son énorme queue, elle en battit la mer avec une violence qui l'agita à une grande distance, et disparut avec la vitesse de l'éclair au milieu des flots écumants.

— Ferme, Tom! s'écria Barnstable ; la voilà qui se remontre déjà ; tâchez de l'arrêter.

— Oui, Monsieur, répondit le contre-maître avec beaucoup de sang-froid, en saisissant la corde filant avec une rapidité qui rendait cette manœuvre assez hasardeuse, et qu'il parvint à diminuer en lui faisant faire un demi-tour autour d'un gros bloc de bois qui avait été assujetti sur la proue à cet effet. Cette opération tendit la corde qui, se montrant de temps en temps à la surface de l'eau, indiquait dans quelle direction l'animal allait reparaître pour respirer. Cependant la baleine blessée ne songeait plus qu'à fuir, et fendant rapidement les eaux, elle entraînait la barque avec une célérité qui paraissait à chaque instant devoir engloutir le frêle esquif dans les abîmes de l'océan. Elle reparut encore en ce moment, et Tom ne put retenir un cri de triomphe, quand il vit que l'eau qu'elle faisait jaillir était teinte par le sang que perdait sa victime.

— Oui, dit-il, je l'ai blessée à mort. Il faut qu'il y ait plus de de deux pieds de graisse sur une baleine, pour que mon harpon ne pénètre pas dans quelque partie vitale.

— Je crois que vous n'aurez pas besoin de vous servir de la baïonnette que vous venez d'arranger au bout d'un bâton en guise de lance, dit Barnstable, qui voyait ce spectacle avec l'ardeur d'un homme qui avait passé sa première jeunesse à cette pêche. Mais tâtez la corde, Tom-le-Long, et voyez s'il n'y a pas moyen de remorquer la bête de notre côté, car je n'aime pas la route qu'elle prend, elle nous éloigne du schooner.

— C'est la manière de ces créatures, Monsieur, répondit Tom ; vous savez qu'il faut qu'elles hument l'air de temps en temps ni plus ni moins que des hommes. Mais nous allons voir. Allons ! ferme à la corde !

Tout l'équipage saisit la corde et la tira avec force ; la barque se rapprocha de la baleine, dont la course devenait moins rapide à mesure que la perte du sang l'affaiblissait. Au bout de quelques minutes elle parut cesser d'avancer, et se montra à la surface de l'eau, où elle resta dans un état d'immobilité.

— Avancerons-nous? demanda Barnstable. Deux ou trois coups de baïonnette l'achèveront.

Le contre-maître examina quelques instants la baleine, et lui répondit d'un air grave :

— Non, Monsieur, non; il ne faut pas déshonorer l'arme d'un soldat en l'employant contre une baleine. Elle va mourir; en arrière! vite en arrière! elle va entrer dans les fureurs de l'agonie.

L'équipage obéit promptement aux ordres du prudent contre-maître, et laissa un intervalle raisonnable entre la barque et la baleine. Sortant alors de son état de tranquillité apparente, le monstre leva en l'air sa terrible queue, et en battit la mer avec une telle violence qu'il disparut sous des flots d'écume teints de sang. Ses cris ressemblaient aux mugissements d'un troupeau de bœufs, et quelqu'un qui n'aurait pas connu cette pêche aurait cru que mille monstres marins se livraient un combat mortel derrière le brouillard ensanglanté qui cachait la baleine à tous les yeux. Peu à peu ses efforts diminuèrent de violence; l'agitation de l'eau se calma; le cours régulier des vagues ne fut plus interrompu, la baleine épuisée resta sans mouvement sur la surface de la mer; et quand, tournant sur le côté sa masse noire, elle laissa apercevoir la peau blanche et luisante qui lui couvre le ventre, les marins connurent que leur victoire était complète.

— Et qu'en ferons-nous maintenant? dit Barnstable dont l'ardeur commença à se calmer dès qu'il vit que l'attaque avait réussi; le vent va pousser cette carcasse à terre, et elle fournira de l'huile à nos ennemis.

— Si je tenais cette créature dans la baie de Boston, dit Tom Coffin, ma fortune serait faite; mais voilà comme je suis toujours heureux. Quoi qu'il en soit, approchons-en, afin que je dégage mon harpon et que nous reprenions notre corde. Il ne sera pas dit que ces chiens d'Anglais en profiteront, tant qu'il restera un souffle au vieux Tom Coffin.

— Ne parlez pas si vite, dit le rameur chargé de régler le mouvement des autres; qu'ils aient votre morceau de fer ou non, les voilà en chasse.

— Que voulez-vous dire? s'écria vivement Barnstable.

— Regardez vous-même, capitaine, et vous verrez si ce que je dis est vrai.

Le jeune marin se retourna, et vit *l'Alerte* qui s'avançait avec toutes ses grandes voiles déployées, et favorisé par le vent. Ce bâtiment venait de doubler un promontoire et ne paraissait qu'à environ deux milles de l'endroit où était alors la barque.

— Passez-moi le télescope, dit-il d'un ton calme. Cela nous promet de l'ouvrage de manière ou d'autre. Si c'est un bâtiment armé, ce sera à nous à gagner du terrain ; dans le cas contraire, nous sommes assez forts pour nous en emparer.

Un coup d'œil lui suffit pour lui faire reconnaître la force du navire qui était en vue, et il dit en replaçant le télescope avec beaucoup de sang-froid :

— Le drôle a de longs bras ; il est armé de dix bonnes dents, et le pavillon du roi George flotte au haut du grand mât. Allons, mes enfants, force de rames ! il y va de la vie. Quelque amour qu'ait maître Coffin pour son harpon, je n'ai nulle envie que John Bull vienne me lier les bras, quand ce serait Sa Majesté elle-même qui riverait les fers.

Les rameurs obéirent avec promptitude, et jetant bas leurs casaques ils se mirent sérieusement à l'ouvrage. Pendant une demi-heure un silence profond régna sur la barque, qui s'éloignait avec une rapidité prodigieuse. Cependant bien des circonstances conspiraient en faveur du cutter : la mer était calme, le vent lui était favorable, et il se trouvait dans un courant qui lui donnait un nouveau degré de vitesse. Au bout du temps que nous venons d'indiquer, sa marche avait tellement gagné sur celle de la barque qu'il n'était que trop évident que la distance qui les séparait avait diminué de moitié. Barnstable conservait son air de fermeté, mais on pouvait voir sur son front une expression d'inquiétude qui annonçait qu'il sentait le danger de sa position.

— Ce drôle a de longues jambes, maître Coffin, dit-il d'un ton enjoué ; il faut jeter à la mer ce tonneau et cette corde, pour alléger la barque, et vos mains délicates voudront bien aussi manier la rame.

Tom se leva avec sa gravité ordinaire, jeta à la mer le tonneau et la corde, et s'asseyant en tête des rameurs, fit mouvoir la rame avec toute la force de ses bras vigoureux.

—Je reconnais votre philosophie à ce coup de rame, Tom-le-Long, s'écria son commandant. Courage, mes enfants! si nous ne gagnons pas autre chose, nous gagnerons au moins du temps pour prendre une détermination. Qu'en pensez-vous, maître Coffin? Nous avons trois partis à prendre; voyons lequel vous préférez. D'abord nous pouvons faire face à l'ennemi, le combattre, et nous faire couler à fond; ensuite nous pouvons regagner la terre, y débarquer, et tâcher de joindre ainsi le schooner; enfin, en passant le long des rochers, sous le canon de l'ennemi, nous pouvons gagner le vent, car il nous en faudrait pour respirer, comme tout à l'heure à la baleine. Au diable la baleine! si elle ne nous eût détournés de notre route, nous serions à présent à bord de *l'Ariel*.

—Si nous nous battons, répondit le contre-maître avec autant de calme que son commandant, nous serons pris ou coulés à fond. Si nous débarquons, je ne puis, quant à moi, manquer d'être pris, car je n'ai jamais su voguer sur terre. Et si nous côtoyons les rochers pour prendre le vent, nous serons exposés à la fusillade de ces fainéants que vous y voyez, et qui semblent y rester pour avoir le plaisir de lâcher quelques coups de mousquet à d'honnêtes marins.

—Vous parlez avec autant de vérité que de philosophie, Tom, répondit Barnstable, qui vit effectivement sur les hauteurs des hommes armés, à pied et à cheval. Il paraît que ces Anglais n'ont pas dormi la nuit dernière, et je crains qu'il ne soit arrivé quelque accident à Griffith et à Manuel. Mais ce coquin de bâtiment a le vent à ses ordres, il avance comme un cheval de course. Ah! le voilà qui commence à parler.

Tandis qu'il prononçait ces mots, une colonne de fumée blanche s'éleva au-dessus du cutter ennemi, et le bruit d'un coup de canon se fit entendre. Le boulet fit plusieurs ricochets sur la surface de l'eau; mais il tomba à une grande distance de la barque. Tout l'équipage porta la vue de ce côté, mais sans avoir un air d'alarme et d'effroi.

Le contre-maître, qui avait suivi la marche du boulet avec un œil plus exercé que ses camarades, s'écria: —L'Anglais parle bien, et il a la voix claire; mais il regrettera de n'avoir pas été muet, si *l'Ariel* l'entend.

—Vous êtes le prince des philosophes, maître Coffin, dit Barnstable; il y a en cela un espoir raisonnable. Que l'Anglais parle, et je réponds sur ma vie que *l'Ariel* ne prendra pas sa voix pour le bruit du tonnerre. Donnez-moi un mousquet. Je tirerai de mon côté.

On présenta un fusil à Barnstable, qui le déchargea plusieurs fois, comme en dérision de l'ennemi qui le poursuivait, et son projet réussit complètement. Courroucé de cette espèce de bravade insultante, le commandant de *l'Alerte* fit encore tirer sur la petite barque plusieurs coups de canon, dont aucun ne l'atteignit, attendu qu'elle n'était pas encore à portée. Cependant un dernier boulet tomba assez près pour couvrir d'eau l'équipage; mais bien loin d'y trouver un sujet d'alarme, les intrépides marins ne firent qu'en rire, et le contre-maître s'écria :

— Une grande distance, un petit objet et des vagues élevées, sont le meilleur abri possible. Il ne faut pas loucher pour percer la quille d'un navire.

Malgré le peu de succès de sa canonnade, le cutter gagnait constamment sur la barque, et il paraissait sur le point d'arriver à une distance plus favorable, quand le bruit d'un coup de canon tiré du côté opposé du cutter répondit à un coup de fusil tiré par Barnstable. Il se retourna aussitôt, et il eut le plaisir de voir *l'Ariel* sortant de l'anse où il était à l'ancre; la fumée produite par le coup qu'il venait de tirer formait un petit nuage autour de ses mâts.

A cette vue, qui leur rendait l'espérance, Barnstable et tout son équipage poussèrent de grands cris de joie; et le cutter, déployant toutes ses petites voiles pour doubler encore sa vitesse, lâcha une bordée à mitraille contre les fugitifs. Mais la mitraille tomba encore dans la mer, à quelque distance, et ne fit qu'y élever un brouillard d'écume.

— C'est comme la baleine à l'agonie, dit Tom Coffin avec une gravité risible.

— Si le commandant est un brave, s'écria Barnstable, il ne nous quittera pas sans faire plus ample connaissance. Forcez de rames, mes amis, forcez de rames; je voudrais voir ce cutter de plus près.

Les rameurs sentaient la nécessité de faire de nouveaux efforts, et ils n'épargnèrent pas leurs bras. Au bout de quelques minutes, la barque rejoignit *l'Ariel*, où Barnstable et ses compagnons furent reçus avec des acclamations. Elles retentirent jusqu'aux oreilles des spectateurs mécontents de ce dénouement, qui contemplaient cette scène du haut des rochers.

CHAPITRE XVIII.

> Ainsi guidés, ils continuèrent leur course, jusqu'à ce qu'ils fussent près du rivage, d'où de fréquentes acclamations de joie retentirent à leurs oreilles.
> Sir Walter Scott. *Le Lord des Iles.*

Les cris joyeux de l'équipage de *l'Ariel* se prolongèrent quelques instants après l'arrivée du commandant. Barnstable répondit aux félicitations de ses officiers en leur serrant la main, et après avoir attendu un moment pour laisser calmer les transports de joie des marins, il prit un air d'autorité et ordonna le silence.

— Je vous remercie de votre bonne volonté, mes enfants, leur dit-il quand ils se furent tous rangés autour de lui attentifs. Nous avons été joliment chassés, et si *l'Ariel* eût été un mille plus loin nous étions perdus. Ce coquin de bâtiment est un cutter du roi, et quoiqu'il ne semble plus tout à fait si âpre à la poursuite, cependant il n'a pas l'air de vouloir éviter le combat, car le voilà qui cargue quelques unes de ses voiles, comme pour nous donner le temps de l'atteindre. Heureusement pour nous le capitaine Manuel a emmené avec lui à terre tous ses soldats de marine. Qu'en a-t-il fait, et que sont-ils devenus? c'est ce que je ne saurais dire; mais s'ils étaient ici, notre pont serait encombré comme d'autant de têtes de bétail, au lieu que nous avons la place libre pour nos manœuvres, un bon vent et une mer passable. C'est une sorte de devoir national pour nous de fouetter cette toupie; aussi, sans perdre plus de paroles, qu'on mette la barre de son côté, afin que nous puissions gagner notre déjeuner.

Cet échantillon d'éloquence navale fut suivi, selon la coutume, des acclamations de tout l'équipage. Les jeunes gens brûlaient de combattre, et les vieux marins qui se trouvaient sur le schooner hochaient la tête d'un air menaçant et satisfait, jurant que leur capitaine savait parler, quand il le fallait, aussi bien que le meilleur dictionnaire qui eût jamais été lancé dans l'Océan du monde.

Pendant cette courte harangue, et les commentaires qui la suivirent, *l'Ariel*, couvert de toutes ses voiles, longeait la côte pour prendre le vent, et était à une distance de la terre qui permettait de voir les rochers et les soldats qui en couronnaient le sommet.

— Si Griffith est arrimé quelque part sur ces rochers, dit Barnstable, après avoir tourné plusieurs fois son télescope de ce côté, il aura le plaisir d'entendre discuter un argument d'une manière aussi serrée et en aussi peu de mots qu'il est possible, pourvu que ce cutter n'ait pas changé d'avis sur la route qu'il voulait suivre. Qu'en pensez-vous, Merry?

— Je voudrais de tout mon cœur et de toute mon âme, Monsieur, répondit le jeune et intrépide midshipman, que M. Griffith fût en sûreté au milieu de nous. Il paraît que l'alarme est répandue dans le pays, et s'il est pris, Dieu sait ce qui en arrivera. Quant au commandant de ce cutter, il verra qu'il est plus facile de faire fuir une barque que *l'Ariel*. Mais il est bon voilier, et d'après ses manœuvres, je ne sais trop s'il a envie de risquer le combat.

— N'en doutez pas, s'écria Barnstable; le capitaine s'éloigne du rivage en homme de bon sens, et sans doute il met ses lunettes pour tâcher de voir à quelle tribu d'Indiens Yankies nous appartenons. Vous le verrez se rapprocher de nous dans quelques instants, et nous envoyer quelques morceaux de vieille ferraille pour nous faire savoir où nous pouvons le trouver. Votre lieutenant est mon meilleur ami, monsieur Merry; mais j'aime autant qu'il soit à terre aujourd'hui que sur mon schooner. Je ne me soucierais pas de voir commander en ce moment la manœuvre sur mon bord par un autre capitaine que moi. Allons, faites battre le tambour.

Un jeune mousse, succombant presque sous le poids de cet instrument mélodieux, et qui attendait cet ordre, l'exécuta sans donner au midshipman la peine de le lui répéter, et se mit à battre ce rappel qui éveillerait en tout temps un millier d'hommes du plus profond sommeil, pour réunir leurs pensées, leurs bras et leurs âmes pour la cause commune. L'équipage de *l'Ariel* s'était rassemblé en petits groupes, examinant le navire ennemi, et n'attendant que le signal pour courir chacun à son poste. Dès le premier son du tambour tous se rendirent où leurs devoirs respectifs les appelaient. Les canons étaient entourés de jeunes gens lestes et vigoureux, les marins étaient en bon ordre sur le pont, le mousquet appuyé sur l'épaule, ayant les officiers à leur tête, qui portaient leurs bonnets d'abordage, avaient leurs pistolets à leur ceinture et leurs sabres nus à la main. Barnstable se promenait sur le pont d'un pas ferme; son porte-voix restait suspendu à son index par un ruban, et son télescope, dont il se servait de temps en temps, était sous son bras gauche. Une paire de pistolets de marine était passée dans sa ceinture, et des piles de mousquets, de piques d'abordage et de sabres étaient placées sur divers points du tillac. Les marins ne songeaient plus alors à rire, et ceux qui parlaient encore ne se communiquaient leurs pensées qu'à voix basse. Pendant ce temps le cutter anglais continuait à s'éloigner des côtes; mais quand il en fut à environ deux milles, il diminua encore le nombre de ses voiles, et prenant le vent, tira un coup de canon dans une direction opposée à *l'Ariel*.

— Eh bien! maître Coffin, dit Barnstable, je gagerais un quintal de morue contre la meilleure tonne de porter qui ait jamais été brassée en Angleterre, que ce drôle s'imagine qu'un schooner yankie peut fuir sous le vent. S'il désire nous parler, pourquoi n'engage-t-il pas la conversation?

Le contremaître avait fait ses arrangements pour le combat avec plus de méthode et de philosophie que qui que ce fût sur le bâtiment. Quand le tambour battit le rappel, il jeta de côté son surtout, sa veste et même sa chemise, sans plus hésiter que s'il eût été sous le soleil d'Amérique, prévoyant qu'il allait avoir du travail plus difficile. Personne n'y trouva rien d'extraordinaire, car on savait que c'était sur *l'Ariel* une sorte d'être privilégié. L'équipage regardait ses opinions en marine comme des oracles, et le commandant lui-même les écoutait avec une certaine déférence. Il était debout, derrière le long canon qui portait son nom, ses bras nerveux croisés sur sa large poitrine devenue pourpre à force d'avoir été exposée au soleil; ses cheveux gris flottaient au gré du vent, et sa tête s'élevait au-dessus de toutes celles de ses compagnons.

— Il suit le vent comme si c'était sa maîtresse, Monsieur, répondit-il, mais il faudra bien qu'il l'abandonne, et s'il n'y consent pas de bonne grâce, nous trouverons le moyen de l'y forcer.

— Faites porter les voiles! s'écria Barnstable d'une voix forte, et arrivons à portée. Ce cutter est bon voilier, Tom-le-Long, mais il s'agit de le voir bord à bord. Si pourtant il continue à marcher ainsi, la nuit arrivera avant que nous puissions songer à l'abordage.

— Sans doute, sans doute, Monsieur, répondit le contre-maître. Ces cutters sont toujours en voiles, mais il n'est pas bien difficile d'y faire quelques échancrures, et cela lui raccourcira les jambes.

— Il y a du bon sens dans ce que vous dites là, Tom, dit Barnstable. Eh bien! quoique je n'aime pas de lui donner la chasse à grand bruit parce que je crains d'attirer la frégate, dites-lui un mot, et voyons s'il a envie de nous répondre.

— Nous allons le voir, répondit Coffin en se baissant de manière à mettre sa tête de niveau avec la longue pièce de canon qu'il manœuvrait; et après avoir fait divers mouvements pour la pointer juste, il approcha une mèche de la lumière avec rapidité. Le canon vomit la flamme précédée d'un immense volume de fumée qui s'éleva comme un nuage, se répandit autour des voiles et des cordages, et entraînée par le vent se confondit enfin avec les vapeurs de l'Océan.

De nombreux spectateurs contemplaient ce spectacle imposant du haut des rochers; les hommes de l'équipage de *l'Ariel* ne s'occupaient qu'à examiner l'effet qu'avait produit cette décharge sur le bâtiment ennemi. Barnstable sauta légèrement sur un canon, avant même que le coup partit, pour juger du résultat, et Tom Coffin, dans la même intention, n'eut pas plus tôt mis le feu à l'amorce, que s'écartant de la ligne de la fumée il appuya un de ses longs bras sur sa pièce, et soutenant son corps sur son autre main placée sur le tillac, il se courba pour regarder par l'embrasure des sabords, dans une attitude que bien des gens auraient désespéré d'imiter avec succès.

— Voyez-vous les chiffons qu'emporte le vent? s'écria Barnstable. Bravo, maître Coffin! Vous n'avez jamais pointé plus juste. Saluez-le encore une fois, et si le jeu lui plaît nous pourrons faire une partie de boules.

— Sans doute, sans doute, Monsieur, répondit le contre-maître, qui du moment qu'il avait vu l'effet du coup s'était redressé pour faire recharger son canon; et s'il ne se décide pas d'ici à une demi-heure, je l'aurai si bien criblé que nous en aurons bon marché en l'abordant.

On entendit alors le tambour du cutter qui appelait chacun à son poste, comme avait déjà fait le tambour de *l'Ariel*.

— Ah! ah! dit Barnstable, vous l'avez éveillé! Nous allons l'entendre parler maintenant. Allons, doublez la dose, envoyez-le à ses canons.

— Il faut qu'il s'éveille, à moins qu'il ne veuille nous obliger à le faire dormir tout de bon, répondit le contre-maître avec sang-froid (car tout ce qu'on pouvait lui dire, même quand c'était son commandant qui lui donnait des ordres, ne le faisait jamais avancer dans sa besogne d'un pas plus vite qu'il ne l'avait résolu). Mes boulets sont ordinairement comme une troupe de marsouins, ils se suivent de près. Un peu en arrière, capitaine, s'il vous plaît, il faut plus de place pour le recul. Eh bien! que faites-vous donc là avec mon harpon, petit-fils de Satan?

— A quoi pensez-vous donc, maître Coffin? votre pièce a-t-elle la bouche fermée?

— Ne voyez-vous pas ce vaurien de mousse qui s'amuse avec mon harpon dans les dalots? Quand j'en aurai besoin il sera rouillé à ne pouvoir servir.

— Ne pensez pas au mousse, Tom; je lui frotterai les épaules. Songez à pousser la balle à l'Anglais.

— Mais j'ai besoin de ce petit drôle pour me passer mes gargousses. Si vous voulez bien lui frotter les oreilles une couple de fois quand il ira au magasin, il apprendra à vivre, et la manœuvre du schooner en ira mieux. Petit vaurien, de quoi te mêles-tu de toucher à un outil dont tu ne connais pas l'usage? Si ton père et ta mère avaient dépensé plus d'argent pour t'élever, et moins pour ton équipement, tu serais un gentilhomme auprès de ce que tu es maintenant.

— Allons donc, Coffin, allons donc! s'écria Barnstable avec un peu d'impatience; Tom-le-Long n'ouvrira-t-il plus la bouche?

— M'y voilà, Monsieur, m'y voilà, répondit le contre-maître:—

Baissez un peu; encore, encore! baissez encore davantage. Ce babouin me le paiera. Approchez la mèche. Feu.

Ce second coup fut le vrai début du combat; car le boulet lancé par Tom Coffin ayant volé à peu près dans la même direction que le premier, l'ennemi trouva que le jeu commençait à devenir trop chaud pour ne pas y répondre, et le bruit du second coup de canon tiré par *l'Ariel* fut suivi à l'instant par celui de toute une bordée de *l'Alerte*. Ses canonniers avaient bien ajusté, mais leurs canons étaient trop légers pour porter à une si grande distance, et un ou deux boulets, qui frappèrent en mourant les flancs du schooner, tombèrent dans l'eau sans causer aucun dommage.

Le contre-maître, dont la bonne humeur revint quand il vit que le combat s'engageait, dit avec sa gravité ordinaire :

— Ce ne sont que des tapes d'amitié. Ces Anglais croient sans doute que nous ne tirons que des saluts.

— Eh bien! Tom, détrompez-les; chaque coup que vous leur donnerez contribuera à leur ouvrir les yeux, s'écria Barnstable se frottant les mains de plaisir en voyant le succès qui avait suivi les deux premières décharges.

Pendant dix à quinze minutes le contre-maître et ses aides furent seuls occupés à bord de *l'Ariel*, les autres canonniers restant près de leurs pièces, qui n'avaient pas la même portée, dans une inaction complète. Mais au bout de ce temps le commandant de *l'Alerte*, un peu déconcerté d'abord par le poids d'un boulet tombé à bord du cutter, et sentant qu'il n'était plus en son pouvoir de faire retraite quand il le voudrait, se décida à prendre le seul parti qui pût convenir à un brave, et ce fut de gouverner son navire de manière à se trouver le plus promptement possible bord à bord avec l'ennemi, sans s'exposer à en recevoir le feu par la poupe.

Barnstable surveilla toutes les manœuvres de son adversaire avec un œil d'aigle; et dès que les deux bâtiments se trouvèrent à une distance plus rapprochée l'un de l'autre, il donna ordre qu'on ouvrît un feu général. L'action devint alors animée des deux côtés. La force du vent était neutralisée par l'explosion constante des canons, et la fumée, au lieu d'être emportée rapidement, formait sur les mâts de *l'Ariel* un dôme qui demeurait ensuite suspendu sur la mer, comme pour marquer le chemin par lequel le navire s'avançait pour combattre de plus près et avec plus d'acharnement. Les jeunes canonniers chargeaient et déchargeaient leurs pièces en poussant des cris d'enthousiasme, tandis que le contre-maître continuait sa besogne avec le silence d'un homme qui voulait agir avec une grave régularité. Barnstable déployait tout le sang-froid d'un commandant sur qui reposait le sort de l'action, quoique ses yeux noirs brillassent d'un feu qu'il cherchait à contenir.

— Pointez bien ! s'écriait-il de temps en temps d'une voix qui se faisait entendre au-dessus du bruit du canon. Ne vous attachez pas aux cordages; criblez-leur le flanc !

Le capitaine anglais de son côté se comportait en brave. La canonnade éloignée lui avait fait souffrir des pertes et des avaries, parce qu'il n'avait pas de canons de la même portée que celui de Tom Coffin, mais il ne négligeait rien pour réparer la faute qu'il avait commise en laissant engager le combat de cette manière. Les deux navires se rapprochèrent peu à peu, et ils finirent par être si voisins qu'ils étaient enveloppés dans le nuage de fumée produit par leur feu; ce nuage s'épaississait autour d'eux, de sorte que les spectateurs curieux et intéressés qui se trouvaient sur les rochers ne pouvaient plus les distinguer. Tout ce qu'ils pouvaient voir à travers ce rideau, c'étaient les éclairs qui précédaient l'explosion des coups de canon et les décharges de mousqueterie, dont le bruit retentissait dans les rochers. Les soldats qui regardaient ce combat avec tant d'intérêt passèrent ainsi quelque temps dans une incertitude pénible sans pouvoir distinguer, même lorsque la lutte fut terminée, à qui était restée la victoire.

Mais nous suivrons les combattants pour rapporter les détails de cet engagement.

Le feu de *l'Ariel* était plus vif et plus meurtrier que celui de *l'Alerte*, parce que le schooner avait moins souffert et que son équipage était moins épuisé de fatigue. Dès que le cutter en fut assez proche, il y jeta le grappin afin de décider l'affaire par un combat corps à corps. Barnstable avait prévu cette intention, et il comprenait parfaitement les motifs qui déterminaient le capitaine anglais à prendre ce parti; mais il n'était pas homme à calculer froidement ses avantages, quand son esprit fier et entreprenant lui suggérait un projet plus glorieux. Il fit donc la moitié du chemin ; et quand les deux bâtiments se touchèrent, la poupe du schooner fut attachée à la proue du cutter par les efforts simultanés des deux équipages. En cet instant, et au milieu du tumulte, on entendit la voix du capitaine anglais qui criait à ses gens de le suivre à l'abordage.

— En avant ! en avant à l'arrière du tribord ! cria Barnstable avec son porte-voix.

Ce fut le dernier ordre qu'il donna avec cet instrument ; et en parlant ainsi, il le jeta loin de lui, et courut le sabre à la main vers l'endroit que l'ennemi menaçait. Les cris des combattants, les injures qu'ils s'adressaient réciproquement succédèrent alors au bruit du canon dont il n'était plus possible de se servir, quoique les décharges de fusils et de pistolets continuassent sans interruption.

— Jetez-le à bas de son pont, cria, en montrant Barnstable, le capitaine anglais qui, entouré d'une douzaine de ses plus braves marins, était alors sur la proue, prêt à sauter sur l'*Ariel* ; jetez à la mer tous ces rebelles !

— A moi, camarades ! à moi ! s'écria Barnstable en renversant celui de ses ennemis qui était le plus avancé ; que pas un d'eux ne boive ce soir un verre de grog !

La décharge de mousqueterie qui partit de l'*Ariel* exécuta cet ordre presque à la lettre, et le commandant de l'*Alerte*, se voyant presque seul sur sa proue, recula sur le pont pour ranimer ses gens et les ramener au combat.

— A l'abordage ! s'écria Barnstable ; suivez-moi tous ! que pas un ne reste. A l'abordage !

Et joignant l'exemple au précepte, il allait sauter le premier sur le cutter, quand une main qui semblait de fer le saisit par le bras, et le força à reculer.

C'était Tom Coffin. — C'est la baleine qui va expirer, mon capitaine, lui dit-il, ce n'est pas à vous à vous exposer à ses coups de queue ; laissez-moi passer avec mon harpon.

Sans attendre de réponse, le contre-maître se mit en avant, redressa sa taille gigantesque, fit un saut pour s'élancer sur l'*Alerte*, mais soudain une vague sépara un moment les deux navires, et Coffin tomba à la mer. Comme une décharge de mousquets était partie en même temps du cutter, l'équipage de l'*Ariel* crut que le contre-maître avait été tué, et la fureur qu'il en conçut redoubla en entendant son commandant s'écrier :

— Vengeance pour Tom-le-Long ! à l'abordage ! la victoire ou la mort !

Les Américains se précipitèrent comme un torrent sur la proue de *l'Alerte*, et se répandirent sur le pont, non sans se voir vivement disputer le passage. Le capitaine anglais commençait à sentir qu'il était le plus faible, mais il n'en était pas intimidé ; il ralliait ses gens, ranimait leur courage, et payait de sa personne comme un soldat. On combattait alors sur le tillac corps à corps comme dans une mêlée, et dans cette confusion le sabre et le pistolet étaient presque les seules armes qu'on pût employer.

Barnstable, à la tête de ses braves marins, devint en quelque sorte un point de mire pour les Anglais, qui ne lui cédaient le terrain que pied à pied. Dans la mêlée qui s'ensuivit, le hasard voulut que les deux commandants se trouvassent aux deux extrémités opposées du navire ; et partout où ils étaient la victoire semblait se déclarer pour chacun d'eux. Mais le capitaine anglais voyant enfin que, tandis qu'il se maintenait avec avantage vers la poupe, tout cédait à Barnstable du côté de la proue, résolut de décider l'affaire en l'attaquant lui-même. Il marcha donc vers lui avec deux ou trois de ses plus braves marins, et un de ceux qui l'accompagnaient, couchant en joue le commandant américain, était sur le point de faire feu, quand Merry, qui, s'étant aperçu de son dessein, s'était glissé entre les combattants, lui porta un coup qui le renversa. L'Anglais blessé, et proférant d'horribles imprécations, ramassa à la hâte le fusil échappé de ses mains, et il allait sacrifier à sa vengeance le jeune midshipman, quand celui-ci le prévint en lui plongeant son poignard dans le sein.

— Huzza ! cria Barnstable qui continuait à gagner du terrain ; vengeance et victoire !

— Nous les tenons ! s'écria le capitaine anglais ; et s'adressant à ceux de ses gens qui combattaient contre Barnstable et ceux qui l'accompagnaient : — Laissez-les passer, ajouta-t-il ; en arrière ! et mettez-les entre deux feux.

Cet ordre bien exécuté aurait pu changer la face des affaires, sans un événement très-inattendu qui vint tout déranger. Un homme d'une taille gigantesque, nu jusqu'à la ceinture, parut en ce moment dans les porte-haubans du cutter, sortant de la mer et sautant sur le tillac au même instant. C'était Tom Coffin, dont le visage cuivré semblait enflammé de dépit et de rage ; ses cheveux étaient couverts de l'écume de la mer, et il ressemblait à Neptune armé de son trident. Sans prononcer un seul mot, il leva en l'air son harpon, et en frappant d'un bras vigoureux le malheureux capitaine anglais, il le cloua contre son grand mât.

— Tous à l'arrière! s'écria-t-il par une sorte d'instinct après avoir frappé ce coup ; et ramassant le mousquet du marin tué par Merry, il se servit de la crosse comme d'une massue pour en décharger des coups terribles sur tout ce qui se trouvait à sa portée, dédaignant d'employer la baïonnette.

Cependant l'infortuné commandant de *l'Alerte* brandit un instant son sabre en roulant des yeux égarés, dans les angoisses de la mort, et penchant la tête sur sa poitrine ensanglantée, il expira presque sur-le-champ, toujours cloué à son mât ; spectacle affreux et décourageant pour ce qui restait de son équipage! Quelques Anglais plongés dans une horreur silencieuse semblaient enchaînés à ses côtés, sans songer davantage à se défendre ; les autres descendirent sous les ponts et à fond de cale, et les Américains restèrent maîtres du bâtiment.

Les deux tiers des hommes qui composaient l'équipage du cutter avaient été tués ou blessés pendant ce combat, quoiqu'il eût duré moins de temps que nous n'en avons mis à le décrire ; et Barnstable lui-même acheta sa victoire par la perte d'un assez bon nombre de ses braves compagnons. Mais ce n'était pas dans le premier enthousiasme du triomphe qu'on pouvait apprécier cette perte, et de grands cris de joie annoncèrent le triomphe des vainqueurs. Après un instant accordé à ces transports tumultueux, Barnstable donna tous les ordres qu'exigeaient les devoirs de l'humanité; et pendant qu'on séparait les deux bâtiments, qu'on jetait à la mer les corps de ceux qui avaient succombé, qu'on descendait les blessés dans la cabane, et qu'on garrottait les prisonniers, il se promenait sur le tillac de sa prise en se livrant à de profondes réflexions. Il passait fréquemment sa main sur son front noirci par la poudre et couvert de sang, tandis que ses yeux se fixaient de temps en temps sur le nuage de fumée qui couvrait les deux navires et qui semblait un brouillard de l'océan. Enfin il annonça à son équipage le résultat de sa délibération.

—Baissez tous vos pavillons, s'écria-t-il, et arborez les couleurs de l'Angleterre! Placez sur *l'Ariel* le pavillon anglais au-dessus de celui de celui d'Amérique.

La présence subite de toute une flotte ennemie à demi-portée de canon n'aurait pas causé plus d'étonnement parmi les vainqueurs que cet ordre extraordinaire. Tous suspendirent leurs occupations pour examiner le changement singulier qui s'effectuait dans la position de leurs pavillons victorieux, de ces emblèmes de leur liberté qu'ils ne regardaient qu'avec une sorte de respect; mais aucun d'eux ne se permit le moindre commentaire sur cette mesure bizarre, à l'exception de Tom Coffin qui, debout sur le gaillard d'arrière de la prise, s'occupait à redresser la pointe de son harpon avec autant de soin et d'attention que si cette arme eût été indispensable pour conserver la possession du navire dont on venait de s'emparer. Cependant il interrompit son travail comme les autres quand il entendit cet ordre, et il ne se gêna nullement pour exprimer son mécontentement.

—Si les Anglais n'en ont pas assez, dit-il, s'ils pensent que nous ne leur avons pas fait assez beau jeu, qu'ils reviennent à la charge, et s'ils ne se trouvent pas assez nombreux à présent, qu'ils envoient une barque chercher une cargaison de ces reptiles fainéants, ces soldats qui sont là-bas à nous regarder comme des lézards rouges rampant sur la terre : nous nous mesurerons une seconde fois contre eux ; et pourtant je ne vois pas à quoi bon les harponner, ajouta-t-il en levant les yeux sur le pavillon anglais qu'on arborait en ce moment sur la prise, si c'est ainsi que cela doit finir.

—Qu'avez-vous à gronder comme un vent du nord-est, vieux radoteur? lui dit Barnstable: que sont devenus nos amis et nos concitoyens débarqués? Etes-vous d'avis de les laisser pourrir dans un cachot ou danser au bout d'une corde?

Le contre-maître l'écouta avec beaucoup de gravité, et quand son commandant eut cessé de parler, il se frappa la cuisse de sa large main.

—Je vois ce que c'est, mon capitaine, dit-il; vous pensez que ces Habits Rouges tiennent monsieur Griffith à la remorque. Eh bien! faites entrer le schooner dans les eaux basses, et appuyez-le sur une ancre, et alors notre long canon pourra porter jusqu'à eux : ou bien donnez-moi la barque et cinq ou six hommes pour me seconder ; il faudra qu'ils aient les jambes longues s'ils peuvent prendre le large avant que j'en vienne à l'abordage.

— Vieux fou que vous êtes! croyez-vous donc que cinq ou six marins puissent faire tête à cinquante soldats bien armés?

— Cinquante soldats! répéta Tom dont l'enthousiasme était excité par le combat et la victoire, et en faisant claquer ses doigts avec un air de mépris; je me soucie de tous les soldats du monde comme de cela! Une baleine en tuerait un mille; et voici, ajouta-t-il en se frappant la poitrine, voici l'homme qui a tué cent baleines.

— Allons donc, vieux-souffleur[1], devenez-vous fou à votre âge?

— Ce n'est pas être fanfaron que de dire la vérité. Mais si le capitaine Barnstable en doute, s'il pense que le gosier du vieux Tom Coffin n'est qu'un porte-voix, il n'a qu'à ordonner qu'on lance la barque à la mer, et il verra.

— Non, non, mon brave porte-harpon; je te connais, vieux frère de Neptune, et je sais ce que tu es capable d'entreprendre. Mais ne voyez-vous donc pas qu'il est bon de jeter de la poudre aux yeux de ces Anglais en arborant leurs couleurs, jusqu'à ce que nous puissions trouver l'occasion de secourir nos compagnons?

— Sans doute, sans doute, mon capitaine; c'est de la philosophie de pleine mer, et aussi profonde que l'océan. Laissons rire ces reptiles à présent; quand ils reconnaîtront que leur pavillon couvre de vrais Yankies, ils feront d'autres grimaces.

Cette réflexion consola le contre-maître de l'humiliation qu'il éprouvait en voyant les couleurs de l'Angleterre élevées au-dessus de celles de l'Amérique. Le charpentier s'occupa à réparer les avaries que le canon avait fait éprouver à *l'Alerte*, et Barnstable fit passer à bord de *l'Ariel* le petit nombre de prisonniers qui n'étaient pas blessés. Tandis qu'il présidait à l'exécution de cette mesure, un bruit extraordinaire qu'il entendit dans une des écoutilles lui fit tourner les yeux de ce côté, et il en vit sortir deux marins traînant un homme dont tout l'intérieur annonçait la terreur la plus lâche. Après l'avoir examiné un instant en silence et d'un air de surprise, il s'écria:

— Qui diable avons-nous là? un amateur, un volontaire non combattant? un artiste qui sert le roi avec son pinceau pour peindre des marines? un auteur qui écrit sur la navigation? car

---

[1] Nom d'une espèce de baleine.

ce n'est pas un marin! Dites-moi, s'il vous plaît, Monsieur, en quelle qualité serviez-vous sur ce navire?

Le prisonnier jeta un regard en tremblant sur celui qui l'interrogeait, et en qui il s'attendait à reconnaître Griffith; mais en voyant une figure qui lui était étrangère, il reprit un peu de confiance.

— Je ne m'y trouve que par hasard, répondit-il; j'étais à bord de ce cutter lorsque l'officier qui le commandait résolut de vous attaquer, et il lui était impossible de me renvoyer à terre, ce que j'espère que vous n'hésiterez pas à faire, puisque votre conjecture que je n'étais pas du nombre des combattants...

— Est parfaitement vraie, n'est-ce pas? J'en étais sûr; cela est écrit sur votre front, et on le lirait sans télescope de la poupe à la proue du plus grand vaisseau. Cependant d'importantes raisons...

Il s'interrompit à un signe que lui fit Merry, et s'étant approché de lui, celui-ci lui dit à l'oreille avec vivacité:

— C'est M. Dillon, parent du colonel Howard. Je l'ai vu souvent courir des bordées autour de ma cousine Cécile.

— Dillon! dit Barnstable en se frottant les mains de plaisir; quoi! Kit Dillon, à la figure allongée, ayant les yeux noirs et la peau à peu près de la même couleur! La peur semble lui avoir un peu éclairci le teint; mais en ce moment cette prise vaut vingt fois *l'Alerte*.

Ces réflexions étaient faites à voix basse, et à quelque distance du prisonnier. Il se rapprocha alors de lui et lui adressa la parole.

— La politique et mon devoir, Monsieur, lui dit-il, m'obligent à vous retenir quelque temps; mais nous vous traiterons aussi bien que peuvent le faire des marins, afin d'alléger le poids de votre captivité.

Barnstable ne laissa pas à son prisonnier le temps de lui répondre, car l'ayant salué, il le quitta brusquement pour surveiller les travaux qui se faisaient à bord de ses deux bâtiments. On ne tarda pas à lui annoncer qu'ils étaient prêts à faire voile, et *l'Ariel* et sa prise, se rapprochant des côtes, s'avancèrent lentement vers la baie d'où *l'Alerte* était parti. Les soldats qui étaient encore sur les rochers ne doutèrent pas que les Anglais n'eussent remporté la victoire, et poussèrent de grands cris de joie. Barnstable leur montrant de la main le pavillon anglais flottant au haut de ses mâts, ordonna à son équipage de leur répondre par de semblables acclamations. Comme on était trop loin du rivage pour avoir d'autres communications, et que ceux qui étaient sur les rochers n'avaient pas de barque à leur disposition, les soldats, après avoir considéré quelque temps les deux navires qui s'éloignaient, finirent par se retirer et disparurent aux yeux de nos hardis marins.

Ils passèrent plusieurs heures à naviguer péniblement et lentement contre la marée et le courant, et le jour commençait à baisser quand ils arrivèrent près de la baie dans laquelle ils se proposaient d'entrer. Dans une des nombreuses bordées qu'ils furent obligés de courir, tantôt s'approchant de la côte, tantôt s'en éloignant, Barnstable, resté à bord de la prise, vit flotter sur l'eau le corps de la victime qu'ils avaient immolée le matin. Sa masse noire semblait un rocher qui élevait sa tête au-dessus de l'Océan et sur lequel les vagues venaient se briser, et des requins affamés étaient déjà occupés à en faire leur proie.

— Voyez, maître Coffin, dit le lieutenant à son contre-maître en lui montrant la baleine, voyez quel régal vous avez préparé à ces messieurs! Vous avez oublié de vous acquitter du devoir d'un chrétien, qui est de donner la sépulture à l'ennemi vaincu.

Le vieux marin jeta un regard de tristesse sur le cadavre qui flottait à quelques toises, et répondit en soupirant :

— Si je tenais la créature dans la baie de Boston, ou à la pointe de Sandy Munny-Moy, ma fortune serait faite! mais les richesses et les honneurs sont pour les grands et les savants, et Tom Coffin n'a d'autre destin ici-bas que de virer et de revirer pour tâcher de résister aux ouragans de la vie, sans laisser fendre ses vieilles vergues.

— Comment diable, Tom-le-Long! ces rochers et ces écueils vous feront faire naufrage dans les bas-fonds de la poésie! vous devenez sentimental!

— Ces rochers peuvent faire faire naufrage au bâtiment qui touche : et quant à la poésie je n'en connais pas de meilleure que la vieille chanson du capitaine Kidd. Mais il y a de quoi faire naître des pensées tristes dans l'esprit d'un Indien du cap Poge quand il voit une baleine de quatre-vingts barils d'huile dévorée par des requins. C'est une vraie dévastation! Eh bien! j'ai vu mourir deux cents de ces créatures, et je n'en ai pas pour cela double ration.

Le contre-maître se retira à l'arrière tandis que le navire passait le long de la baleine, et s'asseyant sur le couronnement de la poupe, le visage appuyé d'un air sombre sur sa main, il resta les yeux fixés sur l'objet de ses regrets, qu'il continua à regarder tant qu'il put l'apercevoir à l'aide des derniers rayons du soleil qui tantôt se réfléchissaient sur la peau blanche de son ventre, tantôt étaient absorbés par le noir mat de son dos, suivant le mouvement que les vagues imprimaient à cette masse flottante.

Pendant ce temps, nos navigateurs continuaient à se diriger vers la baie dont nous avons déjà parlé, et ils y entrèrent, amis en apparence, et avec l'air de triomphe que prennent naturellement des vainqueurs. Les bords du rivage étaient garnis de quelques spectateurs ravis de la victoire qu'ils croyaient que les armes anglaises venaient de remporter; et Barnstable ayant réussi à tromper ses ennemis, avertit son équipage qu'il fallait maintenant autant de prudence que d'intrépidité.

CHAPITRE XIX.

>Nos trompettes vous invitèrent à ce pourparler amical.
>SHAKSPEARE. *Le roi Jean.*

EN sortant précipitamment de l'abbaye de Sainte-Ruth, Griffith et ses deux compagnons ne rencontrèrent personne qui pût mettre obstacle à leur fuite ou donner l'alarme. Instruits par l'expérience qu'ils avaient acquise au commencement de la même nuit, ils évitèrent les points où ils savaient que des sentinelles étaient postées, quoiqu'ils fussent bien décidés à recourir à la force si on entreprenait de les arrêter; mais ils furent bientôt à l'abri de toute crainte d'être découverts. Ils marchèrent à grands pas environ un quart d'heure dans un sombre silence, en hommes déterminés à braver tous les dangers. Mais quand ils furent enfoncés dans le bois situé autour de la maison en ruines dont il a déjà été question, ils ralentirent leur marche, et se permirent enfin de parler, quoique à voix basse.

— Nous nous sommes échappés à temps, dit Griffith ; j'aurais préféré endurer la captivité plutôt que d'occasionner une effusion de sang dans la demeure paisible du colonel Howard.

— Je voudrais, Monsieur, que vous eussiez été de cet avis quelques heures plus tôt, répondit le pilote d'un ton qui ajoutait une nouvelle sévérité à ce discours.

— Le désir que j'avais de savoir dans quelle situation se trouvait une famille à laquelle je prends un intérêt particulier, Monsieur, a pu me faire perdre de vue un instant mes devoirs, répondit Griffith avec une fierté évidemment combattue par le respect ; mais ce n'est le moment ni des regrets ni des reproches. Nous vous suivons pour une mission importante, et des actions vaudront mieux que toutes les apologies du monde. Quel est votre bon plaisir maintenant?

— Je crains que notre entreprise ne soit avortée, répondit le pilote d'un air sombre. L'alarme va se répandre avec la lumière du jour ; on fera prendre les armes à la milice, et l'on pensera à tout autre chose qu'à une partie de chasse. Le bruit seul d'une descente bannit le sommeil à dix lieues des côtes dans cette île.

— Et vous y avez probablement passé vous-même quelques nuits agréables, les yeux ouverts, monsieur le pilote, dit le capitaine Manuel ; ces gens-là ont eu souvent la puce à l'oreille ; ils peuvent en remercier le Français Thurot, dans la vieille affaire de 1756, et notre diable entreprenant, le pirate écossais. Après tout, Thurot avec sa flotte n'a fait que le tourmenter un peu, et quelques croisières ont fini par lui mettre un éteignoir sur la tête, comme le bonnet d'un grenadier sur celle d'un enfant qui bat le tambour. Mais le brave Paul les a fait danser sur un autre air, et...

— Et je crois, Manuel, s'écria Griffith en l'interrompant avec précipitation, que vous danserez vous-même de bon cœur, sans avoir besoin de musique, après avoir échappé aux prisons d'Angleterre.

— Dites à ses gibets, répondit le capitaine ; car si une cour martiale ou une cour civile avait discuté la manière dont nous sommes entrés dans cette île, je crois que nous n'aurions pas été mieux traités que ne le serait lui-même ce diable entreprenant, le brave P...

— Allons, allons, capitaine, s'écria Griffith avec un accent d'impatience, ce n'est pas le moment de jaser de bagatelles, nous avons à discuter des affaires plus sérieuses. Quelle marche avez-vous résolu de suivre, monsieur Gray?

Le pilote tressaillit à cette question, distrait tout à coup de ses réflexions; et après une pause d'un instant il répondit d'une voix lente, comme un homme encore occupé d'une triste rêverie :

— La nuit n'a plus longtemps à durer, mais le soleil est paresseux, sous cette latitude, dans le cœur de l'hiver. Il faut que je vous quitte pour vous rejoindre dans quelques heures. Il y a des précautions à prendre pour la réussite de notre projet, et nul autre que moi ne peut faire ce service. Où nous retrouverons-nous?

— J'ai des raisons pour croire qu'il existe à peu de distance des ruines abandonnées, dit Griffith. Nous pouvons y trouver un abri secret et silencieux.

— L'idée est bonne, répondit le pilote; et ce projet nous sera utile à deux fins. Pouvez-vous retrouver l'endroit où vous avez mis vos soldats en embuscade, capitaine Manuel?

— Demandez à un limier s'il a du nez, et s'il peut suivre une piste! s'écria le capitaine. Croyez-vous, signor pilota, qu'un général place ses forces en embuscade dans un lieu où il ne puisse les trouver? De par Dieu! je savais fort bien où les drôles ronflaient tranquillement, la tête sur leurs havresacs, il y a une demi-heure, et j'aurais donné le rang de major dans l'armée de Washington pour les avoir près de moi, car je n'aurais eu qu'un mot à prononcer pour les voir en ligne, prêts à faire une charge. Je ne sais ce que vous en pensez, Messieurs, mais pour moi la vue de mes vingt drôles eût été un spectacle ravissant. Nous aurions fait sauter ce capitaine Borroughcliffe et ses recrues sur la pointe de nos baïonnettes, comme ce diable de P...

— Allons, Manuel, dit Griffith d'un ton mécontent, vous oubliez toujours notre position et notre mission. Croyez-vous pouvoir amener ici vos soldats avant le point du jour sans être découvert?

— Il ne me faut pour cela qu'une petite demi-heure.

— Suivez-moi donc, et je vous montrerai notre rendez-vous secret. M. Gray le connaîtra en même temps.

Le pilote leur fit signe de marcher, et tous trois s'avancèrent en silence et avec précaution ; ils ne tardèrent pas à rencontrer des murs en ruines. Ils s'étendaient sur une grande surface, et quelques parties élevant encore vers le ciel leurs débris noircis par le temps ajoutaient à l'obscurité du bois voisin.

— Voici ce qu'il nous faut, dit Griffith, bien assuré que ces ruines étaient celles qu'il cherchait; amenez ici vos soldats ; je m'y trouverai, et je vous conduirai dans une partie encore plus sûre de ces ruines, que je tâcherai de découvrir pendant votre absence.

— C'est un vrai paradis après le plancher de *l'Ariel*, dit Manuel, et je ne doute pas qu'il ne se trouve là, parmi ces arbres, quelque endroit convenable pour y faire faire l'exercice; il y a plus de six mois que mon âme soupire pour en avoir l'occasion.

— Il ne nous faut ni exercice, ni revue, ni paroles, dit Griffith ; nous serons assez heureux si nous ne sommes ni pris ni découverts avant que nous puissions occuper vos soldats d'une besogne plus sérieuse.

Manuel s'en allait à pas lents, mais il se retourna tout à coup pour demander à Griffith :

— Placerai-je un petit piquet, une simple garde de caporal en vedette sur le terrain découvert, et établirai-je une chaîne de sentinelles à nos ouvrages avancés ?

— Où sont-ils, ces ouvrages ? s'écria Griffith avec impatience ; nous n'avons pas besoin de sentinelles ; notre sûreté dépend entièrement du silence et du secret. Amenez-nous vos hommes sans bruit sous le couvert de ces arbres, et que ces trois étoiles vous servent de boussole. Il faut les tenir parallèlement au coin septentrional du bois, et...

— Suffit, monsieur Griffith, suffit, dit Manuel; croyez-vous qu'il faille consulter la boussole et les astres pour faire marcher une colonne de troupes ? Fiez-vous à moi, Monsieur, mes troupes marcheront avec toute la discrétion convenable, quoique toujours militairement.

Griffith ne put lui faire ni réponse ni observation, car le capitaine disparut à l'instant, et on l'entendit s'éloigner assez rapidement dans les taillis. Pendant ce court intervalle, le pilote resta appuyé sur les débris d'un mur délabré, gardant un profond silence ; mais quand le bruit des pas du capitaine eut cessé de se faire entendre, il se rapprocha de son compagnon.

— Nous lui devons notre délivrance, dit-il à Griffith ; mais sa folie ne nous en fera-t-elle pas perdre le fruit ?

— C'est, comme le dit Barnstable, un homme rectangulaire. Il tient à toutes les formes pointilleuses de sa profession ; mais, dans une expédition dangereuse, il est hardi et entreprenant. Si nous pouvons lui inspirer un peu de prudence et de discrétion, ce n'est pas la bravoure qui lui manquera au besoin.

— C'est tout ce qu'il nous faut ; mais jusqu'au dernier moment, faites en sorte que ses soldats et lui restent muets et immobiles. Si nous sommes découverts, ce ne sont pas les efforts d'une vingtaine de baïonnettes qui nous protégeront contre les forces qu'on mettrait sur pied pour nous écraser.

— La vérité de cette observation n'est que trop palpable. Ces drôles dormiront tout une semaine en mer, en dépit du vent, mais l'odeur de la terre les éveille, et je crains qu'il ne soit difficile de les maintenir en repos pendant le jour.

— Il le faut pourtant, Monsieur, et il faut recourir à la force si les avis sont inutiles. Si nous n'avions affaire qu'aux recrues de cet ivrogne de capitaine, il ne nous serait pas difficile de les pousser dans la mer : mais j'ai appris dans ma prison qu'on attend de la cavalerie au point du jour. C'est un Américain, un nommé Dillon, qui est aux aguets pour nous perdre.

— Le misérable traître ! s'écria Griffith. Mais vous avez donc eu aussi des communications avec quelques habitants de Sainte-Ruth ?

— Il convient qu'un homme embarqué dans une entreprise périlleuse saisisse toutes les occasions de s'éclairer sur les dangers qu'il peut courir. Si ce qu'on m'a dit à cet égard est vrai, je crains qu'il ne nous reste bien peu d'espoir de réussite.

— Eh bien ! profitons de l'obscurité pour rejoindre le schooner. Les côtes d'Angleterre fourmillent de croiseurs ennemis ; un riche commerce y amène des bâtiments des quatre parties du monde ; nous ne manquerons pas d'occasions de trouver des adversaires dignes de nous, et de pouvoir couper aux Anglais le nerf de la guerre, en détruisant leurs richesses.

— Griffith, répondit le pilote d'un ton modéré qui semblait celui d'un homme qui n'a jamais connu ni l'ambition ni les passions humaines, je suis las de cette lutte entre le mérite et l'ignorance privilégiée. C'est en vain que je parcours victorieusement ces eaux sur lesquelles le roi d'Angleterre prétend avoir un empire exclusif, et que je prends ses vaisseaux à l'entrée même de ses ports, et je n'obtiens pour récompense que de vaines promesses toujours violées. Votre proposition ne peut me convenir. J'ai enfin obtenu un navire de force suffisante pour me conduire en Amérique, où je trouverai honneur et franchise; et je voudrais entrer dans la salle du congrès, suivi de quelques uns des législateurs de cette île orgueilleuse qui s'imagine que ce n'est que dans son sein qu'on peut trouver la sagesse, la vertu et la grandeur.

— Un pareil cortége serait sans doute aussi agréable pour ceux devant qui vous vous présenteriez que pour vous-même, mais cet avantage conduirait-il au grand but que nous nous proposons d'atteindre dans cette lutte? Est-il assez considérable pour mériter les risques auxquels vous vous exposez pour l'obtenir?

Le pilote serra la main de Griffith, et lui répondit d'une voix qui annonçait le calme d'une résolution bien prononcée :

— Notre entreprise est glorieuse, jeune homme. Si elle offre des périls, la renommée nous en récompensera. Il est vrai que je porte vos couleurs républicaines, que j'appelle les Américains mes frères, mais c'est parce que vous combattez pour la liberté de l'espèce humaine. Si votre cause était moins sacrée, je ne voudrais pas verser, pour la servir, une seule goutte de tout le sang qui coule dans des veines anglaises. Mais cette cause sanctifie tout ce qu'on entreprend pour elle, et les noms de ceux qui la défendent appartiendront à la postérité. N'y a-t-il pas quelque mérite à apprendre à ces insulaires oppresseurs que le bras de la liberté peut venir les saisir jusque dans le sein de leur empire, dans le centre même de leur corruption?

— Souffrez donc que j'aille moi-même prendre les informations dont nous pouvons avoir besoin. Vous avez été vu ici, et vous pouvez attirer sur vous...

— Vous ne me connaissez pas encore. C'est moi qui ai conçu le plan de cette entreprise. Si elle réussit, j'en réclamerai l'honneur; je dois donc m'exposer aux dangers qu'elle entraîne ; si elle échoue, elle tombera dans l'oubli, comme cinquante autres projets que j'ai formés, et qui, si l'on m'eût donné les forces nécessaires pour les exécuter, auraient jeté la consternation dans cette île, jusque dans les tours du château de Windsor. Mais vingt générations de noblesse ne m'avaient pas énervé l'âme et corrompu le sang, et par conséquent je ne méritais pas la confiance des esprits dégénérés qui sont à la tête de la marine française.

— On dit qu'on travaille en Amérique à construire des vaisseaux à deux ponts. Vous n'aurez qu'à vous présenter pour être sûr d'être honorablement employé.

— Oui, la république ne peut manquer de confiance en un homme qui a soutenu son pavillon dans tant de combats sanglants. Je vais m'y rendre, Griffith; mais c'est ce chemin qui doit m'y conduire. Mes prétendus amis m'ont souvent lié les mains, mais mes ennemis.... jamais! et jamais ils n'y réussiront. Quelques heures m'apprendront tout ce que j'ai besoin de savoir, et je vous confie le soin de notre sûreté jusqu'à mon retour. Soyez vigilant, et surtout prudent.

— Mais si vous ne reparaissiez pas à l'heure dite, s'écria Griffith en voyant le pilote se détourner pour partir, où vous chercherai-je? comment pourrais-je vous servir?

— Si je ne suis pas de retour dans dix heures ne m'attendez plus, ne me cherchez pas, et retournez à votre navire. J'ai passé ma jeunesse sur cette côte, et je saurais la quitter comme j'ai su y aborder, à l'aide de ce déguisement et de mes connaissances locales. Songez à vous en ce cas, et oubliez-moi entièrement.

A peine le pilote avait dit adieu à Griffith d'un geste de la main, que l'officier américain se trouva seul.

Il resta quelques minutes à réfléchir sur les talents extraordinaires et sur le caractère entreprenant et infatigable de celui qu'un hasard inattendu lui avait donné pour compagnon, et au sort duquel son propre destin était si intimement lié par suite de circonstances si imprévues. Après avoir fait quelques réflexions sur tous les événements de cette nuit, il entra dans l'intérieur des ruines, et y trouva des endroits qui pouvaient cacher avec sûreté le détachement qu'il attendait jusqu'à ce que le pilote fût de retour, et qu'il lui apprît s'ils pouvaient réussir dans leur entreprise, ou s'ils devaient attendre les ténèbres pour regagner *l'Ariel.*

On était à cette heure de la nuit que les marins appellent le quart du matin. Griffith se hasarda à s'avancer jusque sur la lisière du bois pour écouter si quelque bruit lui annoncerait qu'on était à leur poursuite. En arrivant à un endroit d'où son œil commençait à pouvoir distinguer faiblement des objets éloignés, il s'arrêta et examina avec soin tout ce qui l'entourait.

La fureur de l'ouragan s'était sensiblement apaisée, mais un courant d'air assez vif venant de la mer se faisait sentir à travers les branches des chênes dépouillés de leurs feuilles, avec un son lugubre et mélancolique. A la distance d'un demi-mille on commençait à distinguer, à l'aide de la lumière qui augmentait de moment en moment au-dessus de l'Océan, les murs de l'abbaye de Sainte-Ruth, et il y avait même des instants où le jeune marin croyait apercevoir l'écume couronnant les vagues de la mer. Le bruit de la marée qui commençait à revenir vers le rivage et des flots qui se brisaient contre les rochers escarpés de la côte était porté jusqu'à ses oreilles par le vent. C'était pour un jeune marin le temps et le lieu de réfléchir promptement sur les chances variées qu'offre sa profession dangereuse. A peine s'est-il passé un jour depuis qu'il avait employé toutes les ressources de son corps et de son esprit à diriger au milieu des périls le vaisseau à bord duquel ses camarades dormaient maintenant paisiblement, et à chercher à l'écarter de ce même rivage sur lequel il se trouvait indifférent à tous les dangers qui le menaçaient. Le souvenir de sa patrie et celui de sa maîtresse se mêlaient aussi dans ses idées, et sans y penser il s'avançait à pas lents vers l'abbaye, quand il entendit un bruit qui ne pouvait être que celui de la marche régulière d'une troupe d'hommes disciplinés. Son attention se reporta sur-le-champ sur ce qui devait être l'objet immédiat de ses pensées, et quelques instants après il distingua un détachement marchant en bon ordre vers la lisière du bois dont il venait lui-même de sortir. Il se rapprocha rapidement des ruines; et quand il vit cette troupe s'avancer du même côté, il se hasarda à parler :

— Qui va là? Qui êtes-vous?

— Un lâche coquin, répondit Manuel avec un ton d'humeur, un lapin qui cherche son terrier, un rat qui veut se cacher dans un trou. Morbleu! faut-il que j'aie passé à demi-portée de fusil des ennemis sans avoir osé tirer un coup de mousquet, et même sur leurs avant-postes, parce que nos amorces étaient mouillées par cet infernal brouillard qu'on appelle prudence! De par Dieu! monsieur Griffith, je souhaite que vous ne soyez jamais exposé à la tentation que j'ai éprouvée de faire une décharge sur ce vieux chenil d'abbaye, quand ce n'eût été que pour en briser les vitres, et faire respirer l'air de la nuit à ce sot ivrogne qui est à cuver le meilleur vin, le nectar le plus délicieux que... Ecoutez-moi, monsieur Griffith, un mot à l'oreille!

Les deux officiers eurent ensemble une courte conférence qui se termina par les mots suivants adressés par Manuel à Griffith :

— Je vous réponds que j'emporterais le vieux donjon sans éveiller un seul de ceux qui y ronflent, et songez que nous trouverions dans les caves une ample provision du cordial le plus salutaire qui ait jamais adouci le gosier d'un gentilhomme.

— Folie! folie! dit Griffith avec impatience; nous ne sommes ni des pillards ni des commis de la douane, pour aller faire ainsi des descentes dans les caves anglaises; nous sommes des hommes d'honneur, capitaine Manuel, et nous portons les armes pour la cause sacrée de la liberté et de notre pays. Faites entrer vos soldats dans les ruines, et qu'ils s'y reposent. Il est possible qu'ils ne tardent pas à avoir assez d'occupation.

— Maudite soit l'heure où j'ai quitté la ligne pour me mettre sous la discipline de ces jaquettes goudronnées! pensa Manuel en exécutant l'ordre qui venait de lui être donné avec un ton d'autorité auquel il savait qu'il fallait obéir. Manquer la plus belle occasion de surprise qui se soit jamais offerte à un partisan, à un fourrageur! Mais, de par tous les droits de l'homme, le campement se fera du moins avec ordre. Holà! sergent, prenez un caporal et trois hommes pour former un piquet, et mettez une sentinelle en avant de notre position. Il ne faut pas que nous ayons l'air de renoncer à toute espèce de tactique.

Griffith l'entendit donner cet ordre avec dépit, car il craignait que cette garde avancée ne servît à faire découvrir leur retraite. Cependant, comme le jour ne paraissait pas encore, il ne voulut pas contrarier le capitaine en usant de son autorité, et Manuel eut la satisfaction de voir sa petite troupe cantonnée militairement; après quoi il entra avec Griffith et le reste de ses soldats dans une chambre basse et voûtée à demi couverte par les décombres, et dont la porte n'existait plus. Les soldats s'étendirent pour dormir, et les deux officiers, se chargeant de veiller, passèrent le temps tantôt à converser, tantôt à se livrer séparément chacun à leurs pensées, qui étaient quelquefois aussi opposées entre elles que pouvaient l'être les pensées de deux hommes d'un caractère si différent.

Ils passèrent ainsi une couple d'heures dans un repos mêlé d'inquiétude, et dans l'impatience de l'attente. Enfin les premiers rayons du jour parurent, et Griffith pensa qu'il devenait trop dangereux de laisser le piquet et la sentinelle exposés à la vue du premier passant qui pourrait arriver près du bois. Manuel s'opposa d'abord à tout changement, alléguant que ce serait renoncer à tous les principes de l'art militaire, car il outrait ses idées de tactique toutes les fois qu'il se trouvait en opposition avec un officier de marine. Mais en cette occasion Griffith montra de la fermeté, et la seule concession que put en obtenir le capitaine fut qu'il lui serait permis de placer une sentinelle derrière un mur délabré qui pouvait la couvrir. Après cette légère déviation à leurs premiers arrangements, ils passèrent encore quelques heures dans l'inaction, attendant avec impatience l'instant où ils pourraient agir.

Les premiers coups de canon que tira *l'Alerte* se firent entendre très-distinctement, et Griffith, dont l'oreille exercée reconnaissait au son le poids du boulet dont chaque pièce était chargée, déclara sur-le-champ que cette canonnade ne venait pas de *l'Ariel*. Le bruit de l'engagement qui succéda s'entendit encore mieux, et ce ne fut pas sans difficulté que Griffith résista à sa curiosité, et parvint à réprimer celle de ses compagnons. Personne n'outrepassa pourtant les bornes qu'imposait la prudence, et le dernier coup de canon fut tiré sans qu'un seul homme eût quitté la chambre dans laquelle il se trouvait. Les conjectures sur le résultat du combat succédèrent alors à celles qu'on avait faites, tant qu'il avait duré, sur les deux bâtiments qui étaient aux prises. Quelques soldats, qui avaient soulevé la tête après un repos troublé et interrompu, tâchèrent de se rendormir après avoir entendu les premiers coups de canon, prenant peu d'intérêt à un combat dans lequel ils n'étaient pas acteurs. D'autres faisaient de grossières plaisanteries sur ceux qui étaient aux prises, et jugeaient des progrès de l'action par le plus ou moins de rapidité avec laquelle se succédaient les bordées.

Lorsqu'il se fut passé quelque temps après la fin de la canonnade, Manuel se livra à sa mauvaise humeur.

— Il y a eu une partie de plaisir à une lieue de nous, monsieur

Griffith, dit-il, et si nous n'eussions pas été enterrés ici comme des blaireaux, nous en aurions eu notre part, et nous aurions quelque droit à partager l'honneur de la victoire. Mais il n'est pas encore trop tard pour nous montrer sur le haut des rochers; nous verrons probablement les bâtiments qui viennent de combattre, et nous établirons par là notre droit à une part de prise.

— La part de prise qui peut revenir de la capture d'un bâtiment de guerre n'est pas bien considérable, répondit Griffith, et il y aurait encore moins d'honneur si Barnstable avait eu son tillac encombré d'un nombre d'hommes inutiles.

— Inutiles! répéta Manuel. Regardez-vous donc comme inutiles vingt-trois soldats d'élite bien exercés? Examinez bien ces drôles, monsieur Griffith, et dites-moi si vous les croyez gens à encombrer un champ de bataille, n'importe que ce soit la rase campagne ou le pont d'un navire.

Griffith sourit et jeta un coup d'œil sur la troupe endormie, car lorsque le feu avait cessé, tous avaient fini par s'abandonner de nouveau aux douceurs du sommeil. Il admira effectivement les membres robustes de ces braves gens qu'on aurait pris pour autant d'athlètes. Ses regards se portèrent ensuite sur le faisceau formé par les armes à feu dont les tubes et les baïonnettes bien polies réfléchissaient les rayons du jour qui n'entraient dans cette chambre souterraine et obscure que par la porte, à cause des décombres qui obstruaient les fenêtres. Manuel suivait le mouvement des yeux de Griffith avec une satisfaction intérieure; mais il eut la patience d'attendre qu'il répondît avant de lui adresser de nouveau la parole.

— Je sais que ce sont de braves gens, dit le lieutenant, et qu'on peut compter sur eux au besoin. Mais écoutez! j'entends du bruit.

— Qui va là? dit la sentinelle placée à deux pas de la chambre.

Manuel et Griffith se levèrent aussitôt, et restèrent un instant immobiles et en silence, prêtant l'oreille au moindre bruit qui pourrait leur apprendre ce qui avait alarmé le factionnaire.

— C'est sans doute le pilote, dit Griffith à l'oreille de Manuel.

A peine avait-il prononcé ces paroles qu'un cliquetis d'armes se fit entendre, et au même instant le corps de la sentinelle, tombant sur quelques marches de pierre qu'il fallait descendre pour entrer dans cette chambre, roula jusqu'à eux, ayant encore dans la poitrine la baïonnette qui venait de lui donner la mort.

— Réveillez-vous! réveillez-vous! s'écria Griffith.

— Aux armes! aux armes! cria en même temps Manuel d'une voix de tonnerre.

Les soldats, éveillés en sursaut par ces cris alarmants, se levèrent précipitamment, et dans ce moment de confusion une masse de feu et de balles pénétra dans la chambre qui retentit du bruit occasionné par l'explosion simultanée d'une vingtaine de coups de fusil. Ni le tumulte, ni la fumée, ni les gémissements de plusieurs soldats américains ne purent retenir Griffith un instant. Il se précipita vers la porte en tirant son coup de pistolet, saisit une demi-pique, et cria à haute voix :

— En avant! suivez-moi! ce ne sont que des soldats!

Tout en parlant ainsi, l'ardent jeune homme arrivait à la porte; mais son empressement même lui fut fatal; son pied heurta contre la dernière des marches, et il tomba par terre au milieu d'un groupe de soldats anglais qui l'aidèrent à se relever, et le firent prisonnier.

— Feu! Manuel, feu! cria Griffith avec fureur. Feu! pendant qu'ils sont réunis!

— Oui, feu! monsieur Manuel, dit Boroughcliffe avec beaucoup de sang-froid, et tuez votre officier. Mettez-le en avant, mes amis; placez-le en front. La place la plus sûre est à ses côtés.

— Feu! répéta Griffith en faisant des efforts surnaturels pour se débarrasser de cinq ou six hommes qui le retenaient. Feu! Manuel, ne pensez pas à moi!

— Il mérite d'être pendu, s'il le fait, dit Boroughcliffe. De si beaux soldats ne sont pas assez communs pour qu'on tire sur eux comme sur des lièvres. Éloignez-le de l'entrée de cette cave, et songez à votre devoir.

Pendant que Griffith s'élançait hors de la chambre, Manuel s'occupait à disposer ses hommes en ordre bien régulier; mais ces soldats, accoutumés à agir de concert et avec ensemble, perdirent le moment favorable pour avancer. Ceux de Boroughcliffe eurent le temps de recharger leurs mousquets, et se retirant derrière les murs en ruines, ils prirent une position d'où ils pouvaient fusiller tout ce qui sortait de la chambre, sans être exposés eux-mêmes au feu de l'ennemi. Manuel s'avança avec beaucoup de sang-froid jusque près de la porte pour reconnaître leur situation, et il hésita à faire une sortie contre un ennemi si avantageusement posté.

Plusieurs coups de fusil furent tirés de part et d'autre sans produire aucun effet, et Borroughcliffe, voyant l'inutilité de ce genre d'attaque, proposa un pourparler.

— Rendez-vous aux forces de Sa Majesté George III, s'écria-t-il, et je vous promets quartier.

— Lâchez votre prisonnier, répondit Manuel, assurez-nous le passage libre à nos vaisseaux. Que la garnison se retire avec les honneurs de la guerre, et que les officiers conservent leurs armes.

— Impossible! répondit Borroughcliffe avec beaucoup de gravité. L'honneur des armes de Sa Majesté et l'intérêt de son royaume ne permettent pas une telle capitulation. Je vous promets quartier et traitement honorable.

— Le prisonnier sera relâché, les officiers conserveront leurs armes, et ils seront renvoyés en Amérique ainsi que les soldats, sous parole de ne pas servir jusqu'à ce qu'ils aient été échangés.

— Refusé. Tout ce que je puis accorder aux officiers, c'est une généreuse libation de certain nectar mûri par le soleil du sud de la Caroline, et si vous êtes celui pour lequel je vous prends, vous êtes en état d'apprécier cette offre.

— En quelle qualité nous sommez-vous de nous rendre? Est-ce comme prisonniers assujettis aux lois ordinaires de la guerre, ou comme rebelles à votre roi?

— Comme rebelles, Messieurs, je ne puis voir en vous que des rebelles. Je vous promets bon traitement et bonne chère en tout ce qui dépendra de moi; sous tout autre rapport, vous êtes à la merci de Sa très-gracieuse Majesté.

— Eh bien! que Sa Majesté vienne nous montrer sa très-gracieuse face, et nous prendre si elle le peut, car je veux être damné si...

Le capitaine fut interrompu par Griffith, dont la bouillante effervescence avait eu le temps de se calmer, et qui, regardant son sort comme décidé, songeait à celui de ses camarades.

— Silence, Manuel! s'écria-t-il, ne faites pas de serments téméraires. Capitaine Borroughcliffe, car je crois que tel est votre nom, je me nomme Edouard Griffith; je suis lieutenant de marine au service des Etats-Unis d'Amérique, et je vous donne ma parole d'honneur...

— Lâchez-le, dit Borroughcliffe aux soldats qui tenaient le lieutenant.

Griffith s'avança entre les deux partis, et parla assez haut pour se faire entendre de l'un et de l'autre.

— Je demande à descendre sous cette voûte, dit-il, pour reconnaître la force de mon parti. S'il a essuyé une perte aussi considérable que j'ai lieu de le supposer, je conseillerai à mon compagnon de se rendre aux conditions d'usage entre nations civilisées.

— Allez! dit Borroughcliffe. Mais un instant! votre compagnon n'est-il pas un métis, un amphibie, un soldat de marine?

— Il est capitaine dans ce corps.

— C'est lui-même, je l'avais reconnu à la voix. Ecoutez-moi, il sera à propos que vous lui parliez du nectar qui se trouve à Sainte-Ruth, et vous pourrez lui ajouter (car je connais mon homme) qu'au lieu de lui livrer l'assaut, je changerai le siége en blocus. Je suis sûr qu'il se rendra quand sa cantine sera vide. Il ne trouvera pas sous cette voûte un breuvage semblable à celui que je lui ai fait boire à l'abbaye.

Griffith, malgré son dépit et la situation fâcheuse où il se trouvait, ne put s'empêcher de sourire, et faisant une légère inclination de tête, il s'avança vers la chambre où étaient ses compagnons, en ayant soin de les prévenir à haute voix que c'était lui qui approchait.

En y entrant, il vit six soldats de marine étendus morts sur le plancher, en y comprenant la sentinelle; quatre autres étaient blessés, mais ils étouffaient leurs plaintes par obéissance à leur commandant qui ne voulait pas laisser connaître à l'ennemi la perte qu'il avait faite. Manuel s'était retranché, avec le reste de ses soldats, derrière un mur de cloison en briques, à demi ruiné, qui traversait l'appartement, et il s'y tenait avec un air aussi décidé que si le sort d'une ville fortifiée eût dépendu de son courage et de sa résolution.

— Vous voyez, monsieur Griffith, lui dit-il tandis que le jeune lieutenant examinait cet arrangement judicieux, qu'il ne faut rien moins que de l'artillerie pour me déloger d'ici. Quant à cet ivrogne d'Anglais qui est là-haut, qu'il m'envoie ses hommes par pelotons de huit ou dix, et je les empilerai sur ces marches par quatre ou cinq de profondeur.

— Mais il est possible de se procurer de l'artillerie, répondit Griffith, et l'on s'en procurera s'il le faut. Vous n'avez pas la moindre chance pour vous échapper. Il est possible que vous fassiez perdre la vie à quelques ennemis, mais vous êtes trop humain pour désirer le faire sans utilité.

— Sans doute, répliqua Manuel avec un sourire dont l'expression était douteuse, et cependant il me semble que j'aurais en ce moment quelque plaisir à en abattre sept, pas davantage, c'est-à-dire un de plus qu'ils n'en ont fait tomber de mon perchoir.

— Songez à vos blessés, dit Griffith ; ils souffrent, ils ont besoin de secours, pendant que vous prolongez une défense inutile.

Quelques gémissements à demi retenus que laissèrent échapper ces malheureux donnèrent une nouvelle force à cette recommandation ; et Manuel céda, quoique de fort mauvaise grâce, à la nécessité des circonstances.

— Allons donc lui dire que nous nous rendons comme prisonniers de guerre, dit-il à Griffith ; mais à condition que je conserverai mes armes, et qu'on donnera les soins convenables à mes malades. Ayez bien soin de dire mes malades, car quelque accident heureux peut survenir avant la ratification de la capitulation, et je ne voudrais pas qu'il sût la perte que nous avons faite.

Griffith, sans attendre un instant de plus, alla porter cette nouvelle au capitaine anglais.

— Conserver ses armes ! s'écria Borroughcliffe ; et en quoi consistent-elles ? en une pique d'abordage ? S'il n'est pas mieux équipé que vous, mon digne prisonnier, personne n'aura envie de lui en disputer la possession. Mais soit ; il les conservera.

— Si j'avais avec moi dix de mes moindres marins armés de demi-piques comme la mienne, dit Griffith, et que le capitaine Borroughcliffe et sa compagnie voulussent se mesurer contre nous, il apprendrait peut-être à faire plus de cas de nos armes.

— Quatre hommes aussi intrépides que vous auraient mis ma troupe en déroute, répondit Borroughcliffe sans se déconcerter. J'ai tremblé pour mes rangs en vous voyant sortir de la fumée comme une comète qui perce un nuage. Il est heureux que vous ayez fait le saut périlleux, et que vos camarades n'aient pas songé à-vous suivre. Mais notre traité est conclu ; allez-leur dire de sortir de leur antre, et de déposer leurs armes à la porte.

Griffith alla communiquer le résultat de sa négociation au capitaine Manuel, qui fit sortir de sa forteresse le reste de sa garnison.

Les soldats qui avaient montré dans toute cette affaire le sang-froid, la subordination et l'intrépidité qui distinguent encore aujourd'hui le corps dont ils étaient membres, suivirent leur capitaine dans un sombre silence, et mirent bas les armes avec autant de précision et de régularité que si on leur eût commandé cette manœuvre à une parade. Après ces préliminaires, Manuel démasqua ses forces, et Griffith et lui se trouvèrent une seconde fois prisonniers de l'ennemi, dans une situation qui ne leur permettait guère de conserver le moindre espoir de recouvrer leur liberté.

CHAPITRE XX.

> Falstaff : Si votre père veut m'accorder des honneurs, à la bonne heure ; sinon, qu'il tue lui-même le premier Percy qui se présentera : je veux être, je vous assure, ou comte ou duc.
> Shakspeare.

Manuel regardait tour à tour d'un air de mécontentement ses vainqueurs et ses soldats, tandis qu'on s'occupait à lier les bras de ceux-ci, sous l'inspection du sergent Drill ; mais ses yeux s'étant arrêtés sur les traits pâles et troublés de Griffith, il exhala sa mauvaise humeur.

— Voilà où conduit le mépris des sages précautions de la discipline ! Si j'avais eu le commandement, moi qui, comme je puis le dire sans me vanter, suis accoutumé à remplir tous les devoirs des camps, j'aurais posté des piquets aux endroits convenables, et au lieu d'être pris comme des lapins dans un terrier, d'être enfumés comme des renards dans leur tanière, nous aurions pu nous déployer en rase campagne, ou nous retrancher derrière ces vieux murs, que j'aurais pu défendre deux heures contre le meilleur régiment du roi George.

— Défendre les ouvrages avancés avant de se renfermer dans la citadelle, s'écria Borroughcliffe, c'est la science de la guerre ; c'est prouver qu'on la connaît. Mais si vous vous étiez tenus mieux enfermés dans votre terrier, les lapins seraient encore à y frétiller. Un lourdaud de paysan qui passait ce matin à quelque distance du bois, et qui allait le traverser, a vu sur la lisière un piquet de trois hommes armés qui portaient un uniforme étranger. Le poltron a fait un long détour pour les éviter. M'ayant rencontré ensuite à la tête de ma troupe, il m'a raconté ce qu'il avait vu, et je vous demande si j'ai profité de son avis. C'est une belle chose que la science, mon digne compagnon d'armes, mais il y a des occasions où l'ignorance est plus sûre.

— Vous avez réussi, Monsieur, vous avez le droit de plaisanter, dit Manuel, en s'asseyant sur un monceau de ruines et en jetant un regard triste vers la chambre d'où l'on transportait alors les blessés, et où étaient étendus les corps de ceux qui avaient perdu la vie ; mais ces hommes étaient mes enfants, et vous m'excuserez si je ne puis riposter à vos railleries. Ah ! capitaine Borroughcliffe, vous êtes soldat, et vous devez savoir apprécier le mérite. Ceux que vous voyez endormis du sommeil éternel, je les avais reçus des mains de leur mère, et ils étaient devenus dans les miennes l'orgueil de notre métier. C'étaient des braves qui mangeaient et buvaient, marchaient et s'arrêtaient, tournaient à droite et à gauche, chargeaient et déchargeaient leur fusil, riaient et pleuraient, parlaient et se taisaient au moindre signe de ma volonté. Quant à l'âme, ils n'en avaient qu'une seule, qui leur était commune à tous, et elle m'appartenait. Et vous autres, mes enfants, plaignez-vous maintenant, plaignez-vous ; il n'est plus nécessaire de garder le silence. J'ai vu une balle de mousquet emporter un bouton de l'habit de cinq de mes soldats rangés en file, sans effleurer la peau d'un seul. Je pouvais toujours calculer avec certitude combien je devais en perdre dans une affaire régulière ; mais cette maudite escarmouche m'a enlevé l'élite de mes braves. Plaignez-vous, mes enfants, vous dis-je, à présent que vous êtes à l'aise ; cela vous soulagera.

Borroughcliffe parut partager jusqu'à un certain point les sentiments de son prisonnier, et lui adressa quelques observations en forme de condoléance, tout en surveillant les préparatifs du départ de sa troupe; enfin son sergent vint lui annoncer qu'on avait préparé ce qui pouvait être nécessaire pour transporter les blessés à défaut de brancards, et il lui demanda si son intention était de retourner au quartier-général.

— Qui a vu la cavalerie? demanda Borroughcliffe. De quel côté a-t-elle marché? A-t-elle entendu parler de ce détachement ennemi?

— Je ne le crois pas, capitaine. Lorsque nous sommes descendus des rochers, l'officier disait qu'il allait parcourir la côte à la distance de quelques milles, et répandre l'alarme.

— Laissez-le faire. La cavalerie n'est bonne qu'à cela, Drill, l'honneur est aussi difficile aujourd'hui à obtenir par les armes que l'avancement. On dirait que nous ne sommes que les enfants dégénérés des héros de Poitiers. Vous en avez entendu parler, sergent?

— Quelque bataille livrée aux rebelles par les troupes de Sa Majesté, mon capitaine, répondit le sous-officier qui ne comprenait pas trop l'expression du coup d'œil de Borroughcliffe.

— Drôle! votre esprit est bien lourd après une victoire! Approchez, j'ai des ordres à vous donner. Croyez-vous, maître Drill, que notre petite partie de plaisir de ce matin nous vaille, à vous et à moi, plus d'honneur et de profit que nous ne sommes en état d'en porter?

— Non, mon capitaine; car nous avons tous deux d'assez larges épaules.

— Et qui ne sont pas fatiguées de trop lourds fardeaux de cette espèce. Or si nous laissons arriver cette nouvelle jusqu'aux oreilles de dragons affamés, ils vont tomber sur nous comme une meute, réclamer au moins la moitié de l'honneur, et s'emparer certainement de tout le profit.

— Mais, mon capitaine, pas un seul d'entre eux...

— Qu'importe, Drill? J'ai vu des troupes qui avaient acheté la victoire au prix de leur sang être privées de tous leurs avantages légitimement acquis, par une dépêche rédigée avec adresse. Vous savez que, dans la fumée et la confusion d'une bataille, on ne peut voir ce qui se passe autour de soi; et que la prudence exige qu'on ne parle dans un rapport officiel que de ce qui ne peut être contredit. J'ose dire que vous avez entendu parler d'une certaine bataille de Blenheim, Drill?.

— Si j'en ai entendu parler! cette bataille et celle de Culloden sont l'orgueil des armes anglaises. Ce fut là que le grand caporal John battit le roi de France, tous ses lords, toute sa noblesse, la moitié de sa nation sous les armes.

— Il y a dans cette relation quelque chose qui sent la caserne, Drill; mais elle est vraie quant au fond. Savez-vous combien il y avait de Français sous les armes à cette bataille?

— Je n'ai jamais vu les contrôles de leurs régiments; mais, d'après la différence des nations, je présume qu'il devait bien s'y trouver quelques centaines de mille hommes.

— Et cependant le duc n'avait à opposer à cette armée immense que dix à douze mille Anglais bien nourris. Vous semblez étonné, sergent?

— Voilà de quoi rendre incrédule un vieux soldat, mon capitaine. Des coups de canon tirés au hasard auraient balayé bien vite une armée si peu nombreuse.

— Et cependant la bataille fut livrée et la victoire remportée. Mais il est bon de savoir que le duc de Marlborough avait avec lui un certain M. Eugène qui avait à sa suite cinquante à soixante mille Allemands. Vous n'avez jamais entendu parler de M. Eugène, Drill?

— Pas une syllable, mon capitaine. J'ai toujours cru que le caporal John....

— Etait un grand général, un homme vaillant, et vous ne vous êtes pas trompé, maître Drill. C'est ce que serait aussi quelqu'un que je ne nommerai pas, si Sa Majesté voulait lui envoyer une commission à cet effet. Quoi qu'il en soit, le grade de major mène à celui de colonel, qui peut à la rigueur contenter un homme. En bon anglais, maître Drill, il faut que nous conduisions nos prisonniers à l'abbaye avec le moins de bruit possible, afin que ces cavaliers continuent à caracoler sur la côte, et ne viennent pas dévorer nos rations. C'est au bureau de la guerre qu'il faut faire sonner cette affaire, et pour cette bagatelle vous pouvez vous fier à moi. Je crois connaître quelqu'un dont la plume est aussi bonne dans son genre que l'épée qu'il porte. Drill n'est pas un nom bien long, il peut aisément trouver sa place dans une lettre...

— Mon capitaine, s'écria le sergent satisfait, un tel honneur est certainement plus... Votre Honneur sait qu'il peut compter sur moi.

— Je le sais, Drill, répondit le capitaine, et ce que je vous recommande en ce moment, c'est de garder le silence et de dire à vos soldats d'en faire autant. Quand l'heure de parler sera arrivée, je vous garantis que nous ferons assez de bruit. Ce combat a été acharné, sergent, ajouta-t-il en secouant la tête d'un air grave; voyez les morts, voyez les blessés! Un bois sur chaque flanc, une ruine au centre; oh! l'encre ne sera pas épargnée pour donner de l'effet à tous ces détails. Allez rejoindre votre troupe, et qu'on se prépare à marcher.

Eclairé sur les vues ultérieures de son commandant, le sous-officier alla communiquer à ses soldats les instructions qu'il venait de recevoir, et fit sur-le-champ les dispositions nécessaires pour se mettre en marche, de peur qu'une renommée indiscrète ne proclamât la gloire de cette journée avant Borroughcliffe; il donna l'ordre de laisser les corps morts où ils se trouvaient, dans l'espoir qu'on ne les découvrirait pas très-promptement dans un endroit si retiré, et il résolut d'attendre l'obscurité pour les faire enterrer. Les blessés furent transportés sur des espèces de brancards formés des fusils et des capotes des prisonniers, et les vainqueurs se mirent en marche en bataillon serré, plaçant les vaincus au centre, afin de les dérober autant que possible aux regards des passants que le hasard pourrait leur faire rencontrer. On avait pourtant peu de chose à appréhender à cet égard. Les bruits exagérés qui avaient couru dans tous les environs y avaient répandu l'alarme et la terreur, et personne n'aurait osé se hasarder dans le voisinage de l'abbaye de Sainte-Ruth, ordinairement si paisible et si tranquille.

Le détachement sortait du bois quand un bruit dans les broussailles et un bruissement de feuilles mortes annoncèrent que d'autres personnes avançaient du même côté.

— Serait-ce une de leurs patrouilles? s'écria Borroughcliffe avec un air de mécontentement marqué. C'est le même bruit que ferait un régiment de cavalerie. Au surplus, Messieurs, vous reconnaîtrez vous-mêmes que l'affaire était complètement terminée avant l'arrivée du renfort, si par hasard c'en était un.

— Nous ne sommes pas disposé à vous refuser la gloire d'avoir remporté seul la victoire, Monsieur, répondit Griffith en jetant un regard inquiet du côté où le bruit se faisait entendre; car au lieu d'un détachement ennemi, il s'attendait à voir le pilote sortir du taillis et se montrer sur la lisière du bois.

— Frayez-moi le chemin, César ! s'écria une voix à peu de distance ; arrachez ces maudites broussailles à ma droite, Pompée ! Dépêchez-vous, mes braves, ou nous arriverons trop tard, même pour sentir l'odeur de la poudre.

— Hum ? dit le capitaine en reprenant son ton d'insouciance ordinaire ; il faut que ce soit quelque légion romaine qui se réveille après un sommeil d'environ dix-sept siècles, et c'est la voix du centurion que nous venons d'entendre. Halte ! Drill ; il faut que nous voyions comment marchaient les Romains.

Le capitaine parlait encore quand on vit sortir de l'épais taillis dans lequel ils étaient engagés deux nègres courbés sous le poids des armes à feu qu'ils portaient, précédant le colonel Howard, qui s'avançait vers l'endroit où le capitaine venait de s'arrêter. Hors d'haleine, couvert de sueur et ses vêtements en désordre ; le vétéran eut besoin de quelques instants pour respirer et s'essuyer le front, avant de s'apercevoir que le détachement de Borroughcliffe s'était accru en nombre depuis son départ de l'abbaye.

— Nous avons entendu le feu, dit le colonel, et je me suis déterminé à faire une sortie pour vous seconder, manœuvre qui, exécutée à propos, a fait lever plus d'un siége : toutefois si Montcalm se fût tenu tranquillement enfermé dans ses murailles, les plaines d'Abraham n'eussent jamais été abreuvées de son sang.

— Le parti qu'il prit était digne d'un brave militaire, dit Manuel, et tout à fait conforme aux règles de l'art de la guerre. Si j'eusse suivi son exemple aujourd'hui, l'événement en eût été tout différent.

— Quoi ! qui avons-nous donc là ? s'écria le colonel d'un ton de surprise ; quel est cet homme qui prétend donner son avis sur les batailles et sur les siéges, sous un tel costume ?

— C'est un général *incognitorum*, mon digne hôte, répondit Borroughcliffe en bon anglais, un capitaine dans un régiment de marine au service du congrès de l'Amérique.

— Quoi ! s'écria le colonel avec transport, vous avez donc rencontré les ennemis ! oui ! et par la renommée de l'immortel Wolfe, vous les avez faits prisonniers. Je me hâtais de vous amener du renfort, car je crois vous avoir vus marcher de ce côté, et j'ai même entendu quelques coups de fusil.

—Quelques coups de fusil! répéta le vainqueur; je ne sais pas ce que vous entendez par quelques coups de fusil, mon brave et ancien ami. Il est possible que vous ayez eu une rencontre par semaine du temps de Wolfe, d'Abercrombie et de Braddock; mais aussi je sais ce que c'est qu'un feu bien nourri, et je puis hasarder une opinion en pareille matière. Aux batailles qui se livrèrent sur l'Hudson, les décharges de mousqueterie se suivaient comme les coups de baguette sur un tambour. Je n'en parlerai pas, car il reste encore assez de monde pour en parler; mais quant à cette affaire-ci, elle a été la plus chaude de toutes celles auxquelles j'ai jamais assisté (en égard au nombre des combattants, bien entendu); il ne manque pas de morts dans le bois, je vous assure, et, comme vous le voyez, je ramène plus d'un blessé.

— Est-il possible, s'écria le vétéran surpris, qu'un tel engagement ait eu lieu à une portée de mousquet de l'abbaye, sans que je l'aie su! Ah! la vieillesse! maudite vieillesse! j'ai vu le temps où une simple décharge m'aurait tiré du plus profond sommeil.

— La baïonnette est une arme silencieuse, répondit gravement le capitaine en faisant de la main un geste expressif; c'est l'arme qui fait l'orgueil de l'Angleterre; et tout officier expérimenté sait qu'une charge à la baïonnette vaut le feu de tout un peloton de cavalerie.

— Quoi! en êtes-vous venu à la charge? De par le ciel! Borroughcliffe, mon jeune et brave ami, j'aurais donné vingt pipes de riz et deux de mes meilleurs nègres pour assister à ce combat.

— C'eût été sans contredit un spectacle charmant; mais pour cette fois nous avons vaincu sans la présence d'Achille. Je les ai faits tous prisonniers, tous ceux qui survivent, c'est-à-dire, tout ce qui avait mis le pied sur le sol anglais.

— Et le cutter du roi vient de s'emparer du schooner. Périsse ainsi la rébellion! Mais où est donc Kit? où est mon parent Christophe Dillon? Je voudrais lui demander ce que les lois du royaume prescrivent à des sujets loyaux, dans le cas où nous nous trouvons. Voilà de l'ouvrage pour les jurés de Middlesex, capitaine Borroughcliffe, et peut-être même pour le secrétaire d'Etat. Mais où est Kit encore une fois ? où est mon parent, le docile, le prudent, le judicieux et loyal Christophe ?

— Le cacique ? *non adest*, comme l'a dit plus d'un huissier de quelques fins compères de notre régiment qui ne se montraient pas quand on avait besoin de leur présence. Mais le cornette de dragons m'a donné lieu de croire que Sa Seigneurie provinciale, qui s'était rendue à bord du cutter pour y porter des informations sur la position de l'ennemi, y est restée pour partager les dangers et la gloire du combat naval.

— Oui, oui, s'écria le colonel en se frottant les mains de plaisir, rien n'est plus probable ; cela est digne de lui. Il a oublié les lois et ses occupations paisibles, au son des préparatifs militaires, et il a porté dans le combat la tête d'un homme d'Etat et l'ardeur bouillante d'un jeune homme.

— Le cacique est prudent et discret, dit Borroughcliffe d'un ton sec et caustique ; s'il faut qu'il se trouve au milieu des périls d'un combat, il n'oubliera sans doute pas ce qu'il se doit à lui-même ainsi qu'à la postérité. Mais je suis surpris qu'il ne soit pas de retour, car il y a déjà longtemps que le schooner a baissé son pavillon, comme je l'ai vu de mes propres yeux.

— Pardon, Monsieur, s'écria Griffith en s'avançant vers eux avec un empressement que lui donnait l'inquiétude ; j'ai entendu sans le vouloir la fin de votre conversation, et je ne crois pas que vous jugiez nécessaire de cacher la vérité à un prisonnier désarmé. Ne disiez-vous pas qu'un schooner a été pris ce matin ?

— C'est une vérité incontestable, répondit Borroughcliffe d'un ton et d'un air qui faisaient honneur à sa délicatesse. Je me suis abstenu de le dire, parce que je pensais que vos propres infortunes étaient bien assez pour vous. — Monsieur Griffith, je vous présente le colonel Howard, chez qui vous recevrez l'hospitalité avant que nous nous séparions.

— Griffith ! s'écria vivement le colonel ; Griffith ! Quel spectacle pour mes pauvres yeux ! Le fils de mon ancien ami, du brave et loyal Hugues Griffith, captif, et pris les armes à la main contre son roi ! Jeune homme, jeune homme, qu'aurait dit votre digne père, qu'aurait dit l'ami de son cœur, mon frère Harry, s'il avait plu à Dieu qu'ils eussent assez vécu pour voir cette honte éternelle, cette tache à jamais imprimée sur votre nom honorable ?

— Si mon père eût vécu, répondit Griffith avec fierté, il soutiendrait l'indépendance de son pays natal ! Mais je désire respecter jusqu'aux préjugés du colonel Howard, et je le supplie de ne me pas parler davantage d'un sujet sur lequel je crains que nous ne soyons jamais d'accord.

— Jamais ! tant que tu seras dans les rangs de la rébellion ! s'écria le colonel. Malheureux jeune homme ! combien je t'aurais aimé si tu avais employé pour soutenir les droits inaliénables de ton souverain les talents et les connaissances que tu as su acquérir en le servant ! J'aimais ton père le digne Hugues presque autant que mon propre frère Harry.

— Et son fils devrait vous être encore cher, dit Griffith en lui serrant une main que le colonel ne cherchait que faiblement à retirer.

— Ah ! Edouard ! Edouard ! dit le colonel d'une voix adoucie, que de rêves de bonheur ta perversité a fait évanouir ! Je ne sais pas si Kit lui-même, tout judicieux et tout loyal qu'il est, aurait pu obtenir de moi un regard plus favorable que toi. Ton père respire dans ton sourire, dans tous tes traits, et tu aurais reçu de moi tout ce que j'aurais pu t'accorder sans trahison. Cécile, Cécile si bonne et si tendre, quoique mutine et contrariante, aurait été le lien qui nous aurait attachés l'un à l'autre pour toujours.

Griffith, avant de céder aux sentiments qui l'agitaient, jeta un regard d'impatience sur le capitaine Borroughcliffe, comme s'il eût voulu lui faire entendre qu'il ferait bien de suivre les soldats chargés des blessés qui continuaient à s'avancer pendant cette conversation ; mais le capitaine n'entendit pas l'expression de ses yeux, ou ne crut pas devoir y avoir égard.

— Eh bien ! Monsieur, dit Griffith au colonel, que ce jour mette fin à notre mésintelligence : votre aimable nièce peut encore être le lien dont vous parlez ; vous deviendrez pour moi ce qu'aurait été votre ami Hugues si Dieu lui eût conservé la vie, et vous serez doublement le père de Cécile.

— Jeune homme, répondit le vétéran en se détournant pour cacher son émotion, vos discours sont inutiles ; ma parole est donnée à mon parent Kit, et ce que vous me demandez est impossible.

— Rien n'est impossible à la jeunesse et au courage ! s'écria Griffith, surtout quand l'âge et l'expérience veulent bien les aider. Cette guerre se terminera bientôt.

— Cette guerre! s'écria le colonel en retirant brusquement sa main, que Griffith tenait encore; cette guerre! dites-vous, jeune insensé? N'est-ce pas un attentat infernal contre les droits de notre gracieux souverain? une infâme tentative pour mettre des tyrans plébéiens sur le trône des princes légitimes? un projet pour élever les méchants sur les ruines des bons, pour aider des ambitions coupables à prendre le masque de la liberté et à abuser le peuple par le cri d'égalité? Comme si la liberté pouvait exister sans ordre! comme s'il pouvait y avoir une égalité de droits quand les priviléges du monarque ne sont pas aussi sacrés que ceux du peuple!

— Vous nous jugez bien sévèrement, colonel, dit Griffith.

Le vieux militaire l'interrompit avec indignation, et en ce moment il ne reconnaissait plus en lui aucun des traits de Hugues Griffith.

— Moi, je vous juge! s'écria-t-il. Ce n'est pas à moi qu'il appartient de vous juger. Si j'en étais chargé... Mais le temps viendra, jeune homme, le temps viendra! J'ai de la patience, et je puis attendre le cours des événements. Oui, oui, l'âge tempère l'ardeur du sang, et nous apprend à modérer les passions et l'impétuosité de la jeunesse. Mais si le gouvernement voulait former une commission de justice pour les colonies et y admettre le vieux George Howard, je consentirais à perdre mon nom, si l'on y trouvait un rebelle en vie au bout d'un an! Dans une telle cause, Monsieur, ajouta-t-il en se tournant brusquement vers Borroughcliffe, je serais un Romain, et je ferais pendre, s'il le fallait..., oui, Monsieur, je ferais pendre mon neveu Christophe Dillon lui-même.

— Ah! répliqua le capitaine avec sa gravité ironique, épargnez le cacique, et ne l'appelez pas prématurément à une si haute élévation! Mais si vous voulez voir quelqu'un qui figurerait peut-être mieux sur un gibet, regardez du côté du bois. Monsieur Griffith, qu'en dites-vous? Ne voyez-vous pas là-bas un de vos camarades?

Les yeux du colonel Howard et ceux de Griffith suivirent la direction du bras et du doigt de Borroughcliffe, et le lieutenant américain reconnut sur-le-champ le pilote debout devant la lisière du bois, les bras croisés sur la poitrine, et paraissant contempler la situation dans laquelle se trouvaient ses amis.

Griffith éprouva un moment de confusion, et il hésita même à prononcer la phrase que son imagination lui suggérait. Il dit

15

pourtant enfin que cet homme ne faisait point partie de l'équipage de son vaisseau.

— Et cependant on l'a vu en votre compagnie, dit l'incrédule Borroughcliffe; ce fut lui qui prit toujours la parole hier quand on vous interrogeait. Colonel Howard, je gagerais que cet homme commande la réserve des rebelles.

— Rien n'est plus certain! s'écria le vétéran. César! Pompée! Attention, feu!

Les deux nègres tressaillirent en recevant cet ordre de leur maître, pour qui ils avaient un respect mêlé de crainte; et tremblant de tous leurs membres, fermant les yeux et détournant la tête, ils appuyèrent leur fusil à l'épaule, et lâchèrent leur coup en l'air.

— A la charge! s'écria le colonel en tirant un vieux sabre dont il s'était armé, et marchant en avant avec autant de célérité que pouvait le permettre un accès de goutte qu'il avait eu récemment; à la charge! Exterminons ces misérables avec la baïonnette! En avant, Pompée; suivez-moi, César!

— Si votre ami résiste à cette charge, dit Borroughcliffe à Griffith avec un calme imperturbable, il a un corps de fer. Une telle attaque mettrait en désordre un régiment des gardes, quand même Pompée serait dans les rangs!

— J'espère, dit Griffith, que Dieu lui accordera assez de patience pour respecter la faiblesse du colonel Howard. Il prend un pistolet!

— Il ne fera pas feu, dit Borroughcliffe. Les Romains font déjà halte, et deux de leurs corps se replient en arrière.

— Holà, eh! colonel Howard! mon digne hôte! venez rejoindre vos renforts! Ce bois est plein de rebelles; mais ils ne peuvent nous échapper; je n'attends que la cavalerie pour leur couper la retraite.

Le vieux colonel, parvenu à peu de distance du pilote, qui semblait attendre fort tranquillement l'attaque dont il était menacé, s'arrêta en s'entendant appeler, et se retournant, il vit qu'il était seul.

Prenant à la lettre ce que Borroughcliffe venait de lui dire, il recula à pas lents, sans tourner le dos à l'ennemi, et se retourna enfin lorsqu'il fut près du capitaine.

— Rappelez vos troupes, Borroughcliffe, s'écria-t-il, et parcourons ce bois. Les rebelles fuiront devant les armes de Sa Majesté. Quant à ces deux nègres, j'apprendrai à ces drôles à abandonner leur maître en un pareil moment. On dit que la Peur est pâle ; mais en ce moment, Borroughcliffe, je la crois de race africaine.

— Je l'ai vue de toutes les couleurs, dit le capitaine. Mais il faut que vous me laissiez le soin de donner les ordres dans cette affaire, mon digne hôte. Rentrons à l'abbaye, et fiez-vous à moi pour intercepter le corps de réserve des rebelles.

Ce ne fut pas sans regret que le colonel consentit à cet arrangement, et tous trois reprirent le chemin de l'abbaye, ralentissant le pas par égard pour les infirmités du vieux colonel. L'ardeur qu'avait fait naître en lui sa charge contre le pilote, et le cours qu'elle donna à ses idées, bannirent de son cœur tout esprit de conciliation ; et il rentra chez lui avec la ferme résolution de livrer à la justice Griffith et ses compagnons, dût-il les pousser lui-même jusqu'au pied de l'échafaud.

Le pilote les suivit des yeux jusqu'à ce qu'il les eût vus disparaître dans les bosquets qui environnaient l'abbaye. Remettant alors son pistolet dans sa ceinture, d'un air pensif et soucieux, il rentra dans le bois à pas lents.

CHAPITRE XXI.

> Casca. — Quand ces prodiges arrivent simultanément, qu'on ne nous dise pas : Ce sont choses régulières, ce sont choses naturelles ; car je crois, moi, que ce sont des présages qui menacent le pays où ils se montrent.
> SHAKSPEARE.

En faisant attention au temps qui s'est écoulé pendant les événements que nous venons de rapporter, le lecteur reconnaîtra que lorsque *l'Ariel* et sa prise jetèrent l'ancre dans la baie d'où *l'Alerte* était sorti, ainsi que nous l'avons rapporté dans un des chapitres précédents, il y avait déjà plusieurs heures que Griffith et ses compagnons étaient prisonniers. La prise supposée d'un schooner américain était un événement qui n'excitait que peu d'intérêt et pas la moindre surprise chez un peuple accoutumé à regarder ses marins comme invincibles. Barnstable n'avait donc pas trouvé beaucoup de difficultés à tromper le petit nombre de pêcheurs que la curiosité avait portés à s'approcher de ses bâtiments sur leurs petites barques, pendant le crépuscule. Mais quand les brouillards du soir commencèrent à s'élever de la surface de cet étroit bassin, et que les sinuosités des côtes disparurent pour se confondre en une ligne noire et obscure, le jeune marin pensa qu'il était temps de songer sérieusement à son devoir.

Il fit lever l'ancre dans le plus grand silence à bord de *l'Alerte*, où se trouvaient ce qui restait de l'équipage de ce cutter et tous les blessés de *l'Ariel*; et la prise, favorisée par un vent qui soufflait de terre, sortit de la baie, entra en pleine mer et déploya toutes ses voiles pour chercher la frégate. Barnstable suivit des yeux ce mouvement avec une inquiétude qui lui permettait à peine de respirer; car on avait établi sur une éminence qui commandait la mer, jusqu'à une certaine distance, une batterie dont l'objet était de protéger cette baie contre les insultes et les déprédations des petits bâtiments ennemis, et l'on y entretenait en tout temps une force suffisante pour le service de deux gros canons. Il ignorait jusqu'à quel point son stratagème avait pu réussir, et ce ne fut que lorsqu'il entendit le bruit du vent qui enflait les voiles de *l'Alerte*, qu'il fut convaincu que ce cutter n'avait plus rien à craindre.

— Ce bruit atteindra les oreilles des Anglais, dit le jeune Merry qui était debout sur le gaillard d'avant du schooner, à côté du commandant, et qui écoutait avec une vive attention des sons rendus plus remarquables par le silence de la nuit; ils ont placé un factionnaire sur cette pointe à la chute du jour, et pour peu qu'il ne soit ni mort ni endormi, il concevra nécessairement quelques soupçons.

— Jamais, répondit Barnstable d'un ton qui annonçait la fin de ses craintes; il croirait que c'est une sirène qui fait jouer son éventail pour se rafraîchir par cette nuit froide, plutôt que de soupçonner le fait véritable. Qu'en dites-vous, maître Coffin? le soldat se doutera-t-il de la vérité?

— Ne me parlez pas de cette race, dit le contre-maître d'un air de mépris, après avoir tourné la tête sur ses épaules à droite et à gauche pour voir s'il n'y avait près de lui aucun soldat de marine. Il y avait notre sergent qui devait savoir quelque chose, puisqu'il avait été quatre ans sur mer ; eh bien ! il avait le front de soutenir, contre la vérité bien connue de tous ceux qui ont jamais doublé le cap de Bonne-Espérance, qu'on ne rencontrait jamais dans ces parages ce qu'on appelle le croiseur hollandais[1]. Et quand je lui dis qu'il n'était qu'un ignorant, et que je lui demandai s'il était moins possible qu'il existât un pareil navire qu'il ne l'était qu'il y eût des pays où les habitants divisent l'année en deux quarts, six mois pour la nuit et six pour le jour, l'imbécile me rit au nez, et je crois qu'il m'aurait dit que j'en avais menti, sans une petite raison.

— Et quelle était cette raison ? demanda gravement Barnstable.

— Monsieur, répondit Tom en étendant les doigts et en examinant sa large main au peu de clarté qui régnait encore, je suis d'un naturel doux et paisible, mais il ne faut pas qu'on m'échauffe la bile.

— Et avez-vous jamais vu ce croiseur hollandais?

— Je n'ai jamais doublé le cap de Bonne-Espérance, quoique je sois en état de trouver mon chemin dans le détroit de Le Maire par la nuit la plus noire ; par conséquent je ne puis l'avoir vu ; mais j'ai connu des marins qui l'ont vu et qui lui ont parlé.

— A la bonne heure ; mais il faut que vous deveniez vous-même cette nuit le croiseur yankie, maître Coffin. Faites lancer votre barque à la mer, et armez votre équipage.

Le contre-maître réfléchit un instant avant d'exécuter cet ordre imprévu, et étendant les bras vers la batterie, il demanda avec beaucoup de sang-froid :

— Est-ce pour une besogne de terre, Monsieur ? Prendrons-nous les coutelas et les pistolets, ou nous faut-il les piques ?

— Nous pouvons rencontrer des soldats, dit Barnstable avec un air de réflexion ; prenez les armes ordinaires, et jetez quelques longues piques au fond de la barque. Mais écoutez-moi, Tom-le-Long, songez que je n'y veux ni tonneau ni corde ; car je vois que vous avez déjà le harpon à la main.

---

1. Espèce d'apparition ou vaisseau-fantôme qui croise dans ces mers et que la superstition des marins cite souvent.

Le contre-maître, qui quittait le gaillard d'avant, se retourna en recevant ce nouvel ordre, et se hasarda à dire avec un ton de remontrance :

— Cette barque a fait la pêche du Groënland, capitaine Barnstable, et fiez-vous à un vieux pêcheur ; il lui faut un tonneau et une corde, comme il faut du lest à un navire, et....

— Suffit ! suffit ! je n'en veux point, s'écria Barnstable avec un geste d'impatience qui, comme Tom Coffin le savait fort bien, annonçait une détermination positive. Le contre-maître se borna donc à pousser un profond soupir, et tout en gémissant de ce qu'il appelait les préjugés de son commandant, il se mit sans plus de délai à exécuter ses ordres.

Barnstable appuyant familièrement la main sur l'épaule du jeune midshipman, le conduisit en silence vers la poupe du schooner. La toile qui couvrait l'entrée de la cabane était à demi relevée, et à la lueur de la lampe qui brûlait dans ce petit appartement on pouvait aisément, sans quitter le pont, voir ce qui s'y passait. Dillon était assis, la tête appuyée sur ses deux mains qui lui cachaient entièrement le visage, mais dans une attitude qui indiquait qu'il était absorbé dans de profondes réflexions.

— Je voudrais bien voir la figure de mon prisonnier, dit Barnstable à Merry à demi-voix. L'œil d'un homme est une sorte de phare qui vous dit quelle route il faut suivre pour entrer dans le port de sa confiance.

— Et quelquefois un fanal pour vous avertir qu'il n'existe pas un ancrage autour de lui.

— C'est votre cousine Catherine qui parle ainsi, Merry.

— Si ma cousine Plowden était ici, Monsieur, je sais que son opinion ne serait pas plus favorable à votre prisonnier.

— Et cependant j'ai résolu de me fier à lui. Ecoutez-moi, Merry, et dites-moi si j'ai tort. Vous avez l'esprit vif comme certaine personne de votre famille, et il est possible que vous me donniez quelque avis utile.

Le jeune midshipman, tout glorieux de cette marque de confiance de son commandant, le suivit jusque auprès du tableau du couronnement, sur lequel Barnstable s'appuya en achevant de communiquer à Merry ce qu'il voulait lui dire.

— J'ai appris des pêcheurs qui sont venus ce soir pour ouvrir de grands yeux sur le bâtiment que les rebelles avaient été en état de construire, que des marins et des soldats de marine américains ont été faits prisonniers ce matin dans des ruines situées près de l'abbaye de Sainte-Ruth.

— C'est M. Griffith, s'écria Merry.

— Il ne faut pas tout l'esprit de votre cousine Catherine pour le deviner. Quoi qu'il en soit, j'ai proposé à l'homme à figure allongée de se rendre à l'abbaye pour traiter d'un échange. Il aura sa liberté pour celle de Griffith, et je rendrai tout l'équipage de *l'Alerte* pour le pilote, Manuel, ses soldats et nos Tigres.

— Nos tigres! Quoi! ils ont aussi pris mes Tigres! Plût au ciel que M. Griffith m'eût permis de l'accompagner à terre!

— Ce n'était pas pour un jeu d'enfant qu'ils s'y rendaient, et il y avait à peine place sur leur chaloupe pour tous ceux qui s'y trouvaient. Or, ce Dillon a accepté ma proposition, et m'a donné sa parole d'honneur qu'une heure après son retour à l'abbaye Griffith nous sera rendu. La question est de savoir s'il tiendra sa promesse.

— Il est possible qu'il la tienne, dit Merry après avoir réfléchi un instant, car je crois qu'il regarde comme dangereux pour lui le séjour de M. Griffith sous le même toit que miss Howard. Je pense donc qu'en cela il peut être fidèle à sa parole, en dépit de son regard faux.

— Je conviens que son phare n'inspire pas la confiance. Cependant c'est un homme bien né; il m'a fait les plus belles promesses; ce serait lui faire injure que de douter de sa bonne foi, et je me fierai à lui. Maintenant écoutez-moi bien. L'absence de tous vos officiers supérieurs va faire peser une grande responsabilité sur vos jeunes épaules. Veillez sur cette batterie avec le même soin que si vous étiez au haut du grand mât de votre frégate, cherchant à découvrir l'ennemi. Si vous y entendez des mouvements extraordinaires, si vous y voyez des lumières changer de place, coupez votre câble sur-le-champ, et sortez de la baie. Vous me trouverez quelque part le long des rochers, et vous courrez des bordées près de la côte, tenant toujours l'abbaye en vue, jusqu'à ce que vous m'ayez rencontré.

Merry écouta avec la plus grande attention les ordres et d'autres instructions que lui donna son commandant; car Barnstable ayant confié le commandement de sa prise à l'officier qui avait après lui le premier rang sur *l'Ariel*, et le troisième étant au nombre des blessés, il se trouvait obligé de laisser son schooner chéri à un jeune homme dont les années ne permettaient guère d'attendre de lui l'expérience et l'habileté qu'il avait pourtant déjà véritablement acquises.

Après avoir donné toutes ses instructions au jeune midshipman, il alla encore jeter un regard à la dérobée dans la cabane, à la faveur de la toile à demi soulevée, et il examina de nouveau d'un œil attentif la physionomie de son prisonnier. Les mains de Dillon ne cachaient plus ses traits livides, et comme s'il eût prévu l'examen qu'on allait faire de sa personne, l'expression de son aspect repoussant n'annonçait plus qu'une soumission inspirée par le désespoir. Du moins Barnstable le crut ainsi, et cette idée fit même naître un sentiment de compassion dans l'âme généreuse du jeune marin. Ecartant donc de son esprit tous les doutes qu'il avait conçus de l'honneur de son prisonnier, comme étant indignes de tous deux, il l'appela d'une voix enjouée. La physionomie de Dillon, quand il s'entendit appeler pour se rendre à terre, prit une expression qui fit tressaillir Barnstable. Mais cette expression douteuse ne fut pas de longue durée; et il était si facile de la prendre pour l'effet du plaisir, que le soupçon auquel elle avait donné lieu s'évanouit aussi vite que ce qui l'avait fait naître. Dillon descendit dans la barque, et Barnstable allait l'y suivre, quand il sentit qu'on lui touchait légèrement le bras.

— Que me voulez-vous? demanda-t-il à Merry qui lui avait fait ce signal.

— Ne vous fiez pas trop à ce Dillon, Monsieur, lui dit le midshipman avec un air d'inquiétude. Si vous aviez vu sa figure à la lumière comme je l'ai vue pendant qu'il montait de la cabane sur le pont, vous ne lui accorderiez aucune confiance.

— Certainement je n'aurais pas vu une belle figure, dit le généreux lieutenant en riant; mais vous connaissez Tom-le-Long; il a les traits aussi durs qu'aucun jeune homme de dix lustres qui se soit jamais baigné dans l'eau salée, et cependant il a le cœur aussi grand, plus grand même que celui d'un kraken [1]. Adieu, je vous souhaite un bon quart, et n'oubliez pas de surveiller la batterie.

En parlant ainsi, Barnstable traversa le plat-bord de son petit

1. Espèce de polype de mer ou de poisson gigantesque regardé comme fabuleux.

bâtiment, et ce ne fut que lorsqu'il fut assis à côté de son prisonnier qu'il ajouta :

— Monsieur Merry, faites dénouer d'avance tous les nœuds qui retiennent les voiles, et préparez tout pour pouvoir agir avec la plus grande célérité si le besoin l'exige. Souvenez-vous que vos bras ne sont pas nombreux. Adieu ; écoutez-moi : si parmi vous quelqu'un fermait plus d'un œil à la fois, je me charge à mon retour de les lui tenir l'un et l'autre ouverts. Adieu encore une fois, mon cher Merry ; si cette brise de terre continue jusqu'au matin, déployez la voile de tréou. Allons, force de rames !

En donnant ce dernier ordre, il s'enfonça sur son banc, s'enveloppa de son grand manteau, et tout l'équipage garda un profond silence, jusqu'à ce qu'on eût passé les deux promontoires qui formaient l'entrée de la petite baie. Les rames étaient entourées de toiles pour qu'elles fissent moins de bruit, et ceux qui s'en servaient déployèrent toute la vigueur de leurs bras ; la barque avançait avec une rapidité surprenante, dont on pouvait juger par le peu d'objets qui étaient encore visibles le long des côtes. Mais quand ils eurent gagné la pleine mer, et que l'esquif eut changé de direction pour côtoyer le rivage à l'ombre des rochers dont il était hérissé, le contre-maître ne croyant plus le silence nécessaire à leur sûreté, hasarda l'observation suivante :

— Une voile de tréou est une bonne voile pour conduire un petit navire par un bon vent et une mer profonde ; mais si cinquante ans d'expérience suffisent pour qu'on puisse se connaître au vent, mon opinion est que si *l'Ariel* lève l'ancre après huit heures du matin, il aura besoin de sa grande voile pour se maintenir dans sa course.

Cette remarque interrompit les réflexions du lieutenant. Il fit un mouvement de surprise, rejeta son manteau de dessus ses épaules, et porta un regard sur les eaux, comme pour y chercher les présages fâcheux qui troublaient l'imagination de son contremaître.

— Comment donc, Tom ! s'écria-t-il, commencez-vous déjà à radoter ? Qu'avez-vous donc vu pour me chanter ainsi une chanson de vieille femme ?

— Ce que je vous dis n'est pas une chanson de vieille femme, répondit le contre-maître avec une gravité solennelle, c'est l'avis d'un homme à qui les années ont donné de l'expérience, et qui a passé sa vie dans des lieux où nulles montagnes n'empêchaient les vents du ciel de souffler sur lui, à moins que ce ne fussent des montagnes d'eau salée et d'écume, et je vous dis que nous aurons un vent du nord-est avant que le quart du matin soit terminé.

Barnstable connaissait trop bien l'expérience de son vieux contre-maître pour que l'opinion qu'il énonçait avec tant d'assurance ne fît pas quelque impression sur lui. Il examina l'horizon, la mer, le firmament, et ne vit rien qui dût lui donner des craintes.

— Pour cette fois, maître Coffin, lui dit-il, vous serez un faux prophète, car tout paraît annoncer un calme profond. La légère agitation des vagues est la suite de la dernière tempête ; les vapeurs qui sont dans l'air ne sont autre chose que le brouillard de la nuit, et vous pouvez voir de vos propres yeux qu'elles sont emportées en pleine mer. Cette brise de terre n'est nullement redoutable ; elle est chargée d'humidité, mais elle n'a pas plus de vivacité qu'une galiote hollandaise.

— Oui, Monsieur, répliqua Tom Coffin, la brise est humide, et elle n'a pas beaucoup de force ; mais elle ne vient que du rivage, et elle n'avance pas bien loin en mer. Il n'est pas facile d'apprendre les véritables signes du temps, capitaine Barnstable, et ils ne sont bien connus que de ceux qui ne font pas autre chose que de les étudier. Il n'y a qu'un seul être qui puisse voir les vents du ciel, et dire quand un ouragan doit commencer et quand il finira. Et cependant l'homme n'est pas comme une baleine et un marsouin qui mettent le nez hors de l'eau pour respirer l'air, sans savoir s'il leur arrive du sud-est ou du nord-ouest. Regardez sous le vent, Monsieur, voyez cette longue ligne bleue qui brille sous le brouillard ; et croyez-en la parole d'un vieux marin, capitaine, quand on voit la lumière du ciel se montrer de cette manière, ce n'est jamais pour rien. D'ailleurs le soleil s'est couché ce soir sous un banc de nuages noirs et épais, et le peu de lune que nous avons vu annonçait par sa couleur un vent sec.

Barnstable l'écouta avec attention et non sans inquiétude, car il savait que les jugements que portait sur le temps son vieux contre-maître étaient presque infaillibles, malgré les présages superstitieux dont il lui arrivait souvent de les mêler. Cependant il n'en persista pas moins dans son projet, et dit en se rejetant en arrière sur son banc :

— Eh bien ! qu'il souffle ! on pourrait s'exposer à de plus grands risques pour Griffith ; et si nous réussissons à tromper la batterie, nous pouvons le sauver.

Il ne fut plus question de l'état du temps. Dillon n'avait pas hasardé une seule remarque depuis qu'il était entré dans la barque, et le contre-maître avait eu assez de discrétion pour comprendre que son officier voulait l'abandonner à ses propres réflexions. Pendant près d'une heure ils continuèrent à avancer avec rapidité; les vigoureux marins qui tenaient les rames faisaient voguer leur petite barque le long de la côte avec une vélocité incroyable et, à ce qu'il paraissait, sans se fatiguer.

De temps en temps Barnstable jetait un regard sur les petites anses devant lesquelles il passait, et examinait avec l'œil exercé d'un marin un espace étroit de terrain sablonneux entre les rochers qui formaient une ligne continue sur le rivage. Il remarqua particulièrement une sinuosité un peu plus profonde que les autres, et dans laquelle on entendait le bruit d'un petit ruisseau ; il la désigna à son contre-maître par un geste expressif de la main, comme un endroit qu'il fallait spécialement reconnaître. Tom Coffin comprit fort bien ce signe qui n'était destiné que pour lui seul, et il fit sur-le-champ ses observations avec la même taciturnité, mais avec toute l'exactitude d'un homme habitué depuis longtemps à graver dans sa mémoire le gisement des côtes. Peu de temps après cette communication muette entre le commandant et le contre-maître, la barque tourna tout à coup, et l'on s'apprêtait à la lancer contre une petite langue de terre sablonneuse quand Barnstable fit un geste qui arrêta tous les bras.

— Silence! s'écria-t-il à demi-voix ; j'entends un bruit de rames.

Les marins restèrent un moment dans l'inaction, et chacun prêta l'oreille pour entendre le bruit qui avait alarmé Barnstable.

— Voyez, Monsieur, dit Tom Coffin en allongeant la main du côté de l'est, voilà une barque sur l'Océan, juste sur la ligne de la raie de lumière dont je vous parlais. Ah! elle s'enfonce entre deux vagues. Tenez! la voilà qui reparaît!

— De par le ciel! s'écria le lieutenant, c'est le bruit des rames d'un vaisseau de guerre. Écoutez avec quel ensemble elles frappent l'eau ! ce ne sont ni des pêcheurs ni des contrebandiers qui savent les faire mouvoir avec cette régularité.

Tom avait penché la tête presque au niveau de l'eau pour mieux entendre, et en se relevant il parla avec un ton d'assurance.

— C'est *le Tigre*, Monsieur; je connais le coup de bras de ses rameurs aussi bien que celui des miens. M. Merry leur a appris une nouvelle manière de battre l'eau, et je reconnaîtrais *le Tigre* entre mille barques.

— Donnez-moi la lunette de nuit, s'écria Barnstable avec impatience; je pourrai voir cette barque si elle reparaît sur cette ligne lumineuse. De par toutes les étoiles de notre pavillon, vous avez raison, Tom; c'est bien *le Tigre;* mais je ne vois qu'un seul homme à l'ancre... Si mes yeux ne me trompent, c'est ce maudit pilote qui s'enfuit lâchement, abandonnant Griffith et Manuel à leur destin. — A terre! à terre! Abordez!

L'ordre fut exécuté presque aussitôt, et en moins de deux minutes l'impatient Barnstable, le contre-maître et Dillon étaient tous trois sur le rivage.

L'idée qu'il avait conçue que ses amis avaient été abandonnés par le pilote porta le généreux lieutenant à presser le départ de son prisonnier; car il craignait que chaque instant ne vînt apporter de nouveaux obstacles à l'exécution de ses projets.

— Monsieur, dit-il à Dillon dès qu'ils furent débarqués, je ne vous demande pas de nouvelles promesses, vous m'avez déjà donné votre parole d'honneur de...

— Si vous croyez que des serments puissent me lier davantage, dit Dillon en l'interrompant, je prêterai tous ceux que vous voudrez me prescrire.

— Je n'exige pas de serments, dit Barnstable; la parole d'un homme d'honneur doit suffire. Je vais envoyer mon contre-maître avec vous à l'abbaye; ou vous reviendrez avec lui dans deux heures, ou vous le renverrez avec M. Griffith et le capitaine Manuel. Partez, Monsieur, vous êtes libre conditionnellement. Voici une ouverture par laquelle vous pourrez facilement gravir les rochers.

Dillon fit de grands remerciements à son vainqueur, et se mit en marche.

— Suivez-le, dit Barnstable à son contre-maître à haute voix, et obéissez à toutes ses instructions.

Tom, accoutumé depuis longtemps à une obéissance implicite, prit son harpon, et il suivait déjà les pas de son nouveau conducteur quand il sentit la main du lieutenant sur son épaule.

—Vous avez vu l'anse dans laquelle se jette une petite rivière? lui dit Barnstable à voix basse.

Tom ne lui répondit que par un signe affirmatif.

— Vous nous y trouverez, reprit Barnstable, à peu de distance du rivage. Il ne faut pas accorder trop de confiance à un ennemi.

Le contre-maître fit avec son harpon un geste expressif pour indiquer le danger que couraient leurs prisonniers s'il était de mauvaise foi, et appuyant sur les rochers le bois de son harpon, dont il tenait la pointe en l'air de peur de l'émousser, il gravit le ravin, et fut bientôt à côté de son compagnon.

CHAPITRE XXII.

> Laissez-le moi pour compagnon, il a l'air de faire un soldat de sang-froid.
> SHAKSPEARE. *Henry V.*

BARNSTABLE resta quelques minutes sur le rivage, c'est-à-dire tant qu'il put entendre le bruit des pas de Dillon et du contre-maître. Remontant alors sur sa barque, il donna ordre à l'équipage de la diriger vers l'anse qu'il avait désignée à Tom Coffin comme l'endroit où il attendrait son retour.

Pendant qu'il s'y rendait, il commença à concevoir des craintes sérieuses sur la bonne foi de son prisonnier. Maintenant que Dillon n'était plus en son pouvoir, son imagination lui représenta plusieurs petites circonstances dans la conduite de ce jeune homme qui pouvaient inspirer des doutes sur sa sincérité. Ce fut le seul objet de ses réflexions; et quand il fut arrivé au lieu du rendez-vous, et qu'il eut fait jeter un petit grappin à la mer, ses craintes l'agitèrent de plus en plus. Nous le laisserons pourtant se livrer à des inquiétudes qui n'étaient pas tout à fait sans motif, et nous suivrons Dillon et son intrépide compagnon, qui ne concevait aucun soupçon, dans leur marche vers l'abbaye.

Les vapeurs dont il avait été question dans la discussion qui s'était élevée sur le temps entre le contre-maître et son commandant, semblaient se condenser et se fixer plus près de terre pour y former un épais brouillard à travers lequel on sentait à peine un souffle de vent, et qui ajoutait encore à l'obscurité de la nuit. Un homme qui n'aurait pas connu les localités aussi bien que Dillon aurait donc eu quelque peine à trouver le chemin qui conduisait à la demeure du colonel Howard ; mais le futur juge réussit bientôt à le découvrir, et, dès qu'il fut sûr d'être sur la route, il doubla le pas pour arriver à son but.

— Sans doute, sans doute, dit Tom qui n'avait pas besoin de grands efforts pour le suivre ; vous autres gens de terre vous connaissez tous les gisements pour diriger votre course quand vous êtes une fois en rade. J'ai été une fois laissé à Boston par un bâtiment de l'équipage duquel je faisais partie, et j'avais à me rendre à Plymouth [1], ce qui est une affaire de quinze lieues ou environ. Après y être resté en panne pendant huit jours, ne trouvant aucune occasion pour partir par mer, je finis par me décider à m'embarquer sur la terre ferme. Je passai encore près d'une semaine à chercher quelque lougre de terre qui pût me prendre à bord, comptant bien gagner mon passage en travaillant à la manœuvre, car l'argent n'était pas plus commun alors qu'aujourd'hui dans la poche de Tom Coffin, et il est probable qu'il en sera de même, à moins qu'il ne m'arrive quelque rencontre plus heureuse qu'hier, en guise de pêche ; mais il paraît que les chevaux, les ânes et le bétail à cornes sont privilégiés pour faire toute la manœuvre à bord de vos lougres de terre, si bien que je fus obligé de payer une semaine de mes gages pour la traversée, et de me contenter de pain et de fromage depuis l'instant où je mis à la voile de Boston jusqu'à celui où je jetai l'ancre à Plymouth.

— C'était sans doute une exaction déraisonnable de la part des propriétaires de la diligence envers un homme dans votre situation, dit Dillon d'un ton doux et amical.

— Ma situation était celle d'un passager de cabane, car, indépendamment du bétail dont je vous ai parlé, il n'y avait sur le gaillard d'avant que deux bras occupés de la manœuvre, et c'étaient ceux du pilote. Au surplus, sa besogne n'était pas difficile, car sa course était toute tracée, tantôt par des murs, tantôt par des barrières de clôture. Quant aux nœuds de sa route, ils

---

[1]. Port dans le Massachusetts, et premier établissement des Anglais en Amérique.

étaient tout faits, car de distance en distance il y avait de petites colonnes de pierre pour lui apprendre combien il en avait filé. D'ailleurs il y avait tant de gisements à prendre, qu'il ne fallait avoir que la moitié d'un œil ouvert pour n'avoir pas à craindre de donner contre des brisants.

— Vous devez vous être trouvé comme dans un nouveau monde.

— C'était à peu près la même chose que si l'on m'eût fait naviguer dans un pays inconnu, quoiqu'on puisse dire en quelque sorte que je sois natif des environs, puisque je ne suis né qu'à quelques milles des côtes en mer. J'ai souvent entendu vos gens de terre prétendre qu'il y a dans le monde autant de terre que d'eau, ce que j'ai toujours regardé comme le plus grand des mensonges, vu qu'il m'est arrivé de voguer toutes voiles déployées pendant des mois entiers, sans apercevoir assez de terre pour qu'une mouette pût y conserver ses œufs. Cependant je dois convenir que dans ma traversée de Boston à Plymouth nous avons vogué deux bons quarts sans voir une goutte d'eau.

Dillon continua cette conversation intéressante, et lorsqu'ils arrivèrent près de la muraille qui entourait l'enclos de l'abbaye, le contre-maître en avait entamé un autre sur l'Océan Atlantique et le continent américain.

Évitant d'entrer par la grande porte qui communiquait avec la cour, en face du bâtiment, Dillon suivit le mur jusqu'à une petite porte qu'il savait qu'on fermait rarement la nuit avant l'heure où chacun se retirait. Cette porte le conduisit aux bâtiments situés derrière l'édifice principal, et Tom Coffin le suivit avec une entière confiance en sa bonne foi, confiance qu'avait encore augmentée leur conversation amicale pendant la route. Il ne conçut même aucun soupçon en le voyant entrer dans une chambre dont on avait fait une sorte de caserne pour les soldats du capitaine Borroughcliffe. Dillon lui ayant dit de l'attendre à la porte, eut une courte conférence avec le sergent, et revint sur-le-champ en disant au contre-maître de le suivre. Faisant ensuite le tour de ces bâtiments, ils pénétrèrent dans l'abbaye : c'était par la même porte que miss Howard et ses compagnes étaient sorties la nuit précédente pour aller visiter les prisonniers. Après avoir traversé divers corridors étroits qui ne réconcilièrent pas Tom Coffin avec la navigation sur terre, ils entrèrent dans une galerie longue et obscure, au bout de laquelle une porte entr'ouverte leur fit voir un appartement bien éclairé.

Dillon s'avança rapidement vers cette porte, et l'ouvrant tout à fait montra aux yeux du contre-maître une scène semblable, dans tous ses détails, à celle que nous avons décrite en présentant pour la première fois le colonel Howard à nos lecteurs. On y remarquait de même un excellent feu de charbon brillant dans la grille de la cheminée, les lumières sur la table et le buffet, la table d'acajou bien luisante, le flacon de cristal plein d'une liqueur généreuse ; la seule différence était dans le nombre des convives. Le maître de la maison et Borroughcliffe étaient assis en face l'un de l'autre, s'entretenant des événements du jour et se passant assez fréquemment l'un à l'autre le cristal contenant la liqueur qu'ils aimaient tous deux presque également, et que chaque instant rendait plus léger.

—Si seulement Kit revenait, s'écria le colonel qui avait le dos tourné du côté de la porte ; s'il me montrait son front loyal couronné de lauriers, comme il l'est, ou comme il doit l'être, je crois, Borroughcliffe, que je serais le plus heureux des sujets de Sa Majesté !

Le capitaine, qui depuis la victoire qu'il avait remportée se trouvait relevé de son vœu et libre d'humecter son gosier sans contrainte, étendit une main vers la porte, tandis qu'il prenait le flacon de l'autre, et s'écria :

—Eh ! voici le cacique lui-même, et son front qui attend le diadème ! Ah ! qui avons-nous donc à la suite de Son Altesse ? De par Dieu ! seigneur cacique, si vous voyagez avec une garde du corps composée de pareils grenadiers, le vieux Frédéric de Prusse lui-même pourra vous porter envie. Six pieds, sur ma foi, sans autres bas que ceux de la nature, et un bras digne de l'arme qu'il porte !

Le colonel n'écouta pas la moitié des exclamations de son compagnon ; car, s'étant retourné à la hâte, il aperçut l'homme dont il avait tant désiré la présence, et il le reçut avec un plaisir d'autant plus vif qu'il était inattendu. Pendant quelques minutes Dillon fut obligé d'écouter les questions rapides et multipliées de son vénérable parent, et il y répondit avec une réserve inspirée peut-être par la présence du contre-maître.

Tom Coffin restait avec un sang-froid imperturbable appuyé

sur son harpon, regardant d'un air plus dédaigneux qu'étonné l'appartement le plus splendide qu'il eût jamais vu.

Cependant le colonel causait à voix basse avec Dillon, et la conversation devenant plus intéressante, ils finirent par se retirer dans un coin de la chambre. Borroughcliffe n'y fit aucune attention ; et ne croyant pas que l'absence de son compagnon de table dût interrompre ses libations, il se versa coup sur coup, comme s'il se croyait obligé en conscience de boire et pour lui-même et pour celui qui l'avait abandonné. Quand ses yeux se détournaient un instant de son verre, c'était pour se fixer avec un air d'admiration sur la taille presque gigantesque de Tom Coffin, dont l'air martial et robuste était fait aussi pour attirer l'attention d'un officier recruteur. Cependant il fut enfin distrait de ce double plaisir par la voix de son hôte, qui l'invitait à venir prendre place au conseil privé.

Le colonel épargna à Dillon la tâche désagréable de répéter le conte artificieux que celui-ci avait jugé convenable de faire à son digne parent ; et il fit avec ardeur et vivacité le rapport mensonger qui donnait à la trahison de Dillon les couleurs d'une ruse de guerre, et du zèle le plus louable pour le service de son prince. En résultat, Tom devait être gardé comme prisonnier ; et il s'agissait d'aller surprendre Barnstable et ses compagnons pour leur faire partager le même sort.

Il paraît que le capitaine anglais ne fut pas tout à fait la dupe de cette histoire, car, tout en écoutant les éloges que le colonel prodiguait à son cousin, il fixait sur lui un regard pénétrant qui força le juge en herbe à baisser les yeux. Mais si Borroughcliffe hésita un instant sur ce qu'il devait faire, il fut décidé par un nouveau coup d'œil qu'il jeta sur le contre-maître, qui s'imaginait, dans sa simplicité, que la conférence dont il était témoin était un préalable à la mise en liberté de M. Griffith.

— Drill, dit Borroughcliffe à haute voix, approchez pour recevoir vos ordres.

En entendant cet ordre inattendu, Tom Coffin tourna la tête ; et s'aperçut pour la première fois qu'il avait derrière lui un sergent et quatre soldats bien armés.

— Conduisez cet homme au corps-de-garde, continua le capitaine ; nourrissez-le bien, et ayez soin qu'il ne meure pas de soif.

Il n'y a rien d'alarmant dans un pareil ordre, et Tom, obéissant à un signe du capitaine, suivait déjà les soldats quand leurs pas furent arrêtés dans la galerie par le cri : — Halte !

— Toutes réflexions faites, Drill, dit Borroughcliffe d'un ton qui n'avait rien de dictatorial, en s'avançant vers la porte, conduisez cet homme dans ma propre chambre, et veillez à ce qu'il ne lui manque rien. Vous m'entendez ?

Le sergent répondit par un geste qu'il avait compris, car son capitaine était accoutumé à ce langage muet. Borroughcliffe retourna à sa bouteille, et le contre-maître suivit Drill avec un empressement et une gaieté qu'il devait à l'ordre réitéré qu'il avait entendu donner de le bien traiter.

Heureusement pour son impatience l'appartement du capitaine n'était pas très-éloigné, et le repas promis ne tarda pas à arriver. La chambre donnait sur un corridor communiquant à la galerie dont nous avons déjà parlé, et le repas consistait en un reste froid de ce mets de prédilection des Iles Britanniques, le roast-beef, dont la cuisine du colonel Howard était toujours fournie.

Le sergent, qui avait compris que le signe de son capitaine annonçait qu'il fallait diriger une attaque contre la citadelle de la tête du contre-maître, avait arrangé de ses propres mains un pot de grog d'une telle force qu'il pensait qu'il aurait pu faire tomber le quadrupède dont Tom dévorait les restes avec une vivacité surprenante ; mais il fut déçu dans ses calculs sur la résistance de la tête du contre-maître. Le brave Américain avalait verre sur verre avec un plaisir évident, mais sa raison n'en restait pas moins ferme à son poste, tandis que le sergent, qui croyait par honneur devoir l'exciter à boire en buvant lui-même, sentait que la sienne était sur le point de déserter. Heureusement l'arrivée de son capitaine lui épargna la honte de se griser complètement en voulant en griser un autre.

Borroughcliffe, en entrant dans l'appartement, ordonna au sergent de se retirer, et ajouta :

— M. Dillon vous donnera des instructions et vous lui obéirez.

Drill, à qui il restait encore assez de présence d'esprit pour craindre le mécontentement de son officier si celui-ci s'apercevait de l'état dans lequel il se trouvait, se hâta de partir, et Tom Coffin se trouva tête à tête avec le capitaine. L'ardeur de ses attaques contre le roast-beef était alors un peu refroidie, et il était dans cet état de jouissance paisible que le palais goûte encore quelque temps après que l'appétit est rassasié. Dédaignant de se servir d'une chaise, il s'était assis sur un des coffres de Borroughcliffe, et ayant placé son assiette sur ses genoux, il se servait de son couteau avec une dextérité égale à celle de la Goule des *Mille et une Nuits* quand elle enfilait ses grains de riz avec la pointe de son aiguille. Le capitaine s'assit près de Tom, et avec une familiarité mêlée de beaucoup de condescendance, vu leur condition respective, il commença le dialogue suivant:

— J'espère que ce qu'on vous a servi était à votre goût, Monsieur....? je ne sais pas encore quel est votre nom.

— Tom, répondit le contre-maître les yeux attachés sur ce qui restait dans son assiette; Tom-le-Long, comme m'appellent mes camarades sur le vaisseau.

— Vous avez fait voile avec des navigateurs sages et habiles, puisqu'ils connaissent si bien la longitude. Mais vous avez un nom patronymique. Je veux dire un autre nom.

— Coffin. On m'appelle Tom dans les cas pressés, comme lorsqu'il s'agit de hisser ou de carguer une voile; Tom-le-Long quand on veut rire avec un vieux marin par un beau temps, et Tom Coffin-le-Long quand on veut m'appeler de telle sorte qu'aucun de tous les parents du même nom que je puis avoir ne soit tenté de répondre pour moi; car je crois que le plus long d'entre eux n'a guère plus d'une brasse, à le mesurer du haut du mât jusqu'à la quille.

— Vous êtes un digne homme, monsieur Coffin, et il est pénible de penser à quel destin la trahison de M. Dillon vous a *consigné*.

Les soupçons de Tom, s'il en avait jamais eu, avaient été trop bien dissipés par la manière dont il avait été accueilli, pour que ce peu de mots les fissent renaître. Après avoir renoué connaissance avec le pot de grog, il répondit avec beaucoup de simplicité:

— Je n'ai été *consigné* à personne, vu que je n'ai amené d'autre cargaison que ce M. Dillon, qui doit me donner en échange M. Griffith, ou revenir avec moi sur *l'Ariel*, comme mon prisonnier.

— Hélas! mon bon ami, je crains que vous n'appreniez que trop tôt qu'il n'a dessein d'exécuter ni l'une ni l'autre de ces conditions.

— Je veux être damné s'il n'en exécute pas l'une des deux. J'ai reçu mes ordres, et je m'y conformerai. Il faut qu'il revienne avec moi, ou que M. Griffith, qui pour son âge est un aussi bon marin qu'aucun de ceux qui ont jamais marché sur un tillac, coupe son câble pour sortir de cet ancrage.

Borroughcliffe affecta de le regarder avec un air d'intérêt, mais ce fut peine perdue. Les copieuses libations du contre-maître avaient redoublé sa confiance en excitant sa bonne humeur. Incapable lui-même de perfidie, il ne pouvait en soupçonner facilement un autre. Le capitaine, voyant qu'il était nécessaire de parler plus clairement, renouvela l'attaque de la manière suivante :

— Je suis fâché d'avoir à vous dire qu'il ne vous sera pas permis de retourner vers *l'Ariel*; que votre commandant, M. Barnstable, sera prisonnier sous une heure, et que votre schooner sera pris avant le lever du soleil.

— Et qui le prendra? demanda le contre-maître avec un sourire sardonique, quoique cette accumulation de menaces commençât à faire impression sur lui.

— Vous devez vous rappeler qu'il est sous le feu d'une batterie qui peut le couler à fond en quelques minutes. Un exprès a déjà été envoyé à l'officier d'artillerie qui est à ce poste pour l'informer que *l'Ariel* est un bâtiment ennemi, et comme le vent commence à souffler de la mer, il est impossible qu'il s'échappe.

La vérité avec toutes ses conséquences terribles commença enfin à briller aux yeux de Tom Coffin. Il se rappela les pronostics qu'il avait tirés lui-même sur le temps ; et le schooner, privé de plus de la moitié de son équipage, restait sous le commandement d'un enfant, tandis que son commandant était lui-même sur le point d'être fait prisonnier. L'assiette tomba de ses genoux par terre, sa tête se pencha sur sa poitrine ; il se cacha le visage avec ses larges mains, et en dépit de tous ses efforts il ne put retenir un long gémissement.

Borroughcliffe éprouva un moment d'émotion véritable en voyant la douleur d'un homme sur la tête duquel le temps commençait déjà à imprimer les marques de son passage ; mais l'habitude qu'il s'était faite depuis quelques années de chercher des victimes pour la guerre, avait considérablement émoussé sa sensibilité naturelle, et les considérations relatives à son métier reprenant l'ascendant, l'officier recruteur ne songea plus qu'à profiter de son avantage.

— Je plains de toute mon âme, dit-il, les pauvres diables qui se sont laissé égarer par de mauvais conseils ou par de fausses idées de leurs devoirs; mais étant pris dans cette île les armes à la main contre leur souverain légitime, il faut qu'on en fasse un exemple pour effrayer les autres. A moins qu'ils ne puissent faire leur paix avec le gouvernement, je crains qu'ils ne soient tous condamnés à mort.

— Qu'ils fassent donc leur paix avec Dieu ! car votre gouvernement n'a que peu de chose à faire pour régler le compte d'un homme qui a fini son quart dans ce monde.

— Mais en faisant leur paix avec ceux qui ont le pouvoir, il est possible que leur vie soit épargnée, dit le capitaine examinant l'effet que ces paroles produiraient sur le contre-maître.

— Il n'importe guère à quelle époque on décroche son hamac pour la dernière fois; on sera de quart dans l'autre monde quand on ne le sera plus dans celui-ci. Mais voir *l'Ariel* tomber dans des mains ennemies, c'est un coup qu'il doit être impossible d'oublier, même quand on est rayé du contrôle de l'équipage des vivants. J'aimerais mieux recevoir vingt boulets dans ma vieille carcasse que de savoir qu'il en entrera un seul dans les planches du schooner.

— Après tout je puis me tromper, dit Borroughcliffe avec un air d'insouciance. Il peut se faire qu'au lieu de vous condamner à mort on se borne à vous donner à tous quelque vieux navire pour prison, et vous pourrez y passer le temps fort agréablement pendant dix ou quinze ans.

— Que me dites-vous? s'écria Tom Coffin en tressaillant; ne parlez-vous pas de prison dans un vieux navire? Vous pouvez leur dire qu'il y a un homme dont ils peuvent épargner les rations en le fusillant, si bon leur semble, et cet homme, c'est Tom Coffin.

— On ne peut répondre des caprices du gouvernement. Aujourd'hui il peut faire fusiller une douzaine d'entre vous comme rebelles; demain il lui plaira peut-être de considérer les autres comme prisonniers de guerre, et de les laisser pourrir dans une prison.

— Eh bien! faites-lui savoir que je suis un rebelle, mon camarade, et vous ne ferez pas un mensonge; un homme qui a combattu pour l'Amérique, depuis le temps de Manly dans la baie de

Boston jusqu'à ce jour. Ah! j'espère que notre petit midshipman saura faire sauter le schooner; Richard Barnstable mourrait de chagrin s'il voyait *l'Ariel* entre les mains des Anglais!

— Je connais un moyen, dit Borroughcliffe en feignant de réfléchir, qui vous éviterait certainement la prison; car en y pensant bien je ne crois pas qu'on vous condamne à mort; mais je n'en connais qu'un.

— Eh bien! que faut-il faire? demanda le contre-maître en se levant d'un air un peu inquiet, dites-le-moi, mon brave officier; et si cela est au pouvoir de l'homme, je le ferai.

— Oh! dit le capitaine en lui appuyant familièrement la main sur l'épaule tandis que Tom Coffin l'écoutait avec la plus grande attention, c'est une chose bien facile pour un homme comme vous, et qui n'a rien en soi de bien redoutable. Vous connaissez l'odeur de la poudre? vous savez la distinguer de celle de l'essence de rose?

— Oui, oui; je l'avais encore sous le nez il n'y a que quelques heures.

— Eh bien! ce que j'ai à vous proposer n'a donc rien qui puisse vous effrayer. Que dites-vous du roast-beef et du grog? étaient-ils de votre goût?

— Oui, oui, pas mauvais! Mais qu'importe pour un vieux marin? dit le contre-maître en tirant Borroughcliffe par le collet de son habit avec une sorte d'impatience; que faut-il que je fasse? Commandez-moi la manœuvre.

Le capitaine ne montra aucun mécontentement de ce geste familier, et, souriant de l'air le plus affable, il crut que le moment était arrivé de démasquer sa batterie et de lâcher sa bordée.

— Vous n'avez, dit-il, qu'à servir votre roi comme vous avez servi le congrès, et ce sera moi qui vous montrerai les couleurs que vous devez porter.

Tom Coffin ouvrit de grands yeux, et les fixa avec attention sur le capitaine; mais il était évident qu'il ne comprenait pas parfaitement la proposition qu'on lui faisait.

— En bon anglais, mon brave homme, ajouta Borroughcliffe, enrôlez-vous dans ma compagnie, et je vous garantis la vie et la liberté.

Le sourire ne pouvait guère briller sur la physionomie farouche de Tom Coffin; mais tous ses traits se contractèrent pour produire une sorte de grimace qui annonçait le mépris et l'ironie.

Dans le même instant Borroughcliffe sentit les doigts de fer qui tenaient encore le collet de son habit lui entourer le cou ; son corps attiré par un bras vigoureux se rapprocha insensiblement de celui du contre-maître ; et lorsque leurs têtes furent à six pouces l'une de l'autre, Coffin exhala tout son ressentiment en ces termes :

— Un étranger vaut mieux qu'un ennemi ; un camarade vaut mieux qu'un étranger ; un étranger vaut mieux qu'un chien ; mais un chien vaut mieux qu'un soldat.

En parlant ainsi, son bras nerveux secouait le capitaine à demi étouffé, et en finissant il le repoussa loin de lui avec une telle force que Borroughcliffe alla tomber à l'autre bout de la chambre, après avoir renversé en route une table et deux ou trois chaises.

Quand il fut sorti de l'espèce de stupeur dans laquelle l'avait jeté cet acte de violence inattendu, Borroughcliffe se releva, et tira son épée.

— Comment ? drôle ! s'écria-t-il, il faut donc t'apprendre à vivre ?

Dès que le contre-maître vit la main du capitaine se poser sur la garde de son épée, il saisit son harpon, qui était appuyé derrière lui contre la muraille, et en dirigea la pointe contre la poitrine de son adversaire d'un air qui lui annonçait le danger qu'il courait s'il avançait d'un seul pas.

Le courage ne manquait pas à Borroughcliffe, et, piqué au vif par l'insulte qu'il avait reçue, il fit une tentative désespérée pour écarter avec son épée l'arme redoutable de son ennemi ; mais un seul tour de poignet de Tom Coffin lui fit sauter l'épée des mains, et il se trouva désarmé et complètement à la merci du contre-maître. Celui-ci n'abusa pourtant pas de sa victoire ; car abandonnant son harpon, il s'avança vers le capitaine, et le saisit d'une de ses larges mains. Une nouvelle lutte s'ensuivit ; mais elle ne fut pas longue, et Borroughcliffe reconnut bientôt qu'il ne pouvait résister à un homme dont la force était telle qu'il ne semblait pas avoir besoin de plus d'efforts que s'il avait voulu châtier un enfant. L'Américain le saisit de nouveau à la gorge pour prévenir ses cris ; une main lui suffit pour cela, et de l'autre il tira de ses poches des bouts de cordes et de ficelles de toute espèce, dont il paraissait avoir un assortiment complet ; il se mit ensuite à lier les bras de l'officier à une des colonnes de son lit avec un sang-froid qui n'avait pas été troublé un instant depuis le commencement des hostilités, dans le plus profond silence, et avec une dextérité dont un marin seul était capable.

Lorsqu'il eut terminé cette opération, il resta un moment les bras croisés, regardant de tous côtés dans la chambre, comme s'il eût cherché quelque chose. L'épée du capitaine frappa ses yeux, il se détourna pour aller la ramasser, et revint ensuite vers son captif avec un air déterminé qui effraya tellement l'officier anglais, qu'il ne s'aperçut pas que son vainqueur avait brisé la lame, et avait déjà attaché deux bouts de corde à la poignée.

— Pour l'amour du ciel! s'écria Borroughcliffe, ne m'assassinez pas de sang-froid!

Il n'eut que le temps de prononcer ces mots; car déjà le pommeau d'argent de son épée entrait dans sa bouche, et les deux cordes nouées derrière son cou le laissèrent dans l'état où plus d'un soldat mutin avait été mis par ses ordres, c'est-à-dire bien bâillonné.

Tom Coffin parut alors se regarder comme ayant droit à tous les priviléges d'un vainqueur; car prenant une chandelle, il se mit en devoir de faire la revue de tous les effets du vaincu. Divers objets faisant partie de l'équipement militaire lui tombèrent d'abord sous la main, et il les rejeta avec mépris comme indignes de son attention. Il en trouva pourtant deux autres parfaitement semblables, d'un métal qui charme ordinairement tous les yeux, et il les considéra avec plus de curiosité, car il ne pouvait deviner quel était leur usage. La forme de ces petits instruments l'embarrassait beaucoup, surtout les deux petites roues qui en garnissaient une extrémité; il les essaya à son cou, à ses poignets, et les examina avec la même curiosité qu'un sauvage éprouve en voyant une montre. Enfin il conclut que ces deux babioles faisaient partie des vaines décorations d'un soldat de terre, et il les rejeta avec dédain.

Borroughcliffe, quoiqu'un peu à la gêne, suivait des yeux tous les mouvements de son vainqueur, avec une bonne humeur qui aurait rétabli l'harmonie entre eux s'il avait pu exprimer la moitié de ce qu'il pensait; il vit avec grand plaisir ses éperons favoris sauvés du pillage, quoiqu'il fût à demi suffoqué par une envie de rire à laquelle il ne pouvait se livrer.

Enfin le contre-maître, en continuant son examen, trouva une paire de pistolets bien montés. C'était une arme qu'il connaissait parfaitement, et il reconnut qu'ils étaient chargés. Cette vue parut lui rappeler le danger que couraient son commandant et *l'Ariel*, et lui faire sentir la nécessité de partir sans délai. Il mit les pistolets dans sa ceinture de toile bleue, et reprenant son harpon, il s'approcha du lit au pied duquel Borroughcliffe était assis par terre.

—Ecoutez, l'ami, lui dit-il, que Dieu vous pardonne aussi bien que je le fais moi-même d'avoir voulu faire un soldat d'un marin qui a vécu sur l'eau depuis l'instant où il a ouvert les yeux ; et qui espère mourir sur l'Océan pour être enterré dans l'eau salée ! Je ne vous veux pas de mal, mais il faudra que vous gardiez le bouchon dans le goulot jusqu'à ce que quelqu'un de vos camarades vienne de ce côté, et je souhaite que ce soit dès que j'aurai pris le large.

Après ces souhaits de condoléance, Tom Coffin sortit de la chambre, laissant à Borroughcliffe la lumière et la possession de son appartement, quoiqu'il y fût dans une position fort gênante et dans une situation d'esprit à laquelle personne n'aurait porté envie. Quand le contre-maître fut sorti, le capitaine entendit le bruit du double tour qu'il fermait, et celui de la clef qu'il retirait de la serrure ; double précaution qui annonçait que le vainqueur voulait assurer sa retraite en prolongeant, au moins pour quelque temps, la détention du vaincu.

CHAPITRE XXIII.

> Ah ! lorsque la vengeance lève son bras nu dans un jour sombre, ô terreur ! qui peut voir cet affreux spectacle et ne pas avoir l'air effaré comme toi ?
> COLLINS. *Ode à la peur.*

Il est certain que Tom Coffin n'avait pas un plan d'opération bien formé quand il sortit de la chambre de Borroughcliffe, si ce n'est la ferme détermination de retourner sur *l'Ariel* le plus promptement possible, et d'en partager le sort, quel qu'il pût être. Mais c'était une résolution qu'il était plus facile à l'honnête marin de former que d'exécuter. Il aurait plus aisément conduit un navire à travers les écueils et les brisants de la baie de Devil's-Grip que dirigé sa marche dans le labyrinthe de corridors, de passages et de galeries dans lequel il était alors engagé.

Il se souvenait, comme il se le dit dans un petit soliloque, d'avoir vogué dans un embranchement étroit du canal principal, mais avait-il pris à bâbord ou à tribord, c'était un fait entièrement échappé à sa mémoire. Il était dans cette partie de l'édifice auquel le colonel donnait le nom de cloître; et heureusement pour lui il n'était pas probable qu'il y rencontrât des ennemis, la chambre du capitaine Borroughcliffe dans cette aile du bâtiment étant la seule qui ne fût pas exclusivement occupée par les dames; ce n'était même que depuis quelques heures que cet empiétement sur le sanctuaire avait eu lieu. Le colonel s'était vu dans la nécessité, ou de traiter ses prisonniers Griffith et Manuel d'une manière indigne de lui, ou de placer l'un d'eux dans cet appartement; et comme il était voisin du logement de sa nièce, il avait jugé plus prudent d'y placer Borroughcliffe, pour donner sa chambre à l'un des prisonniers. Cet arrangement était doublement avantageux au contre-maître, en ce qu'il diminuait la chance que pouvait avoir le capitaine d'être promptement tiré de sa situation désagréable, et qu'il l'exposait lui-même à moins de danger; mais il ignorait ces deux circonstances, et la dernière était de nature à ne guère occuper les pensées de Tom Coffin.

Longeant la muraille à tâtons, il sortit bientôt de l'obscur et étroit corridor sur lequel donnait la chambre de Borrougcliffe, et rentra dans la grande galerie qui communiquait avec le corps de logis principal. Une porte ouverte à l'extrémité, et d'où partait une vive lumière, attira ses yeux sur-le-champ: le vieux marin eut à peine fait quelques pas qu'il reconnut la salle dans laquelle il avait été conduit en arrivant.

Retourner sur ses pas pour chercher une autre issue était la marche la plus simple et la plus naturelle que pût suivre un homme qui n'avait d'autre but que de s'évader; mais on causait à haute voix et très gaiement, comme l'annonçait le choc des verres. Le nom de Barnstable frappa les oreilles du contre-maître, et il se détermina à avancer pour faire une reconnaissance, et tâcher d'apprendre ce qu'on méditait contre son commandant. Il s'approcha donc de la porte, se plaça de manière que la lumière qui sortait de l'appartement ne tombât pas sur lui, et écouta avec grande attention tout ce qui se disait. Le colonel était à sa place ordinaire, le dos tourné vers la porte, et Dillon avait pris celle que Borroughcliffe occupait ordinairement. Il paraissait que le colonel Howard venait d'écouter une relation plus étendue des moyens que son jeune parent avait employés pour tromper son ennemi trop confiant, et il était dans les transports d'une joie bruyante.

— C'est une noble ruse ! s'écriait le vétéran, aussi noble qu'ingénieuse ! une ruse qui aurait trompé César ! C'était un fin capitaine que ce César, Kit ; mais je crois qu'il aurait trouvé en vous son maître. Je veux être pendu si je ne crois pas que vous auriez mis dans l'embarras Wolfe lui-même, si vous aviez été dans Québec au lieu de Montcalm ! Il faut que nous vous voyions dans les colonies avec l'hermine sur les épaules ; on y a besoin, grand besoin d'hommes comme vous, cousin Christophe, pour défendre les droits de Sa Majesté.

— En vérité, Monsieur, votre partialité m'attribue des qualités que je ne possède pas, dit Dillon en baissant les yeux avec un air de modestie hypocrite (car la voix de sa conscience lui parlait plus sévèrement) ; la petite ruse justifiable que....

— C'est en quoi consiste la beauté de l'affaire, s'écria le colonel avec le ton de franchise d'un homme étranger à la fraude et à l'astuce, et en lui passant la bouteille; vous n'avez pas lâchement tendu un piège; vous avez employé une ruse de guerre, un stratagème adroit, un.... une déception classique, oui, c'est le terme; une déception classique, telle que Pompée ou Marc-Antoine, ou..... Vous connaissez tous ces vieux noms mieux que moi, Kit ; mais nommez-moi le plus adroit des anciens Grecs ou Romains, et je dirai qu'il n'est qu'un lourdaud si on le compare à vous ; c'est une ruse vraiment lacédémonienne, franche, honnête et loyale.

Il fut très heureux pour Dillon que l'ardeur du colonel, pendant qu'il parlait ainsi, tînt son corps dans un mouvement perpétuel; car Tom Coffin, armé d'un des pistolets de Borroughcliffe, avait le bras tendu pour sacrifier le traître à sa vengeance, et si le coup ne partit pas, ce fut parce qu'il ne voulait pas se tromper de victime. Peut-être Dillon dut-il aussi la vie en ce moment au sentiment de honte qui le porta à baisser la tête pour l'appuyer sur ses mains, ce qui le mit entièrement à l'abri derrière le corps du colonel. Toutes ces circonstances donnèrent le temps au contre-maître de réfléchir sur l'imprudence qu'il commettrait en alarmant toute la maison par le bruit d'un coup de pistolet.

— Mais vous ne m'avez rien dit de vos dames, ajouta Dillon après une pause de quelques instants. J'espère qu'elles ont supporté l'alarme occasionnée par les événements de cette journée d'une manière digne du nom d'Howard.

Le colonel jeta un coup d'œil autour de lui, comme pour s'assurer qu'ils étaient seuls, et répondit en baissant la voix :

— Elles ont mis de l'eau dans leur vin, Kit, depuis que ce rebelle Griffith a été amené à l'abbaye. Miss Howard a même daigné nous faire compagnie à dîner, et il y a eu des *mon cher oncle* par-ci, et des *prenez garde* par-là. J'ai été supplié de ne pas m'exposer dans quelques escarmouches contre les révoltés qui ont osé faire une descente dans nos environs ; comme si un vieux soldat qui a servi pendant toute la guerre de 1756 à 1763 craignait l'odeur de la poudre plus que celle du tabac ! Mais toutes leurs cajoleries ne me séduiront pas. Il faut que ce Griffith aille à la Tour, monsieur Dillon.

— Mon avis serait de le livrer sans délai à l'autorité civile.

— Il sera livré au grand constable de la Tour ; au brave et loyal comte Cornwallis, qui fait maintenant la guerre aux rebelles dans ma propre province. Ce sera ce que j'appelle une justice de représailles. Mais, continua le vétéran en se levant avec un air de dignité, je ne veux pas qu'il soit dit que même le grand constable de la Tour de Londres puisse surpasser le vieux colonel Howard en hospitalité et en générosité envers ses prisonniers. J'ai donné ordre qu'on leur servît des rafraîchissements, et je vais voir si mes intentions ont été convenablement exécutées. Il faut aussi préparer un logement pour le lieutenant Barnstable, qui ne tardera probablement pas à être amené ici.

—Dans une heure au plus tard, dit Christophe en regardant à sa montre avec un air d'inquiétude.

— Il faut nous hâter, Kit, dit le colonel en s'avançant vers une autre porte qui conduisait aux appartements des prisonniers ; mais en songeant aux égards dus à ces malheureux qui ont violé toutes les lois, il ne faut pas oublier ce que nous devons aux dames. Allez souhaiter le bonsoir de ma part à Cécile; elle ne mérite pas cette attention, la petite obstinée; mais c'est la fille de mon frère Harry; et plaidez bien votre propre cause, Kit. Marc-Antoine n'était qu'un balourd auprès de vous en fait de ruses, et cependant il obtint des succès en amour; car la reine des pyramides...

Le reste de la phrase fut perdu pour Tom, car le colonel sortit à ces mots et ferma la porte sur lui. Dillon resta seul, debout près de la table, et parut réfléchir un instant s'il ferait la démarche dont il venait d'être chargé, ou s'il s'en dispenserait.

La plus grande partie de la conversation que nous venons de rapporter avait été inintelligible pour le contre-maître, qui en avait attendu la fin avec impatience dans l'espoir d'apprendre quelque chose qui pût lui fournir les moyens de rendre service aux officiers captifs. Lorsqu'elle fut terminée, il réfléchit sur ce qu'il avait à faire; mais avant qu'il eût pris une résolution, Dillon s'était déterminé lui-même à se rendre dans le cloître, et ayant avalé à la hâte deux pleins verres de vin pour se donner du courage, il sortit de la chambre. Passant à côté de Tom Coffin caché par l'ombre de la porte, il partait à grands pas, comme le font souvent les gens qui veulent se dissimuler à eux-mêmes leur faiblesse.

Tom n'hésita plus. Poussant doucement la porte pour rendre la galerie plus obscure, il suivit à quelque distance les pas de Dillon qui retentissaient sur les larges dalles du pavé. Dillon s'arrêta un instant en face du corridor qui conduisait à la chambre de Borroughcliffe, soit par irrésolution, soit qu'il eût entendu le bruit des pas du contre-maître qui marchait sans prendre beaucoup de précautions; mais dans cette dernière hypothèse, Tom Coffin s'arrêtant en même temps, Dillon crut sans doute que ce qu'il avait entendu n'était que le bruit de ses propres pas répétés par les échos de la galerie, et il continua à s'avancer sans remarquer qu'il était suivi.

Etant entré dans un autre corridor, il frappa doucement à la porte du salon, et ce fut la voix douce de miss Howard qui fit entendre le mot : — Entrez. Saisi d'une sorte de confusion en ouvrant la porte, il oublia de la fermer quand il fut entré.

— Miss Howard, dit-il, je viens par ordre de votre oncle, et permettez-moi d'ajouter...

— Juste ciel! s'écria Cécile en se levant d'un air effrayé; vient-on ici pour nous emprisonner aussi, pour nous assassiner?

— Miss Howard ne m'imputera certainement pas, dit Kit Dillon, le dessein de... mais, remarquant que les regards égarés de Cécile, de Catherine et de miss Dunscombe se dirigeaient vers quelque objet qui était derrière lui, il se tourna, et ce fut avec une véritable terreur qu'il vit le contre-maître qui occupait, semblable à un géant, la porte, et lui coupait la retraite.

— S'il y a ici un assassin, dit Tom Coffin en regardant avec beaucoup de sang-froid ce groupe effrayé, ce ne peut être que le traître que voilà; car vous n'avez rien à craindre d'un homme comme moi, qui a vécu trop longtemps sur la mer, et qui a eu affaire a trop de monstres, tant hommes que poissons, pour ne pas savoir comment on doit agir avec des femmes. Quiconque me connaît vous dira que Tom Coffin n'a jamais employé une parole incivile, et ne s'est jamais conduit d'une manière indigne d'un marin à l'égard d'une créature de l'espèce de sa mère.

— Coffin! répéta Catherine en s'avançant avec plus de confiance du coin de l'appartement où elle s'était retirée avec ses compagnes dans le premier moment de frayeur.

— Oui, Coffin, dit le vieux marin dont les traits farouches parurent s'adoucir à la vue d'une jeune et jolie personne; c'est un nom qui en vaut bien un autre, et il n'y a personne qui ne le connaisse[1]. Mon père était un Coffin et ma mère une Joye, et ces deux noms réunis peuvent compter plus de *poissons* que tout le reste de notre île, quoiqu'il n'y ait pas dans toute la vôtre un homme qui puisse le disputer aux Worth, aux Gardner et aux Swaine pour savoir lancer un harpon ou manier une lance.

Catherine écouta avec une complaisance marquée cette digression en l'honneur des pêcheurs de Nantucket; et lorsqu'elle fut finie, elle répéta encore avec un air de réflexion :

— Coffin! seriez-vous donc Tom-le-Long?

— Oui, oui, Tom-le-Long; et il n'y a pas à rougir de ce nom, dit le contre-maître qu'on eût dit prêt à sourire et à oublier son indignation en contemplant les traits animés de la jeune fille qui lui parlait; mais que le ciel bénisse vos joues fraîches et vos grands yeux noirs, ma jeune demoiselle! Vous avez entendu par-

---

1. *Coffin* signifie cercueil en anglais.

ler de Tom-le-Long ? Probablement on vous a raconté la manière dont il harponne une baleine. Mon bras est vieux à présent; mais il fallait me voir à dix-huit ans ! j'étais à la tête de la danse au cap Cod, et j'avais une danseuse presque aussi belle que vous; oui vraiment ! et pourtant je n'avais encore harponné que trois baleines.

— Tom, répondit Catherine en s'approchant de lui vivement, je vous ai entendu nommer comme le contre-maître, le compagnon dévoué, l'ami sincère de M. Richard Barnstable. Peut-être m'apportez-vous une lettre ou un message de sa part ?

Le nom de son commandant rappela dans les yeux de Coffin toute son indignation. Accablant Dillon d'un seul regard, il lui dit d'un ton dur et sévère que l'habitude des tempêtes et des combats rend particulier aux marins : — Répondez, lâche menteur. Pourquoi le vieux Tom Coffin se trouve-t-il dans ces écueils et dans ces canaux étroits ? est-ce pour y apporter une lettre ? Mais de par le dieu qui a permis aux vents de souffler et qui a appris au marin à gouverner sa barque sur l'Océan, vous coucherez cette nuit sur les planches de *l'Ariel*; et si c'est la volonté de Dieu que le schooner soit coulé à fond sur ses ancres comme une vieille carcasse de navire, vous irez à fond de cale en même temps, et vous y dormirez d'un long sommeil jusqu'à ce qu'il plaise à Dieu de faire un jour l'appel de tout l'équipage.

La véhémence du vieux marin, son langage, son attitude, son énergie, l'indignation qui brillait dans ses yeux, tout en lui atterrait Dillon, plus timide qu'un lièvre sous la griffe du limier. La surprise tint les trois amies muettes pendant quelques instants; et Tom, s'avançant vers sa victime qui tremblait de tous ses membres, lui passa les mains derrière le dos, lui noua une forte corde autour du corps, et en attachant l'autre bout à sa ceinture, il s'assura ainsi de son captif, en conservant le libre usage de ses mains et de ses armes.

— A coup sûr, dit Cécile qui fut la première à rompre le silence, M. Barnstable ne vous a pas chargé de commettre un pareil acte de violence envers le parent de mon oncle, dans la propre maison du colonel Howard. Miss Plowden, votre ami s'est étrangement oublié en cette occasion s'il a donné de pareils ordres à cet homme.

— Ma chère cousine, répondit Catherine avec vivacité, mon

ami n'a jamais pu donner ni à son contre-maître ni à qui que ce soit un ordre indigne de lui. Parlez, honnête marin, pourquoi traitez-vous d'une manière si outrageante le cousin de M. Howard, un habitant de l'abbaye de Sainte-Ruth, l'honorable M. Dillon?

— Mais, Catherine...

— Mais, Cécile, un peu de patience! laissez parler ce brave homme ; il peut résoudre la difficulté.

Le contre-maître, voyant qu'on attendait de lui une explication, entreprit cette tâche assez difficile, et l'exécuta à sa manière. Au milieu de son jargon, il fut aisé à celles qui l'écoutaient de comprendre que Barnstable avait accordé sa confiance à Dillon, son prisonnier, et que celui-ci n'y avait répondu que par la plus noire trahison. Toutes trois étaient immobiles de surprise, et Cécile lui donna à peine le temps d'achever son récit.

— Il est impossible, s'écria-t-elle, que le colonel Howard ait pris part à un projet si odieux.

— Ils ont vogué de conserve, répondit Coffin; mais il y a un de ces croiseurs qui entrera dans un port où il ne comptait pas aller.

— Borroughcliffe lui-même, reprit miss Howard, quelque froid et endurci que l'ait rendu l'habitude, se croirait déshonoré par une telle trahison.

— Mais M. Barnstable, s'écria Catherine réussissant enfin à exprimer une crainte qui lui glaçait le cœur, n'avez-vous pas dit que des soldats étaient partis pour le chercher?

— Oui, Madame, oui, répondit le contre-maître avec une espèce de sourire moqueur; on lui donne la chasse, mais il change d'ancrage, et quand on le trouverait, il a des piques qui feraient plus d'une boutonnière dans une douzaine d'habits rouges, mais que le maître des tempêtes et des calmes prenne pitié du schooner ! Ah! jeune dame, c'est une vue aussi agréable pour les yeux d'un vieux marin que celle de votre visage le serait pour ceux d'un jeune officier.

— Et pourquoi donc ce délai ? Partez bien vite, honnête Tom, et allez apprendre cette trahison à votre commandant. Il n'est peut-être pas encore trop tard ; ne perdez pas un instant.

— Mon navire est en panne, faute de pilote, jeune dame. Je conduirais un bâtiment tirant trois brasses d'eau au milieu des bas-fonds de Nantucket, par la nuit la plus obscure qui ait jamais fermé les écoutilles du ciel; mais, dans la navigation que je fais en ce moment, il est très-possible que je rencontre des brisants, et il me faudrait une main expérimentée au gouvernail.

—N'est-ce que cela? s'écria Catherine; suivez-moi, et je vous conduirai jusqu'à un sentier qui mène droit à l'Océan, en vous faisant éviter les sentinelles.

Jusqu'à ce moment, Dillon avait nourri l'espoir secret qu'il lui arriverait du secours; mais quand il entendit cette proposition, tout son sang se glaça dans ses veines, et le dernier rayon d'espérance sembla s'évanouir pour lui. Relevant la tête que la honte et la crainte avaient courbée sur sa poitrine, il quitta la place où la frayeur semblait l'avoir enchaîné, et fit quelques pas vers Cécile.

— Miss Howard! s'écria-t-il avec la voix d'un homme saisi d'horreur, ne m'abandonnez pas à la fureur de cet homme! Votre oncle, votre respectable oncle a applaudi à mon entreprise, et s'est uni à moi pour la faire réussir. Ce n'est autre chose qu'une ruse de guerre très-licite.

—Il est impossible, monsieur Dillon, répondit Cécile avec froideur, que mon oncle ait approuvé un projet fondé sur une trahison aussi noire; encore plus, qu'il y ait pris part.

— Il l'a pourtant fait; je vous le jure par...

— Menteur! s'écria le contre-maître en l'interrompant. Le ton dur et sévère du contre-maître pénétra jusqu'au fond de l'âme de Dillon et le fit trembler. Mais en songeant à l'obscurité profonde de la nuit, aux rochers déserts qu'il aurait à traverser avec un pareil guide, à la fureur de l'Océan, à la vengeance qu'il avait à craindre que Barnstable n'exerçât contre lui, il recouvra assez de force pour continuer ses sollicitations.

— Ecoutez-moi! écoutez-moi encore une fois! je vous en supplie, miss Howard, écoutez-moi! Ne suis-je pas votre parent, votre concitoyen? voulez-vous me livrer à la rage implacable de ce sauvage? souffrirez-vous qu'il me perce avec l'arme que vous lui voyez? Juste ciel! si vous aviez vu le spectacle dont mes yeux ont été témoins ce matin sur *l'Alerte!* Je vous en conjure par l'amour que vous avez pour votre Créateur, miss Howard, intercédez pour moi! M. Griffith sera relâché, et...

— Menteur! s'écria Tom Coffin.

— Que promet-il? demanda Cécile en jetant encore un coup d'œil sur le misérable captif.

— Ce qu'il n'a pas dessein d'exécuter, répondit Catherine. Suivez-moi, brave Tom. Moi, du moins, je suis un guide que vous pouvez suivre avec confiance.

— Cruelle miss Plowden! reprit Dillon au désespoir. Bonne et douce miss Dunscombe, vous ne refuserez pas d'élever la voix en ma faveur; votre cœur n'est pas endurci par les dangers imaginaires de ceux que vous aimez.

— Ne vous adressez pas à moi, répondit-elle en baissant les yeux. J'espère que votre vie n'est pas en danger.

— Allons, partons! s'écria Tom en prenant Dillon par le collet et en l'entraînant vers le corridor; et faites-y bien attention, si vous dites un seul mot, si vous soufflez le quart aussi haut qu'un jeune marsouin qui vient renifler l'air pour la première fois, je vous éviterai la peine de venir à bord de *l'Ariel*. Songez que ce harpon a la pointe bien affilée, et que vous n'avez pas une couche de graisse aussi épaisse qu'une baleine.

Cette menace réduisit au silence l'infortuné captif qui osait à peine respirer. Catherine marchait devant eux d'un pas léger; et après les avoir fait passer par plusieurs corridors, elle ouvrit une petite porte et les fit entrer dans le jardin. Sans s'arrêter un instant pour délibérer, elle le traversa dans toute sa largeur et arriva à une porte de derrière qui donnait sur une prairie. Montrant alors au contre-maître le sentier dont elle lui avait parlé, et qu'on distinguait parce que l'herbe en était foulée, elle lui dit adieu en priant Dieu de le protéger, d'un ton qui montrait l'intérêt qu'elle prenait à sa sûreté; et, rentrant dans le jardin, elle disparut comme un être aérien.

Tom n'avait pas besoin qu'on lui dît de doubler le pas. Dès qu'il vit le chemin qu'il devait suivre, il resserra sa ceinture, appuya son harpon sur son épaule, et avança d'une vitesse qui forçait son compagnon à faire les plus grands efforts pour le suivre. Une ou deux fois Dillon voulut bien lui adresser la parole; mais le mot *silence!* prononcé d'un ton dur par le contre-maître, le forçait toujours à se taire. Enfin, voyant qu'ils approchaient des rochers, il fit un dernier effort pour obtenir sa liberté, en lui offrant une somme considérable. Coffin ne lui répondit rien, mais tandis que Dillon se flattait déjà d'avoir produit sur lui quelque impression, il sentit la pointe du harpon appuyée sur sa poitrine.

— Menteur ! s'écria le contre-maître ; prononcez encore une parole, ce sera la dernière de votre vie.

Dillon n'ouvrit plus la bouche.

Ils arrivèrent jusqu'à l'extrémité des rochers sans rencontrer le détachement envoyé à la poursuite de Barnstable, quoiqu'ils fussent à un endroit peu éloigné de celui où ils avaient débarqué. Le vieux marin s'arrêta un instant pour examiner la vaste étendue de mer qui s'ouvrait devant lui. Elle ne dormait plus dans le calme ; elle roulait déjà de fortes vagues couronnées d'écume, qui venaient se briser sur la base des rochers. Le contre-maître tourna ensuite ses regards vers le ciel, du côté de l'orient, et fit entendre une sorte de gémissement profond. Frappant alors violemment la terre avec le manche de son harpon, il se remit en marche en proférant à demi-voix des jurements et des imprécations qui firent frémir Dillon, parce qu'il croyait en être l'objet. Il lui semblait que son guide imprudent prenait plaisir à marcher si près du bord des rochers, que le moindre faux pas aurait pu les en précipiter ; l'obscurité de la nuit et le vent augmentaient encore ce danger que Dillon ne pouvait éviter de partager, puisqu'il ne pouvait s'éloigner de son guide que de la longueur de la corde qui le retenait captif ; mais Coffin avait de bonnes raisons pour suivre un chemin si périlleux : il cherchait à reconnaître la petite anse dans laquelle Barnstable lui avait donné rendez-vous.

Ils en étaient environ à mi-chemin quand, dans un moment où les vents se taisaient, le contre-maître crut entendre des voix d'hommes. Il s'arrêta sur-le-champ, écouta un instant avec grande attention, et ayant reconnu qu'il ne s'était pas trompé, son parti fut pris sur-le-champ. Se tournant vers Dillon, il lui dit à voix basse, mais d'un ton ferme et résolu :

— Un seul mot, et vous êtes mort.., Descendez le rocher. Il faut vous servir de l'échelle du marin. Mettez-vous ventre à terre, aidez-vous des pieds et des mains. Dépêchez-vous, ou je vous jette dans la mer, pour servir de pâture aux requins.

— Grâce ! grâce ! s'écria Dillon d'une voix retenue par la frayeur ; je n'en viendrais pas à bout en plein jour ; je périrai si je l'essaie dans une pareille obscurité.

— Descendez, ou je....

Dillon n'attendit pas davantage, et, cédant à la nécessité, il descendit à reculons et en tremblant la rampe escarpée du rocher.

Il atteignit bientôt une pointe formant une étroite plate-forme, sur laquelle il crut pouvoir s'arrêter un moment pour respirer; mais le contre-maître qui s'abandonnait au poids de son corps y arriva presque au même instant, l'en délogea sans le vouloir, et Dillon suspendu entre le ciel et l'Océan, fut retenu, heureusement pour lui, par la corde qui le liait au contre-maître, que ni ce choc subit, ni ce fardeau qu'il avait à soutenir ne purent ébranler. Il poussa un cri involontaire en tombant, et ce cri, répété par les échos des rochers, semblait celui de l'esprit des tempêtes.

— Si tu pousses un autre cri, dit le contre-maître, je coupe le câble et je te lance à la mer, frété pour le port de l'éternité.

Le bruit des pas et des voix se faisait entendre alors très-distinctement; et au bout de quelques secondes, un détachement d'hommes armés arriva sur le rocher presque au-dessus de la tête du contre-maître.

— C'était la voix d'un homme, dit l'un d'eux.

— D'un homme en détresse, ajouta un second.

— Ce ne peut être le parti ennemi que nous cherchons, dit le sergent Drill; ils ne seraient pas assez imprudents pour crier ainsi.

— On dit qu'on entend souvent de semblables cris le long de ces côtes, aux approches d'une tempête, dit un autre, et qu'ils sont poussés par les marins qui ont été noyés.

Deux ou trois soldats se mirent à rire, mais c'était évidemment d'un rire forcé; et quelques plaisanteries sur la superstition de leurs compagnons furent faites d'un ton mal assuré. Malgré cette apparence d'incrédulité de la part d'une partie de la troupe, la scène produisit son effet même sur l'esprit de ceux qui affectaient de ne pas croire au merveilleux, et au bout de quelques instants le détachement se retira du rocher d'un pas probablement accéléré par cette courte conversation.

Dès que le bruit de leurs pas eut cessé de se faire entendre, Tom Coffin, qui pendant tout ce temps était resté ferme sur sa petite plate-forme, appuyé contre le rocher, tira Dillon à l'aide de la corde, et le plaça à côté de lui plus mort que vif. Sans perdre un instant en explications, il descendit dans un ravin qu'il avait aperçu, et traînant son captif comme un galérien à la chaîne, il le força à le suivre avec une rapidité qui le faisait trembler à chaque pas. Ils arrivèrent enfin à l'endroit du rendez-vous; et le contre-maître s'arrêtant à une hauteur suffisante, aperçut la barque à quelque distance du rivage.

— Hohé! ho! les Ariels! s'écria Tom d'une voix que le vent qui soufflait alors de la mer porta jusqu'aux oreilles des soldats qui se retiraient; mais les idées superstitieuses avaient alors complètement établi leur empire sur leur imagination; ils regardèrent comme surnaturels les sons qu'ils entendaient, et doublèrent encore le pas pour s'éloigner plus vite.

— Qui nous hèle? répondit la voix bien connue de Barnstable.

— Jadis votre *maître*[1], aujourd'hui votre *serviteur*, s'écria Coffin.

— C'est lui! s'écria le lieutenant; virez de bord, mes enfants, et gagnez le rivage.

Pendant ce temps, Coffin, suivi de Dillon, acheva de descendre le rocher. La barque arriva, mais l'eau n'était pas assez profonde pour qu'elle pût atteindre le rivage. Le contre-maître, saisissant par le milieu du corps son prisonnier surpris et effrayé de ce nouveau mouvement, le mit sur son épaule aussi facilement que si c'eût été un havresac, entra dans la mer, et au bout de deux minutes le déposa dans la barque à côté de son commandant.

— Qui nous amenez-vous là? demanda Barnstable; ce n'est pas M. Griffith.

— Levez votre grappin, et virez de bord! s'écria Coffin; et si vous aimez *l'Ariel*, camarades, faites force de rames tant que la vie et les bras vous resteront.

Barnstable connaissait son homme et il ne lui fit pas une question jusqu'à ce que la barque, tantôt lancée sur le sommet des vagues, tantôt retombant dans le sillon qui s'ouvrait entre elles, eût enfin gagné la pleine mer. Alors le contre-maître lui expliqua en peu de mots, mais non sans amertume, la trahison de Dillon et le danger que courait *l'Ariel*.

— Mais, continua-t-il, des soldats ne sont jamais bien pressés de répondre à un appel nocturne, et d'après ce que je comprends, l'exprès sera obligé de faire un long détour pour doubler l'anse que nous venons de quitter; de sorte que sans ce maudit vent de nord-est, nous aurions encore le temps de sortir de la baie pour gagner la pleine mer; mais c'est ce qui dépend entièrement de la Providence. Allons, camarades, courage, ramez fort! tout dépend maintenant de vos bras.

[1] Jeu de mots: *maître*, contre-maître.

Barnstable écouta dans le plus profond silence un récit auquel il ne s'attendait guère, et dont la fin parut à Dillon le son de la cloche qui annonçait ses funérailles. Enfin le lieutenant, se tournant vers son prisonnier, lui dit en serrant les dents :

— Misérable ! si je vous faisais jeter à la mer pour servir de pâture aux poissons, qui pourrait me blâmer? Mais si mon schooner est coulé à fond, vous n'aurez jamais d'autre cercueil.

CHAPITRE XXIV.

> Si j'avais été un dieu puissant, j'aurais fait rentrer la mer dans les abîmes de la terre, avant de lui laisser engloutir ce bon et beau navire.
>
> SHAKSPEARE. *La Tempête.*

La corde qui entourait le corps de Dillon fut détachée par le contre-maître dès qu'ils furent entrés dans la barque. Son humanité voulait lui laisser pleine liberté de ses membres, s'il arrivait quelque accident imprévu. Appuyant alors sa tête sur ses mains, de manière à se cacher entièrement le visage, le captif se mit à réfléchir sur le passé et sur l'avenir avec cette rage maligne et cette lâche pusillanimité qui formaient les deux principaux traits de son caractère.

Ni Barnstable ni Tom Coffin n'étaient disposés à le troubler dans ses réflexions, car ils étaient tous deux trop occupés de pensées sinistres pour s'en distraire par des paroles inutiles. Quelques mots indistinctement prononcés par le premier, comme s'il eût voulu conjurer l'esprit des tempêtes, tandis qu'il regardait la mer et le firmament dont l'aspect commençait à devenir menaçant, et quelques cris d'encouragement adressés par le second aux rameurs, étaient les seuls sons qui accompagnassent le mugissement des vagues et le sifflement des vents.

Une heure s'était passée ainsi tandis que les marins luttaient vigoureusement contre la force croissante des vagues, lorsqu'ils doublèrent le promontoire septentrional de la baie qu'ils voulaient atteindre, et quittant alors le voisinage bruyant des brisants, ils se trouvèrent enfin dans des eaux plus tranquilles. On entendait encore les vents passer en sifflant entre les rochers qui bordaient les côtes ; mais une paix profonde régnait sur la surface et dans le sein des ondes. Les ombres des montagnes semblaient s'être accumulées au centre de la baie pour y former une masse de ténèbres; et quoique tous les yeux cherchassent le petit schooner à l'endroit où on l'avait laissé, personne ne pouvait l'apercevoir.

— Tout est ici tranquille comme la mort ! dit Barnstable.

— Dieu veuille que ce n'en soit pas le silence! dit le contre-maître ; et baissant la voix comme s'il eût craint d'être entendu : Là ! là! Monsieur ! dit-il à Barnstable; plus à bâbord ; ne le voyez-vous pas? Regardez dans cette raie de lumière qui est entre ces deux nuages, à tribord du bois. Cette ligne noire est son grand mât; je le reconnais, et je vois son pavillon sous cette belle étoile. Oui, Monsieur, oui, nos braves étoiles flottent encore au gré du vent au milieu de celles du firmament. Dieu le bénisse ! Dieu le bénisse ! il est aussi à l'aise et aussi tranquille qu'une mouette qui dort.

— Et je crois que tout le monde est endormi à bord, dit Barnstable. Ah! nous arrivons à temps, les soldats commencent à remuer.

Le lieutenant avait reconnu les lanternes qui changeaient de place du côté de la batterie, et presque au même instant un bruit léger, mais distinct, qui se fit entendre à bord du schooner, annonça qu'on y travaillait à quelque manœuvre avec activité, quoique avec précaution. Barnstable était dans une sorte d'extase que la plupart de nos lecteurs ne comprendront probablement pas, et Tom riait de joie, autant qu'il pouvait rire, en pensant que *l'Ariel* était en sûreté et que son équipage n'était pas endormi, quand tout à coup le corps, les mâts et les vergues de leur demeure flottante devinrent visibles, et le firmament, le bassin de la baie, et les rochers qui l'entouraient furent éclairés par un éclat aussi soudain et aussi vif que celui de l'éclair le plus brillant. Barnstable et son contre-maître avaient les yeux sur le schooner, comme s'ils eussent voulu reconnaître par un coup d'œil rapide tout ce qui s'y passait, quand avant que le bruit de la décharge d'une pièce de canon de gros calibre fût arrivé jusqu'à leurs oreilles ils entendirent le sifflement du boulet qui passait sur leur tête. Le boulet, rasant la surface d'une vague, frappa contre un rocher et en détacha des fragments.

— Quand on vise mal du premier coup, dit le contre-maître avec son espèce de philosophie délibérée, c'est signe de bonheur pour l'ennemi qu'on attaque. La fumée rend la vue trouble; d'ailleurs la nuit est obscure dans ce que vous appelez le quart du matin.

— Ce jeune homme est un miracle pour son âge! s'écria le lieutenant enchanté. Voyez, Tom, Merry a changé d'ancrage pendant la nuit, et les Anglais ont dirigé leur feu vers l'endroit où ils avaient vu *l'Ariel* à la chute du jour; car nous l'avons laissé en ligne directe entre la batterie et cette montagne. Que serions-nous devenus si ce maudit boulet nous eût frappés au flanc dans les œuvres vives?

— Nous aurions fait connaissance avec la bourbe anglaise, répondit Coffin, et nous y serions restés toute l'éternité, rien n'est plus sûr. Un pareil boulet nous aurait enlevé toute une file de nos préceintes, et ne nous aurait pas même laissé le temps de faire une prière. Abordez par la proue, vous autres!

Il ne faut pas qu'on suppose que pendant cette conversation entre le lieutenant et son contre-maître les rameurs fussent restés dans l'inaction. Au contraire, la vue de leur navire agit sur eux comme un talisman, et croyant alors que les précautions n'étaient plus nécessaires, ils avaient redoublé d'efforts et de courage, et étaient déjà, comme l'indiquaient les derniers mots de Tom, à quelques brasses de *l'Ariel*. Barnstable était vivement ému; car après avoir éprouvé un sentiment pénible de crainte, il sentait revivre ses espérances, et ce fut avec une nouvelle confiance qu'il reprit le commandement de son navire.

Il ordonna les manœuvres nécessaires avec ce ton d'autorité calme et ferme, nécessaire aux marins dans les plus grands dangers. Il n'ignorait pas qu'un seul des boulets de gros calibre que les Anglais continuaient à lancer presque au hasard, dans les ténèbres, serait la destruction de *l'Ariel* s'il frappait dans les œuvres vives, et y faisaient une voie d'eau à laquelle il n'avait nul moyen de remédier. Il donna donc ses ordres avec une connaissance parfaite de la situation critique dans laquelle il se trouvait, et avec ce sang-froid et cette intonation de voix qui devaient l'assurer d'une prompte obéissance. L'équipage leva l'ancre, et réunissant tous ses efforts, parvint à conduire le schooner directement en face de la batterie, sur le rivage opposé, et aussi près qu'on le pouvait sans danger des rochers dont le sommet était couronné d'une épaisse fumée, que chaque décharge colorait d'un rouge sombre semblable aux teintes les plus faibles que donnent aux nuages les derniers rayons du soleil couchant.

Tant que nos hardis marins purent gouverner le bâtiment dans la ligne d'ombre produite par les montagnes, ils étaient en sûreté, parce qu'on ne pouvait les voir; mais quand il fallut en sortir pour entrer dans le canal qui conduisait hors de la baie, Barnstable reconnut sur-le-champ que l'obscurité ne cacherait plus leurs mouvements à l'ennemi, et que ses longs avirons ne suffiraient plus pour résister aux courants d'air qu'ils rencontraient. Prenant son parti à l'instant même, il résolut de ne plus chercher à se cacher, et donna ordre avec son ton d'enjouement ordinaire qu'on déployât toutes les voiles.

— Qu'ils fassent tout ce qu'ils voudront, Merry, ajouta-t-il; nous sommes à présent à une distance qui, je crois, maintiendra leurs boulets au-dessus de la ligne d'eau, et nous n'avons à bord ni fainéants ni bras inutiles.

— Il faudrait de meilleurs artilleurs que les miliciens, les recrues, les volontaires, ou quel que soit le nom que se donnent ceux qui manœuvrent cette batterie, pour empêcher *l'Ariel* de prendre le vent, répondit le jeune midshipman; mais pourquoi nous avez-vous ramené Jonas à bord? Regardez-le à la lueur de la lampe de la cabane; il frémit à chaque coup de canon, comme si le boulet était à son adresse. Et quelles nouvelles avez-vous de M. Griffith et du capitaine Manuel?

— Ne m'en parlez pas, Merry, dit Barnstable en lui saisissant le bras, ne me parlez pas de Griffith; j'ai besoin en ce moment de toute ma présence d'esprit, et rien que l'idée de Griffith et la vue de ce traître suffiraient pour me distraire de mes devoirs. Mais un temps viendra!... Allons, Monsieur, songez à la manœuvre; le vent se fait sentir et nous entrons dans un canal étroit.

Le midshipman obéit sur-le-champ à l'ordre que son commandant lui donnait avec le ton ordinaire à leur profession, et qui signifiait qu'il devait reprendre la subordination d'un officier inférieur, quoique Barnstable, en causant avec lui, oubliât souvent la distance que mettaient entre eux son grade et son âge. Les voiles avaient été déployées, et lorsque le schooner entra dans le passage, le vent, qui redoublait de force, commença à produire une impression sensible sur le léger navire. Le contre-maître, qui en l'absence de tout autre officier inférieur jouait sur le gaillard d'avant le rôle d'un homme qui sentait que son âge et son expérience lui permettaient de donner des conseils, sinon des ordres, en pareille occasion, s'avança alors vers le poste que son commandant avait choisi près du gouvernail.

— Eh bien! maître Coffin, lui dit Barnstable qui connaissait le penchant qu'avait le vieux marin à lui communiquer ses idées dans toutes les circonstances importantes, que pensez-vous maintenant de notre croisière? Ces messieurs sur la montagne font beaucoup de bruit; mais je n'entends même plus le sifflement des boulets; on croirait pourtant qu'ils doivent voir nos voiles se dessiner sur cette bande de lumière qui s'ouvre à l'horizon du côté de la mer.

— Oui, oui, Monsieur, ils nous voient, répondit Coffin; et s'ils ne nous touchent pas, ce n'est pas faute de bonne volonté. Mais faites attention que nous sommes en travers de leur feu, et que nous avons un vent qui nous fait filer dix nœuds. Or quand nous serons vent devant et en ligne avec la batterie, nous verrons autre chose, et nous n'aurons peut-être que trop de besogne. Un canon de trente-deux ne se manie pas aussi aisément qu'un fusil de chasse ou une canardière.

Barnstable fut frappé de la vérité de cette observation; mais comme il était impossible de faire sortir le schooner de la baie sans se mettre dans la position dont Tom Coffin venait de parler, et qu'il était urgent qu'il en sortît, il donna sur-le-champ les ordres nécessaires, et la tête du navire fut tournée vers la pleine mer en moins de temps que nous n'en prenons pour le dire.

— Ils nous tiennent à présent, ou jamais ils ne nous tiendront, s'écria le lieutenant quand cette manœuvre fut faite. Si nous pouvons gagner le vent, à la hauteur de cette pointe du côté du nord, nous entrerons en pleine mer, et en dix minutes nous pourrions rire du canon de poche de la reine Anne[1] qui, comme vous le savez, mon vieux Tom, portait de Douvres à Calais.

---

1. Canon qu'on montre encore aux voyageurs à Douvres.

—J'ai entendu parler de cette pièce de canon, capitaine Barnstable, et il faut convenir qu'elle avait une belle portée, si le détroit dans ce temps-là avait la même largeur qu'aujourd'hui. Mais je vois quelque chose de plus dangereux qu'une douzaine des plus gros canons, fussent-ils à une demi-lieue de distance. Voyez-vous comme l'eau remplit déjà nos dalots?

— Qu'importe! elle a donné plus d'un bain à nos canons; et cependant trouveriez-vous une fente où une crevasse dans tout le bois de *l'Ariel*; ne l'en ai-je pas garanti?

—C'est ce que vous avez fait, et c'est ce que vous feriez encore si nous étions en pleine mer; ce qui est tout ce qu'un homme doit désirer en ce monde pour s'y trouver à son aise. Mais quand nous serons hors de la portée de ces pétarades, nous serons affalés à la côte par ce maudit vent du nord-est; et c'est ce que je crains plus que toute la poudre et tous les boulets que peut avoir l'Angleterre.

— Il ne faut pourtant pas trop mépriser les boulets, Tom. Tenez, les voilà qui ont trouvé leur chemin. Les entendez-vous siffler à nos oreilles! Nous marchons bon train, maître Coffin, mais un boulet de trente-deux court plus vite que le meilleur vent.

Tom jeta un coup d'œil sur la batterie, qui venait de renouveler son feu avec une vivacité qui prouvait qu'on ne tirait plus au hasard.

— Ce n'est jamais la peine de se remuer pour éviter un boulet, dit-il, puisqu'ils sont tous destinés à arriver à leur but comme un vaisseau qui est chargé de croiser dans certaines latitudes. Mais quant aux vents, c'est autre chose; ils ont été faits pour qu'un marin sache s'en défendre en déployant ou en carguant ses voiles suivant l'occasion. Or, ce promontoire au sud s'avance à trois lieues en mer; le côté du nord est plein d'écueils et de bas-fonds, et à Dieu ne plaise que *l'Ariel* s'y trouve encore une fois engagé!

— Nous le ferons sortir de la baie, Tom-le-Long, s'écria Barnstable: nous aurons des bottes de trois lieues pour faire ce trajet.

— J'ai vu de plus longues bottes être trop courtes, répondit le contre-maître en secouant la tête. Une mer houleuse, une marée montante et une côte sous le vent, sont les trois fléaux de la navigation.

Le lieutenant allait lui répondre avec son ton de plaisanterie ordinaire quand il entendit le sifflement d'un boulet qui lui passa sur la tête. Un bruit semblable au craquement d'un bois qui se fend succéda à ce sifflement, et la partie supérieure du grand mât tomba sur le tillac, entraînant dans sa chute la grande voile et ce pavillon sur lequel le contre-maître, peu de temps auparavant, s'applaudissait de voir les étoiles, emblème des États-Unis et rivales de celles de la voûte azurée.

— Voilà un coup malheureux ! s'écria Barnstable avec dépit ; mais reprenant aussitôt son ton calme et son air de sang-froid, il donna ses ordres pour qu'on nettoyât le pont, et qu'on assujettît la voile qui, agitée par le vent, aurait gêné la manœuvre.

Les funestes présages de Tom Coffin semblèrent s'évanouir dès que la nécessité l'obligea à joindre ses efforts à ceux du reste de l'équipage, et il ne fut ni le dernier ni le moins empressé à exécuter les ordres de son commandant. La perte de toutes les voiles que soutenait le grand mât rendit fort difficile de doubler le promontoire qui s'avançait à une assez grande distance dans l'Océan ; mais le bâtiment était léger et bon voilier, le capitaine était plein de zèle et d'habileté, et le schooner, entraîné par le vent contre la fureur duquel il était sans défense, doubla le cap à peu de distance de la terre, en s'écartant des brisants autant qu'on le pouvait, pendant que les matelots cherchaient à rattacher autant de voiles qu'il était possible à ce qui restait du grand mât.

Le feu de la batterie avait cessé à l'instant où *l'Ariel* avait doublé le promontoire ; mais Barnstable, dont les regards étaient alors exclusivement fixés sur l'Océan, s'aperçut bientôt que, comme son contre-maître le lui avait prédit, les éléments le menaçaient d'un danger plus imminent encore. Lorsque les avaries furent réparées autant que le permettait l'état des choses, Tom Coffin retourna à son poste près du lieutenant, et après avoir examiné avec le coup d'œil d'un marin la manière dont on venait d'arranger les voiles, il renoua la conversation.

— Ce maudit boulet, dit-il, aurait mieux fait d'emporter un membre du meilleur homme de l'équipage que de priver *l'Ariel* de sa meilleure jambe. Une grande voile ayant tous ses ris pris, peut être une voile prudente, mais c'est une pauvre voile pour faire marcher un navire.

— Et que voulez-vous donc, Coffin ? demanda Barnstable avec un mouvement d'impatience ; vous voyez que le schooner maintient sa proue en avant et s'éloigne de la côte. Croyez-vous qu'un vaisseau puisse voler en dépit d'un ouragan ? Voulez-vous que je vire vent arrière, et que je le fasse échouer ?

— Je ne veux rien, capitaine Barnstable, absolument rien, répondit le vieux marin sensible au déplaisir de son commandant; je sais que vous êtes aussi en état qu'aucun homme qui ait jamais marché sur les planches d'un tillac de lui faire prendre le large. Mais, Monsieur, quand cet officier qui voulait m'enrôler comme soldat me parlait du projet qu'on avait formé de couler à fond l'*Ariel* sur ses ancres, je me suis senti comme je ne m'étais jamais trouvé auparavant. Il me semblait que je le voyais se briser; oui, Monsieur, se briser, comme vous voyez la tête de ce mât séparée du tronc. Et, je l'avouerai, car il est aussi naturel d'aimer son navire que de s'aimer soi-même, cette vue m'a fait perdre tout mon courage.

— Allons, allons, vieux corbeau de mer, s'écria le lieutenant, occupez-vous de la manœuvre. Mais, écoutez-moi, Tom-le-Long : si votre imagination vous présente des naufrages, des requins et d'autres spectacles aussi séduisants, gardez-les à fond de cale dans votre cerveau, et ne leur faites pas voir le jour sur mon gaillard d'avant. Voyez M. Merry, et suivez son exemple. Le voilà assis sur votre canon, chantant comme s'il était enfant de chœur dans l'église de son père.

— Ah ! capitaine Barnstable, répondit le contre-maître, M. Merry est un enfant. Il ne connaît rien, et par conséquent il ne craint rien. J'obéirai à vos ordres, Monsieur, et si un seul homme de l'équipage est effrayé de l'ouragan, ce ne sera pas parce qu'il aura entendu parler le vieux Tom Coffin.

Il fit deux ou trois pas pour retourner sur le gaillard d'avant; mais il semblait s'éloigner à regret de son officier, et il revint à lui sur-le-champ.

— Capitaine Barnstable, lui dit-il, voudriez-vous bien appeler M. Merry ? Vous savez que j'ai passé sur les eaux tout le temps de ma vie, et j'ai appris que rien ne redouble la fureur du vent comme de chanter pendant un ouragan. Celui qui commande aux tempêtes est mécontent que la voix de l'homme se fasse entendre quand il lui plaît d'envoyer son propre souffle sur la surface de la mer.

Barnstable ne savait trop s'il devait rire de la faiblesse de son contre-maître ou céder à l'impression que son air grave et solennel tendait à produire au milieu d'une telle scène. Faisant un effort pour bannir l'espèce de sentiment superstitieux qui semblait se glisser dans son propre cœur, il crut pourtant devoir essayer de rendre le courage à Tom Coffin en satisfaisant à son désir. Il appela Merry comme pour lui donner quelques ordres, et le respect que le jeune midshipman avait pour son commandant interrompit tout à coup l'air joyeux qu'il chantait. Tom se retira à pas lents, soulagé en apparence par la réflexion qu'il avait gagné un point si important.

L'Ariel continua à lutter quelques heures contre les vents et les flots. Enfin les premiers rayons de l'aurore se montrèrent, et les marins inquiets furent en état de se former une idée plus exacte du danger qui les menaçait. L'ouragan augmentait de violence ; on n'avait conservé que les voiles indispensables pour empêcher le navire d'être jeté sur la côte. A mesure que la lumière augmentait, Barnstable examinait le temps avec une attention qui prouvait qu'il ne regardait plus comme oiseux les pressentiments de son contre-maître. Du côté du nord-est, des montagnes d'eau verte, couronnées d'écume, roulaient vers le rivage avec une violence à laquelle rien ne semblait pouvoir mettre des bornes; et quand le soleil levant dardait ses rayons sur les gouttes d'eau que le vent détachait du sommet des vagues, il y avait des moments où l'air semblait semé de diamants.

Du côté de la mer, la vue était encore plus effrayante. Les rochers, qui n'étaient qu'à une petite demi-lieue sous le vent du schooner, disparaissaient quelquefois derrière la masse des vagues qui semblaient vouloir s'élancer au-delà des bornes que la nature a prescrites à l'Océan. Toute la côte, depuis le promontoire éloigné du côté du sud jusqu'aux écueils bien connus qui s'étendaient dans la direction opposée, était couverte d'une large ceinture d'écume dans laquelle nul vaisseau n'aurait pu s'engager sans périr.

Cependant *l'Ariel* flottait encore légèrement sur les vagues, et paraissait jusqu'alors en sûreté, quoiqu'il descendît de temps en temps au fond des gouffres qui semblaient s'entr'ouvrir pour l'engloutir. L'évidence du danger avait frappé tout l'équipage, et les marins tantôt jetaient un regard de désespoir sur le peu de voiles qu'on avait pu déployer, tantôt portaient les yeux avec terreur sur la ligne de côtes qui semblait leur offrir une alternative si effrayante. Dillon lui-même, aux oreilles duquel le bruit du danger qu'on courait était déjà parvenu, avait quitté la cabane où il était resté caché jusqu'alors, et marchait d'un pas chancelant sur le tillac, sans que personne fît attention à lui ; mais son oreille avide dévorait les moindres paroles qui échappaient aux matelots consternés.

En ce moment d'appréhension générale, le contre-maître montrait la résignation la plus calme. Il savait qu'on avait fait tout ce qui était au pouvoir de l'homme pour écarter de la terre le petit navire, et il n'était que trop évident à ses yeux expérimentés que tout était inutile : mais, se regardant en quelque sorte comme une partie inhérente de son schooner, il était résolu à en partager le destin fatal ou favorable.

Le front de Barnstable était sombre, mais aucune considération personnelle ne causait son inquiétude ; elle prenait sa source dans cette affection presque paternelle que tout commandant de navire éprouve pour ceux qui servent sous ses ordres. L'ordre de la discipline la plus exacte continuait à être complètement observé. Deux des plus vieux marins avaient à la vérité indiqué l'intention de noyer dans l'ivresse la crainte de la mort ; mais Barnstable avait demandé ses pistolets d'un ton qui leur avait imposé sur-le-champ ; et quoiqu'il n'eût pas touché à ses armes, quoiqu'il les eût laissées sur le cabestan où on les avait placées, nul autre symptôme d'insubordination ne s'était manifesté dans l'équipage. On y remarquait même, ce qui aurait paru à un homme étranger à la mer une attention minutieuse à remplir les moindres devoirs dont chacun était chargé. On levait les câbles, on réparait avec soin les plus légers dommages qu'occasionnaient les vagues par lesquelles, à chaque instant, était balayé le pont de *l'Ariel*. Chacun apportait à toutes ces manœuvres le même zèle et la même précision que si le navire eût été à l'ancre dans une baie tranquille. En un mot, le chef exerçait encore toute son influence sur l'équipage soumis et silencieux, non par la vanité de prolonger une autorité expirante, mais pour maintenir cette unité d'action qui pouvait seule faire luire un dernier rayon d'espérance.

— L'*Ariel* ne peut résister à une pareille mer sous ces haillons de voiles, dit Barnstable au contre-maître qui, les bras croisés et avec un air de froide résignation, se balançait sur le bord du gaillard d'arrière, tandis que le schooner paraissait près d'être englouti entre deux vagues; ce pauvre *Ariel* tremble dans l'eau comme un enfant effrayé.

Tom ne lui répondit d'abord que par un profond soupir et en secouant la tête.

— Si nous avions conservé notre grand mât une heure de plus, dit-il enfin, nous aurions pu gagner le large, prendre le vent et nous écarter des écueils ; mais dans la situation où nous sommes, Monsieur, toute la science des mortels ne saurait faire marcher un navire contre le vent. Nous dérivons à la côte, et dans moins d'une heure nous serons au milieu des brisants, à moins que la volonté de Dieu ne soit de mettre fin à l'ouragan.

— Je ne vois de ressource que de jeter l'ancre, dit le lieutenant; c'est le dernier moyen de salut qui nous reste.

Tom se tourna vers son commandant, et lui répondit d'un air solennel, et avec cette assurance que l'expérience seule peut donner dans un moment de péril imminent :

— Quand notre plus gros câble serait attaché à la plus pesante de nos ancres, nous n'en chasserions pas moins, quand même il n'aurait à retenir que les planches et le fer dont *l'Ariel* est composé. Comment résister à un vent du nord et de l'Océan germanique dans l'état où nous sommes? et l'ouragan conservera toute sa force jusqu'à ce que le soleil darde ses rayons sur la terre; alors il est possible qu'il diminue de violence, car les vents semblent quelquefois respecter la gloire du firmament, et n'osent se livrer à toute leur fureur en face du soleil.

— Il faut que nous remplissions nos devoirs envers notre patrie et envers nous-mêmes, répondit Barnstable. Allez, faites épisser les deux ancres de poste, et étalinguez un câble à celle de touée; nous jetterons les deux ancres en même temps, nous filerons deux cent quarante brasses s'il le faut, et il est possible que cela sauve le schooner. Préparez tout pour cette manœuvre, et faites abattre tous les mâts ; le vent n'aura plus de prise que sur le corps du navire.

— S'il n'y avait que le vent à craindre, dit Coffin, nous pourrions encore espérer de voir le soleil se coucher derrière ces montagnes; mais où est le chanvre capable de résister au tirage d'un vaisseau qui est la moitié du temps enfoncé dans l'eau de toute la hauteur du grand mât?

L'ordre fut pourtant exécuté par l'équipage avec une soumission qui semblait celle du désespoir. Dès que les préparatifs furent terminés on jeta les ancres à la mer, après quoi l'on appliqua la hache au pied des mâts. Le bruit des vergues qui tombaient successivement sur le tillac ne parut produire aucune sensation sur l'esprit des marins au milieu de cette scène de dangers compliqués ; ils ne conservaient plus d'espérance, mais ils ne s'en acquittaient pas moins de leurs devoirs. Ils jetèrent à la mer les débris de leurs agrès, et les suivirent des yeux tandis qu'ils flottaient sur l'onde, emportés par les vagues vers les rochers. Ils éprouvaient une sorte de curiosité pénible de voir l'effet que produirait leur choc contre les écueils dont ils étaient si voisins ; mais ces débris disparurent sous l'écume de l'élément furieux. Tout l'équipage de *l'Ariel* sentit alors qu'on venait de mettre en usage le dernier moyen de salut ; et toutes les fois que le schooner s'enfonçait dans le sein de la mer qui couvrait à chaque instant le tillac, les marins croyaient voir le fer des ancres se détacher du fond, ou entendre se briser les câbles qui y retenaient le navire.

Tandis que tout l'équipage était agité par la vue d'un péril si prochain, Dillon restait sur le pont, l'œil hagard, respirant à peine et les poings fermés. Personne ne faisait attention à lui ; chacun n'était occupé qu'à songer à quelques moyens de sûreté. Il semblait dans l'angoisse du désespoir, et, voulant apprendre si l'on conservait encore quelque chance de salut, il se hasarda à s'approcher du contre-maître appuyé sur son canon et entouré du petit groupe de matelots qui jetaient sur Dillon des regards courroucés qui semblaient le menacer d'une vengeance expéditive, mais que son extrême agitation l'empêchait de comprendre.

— Si vous êtes las de ce monde, lui dit Tom Coffin, quoiqu'il soit probable que ni vous ni moi nous n'avons pas bien longtemps à y rester, vous n'avez qu'à vous approcher de nos matelots. Mais si vous avez besoin de quelques instants pour faire l'addition des comptes de votre voyage sur la terre avant le débarquement en face de votre Créateur, et d'entendre le rapport écrit sur les registres du ciel, je vous conseille de vous tenir le plus près possible du capitaine Barnstable ou de son vieux contre-maître.

— Me promettez-vous de me sauver si le navire fait naufrage ?

s'écria Dillon, entendant avec ravissement les premières paroles d'intérêt qui lui eussent été adressées depuis qu'il se trouvait pour la seconde fois au pouvoir des Américains ; si vous le voulez, je vous promets de vous faire vivre dans l'aisance, dans la richesse, tout le reste de votre vie.

— Vous avez déjà trop mal tenu vos promesses pour la paix de votre âme, lui répondit Coffin avec sévérité, quoique sans amertume : mais je n'aurais pas le cœur de frapper même une baleine quand je la vois perdre tout son sang.

Les nouvelles supplications de Dillon furent interrompues par un cri terrible que poussa tout l'équipage, et qui parut ajouter encore à l'horreur de la tempête. Le schooner s'éleva en même temps sur le sommet d'une énorme vague, retomba ensuite dans l'abîme qu'elle avait entr'ouvert, se releva sur une autre, et fut entraîné vers la côte comme une coquille de noix descendant une cataracte.

— Le câble des ancres est brisé ; dit Tom Coffin avec tout le sang-froid que peuvent donner le courage et la résignation ; mais il faut du moins rendre la fin du pauvre *Ariel* aussi douce que possible.

En parlant ainsi il saisit le gouvernail et donna au navire la direction nécessaire pour que la proue fût la première partie qui touchât les écueils.

Le visage de Barnstable trahit un moment l'angoisse qui l'agitait ; mais presque aussitôt il reprit son ton d'enjouement en s'adressant à son équipage :

— Du courage et du calme, mes enfants, s'écria-t-il, tout espoir n'est pas encore perdu pour *vous*. Nous tirons si peu d'eau que nous avancerons bien près des brisants, et nous sommes à marée basse. Préparez les barques, armez-vous de fermeté.

A ces mots, l'équipage sortant d'une sorte de stupeur, lança une des barques à la mer. C'était celle que montait ordinairement Tom Coffin. Les marins qui en étaient les rameurs habituels y descendirent, et eurent besoin d'employer tous leurs efforts pour la maintenir sans danger près du schooner. Ils appelèrent à grands cris le contre-maître ; mais Tom secoua la tête sans leur répondre, et resta la main appuyée sur le gouvernail et les yeux fixés sur les brisants vers lesquels le navire s'avançait rapidement. La seconde barque, qui était la plus grande, fut emportée par une vague, à l'instant où l'on allait la lancer aussi à la mer ; mais le tumulte et l'agitation du moment rendaient l'équipage presque insensible à l'horreur de cette scène.

Un cri perçant du contre-maître : — Prenez garde à vous ! tenez-vous fermes ! rappela ses compagnons au souvenir de leur situation périlleuse, et au même instant une vague soulevant l'*Ariel* le fit tomber en se retirant sur une pointe de rocher. Le choc fut tel que tous ceux qui avaient négligé de suivre l'avis de Tom Coffin furent jetés sur le tillac. La terreur fut générale ; cependant les marins plus expérimentés crurent un instant que le plus grand danger était passé ; mais une vague plus furieuse encore que celle qui l'avait précédée enleva de nouveau le navire, et le précipita contre les écueils, tandis qu'une lame d'eau entrant par l'arrière balaya le pont avec une violence presque irrésistible. Les marins consternés virent en ce moment la barque qu'ils avaient perdue lancée par une autre vague contre les brisants, et il n'en resta pas une seule planche. Mais l'*Ariel* se trouvait alors sur les rochers dans une position qui paraissait devoir le garantir quelques moments de la fureur des flots.

—Partez, mes enfants, partez, dit Barnstable quand cette crise d'incertitude terrible fut passée ; il vous reste encore une barque, et elle peut vous conduire bien près du rivage. Allez, mes enfants, que Dieu vous protège ! Vous vous êtes conduits avec honneur et fidélité ; j'espère qu'il ne vous abandonnera pas. Partez pendant que nous avons un moment de répit.

Les marins se jetèrent en masse dans la barque, qui s'enfonçait presque sous le fardeau inusité dont elle était chargée ; mais quand ils se regardèrent les uns les autres, ils virent que Barnstable, Merry, Dillon et Tom Coffin étaient encore sur l'*Ariel*. Le lieutenant se promenait d'un air pensif et mélancolique sur le tillac de son schooner, tandis que le midshipman, lui prenant le bras, le suppliait, sans en être écouté, de quitter le navire naufragé. Dillon fit plus d'une tentative pour passer dans la barque ; mais chaque fois qu'il s'approchait du bord du navire les matelots lui faisaient des gestes menaçants qui l'obligeaient à s'éloigner avec désespoir. Tom s'était assis sur le pied du beaupré dans l'attitude calme de la résignation, et, ne répondait aux cris répétés de ses compagnons qu'en leur faisant signe de gagner le rivage.

— Ecoutez-moi, monsieur Barnstable, dit Merry les larmes aux yeux : si ce n'est pas pour moi, si ce n'est pas pour vous-même, si ce n'est pas par l'espoir que nous devons conserver en la merci de Dieu, que ce soit pour l'amour de ma cousine Catherine ! Descendez dans la barque !

Le jeune lieutenant s'arrêta, jeta un regard sur les rochers dont elle était entourée, et parut hésiter un moment ; mais l'instant d'ensuite il reporta ses yeux sur son navire échoué, et s'écria :

— Jamais ! Merry ! jamais ! si mon heure est arrivée, je saurai subir mon destin.

— Ayez pitié de ces braves gens, dit Merry ; la première vague un peu forte brisera la barque contre le schooner Ne les entendez-vous pas crier qu'ils ne partiront pas sans vous ?

Barnstable lui montra du doigt la barque, et lui ordonna d'un ton ferme d'y entrer ; après quoi il se détourna en silence.

— Eh bien ! s'écria l'intrépide jeune homme, si c'est le devoir d'un lieutenant de rester sur un bâtiment naufragé, ce doit en être un pour un midshipman. Partez, mes amis ! partez, ni M. Barnstable ni moi nous ne quitterons *l'Ariel*.

— Jeune homme, votre vie m'a été confiée, et c'est moi qui en suis responsable, dit Barnstable ; et au même instant, saisissant Merry en dépit de tous ses efforts, il le mit entre les bras de quelques matelots qui le placèrent dans la barque. Partez maintenant, ajouta-t-il, et que Dieu veille sur vous, car votre barque n'est déjà que trop chargée.

Les marins ne se pressèrent pas d'obéir, car ils voyaient le contre-maître se lever et s'avancer vers eux à grands pas, et ils s'imaginèrent que, changeant d'avis, il allait descendre dans la barque, et qu'il déterminerait leur commandant à en faire autant. Mais Tom, imitant l'exemple que Barnstable venait de lui donner, le saisit brusquement entre ses bras, et le tint suspendu au dehors du bâtiment jusqu'à ce que quelques matelots s'en fussent emparés pour le placer dans la barque. Au même instant il détacha la corde qui retenait encore ce frêle esquif. Levant alors ses larges mains vers le ciel, il s'écria :

— Quant à moi, que la volonté de Dieu s'accomplisse ! j'ai vu clouer la première planche de *l'Ariel*, et quand j'aurai vu la dernière s'en détacher, je ne désire pas vivre plus longtemps.

Ses camarades n'entendirent qu'à peine ces paroles. Dès que la barque ne fut plus retenue par la corde, elle fut entraînée rapidement par les vagues, car elle était trop chargée pour qu'il fût possible de la gouverner. Tom immobile la suivait des yeux; il la vit pour la dernière fois sur le sommet d'une vague écumante, elle semblait descendre dans un abîme, et la vague suivante n'offrit plus à ses regards que quelques débris. Il vit alors des têtes et des bras s'élever au-dessus des ondes; les uns faisaient les plus grands efforts pour gagner le rivage, car la marée continuant à baisser laissait apercevoir les sables à peu de distance; les autres, incapables de lutter contre la fureur des flots, ne faisaient que les mouvements que leur inspirait le désespoir.

Le brave marin poussa un cri de joie quand il vit Barnstable mettre le pied sur le sable, entraînant Merry d'une main. Quelques marins gagnèrent le même endroit; d'autres furent portés un peu plus loin, mais ils arrivèrent au rivage en sûreté. Tom alla se rasseoir sur le pied du beaupré, et détourna ses regards pour ne pas voir les restes inanimés de plusieurs de ses compagnons, brisés contre les rochers avec une force qui leur laissait à peine quelque chose de la forme humaine.

Il ne restait plus alors sur *l'Ariel* que Dillon et le contre-maître. Le premier avait considéré avec une sorte de désespoir stupide la scène que nous venons de décrire; mais une idée qui se présenta à son imagination fit accélérer les battements de son cœur, et il s'approcha de Tom Coffin avec cette espèce de sentiment d'égoïsme qui fait paraître plus supportable un malheur sans remède quand un autre le partage.

— Quand la marée sera au plus bas, lui dit-il d'une voix tremblante, quoique ses paroles indiquassent quelque espérance, l'eau ne sera plus assez profonde pour nous empêcher de gagner la terre de pied ferme.

— Il a existé un être, mais il n'en a existé qu'un seul sous les pieds duquel l'eau était la même chose que le tillac d'un vaisseau, répondit le contre-maître d'un ton grave et sérieux, et il faudrait avoir sa toute-puissance pour pouvoir aller d'ici jusqu'aux sables en marchant. Le vieux marin regardait Dillon avec un mélange de mépris et de pitié, et il ajouta : — Si vous aviez pensé plus souvent à lui pendant le beau temps, vous seriez moins à plaindre pendant la tempête.

— Croyez-vous donc que le danger soit imminent?

— Pour ceux qui ont lieu de craindre la mort. Écoutez ! Entendez-vous ce bruit sous vos pieds ?

— C'est le vent qui frappe contre les flancs du navire.

— C'est le pauvre navire lui-même qui fait entendre ses derniers gémissements. L'eau perce sa quille, et dans quelques minutes le plus beau schooner qui ait jamais fendu les ondes sera semblable aux copeaux qui tombent du tronc d'arbre qu'on équarrit.

— Et pourquoi donc restez-vous ici ? s'écria Dillon d'un air égaré.

— Pour que *l'Ariel* me serve de cercueil, si c'est la volonté de Dieu. Ces ondes sont pour moi ce que la terre est pour vous. Je suis né sur la mer, et j'ai toujours pensé qu'elle serait mon tombeau.

— Mais, moi, moi, s'écria Dillon, je ne suis pas prêt à mourir, je ne puis mourir, je ne veux pas mourir !

— Pauvre insensé ! il faut que vous partiez comme le reste des hommes. Quand l'heure du quart de la mort est arrivée, personne ne peut refuser de paraître à l'appel.

— Je sais nager, continua Dillon en courant avec empressement au bord du navire. Si j'avais seulement quelques pièces de bois pour m'aider !

— Il n'y en a plus ; tout a été jeté à la mer ou entraîné par les vagues. Si vous voulez tâcher de sauver votre vie en nageant, ne prenez avec vous qu'une conscience purifiée, le courage du cœur et la confiance en Dieu.

— En Dieu ! répéta Dillon dans un accès de délire ; je ne connais pas de Dieu ! il n'y a pas de Dieu qui me connaisse !

— Silence, blasphémateur ! s'écria le contre-maître d'une voix imposante qui semblait commander aux éléments, silence !

L'espèce de mugissement sourd que faisait entendre en ce moment la quille de *l'Ariel*, cédant à la pression de l'eau, ajouta encore au désespoir de Dillon ; il ne prit plus conseil que de ses alarmes, et il se précipita lui-même dans la mer.

Les vagues, comme repoussées par les rochers de la côte, formaient des contre-courants au milieu desquels se trouvait le schooner ; la force en était telle, qu'à quelque distance du navire tous les efforts de Dillon ne purent la vaincre. Il était bon nageur, léger, vigoureux, et il lutta longtemps avec le courage du désespoir, excité par la vue du rivage, quoiqu'il ne gagnât pas un pied de terrain.

Le contre-maître, qui avait d'abord suivi des yeux ses mouvements avec une indifférence insouciante, vit alors d'un coup d'œil le danger de la situation de Dillon, et ne pensant plus au destin qui le menaçait lui-même, il lui cria d'une voix si forte que le vent la porta aux oreilles de ceux de ses compagnons qui venaient de gagner les sables :

— Faites une bordée à bâbord! sortez du courant! tournez le gouvernail au sud!

Dillon entendit le son de sa voix; mais déjà comme anéanti par la terreur, il ne put comprendre l'avis qui lui était donné. Un instinct machinal le fit pourtant changer de direction, et il tourna la tête de nouveau du côté de *l'Ariel*. Le courant établi entre les rochers l'entraînait obliquement jusqu'à peu de distance de *l'Ariel*. Abrité par le corps du navire, il n'avait plus alors à combattre que les flots; mais ses forces étaient épuisées, et quoiqu'il luttât encore avec courage, il ne pouvait surmonter la résistance qu'il rencontrait.

Tom Coffin jeta les yeux autour de lui, pour voir s'il trouverait une corde; mais tous les câbles, tous les cordages avaient été jetés à la mer avec les vergues, ou entraînés par les vagues. Ses regards rencontrèrent en ce moment ceux du malheureux Dillon. Quoique accoutumé à des spectacles d'horreur, le vieux marin porta involontairement la main sur ses yeux pour éviter ces regards rendus terribles par le désespoir; et quand un instant plus tard il l'eut laissée retomber sur ses genoux, il aperçut Dillon luttant encore contre les flots avec de vains efforts pour regagner le bâtiment naufragé, afin de prolonger de quelques instants une existence dont il n'avait pas su profiter pour se préparer à une autre vie.

— Il va bientôt connaître son Dieu, se dit Tom Coffin, et il apprendra que son Dieu le connaît.

A peine avait-il prononcé ces mots qu'une vague furieuse vint frapper *l'Ariel*, qui ne put résister à ce choc; toutes ses planches ébranlées se désunirent, et la mer en entraîna les débris sur les rochers avec le corps du brave et simple contre-maître.

CHAPITRE XXV.

> Elseneur, pensons à ceux qui dorment sous les vagues profondes de ton océan orageux.
> CAMPBELL.

Les heures parurent bien longues et bien pénibles à Barnstable, jusqu'à ce que la mer, en se retirant, eût laissé les sables à découvert, et lui permît de chercher les corps de ses compagnons victimes de la tempête. A mesure qu'on en trouvait un, et dès qu'on s'était assuré que tout principe de vie était éteint en lui, on l'enterrait, aussi décemment que la circonstance le permettait, sur les bords mêmes de cet élément sur lequel la plupart d'entre eux avaient passé toute leur vie. Mais celui que le lieutenant connaissait depuis si longtemps, celui qu'il affectionnait par prédilection, manquait encore, et il se promenait à grands pas sur les sables dans l'espace que la mer laissait libre en ce moment entre le pied des rochers et l'océan furieux ; ses regards inquiets, toujours fixés sur les ondes, examinaient tous les débris du navire que les vagues continuaient à jeter sur le rivage. Il compta alors pour la première fois les marins qui s'étaient sauvés à la nage avec lui, en trouva douze, non compris les deux officiers, et il reconnut que, de tous ceux qui au moment du naufrage l'avaient suivi dans la barque, il ne lui manquait que deux individus.

— Ne me dites pas qu'il est impossible qu'il se soit sauvé, Merry, s'écria Barnstable avec une agitation qu'il cherchait en vain à cacher au jeune midshipman attentif à tous les mouvements inquiets de son commandant. Combien de fois a-t-on vu des marins s'échapper après un naufrage, sur les débris de leur bâtiment? Ne voyez-vous pas combien de planches la mer a jetées sur ce rivage, quoiqu'il y ait une bonne demi-lieue de l'endroit où le schooner a péri? L'homme que j'ai placé en vedette sur le haut des rochers ne nous fait-il pas encore le signal pour nous annoncer qu'il le reconnaît?

— Pas le moindre, Monsieur, répondit Merry, et nous ne devons pas nous attendre à le revoir jamais, quoiqu'on l'ait vu se soutenir sur l'eau une heure entière quand une baleine renversait sa barque. Nos matelots m'ont assuré qu'il a dit bien des fois que jamais il n'abandonnerait son vaisseau s'il venait à échouer, et qu'il ne chercherait même pas à conserver ses jours en se mettant à la nage. Dieu sait, ajouta-t-il en essuyant à la dérobée une larme qui lui mouillait les yeux, et qu'il craignait qu'on n'attribuât à la faiblesse de son âge ; Dieu sait que je préférais Tom Coffin à tous les marins de son grade qui se trouvaient à bord de nos deux bâtiments. Vous veniez bien rarement sur la frégate sans qu'il vous accompagnât, et chacun s'assemblait autour de lui pour l'entendre raconter ses longues histoires et lui faire bon accueil ; car tout le monde l'aimait, monsieur Barnstable. Mais l'affection ne peut rendre la vie aux morts.

— Je le sais, je le sais, dit Barnstable avec une voix rauque qui prouvait combien il était ému ; je ne suis pas assez fou pour croire à l'impossible ; mais tant qu'il me restera le moindre espoir qu'il vit encore, je n'abandonnerai jamais le pauvre Tom Coffin à un destin si déplorable. Songez, Merry, qu'en ce moment peut-être il songe à nous, et prie son Créateur de diriger nos yeux vers lui; car, je puis vous l'assurer, Tom Coffin priait souvent Dieu, quoiqu'il le fît quand il était de quart et silencieusement.

— S'il eût été si attaché à la vie, répondit le midshipman, il aurait fait plus d'efforts pour la conserver.

Barnstable s'arrêta tout à coup et regarda son compagnon de manière à lui faire entendre qu'il commençait à partager sa conviction. Mais comme il allait lui adresser la parole, ses marins poussèrent de grands cris, et s'étant tourné vers eux, il en vit quelques uns qui étendaient le bras vers la mer d'un autre côté, comme pour leur montrer quelque objet encore éloigné. Le lieutenant et le midshipman coururent à eux, et quand ils y furent arrivés, ils virent distinctement le corps d'un homme tantôt soulevé par les vagues, tantôt disparaissant sous leur écume, et ayant déjà franchi la dernière ligne des brisants : enfin une vague le jeta sur le sable, et l'y laissa en se retirant.

— C'est mon pauvre contre-maître ! s'écria Barnstable; et suivi de Merry et de tous ses marins, il courut vers l'endroit où la mer venait de déposer sa victime. Mais quand il en fut à deux ou trois pas, il s'arrêta tout à coup, et il lui fallut quelques instants pour recueillir ses sens et s'écrier avec horreur :

— Voyez ce misérable, Merry ! son visage n'est pas mutilé, et cependant ses yeux ont encore cet éclat sauvage que donne le plus affreux désespoir. Ses mains sont ouvertes et étendues comme s'il voulait encore lutter contre les flots.

— C'est le Jonas ! c'est le Jonas ! s'écrièrent les marins avec une exclamation farouche ; rejetons ce cadavre à la mer ! qu'il serve de pâture aux requins !

Barnstable s'était détourné avec dégoût, mais quand il entendit ces projets d'une vengeance aussi lâche qu'impuissante, il se retourna et dit d'une voix qui attirait encore le respect de l'obéissance :

— Silence ! voulez-vous déshonorer la nature humaine et votre profession en vous abandonnant à un indigne esprit de vengeance contre celui qui a déjà été soumis au jugement de Dieu ! Il ajouta à ce peu de mots un geste expressif pour qu'on donnât la sépulture à Dillon et se retira à pas lents.

— Enterrez-le dans le sable, camarades, dit Merry quand son commandant fut à quelque distance ; la marée prochaine se chargera de son exhumation.

Les marins exécutèrent cet ordre, et le midshipman alla rejoindre son lieutenant, qui continua à se promener le long du rivage, s'arrêtant de temps en temps pour jeter des regards inquiets vers la mer, et se remettant ensuite en marche d'un pas qui exigeait que son jeune compagnon fît les plus grands efforts pour se maintenir à son côté. Enfin, après avoir encore passé deux heures de cette manière à faire des recherches inutiles, il perdit tout espoir de jamais revoir son fidèle contre-maître.

— Voilà déjà le soleil qui descend derrière les rochers, dit Barnstable, et ce serait bientôt le temps de placer le quart du guidon. Mais sur quoi aurions-nous à veiller ? La mer et les rochers ne nous ont pas même laissé une planche entière pour nous reposer cette nuit.

— On a ramassé sur les sables plusieurs objets utiles, répondit Merry ; des barils de vivres pour nous nourrir, et une caisse d'armes pour nous défendre contre nos ennemis.

— Et quels seront nos ennemis ? demanda Barnstable avec amertume ; prendrons-nous l'Angleterre à l'abordage avec nos douze piques ?

— Probablement nous ne mettrons pas toute l'île à contribution, dit le midshipman qui étudiait l'expression des regards de son commandant ; mais nous pouvons trouver de la besogne jusqu'à ce que le cutter revienne de sa recherche de la frégate ; car j'espère que notre situation n'est pas assez désespérée pour nous rendre à nos ennemis comme prisonniers ?

— Prisonniers ! s'écria le lieutenant ; non, Merry, non, nous n'en sommes pas encore réduits là. L'Angleterre a pu causer la perte de mon schooner, mais elle n'a pas obtenu d'autre avantage sur nous. C'était un charmant navire, Merry, digne de servir de modèle ; le plus léger, le meilleur voilier qu'on ait jamais construit. Vous souvenez-vous que je donnai à la frégate mes huniers pour sortir de la baie de Chesapeak ? Je pouvais m'en passer quand la mer était calme et le vent favorable ; mais dans le gros temps, Merry, ce pauvre *Ariel* demandait à être ménagé.

— Le plus gros mortier de fonte aurait été brisé en morceaux à l'endroit où *l'Ariel* a péri.

— Oui, on ne devait pas espérer qu'il pût tenir sur un pareil lit de rochers. Je l'aimais, Merry ; je l'aimais tendrement. C'est le premier navire que j'aie commandé. Il ne s'y trouvait pas une planche, pas une cheville que je ne connusse et que je n'aimasse.

— Je crois, Monsieur, qu'il est aussi naturel à un marin d'aimer le bois et le fer qui l'ont porté sur les profondeurs de l'Océan tant de jours et tant de nuits, qu'il l'est à un père de chérir les membres de sa propre famille.

— Sans doute, Merry, sans doute, et davantage encore.

Pendant que Barnstable parlait ainsi, le jeune midshipman sentit la main de son commandant lui saisir le bras avec une étreinte presque convulsive.

— Et cependant, Merry, ajouta-t-il, l'homme ne peut aimer l'ouvrage de ses propres mains autant que l'œuvre du Créateur, il ne peut avoir pour son vaisseau le même sentiment d'affection que pour les compagnons de ses travaux. J'ai fait voile avec Tom pour la première fois, Merry : j'avais alors votre âge ; tout présentait à mes yeux l'image du plaisir et du bonheur ; je ne connaissais rien, et je ne craignais rien, comme je le lui ai entendu dire à lui-même ; je m'étais dérobé de la maison paternelle, et il fit pour moi ce que nul parent n'aurait pu faire dans ma situation ; il me servit de père et de mère sur l'Océan ; il passa des jours, des mois, des ans, à m'apprendre notre profession ; il me suivit ensuite de navire en navire, de mer en mer, et il ne m'a quitté que pour attendre la mort où j'aurais dû la trouver, comme s'il eût senti la honte de laisser périr le pauvre *Ariel* sans aucun témoin de ses derniers moments.

— Non, non, s'écria Merry ; c'est son orgueil superstitieux qui... Mais s'apercevant que Barnstable se couvrait le visage des deux mains, comme pour cacher sa sensibilité, il se tut par respect pour son officier, dont il ne pouvait voir l'émotion sans la partager lui-même, et il fut presque aussi soulagé que son lieutenant quand il vit tomber ses larmes.

Merry avait vu avec un profond respect l'air imposant et sévère de son commandant dans les moments de danger ; traité par lui avec une cordialité franche aux heures où l'autorité faisait place à l'amitié, il avait conçu pour Barnstable une vive affection ; mais en cette occasion, assis à côté de lui sur une pointe de rocher, il le regardait en silence avec un attendrissement presque religieux. Barnstable parvint enfin à calmer son agitation ; ses traits devinrent plus sereins malgré un reste de sombre fierté dans son regard ; et s'étant levé, il prit la parole d'un ton si brusque que le jeune midshipman ne put s'empêcher d'en tressaillir.

— Allons, Monsieur, allons ; que faisons-nous ici ? Ces pauvres diables qui sont là-bas n'attendent-ils pas nos ordres et nos avis sur ce qu'ils doivent faire dans leur malheureuse position ? Marchons, monsieur Merry ; ce n'est pas le temps de vous amuser à dessiner sur le sable avec la pointe de votre poignard. La marée va bientôt descendre, et nous serons trop heureux si nous trouvons parmi ces rochers quelque caverne pour reposer notre tête. Occupons-nous-en pendant que le soleil nous éclaire encore, et voyons si nous avons des vivres pour nous nourrir et des armes pour résister à nos ennemis, jusqu'à ce que nous puissions nous remettre en mer.

Le jeune homme, à qui l'expérience n'avait pas encore appris à connaître les effets des réactions des passions, se leva avec surprise à cet ordre inattendu qui le rappelait à son devoir, et il suivit son lieutenant qui marchait à grands pas vers ses marins. Barnstable ne tarda pourtant pas à reconnaître que son chagrin lui avait inspiré un ton de sévérité injuste ; et ralentissant sa marche, il reprit insensiblement avec Merry le ton de franchise et de cordialité qui lui était habituel, quoiqu'il conservât une mélancolie que le temps seul pouvait dissiper.

— Nous avons été malheureux, Merry, dit Barnstable quelques instants après qu'ils eurent rejoint leurs compagnons; mais il ne faut pas nous livrer au désespoir. Je vois que ces braves gens ont trouvé des provisions en abondance, et avec nos armes nous pouvons nous emparer de quelque petit bâtiment ennemi, et rejoindre la frégate quand cette tempête se sera calmée. En attendant il faut nous tenir cachés, ou nous verrons les Habits Rouges fondre sur nous, comme les requins se rassemblent autour d'un bâtiment naufragé. Pauvre *Ariel!* Voyez, Merry, on n'aperçoit pas sur toute la côte deux planches qui tiennent ensemble.

Le midshipman, sans paraître faire attention à cette allusion soudaine à leur navire, crut plus prudent de revenir à un autre sujet d'entretien que cette dernière réflexion avait interrompu.

— Je vois à peu de distance de nous, du côté du sud, Monsieur, dit-il, une ouverture qui conduit dans l'intérieur du pays, près de ce ruisseau qui porte ses eaux à la mer; nous pourrions peut-être trouver une retraite dans le bois que vous apercevez plus loin, jusqu'à ce qu'il nous soit possible de visiter les côtes et de nous rendre maître de quelque bâtiment.

— J'aurais quelque satisfaction à attendre jusqu'au quart du matin, et à surprendre cette maudite batterie qui a emporté la meilleure jambe de l'*Ariel*. Cette entreprise n'est pas impossible, Merry; et une fois maîtres de ce poste, nous pourrions nous y maintenir jusqu'à l'arrivée de l'*Alerte* ou de la frégate.

— Si vous voulez, au lieu de prendre des vaisseaux à l'abordage, emporter des forteresses d'assaut, nous en avons une bâtie en pierres, précisément en poupe. Je l'ai aperçue de loin quand j'ai été placer votre vedette sur la hauteur, et... et...

— Expliquez-vous Merry; nous sommes dans un moment où il faut parler librement.

— Et la garnison, Monsieur, ne serait peut-être pas entièrement composée d'ennemis. Nous pourrions délivrer M. Griffith et le capitaine Manuel, et... et...

— Eh bien, Monsieur?

— Et j'aurais probablement l'occasion de voir mes cousines Cécile et Catherine.

Barnstable s'animait en écoutant Merry, et il retrouva, en lui répondant, une partie de son enjouement habituel.

— Oui, sans doute, oui. La délivrance de nos camarades et de nos soldats de marine dépend peut-être de nous ; ce serait une entreprise militaire. Tout le reste ne serait que par forme d'incident, comme la capture d'une flotte après la défaite des vaisseaux qui la convoient.

— Je suppose que, si nous prenons l'abbaye, le colonel Howard se reconnaîtra prisonnier de guerre.

— Sans contredit, de même que ses pupilles. Il y a du bon sens dans votre projet, Merry, et je vais y réfléchir mûrement ; mais parlez à nos marins, encouragez-les, afin de les maintenir en bonnes dispositions pour nous seconder dans notre entreprise.

Ils se rapprochèrent de leurs compagnons, dont ils s'étaient un peu écartés pendant cette conversation. Barnstable leur parla avec un accent de confiance et d'amitié. Après avoir défoncé un des barils de biscuit qui avaient été ramassés sur la côte dans l'étendue de plus d'un mille, le lieutenant donna ordre aux marins de s'armer aussi complètement qu'ils le pourraient, et de se charger de provisions suffisantes pour vingt-quatre heures. Ces ordres furent bientôt exécutés, et la petite troupe, conduite par Barnstable et Merry, se mit en marche le long des rochers pour trouver l'ouverture par où le ruisseau qu'ils avaient vu jetait ses eaux dans la mer. Le mauvais temps et le lieu solitaire et écarté dans lequel ils se trouvaient contribuèrent plus que toute autre chose à les empêcher d'être découverts, car ils marchaient sans autre précaution que celle du silence.

Quand ils furent entrés dans le profond ravin où coulait le ruisseau, Barnstable fit faire halte, et monta jusqu'à une certaine hauteur sur le rocher, car il sentait qu'il ne pouvait s'éloigner de la mer sans y jeter un dernier coup d'œil. Tandis qu'il portait avec tristesse ses regards du nord au sud dans toute l'étendue de l'horizon, le jeune midshipman qui l'avait suivi s'écria :

— Une voile ! une voile au large ! il faut que ce soit la frégate !

— Une voile ! où voyez-vous une voile pendant une pareille tempête ? Serait-il possible qu'un autre navire fût aussi malheureux que l'a été le nôtre ?

— Regardez à tribord de cette pointe de rocher sous le vent. Ah ! on ne le voit plus. Tenez, voilà un rayon du soleil qui l'éclaire !

C'est une voile, Monsieur! aussi sûr qu'une voile peut s'étendre par un tel ouragan.

— Je vois ce que vous voulez dire, Merry; mais on dirait que c'est une mouette volant à fleur d'eau. Ah! le voilà soulevé par une vague! oui, c'est un bâtiment. Donnez-moi votre lunette, Merry; nous avons peut-être des amis en mer.

Merry attendait avec l'impatience d'un jeune homme le résultat de l'examen de son lieutenant, et il ne tarda pas à lui demander :

— Eh bien! que pensez-vous? est-ce la frégate ou le cutter?

— Il semble qu'il nous reste encore quelque espoir. C'est un vaisseau à la cape, vent dessus, vent dedans. Si l'on osait se montrer sur le sommet de ce rocher, il serait plus facile de s'assurer si c'est notre frégate. Mais je crois reconnaître ses vergues, quoique sa grande voile disparaisse à chaque instant entre les vagues, et qu'on ne voie plus que la pointe nue de ses mâts, raccourcis de leurs perroquets.

— On jurerait, dit Merry que le plaisir rendait volontiers ironique, que le vieux capitaine Munson s'est promis de ne jamais porter ses perroquets quand il ne peut y attacher de voiles. Je me rappelle qu'un soir M. Griffith, ayant un peu d'humeur, disait autour du cabestan qu'il supposait que le premier ordre serait de rentrer les beauprés et de mettre à la serre les mâts à pible.

— Oui, oui, Griffith est un nonchalant; il se perd quelquefois dans les rêveries, et je suppose que le vieux modéré était alors dans une brise. Quoi qu'il en soit, il paraît sérieusement occupé dans ce moment. Il faut qu'il se soit tenu en pleine mer pendant le plus fort de la tempête, car il n'aurait jamais pu maintenir son vaisseau dans la position où il se trouve. Je crois vraiment qu'il se souvient qu'il y a quelques uns de ses officiers et une partie de son équipage sur cette île maudite. Cela n'est pas malheureux, Merry; car si nous nous emparons de l'abbaye, nous saurons où placer nos prisonniers.

— Il faut prendre patience jusqu'au matin, car une barque ne pourrait venir à la côte par un pareil temps.

— Venir à la côte! Non, non. N'avez-vous pas vu périr sur les brisants la meilleure barque qui ait jamais été mise en mer? mais le vent diminue, et d'ici au matin la mer tombera. Remettons-nous en marche, et cherchons une retraite où ces pauvres diables puissent être plus à l'aise.

Les deux officiers descendirent du rocher, et se remettant à la tête de leur troupe, ils continuèrent à remonter le ravin pendant quelque temps, après quoi ils se trouvèrent dans un bois épais.

— Nous allons voir des ruines dans ces environs, dit Barnstable, si mes calculs sont justes et que j'aie bien estimé les distances : mais un moment ; j'ai sur moi une carte qui parle d'un pareil point de reconnaissance.

Le lieutenant détourna les yeux en voyant l'expression maligne de ceux du jeune midshipman, lorsque celui-ci demanda en souriant :

— Cette carte a-t-elle été dressée par quelqu'un qui connaît bien la côte, Monsieur, ou est-ce l'ouvrage d'un écolier qui l'a calquée sur une autre, comme les jeunes filles apprennent à marquer d'après le modèle qu'elles ont sous les yeux ?

— Allons, jeune homme, point de raillerie ! Regardez devant vous ! Ne voyez-vous pas une habitation qui a l'air d'être déserte ?

— Sans contredit. Je vois un amas de pierres aussi sales et en aussi mauvais état que si c'était une caserne de soldats. Est-ce là ce que vous cherchez ?

— Sur ma foi ! ces ruines couvrent tant de terrain qu'elles ont dû former un village. On appellerait cela une cité en Amérique, et l'on y placerait un maire, des aldermen et un juge. On mettrait le vieux Faneuil-Hall[1] dans un de ces *boulins*.

Pendant cette conversation, que Barnstable continuait en partie pour que ses marins ne vissent aucun changement dans ses manières, ils approchaient des murs en ruines qui avaient offert une si faible protection à Griffith, à Manuel et à leurs compagnons.

Après avoir bien reconnu le local, les marins prirent possession d'un des appartements les moins dégradés pour y goûter le repos dont les avait privés la tempête de la nuit précédente.

Barnstable attendit que ses gens fussent profondément endormie, et éveillant alors le jeune midshipman, qui avait cédé au sommeil dès qu'il avait eu la tête appuyée à terre, il lui fit signe de le suivre. Merry se leva sur-le-champ, et sortant tous deux de l'appartement sans faire le moindre bruit, ils s'enfoncèrent plus avant dans les ruines.

---

1. Cet édifice est plus d'une fois nommé dans *Lionel Lincoln*; c'est la maison de ville de Boston.

CHAPITRE XXVI.

MERCURE. — Je te promets de redevenir Sosie.
DRYDEN. *Amphitryon.*

Nous laisserons nos deux aventuriers cherchant leur chemin à travers les débris de murs, et passant hardiment sous ces voûtes chancelantes, pour conduire le lecteur dans un lieu où l'on se trouvait plus à l'aise, c'est-à-dire dans l'abbaye de Sainte-Ruth.

Nous y avons pourtant laissé le capitaine Borroughcliffe dans une situation qui n'était nullement agréable; mais comme dans l'intervalle la terre avait presque accompli sa révolution journalière, il était arrivé des circonstances qui avaient amené sa délivrance; et personne n'aurait pu deviner que l'officier assis à la table hospitalière du colonel Howard, faisant honneur à chaque mets et surtout aux flacons, l'air satisfait et riant, venait de garder dans la bouche, pendant quatre longues heures, le pommeau de sa propre épée.

C'est pourtant un fait constant que le capitaine Borroughcliffe occupait son poste ordinaire à table, et y soutenait même dignement la réputation qu'il avait acquise, avec son sang-froid habituel; par moments toutefois son sourire annonçait qu'il cherchait à envisager son aventure du côté plaisant.

Dans le jeune homme qui était assis près de lui, couvert de la jaquette bleue d'un simple marin, et dont le collet d'une chemise fine et blanche contrastait fortement avec le mouchoir de soie noire noué négligemment autour de son cou, et dont l'air d'aisance et les manières distinguées formaient un contraste encore plus frappant avec son costume, le lecteur ne peut manquer de reconnaître Griffith. Il s'occupait beaucoup moins des mets placés sur la table que de sa voisine; il affectait pourtant de donner au repas plus d'attention qu'il n'avait coutume de le faire, parce qu'une voix intérieure l'avertissait qu'il diminuait ainsi l'embarras de la jeune personne qui occupait le haut de la table, et dont les joues étaient couvertes d'une aimable rougeur.

La vive Catherine Plowden était à côté de la douce miss Dunscombe, et ses yeux s'attachaient quelquefois avec une sorte d'intérêt comique sur la taille droite et raide du capitaine Manuel, placé en face d'elle. Une chaise avait été préparée pour Dillon, mais elle restait vacante.

— Ainsi donc, Borroughcliffe, s'écria le colonel d'un ton franc et jovial, le loup marin vous a laissé ronger le frein de votre ressentiment.

— Et le pommeau de mon épée, répondit l'imperturbable officier recruteur. Messieurs, ajouta-t-il en jetant un coup d'œil tour à tour sur Griffith et sur Manuel, je ne sais comment votre congrès récompense les prouesses militaires, mais si ce brave gaillard était dans ma compagnie, il serait sergent à la fin de la semaine. Je ne lui offrirais pas du service dans la cavalerie, car il paraît mépriser les éperons.

Griffith ne répondit au compliment libéral du capitaine anglais que par un sourire silencieux, mais Manuel se chargea de la réponse.

— Vu sa profession, Monsieur, dit-il, cet homme s'est assez bien conduit; mais un soldat bien discipliné non seulement aurait fait des prisonniers, mais aurait délivré les autres.

— Je vois, mon brave camarade, répondit Borroughcliffe avec un air de bonne humeur, que vos pensées roulent sur l'échange proposé. Colonel, si les dames le permettent, nous remplirons nos verres et nous boirons au prompt rétablissement des droits des deux parties, au *statu quo antè bellum*.

— De tout mon cœur, s'écria le colonel, et Cécile, miss Plowden et miss Dunscombe y boiront aussi, ne fissent-elles qu'approcher leurs verres de leurs lèvres. Monsieur Griffith, je rends justice à la proposition que vous m'avez faite; elle tend à votre délivrance, mais elle nous rendra mon parent, M. Christophe Dillon. Le plan de Kit était fort bien conçu, Borroughcliffe, très-ingénieusement tracé; c'est la fortune de la guerre qui en a empêché le succès. Et cependant comment est-il possible que Kit se soit laissé emmener de l'abbaye sans aucun bruit, sans donner l'alarme? c'est pour moi un mystère inexplicable.

— Le cacique est un homme qui entend la philosophie du

silence aussi bien que celle de la rhétorique, dit Borroughcliffe. Il doit avoir appris en étudiant les lois qu'il est certaines affaires qu'il convient de conduire *sub silentio*. Mon latin vous fait sourire, miss Plowden? En vérité, depuis que j'habite une ancienne demeure de moines, il me semble que ma petite érudition veut absolument se montrer. Cela vous fait rire encore plus fort? Eh bien! je vous dirai que si j'ai parlé latin, c'est parce que je crois que le silence est un sujet de conversation auquel les dames prennent peu d'intérêt.

Catherine ne fit aucune attention à l'air un peu piqué avec lequel le capitaine venait de lui parler, et elle finit par rire aux éclats. Il fut impossible à Cécile de prendre l'air de gravité sévère avec lequel elle réprimait quelquefois la gaieté étourdie de sa cousine quand elle croyait qu'elle s'y livrait hors de saison; et les yeux de Griffith, qui se dirigeaient alternativement sur les trois dames, crurent distinguer sur les traits doux et paisibles de miss Dunscombe un léger sourire mal dissimulé. Cependant la gaieté de Catherine ne fut pas de longue durée, et elle dit au capitaine Borroughcliffe avec un air de gravité comique:

— Je crois avoir entendu parler de navires qui en conduisent un autre à la remorque; mais, comme c'est une expression technique, il faut que je demande à M. Griffith si elle est correcte.

— Quand vous auriez fait une étude particulière des termes de marine, miss Plowden, vous n'auriez pu parler avec plus d'exactitude, répondit le jeune marin en jetant sur elle un regard qui la fit rougir jusqu'au front.

— Cette étude exige peut-être moins de réflexions que vous ne le pensez, Monsieur, répliqua-t-elle. Mais dites-moi, s'il vous plaît, cette remorque se fait-elle ordinairement comme le disait monsieur Borroughcliffe, pardon, capitaine, comme le disaient les moines, *sub silentio*?

— Epargnez-moi, belle dame, s'écria le capitaine; et concluons un traité raisonnable. Vous me pardonnerez mon latin, et je renfermerai en moi-même mes soupçons.

— Vos soupçons, Monsieur? c'est ce que toute femme doit braver.

— Et jamais soldat ne doit refuser un défi. Ainsi donc il faut que je parle bon anglais, quand même j'aurais autour de moi tous les Pères de l'Eglise; et je dis que je soupçonne miss Plowden d'être parfaitement en état de nous expliquer comment M. Christophe Dillon a quitté l'abbaye.

Catherine ne répondit que par un nouvel éclat de rire aussi bruyant et aussi prolongé que le premier.

— Que signifie ceci? s'écria le colonel. Permettez-moi de vous dire, miss Plowden, que cet accès de gaieté est fort extraordinaire. Je me flatte qu'on n'a pas manqué d'égards pour mon parent. Monsieur Griffith, nos conditions sont que l'échange n'aura lieu qu'en cas que les parties aient été également bien traitées de part et d'autre.

— S'il n'est pas arrivé à M. Dillon de plus grand malheur que d'exciter la gaieté de miss Plowden, Monsieur, il a tout lieu de se dire un heureux mortel.

— Je n'en sais rien, Monsieur. A Dieu ne plaise que j'oublie ce qui est dû à mes hôtes, Messieurs! mais vous devez vous souvenir que vous êtes entrés chez moi comme ennemis de mon souverain.

— Mais non comme ennemis du colonel Howard.

— Je n'y vois pas la moindre différence, monsieur Griffith. Le roi George, ou le colonel Howard, le colonel Howard ou le roi George, c'est absolument la même chose. Nos sentiments, notre fortune, nos destinées sont indivisibles, malgré l'intervalle immense qu'il a plu à la Providence d'établir entre le prince et les sujets. Je ne désire rien de plus que de partager, à une humble distance, la prospérité ou le malheur de mon souverain.

— Ce n'est pas ce que peuvent dire ou faire des femmes inconsidérées comme nous, mon cher oncle, qui vous occasionnera l'un ou l'autre, dit Cécile; mais, ajouta-t-elle en se levant, voici quelqu'un qui va appeler nos pensées sur un sujet plus intéressant pour nous, notre parure.

La politesse porta le colonel Howard, qui aimait sa nièce et avait des égards pour elle, à remettre à un autre instant la suite de ses remarques; et Catherine, avec un empressement enfantin, courut près de sa cousine, à laquelle un domestique venait d'annoncer l'arrivée d'un de ces marchands ambulants qui, portant sur leur dos toute leur boutique, parcourent les villages les plus écartés pour y vendre des marchandises en général de peu de valeur, mais qu'il serait difficile de se procurer faute de boutiques permanentes. Le dîner étant alors terminé, elle donna ordre qu'on le fît entrer; et comme on vit qu'elle avait pour but de rétablir l'harmonie en changeant le sujet de la conversation, personne n'y fit aucune objection, et le colporteur fut introduit sans délai.

C'était un jeune homme qui paraissait âgé de seize ans, et portant toutes ses marchandises dans un panier dont Catherine, qui se déclara sa protectrice, s'empara sur-le-champ pour étaler sur la table une partie de ce qui s'y trouvait, en invoquant la libéralité des spectateurs en faveur de son jeune *protégé*. Ces marchandises consistaient en essences, rubans, lacets, dentelles et autres objets d'utilité et de fantaisie, principalement à l'usage des femmes.

— Vous devez voir, mon cher tuteur, dit Catherine, que ce jeune colporteur doit être un sujet loyal; car voilà dans sa boutique un parfum dont se servent deux ducs de la famille royale, et qui est enveloppé dans un papier portant leurs armes. Permettez-moi d'en mettre de côté une boîte pour votre usage. Vous consentez, je le lis dans vos yeux. Capitaine Borroughcliffe, comme le latin paraît vous faire oublier votre langue naturelle, voici un A B C qui pourra vous convenir. Comme il est bien assorti ! Vous aviez en vue l'abbaye de Sainte-Ruth, mon enfant, quand vous avez choisi vos marchandises.

— Oui, Milady, répondit le jeune homme en saluant avec une gaucherie évidemment étudiée. J'ai souvent entendu parler des grandes dames qui demeurent à la vieille abbaye, et je me suis écarté de quelques milles de ma tournée ordinaire, dans l'espoir de gagner leur pratique.

— Et elles ne vous tromperont pas dans votre attente, dit miss Plowden. Allons, Cécile, c'est une apostrophe directe à votre bourse; et je ne sais si dans ce temps de troubles miss Dunscombe elle-même pourra éviter d'être mise à contribution. Aidez-moi donc, jeune homme; voyons, qu'avez-vous qui puisse tenter ces dames ?

Le colporteur s'approcha du panier que Catherine avait placé sur la table, y jeta la confusion en remuant tout ce qui y restait avec un air d'intérêt mercenaire, et sans retirer sa main du fond du panier, il lui dit en lui montrant quelque chose :

— Ceci, Milady.

Catherine tressaillit et fixa ses yeux perçants sur le jeune marchand; elle jeta ensuite un coup d'œil inquiet et timide sur tous ceux qui composaient la compagnie. Cécile étant parvenue à son but, qui, comme nous l'avons dit, était de changer la conversation, semblait réfléchir en silence. Miss Dunscombe écoutait une discussion qui s'était élevée entre le colonel et le capitaine Manuel sur certains usages militaires. Griffith imitait l'air pensif et silencieux de sa maîtresse. Mais en jetant enfin un regard à la dérobée sur le capitaine Borroughcliffe, elle vit qu'il avait les yeux fixés sur elle avec une attention très-prononcée.

— Allons, Cécile, s'écria-t-elle après une pause d'un instant, nous abusons trop longtemps de la patience de ces messieurs, non seulement en restant à table dix minutes après que la nappe a été enlevée, mais en faisant paraître nos parfums, nos rubans et nos aiguilles avec le madère, et... dirai-je les cigares, colonel?

— Certainement non, tant que miss Plowden nous honorera de sa présence, répondit le colonel.

— Venez, ma cousine, reprit Catherine; le colonel Howard devient excessivement poli, et c'est un signe infaillible que notre présence commence à le fatiguer.

Cécile se leva et s'avança vers la porte; Catherine la suivit et se retourna pour dire au colporteur :

— Suivez-nous dans le salon, mon enfant, et nous verrons ce qui peut nous convenir dans vos marchandises.

— Je crois que miss Plowden a oublié mon A B C, dit Borroughcliffe en se levant à son tour; mais peut-être trouverai-je dans le panier de ce jeune marchand quelque ouvrage plus convenable que ce traité élémentaire pour l'instruction d'un jeune homme déjà un peu mûr.

Cécile le voyant prendre le panier des mains du colporteur, se remit sur une chaise, et Catherine suivit nécessairement son exemple, non sans donner des marques visibles de dépit.

— Approchez, jeune homme, dit Borroughcliffe, et apprenez-moi l'usage de toutes vos marchandises. Voici du savon, des ciseaux, un canif, je connais tout cela; mais ceci, comment l'appelez vous?

— Ceci? c'est..... du ruban de fil, répondit le colporteur avec un ton d'impatience qu'on pouvait attribuer à l'interruption que le capitaine occasionnait au débit de ses marchandises.

— Et ceci?

— Ceci? répéta le marchand en hésitant avec un air moitié de doute, moitié d'humeur, c'est... c'est...

— Savez-vous bien, capitaine, s'écria Catherine, qu'il n'est guère galant de retenir trois dames qui meurent d'envie de faire leurs emplettes, pour demander le nom d'une aiguille à broder au tambour?

— Il est vrai que j'ai tort de faire des questions auxquelles il est si aisé de répondre, mais j'en trouverai peut-être de plus difficiles.

Prenant alors dans le panier quelque chose qu'il plaça dans sa main, de manière à ne le laisser voir que du colporteur :

— Ceci doit avoir un nom, dit-il. Quel est-il?

— C'est... on l'appelle quelquefois... un fausset[1].

— Un fausset! vous voulez peut-être dire une fausseté?

— Une fausseté, Monsieur! s'écria le colporteur en relevant la tête avec fierté.

— Oh! seulement une petite. Comment nomme-t-on cela communément dans ce pays, miss Dunscombe?

— Nous l'appelons en général une brochette, répondit-elle avec son ton de douceur ordinaire.

— Fausset, brochette, c'est la même chose! s'écria le colporteur.

— Le croyez-vous? reprit le capitaine avec une affectation d'ironie. Il me semble que pour quelqu'un de votre profession vous connaissez bien peu les termes courants de votre métier. Jamais je n'ai vu un jeune homme de votre âge qui fût si ignorant. Je parie que vous ne connaissez pas le nom de cela; de cela, ni de cela.

Et en parlant ainsi le capitaine tirait de sa poche les différents objets dont le contre-maître de *l'Ariel* s'était servi la nuit précédente pour s'assurer de sa personne.

— Cela, s'écria le colporteur avec la vivacité d'un homme qui veut rétablir sa réputation, c'est du merlin, de la cordelle et du quarantinier.

— Suffit! suffit, dit Borroughcliffe; je vois que vous connaissez suffisamment votre métier, quoique vous ne connaissiez rien à ces marchandises. Monsieur Griffith, ce jeune homme fait partie de votre équipage.

---

1. Comme l'objet importe peu, et qu'il s'agit avant tout du quiproquo dans la pensée de l'auteur, le traducteur a traduit ici par un équivalent.

— Je ne crois pas pouvoir le nier, Monsieur, répondit le lieutenant qui avait écouté avec beaucoup d'attention cet interrogatoire. Quel que soit le motif qui vous a conduit ici, monsieur Merry, il est inutile de dissimuler davantage.

— Merry! s'écria Cécile; est-ce vous, mon cousin? Etes-vous aussi tombé entre les mains de vos ennemis? n'était-ce pas assez que...

Miss Howard recouvra sa présence d'esprit assez à temps pour ne pas finir cette phrase, quoique l'expression pleine de reconnaissance des yeux de Griffith indiquât suffisamment qu'il avait rempli cette lacune d'une manière assez flatteuse pour son cœur.

— Que veut dire cela? s'écria le colonel, interrompant seulement son entretien avec le capitaine Manuel; mes deux pupilles qui embrassent et qui caressent sous mes propres yeux un vagabond, un colporteur! Monsieur Griffith, y a-t-il ici quelque trahison? quel est ce jeune homme? que signifie cette visite?

— Est-il étonnant, Monsieur, dit le midshipman quittant alors sa gaucherie empruntée pour prendre le ton d'aisance et de confiance qui lui était naturel, est-il étonnant qu'André Merry, qu'un jeune homme qui n'a ni mère, ni sœurs, s'expose à quelque risque pour venir voir les deux seules parentes qu'il ait au monde?

— Merry! et pourquoi donc ce déguisement? Vous n'en aviez pas besoin pour venir chez le vieux George Howard. Vous n'étiez pas obligé de vous y introduire clandestinement, quoiqu'on ait séduit votre jeunesse et abusé de votre inexpérience pour vous faire oublier la fidélité que vous devez à votre roi. Monsieur Griffith, je vous prie de m'excuser si j'emploie à ma propre table des expressions qui peuvent blesser vos oreilles; mais la circonstance exige que j'appelle les choses par le nom que je crois qu'elles doivent porter.

— On ne peut douter de l'hospitalité du colonel Howard, répondit Merry; mais on ne connaît pas moins sa loyauté envers la couronne d'Angleterre.

— Oui, jeune homme, et je me flatte qu'en cela on me rend justice.

— Etait-il donc prudent de me livrer entre les mains d'un homme qui peut regarder comme un devoir de me retenir prisonnier?

— Cela est assez plausible, capitaine Borroughcliffe, et je ne doute pas que l'enfant ne parle avec candeur. Je voudrais que mon parent, M. Christophe Dillon, fût ici, pour qu'il me dit si je commettrais un acte de trahison en souffrant que ce jeune homme se retirât librement et sans échange.

— Demandez-lui des nouvelles du cacique, dit Borroughcliffe qui, satisfait d'avoir pénétré le mystère du travestissement du jeune officier américain, avait repris sa place à table ; peut-être monsieur est-il dans le fait un ambassadeur chargé de faire des propositions en faveur de Son Altesse prisonnière.

— Eh bien ! Monsieur, demanda le colonel, pouvez-vous me dire ce qu'est devenu mon cousin Christophe Dillon ?

Tous les yeux étaient fixés sur Merry, et l'on vit avec surprise le changement soudain de tous ses traits, qui perdirent leur air de gaieté insouciante pour exprimer une horreur profonde. Enfin il ouvrit la bouche pour faire connaître, d'une voix sourde et creuse, le secret du destin de Dillon.

— Il est mort.

— Mort ! répétèrent tous ceux qui étaient dans l'appartement.

— Oui, mort, dit Merry en regardant tour à tour les visages pâles de ceux qui l'écoutaient.

Un silence de consternation qui dura quelques minutes suivit l'annonce de cette nouvelle. Griffith fut le premier à le rompre.

— Expliquez-nous de quelle manière il est mort, Monsieur, dit-il à Merry, et dites-nous ce qu'est devenu son corps.

Le jeune midshipman ne répondit qu'à la seconde question, car il sentit que s'il en disait trop il ferait connaître le naufrage de *l'Ariel* et compromettrait la sûreté de Barnstable et de ses compagnons.

— Il est enterré dans les sables, sur le bord de la mer, dit-il.

— Dans les sables ! répétèrent encore tous ceux qui l'entouraient.

— Mais vous ne dites pas comment il est mort, reprit Griffith.

— C'est ce que je ne puis expliquer, répondit Merry.

— Il a été assassiné ! s'écria le colonel Howard qui recouvra enfin l'usage de la parole, dont la surprise, le chagrin, la colère et la consternation l'avaient privé ; lâchement assassiné par les traîtres.

— Il n'a point été assassiné, dit le jeune Américain avec fermeté, et il est mort au milieu de gens qui ne méritent ni le nom de lâches, ni celui de traîtres.

— N'avez-vous pas dit qu'il est mort ? qu'on l'a enterré dans les sables ?

— Ces deux faits sont vrais, Monsieur.

— Et vous refusez de m'expliquer comment il est mort, et pourquoi il a été enterré d'une manière si ignominieuse ?

— Il a été enterré par mon ordre, Monsieur ; et si sa sépulture est ignominieuse, sa conduite n'en méritait pas une autre. Quant au genre de sa mort, je ne puis ni ne veux vous répondre à cette question.

— Soyez calme, mon cousin, dit Cécile d'une voix presque suppliante. Respectez l'âge de mon oncle, et songez à l'attachement qu'il avait conçu pour Dillon.

Le colonel s'était pourtant rendu assez maître de son émotion pour reprendre la conversation avec plus de sang-froid.

— Monsieur Griffith, dit-il, je n'agirai point avec précipitation ; mais je vous prie, vous et le capitaine Manuel, de rentrer chacun dans votre appartement. Je respecte assez le fils de l'ami de mon frère Harry pour croire que sa parole sera sacrée. Allez, Messieurs, je ne vous donne pas de gardes.

Les deux prisonniers saluèrent les dames et leur hôte, et se retirèrent. Griffith s'arrêta un instant sur le seuil de la porte.

— Colonel Howard, dit-il, j'abandonne cet enfant à vos bontés et à votre indulgence. Je sais que vous n'oublierez pas que le même sang coule dans ses veines et dans celles d'une pupille que vous chérissez.

— Suffit, Monsieur ! suffit ! répondit le vétéran en faisant un geste de la main pour lui ordonner de sortir. Et vous, Mesdames, retirez-vous aussi ; ce n'est pas ici votre place.

— Je ne quitterai pas cet enfant, dit Catherine, tant qu'il sera l'objet d'une horrible imputation. Colonel Howard, faites de nous ce qu'il vous plaira, car je suppose que vous en avez le pouvoir, mais son destin sera le mien.

— J'espère qu'il y a quelque malentendu dans cette malheureuse affaire, dit Borroughcliffe en se levant de table ; et je me flatte qu'avec du calme et de la modération tout pourrait s'expliquer. Jeune homme, vous avez porté les armes, et par conséquent vous devez savoir ce que c'est que de se trouver au pouvoir de ses ennemis.

— C'est la première fois que je m'y trouve, Monsieur.

— Mais vous n'en connaissez pas moins les droits de la guerre et notre pouvoir.

— Je sais que vous pouvez m'envoyer en prison, peut-être même au gibet, pour être entré ici déguisé.

— Et vous envisagez ce destin avec tant de calme, à votre âge !

— Vous ne l'oseriez, capitaine Borroughcliffe ! s'écria Catherine en jetant involontairement un bras autour du corps de son cousin, comme pour le protéger contre tout danger. Vous rougiriez, colonel Howard, d'exercer de sang-froid un tel acte de vengeance barbare !

— Si nous pouvions interroger ce jeune homme tranquillement et sans être interrompus par les sensations de ces dames, dit Borroughcliffe à son hôte à voix basse, nous pourrions en tirer des renseignements importants.

— Miss Howard, et vous miss Plowden, dit le colonel d'un ton que ses pupilles étaient habituées depuis longtemps à respecter, votre jeune parent n'est pas entre les mains des sauvages, et vous pouvez le confier sans crainte à mes soins. Je vous demande pardon de vous avoir tenue debout si longtemps, miss Dunscombe ; mais vous pourrez vous reposer sur le sofa du salon de Cécile.

En même temps il prit la main de Cécile et celle de Catherine, et les conduisit jusqu'à la porte, où il les salua avec cet air de politesse qu'il ne manquait jamais de prendre quand il faisait quelque chose qu'il savait les contrarier.

— Vous paraissez sentir le danger dans lequel vous vous trouvez, monsieur Merry, dit Borroughcliffe quand elles furent parties. J'espère que vous savez aussi ce que le devoir exigerait d'un militaire dans ma situation ?

— Faites-le, Monsieur. Vous devez un compte à votre roi comme j'en dois un à ma patrie.

— Je puis avoir une patrie aussi, dit Borroughcliffe, dont le sang-froid ne fut nullement troublé par l'air de fierté avec lequel le jeune midshipman semblait le braver ; et cependant il ne m'est pas défendu d'être indulgent et même miséricordieux, quand les intérêts du prince dont vous parlez ne s'y opposent pas. Vous n'avez pas entrepris seul une pareille expédition ?

— Si j'étais venu mieux accompagné, le capitaine Borroughcliffe, au lieu d'interroger, aurait pu avoir à répondre.

— Il est donc heureux pour moi, Monsieur, que votre suite ait été si peu nombreuse, et pourtant il me semble que ce schooner rebelle nommé *l'Ariel* aurait pu vous donner un cortége plus convenable. Je ne puis m'empêcher de penser que vous avez des amis à peu de distance.

—Ces ennemis sont ici, mon capitaine, dit le sergent Drill qui venait d'entrer sans être aperçu ; voici un jeune homme qui dit qu'on lui a volé, dans le bâtiment ruiné qui est là-bas, sa redingote et ses marchandises, et il y a tout lieu de croire que voilà le voleur.

Borroughcliffe fit signe au jeune marchand d'avancer. Il était resté à la porte, et il s'approcha avec tout l'empressement que peuvent donner le ressentiment d'une injure et le désir d'en obtenir réparation. Son histoire ne fut pas longue à raconter.

Il avait été attaqué par un homme et un enfant (et il reconnut ce dernier dans Merry) dans les ruines situées sur la lisière du bois, tandis qu'il arrangeait ses marchandises pour venir les montrer aux dames de l'abbaye. On lui avait volé son panier, tout ce qu'il contenait, et même sa redingote, que Merry avait encore sur lui. L'homme l'avait ensuite placé dans une chambre d'une vieille tour ; mais comme cet homme montait souvent tout au haut pour examiner le pays, il avait trouvé le moyen de s'échapper pendant son absence. Il finit par demander justice et restitution.

Merry écouta avec un calme méprisant les détails que le colporteur donnait avec chaleur et colère, et avant qu'il eût achevé, il lui avait déjà jeté avec dédain sa redingote.

—Nous sommes entourés, bloqués, assiégés, mon cher hôte, s'écria Borroughcliffe. C'est un plan formé pour nous enlever nos lauriers et nous priver de la récompense qui nous est due ; mais ils ont affaire à de vieux soldats, et nous y mettrons bon ordre. On voudrait triompher de l'infanterie ; car, vous le savez, Drill, la cavalerie n'a pas donné. Emmenez ce jeune homme, Drill ; veillez sur lui avec grand soin, et surtout ne le laissez manquer de rien.

Le capitaine rendit avec politesse le salut hautain que lui fit en se retirant le jeune midshipman, qui commençait à se regarder comme une victime vouée au martyre pour la liberté de son pays.

—Il y a du feu dans ce jeune homme, s'écria le capitaine quand Merry fut parti avec le sergent : et s'il vit assez pour avoir une moustache, celui qui ne la respecterait pas serait bien hardi. Je suis charmé au fond de l'âme que ce jeune Juif errant soit arrivé pour tirer d'embarras ce pauvre diable. Je déteste d'être obligé de confesser un cœur noble. Je n'ai eu besoin que d'un coup d'œil pour voir qu'il avait plus souvent manié un fusil qu'une aiguille.

— Mais ils ont assassiné mon parent, le loyal, le savant Christophe Dillon ! s'écria le colonel.

— S'ils l'ont assassiné ils en seront responsables, dit Borroughcliffe en se remettant à table avec un sang-froid qui offrait une garantie de son impartialité ; mais ne faisons rien à la hâte, il faut d'abord nous instruire des faits.

Le colonel n'ayant rien à répliquer à une observation si raisonnable, reprit aussi sa place, et son compagnon commença à interroger le jeune colporteur.

Nous attendrons un moment plus convenable pour faire connaître au lecteur le résultat de cet interrogatoire, nous nous bornerons à dire, pour satisfaire sa curiosité, que le capitaine en apprit assez pour se convaincre qu'on méditait une entreprise très-sérieuse contre l'abbaye, mais assez aussi pour se croire en état de la mettre à l'abri de tout danger.

CHAPITRE XXVII.

Je n'ai jamais vu d'ambassadeur qui fût plus digne de représenter l'Amour.
SHAKSPEARE. *Le Marchand de Venise.*

CÉCILE et Catherine se séparèrent de miss Dunscombe dans la galerie du cloître. Elle se retira dans son appartement, et les deux cousines ayant regagné le leur, entrèrent dans la pièce qui leur servait de cabinet de toilette. Les circonstances ayant placé ceux auxquels elles prenaient le plus vif intérêt dans une situation qui, si elle n'était pas positivement dangereuse, était du moins inquiétante, toute autre pensée devenait subordonnée chez elles à ce sentiment puissant, et ce fut peut-être cette raison qui les empêcha d'être émues aussi vivement qu'on pouvait supposer qu'elles auraient dû l'être en voyant Merry découvert et arrêté.

Ce jeune homme était comme elles l'unique enfant de l'une des trois sœurs qui unissaient par les liens du sang trois des principaux personnages de notre histoire. Sa jeunesse avait inspiré pour lui à ses belles cousines une affection véritablement fraternelle; mais elles savaient que se trouvant entre les mains du colonel Howard, sa vie était en sûreté quoique sa liberté pût être en danger. Quand donc la première émotion que leur avait causée son arrivée soudaine après une si longue séparation se fut un peu calmée, elles furent moins inquiètes des suites que pouvait avoir pour lui-même son arrestation, que des conséquences qui pouvaient en résulter pour d'autres.

N'ayant plus à craindre les observations d'aucun étranger, elles s'abandonnèrent alors sans contrainte aux mouvements de leur cœur, chacune suivant son caractère. Catherine marchait à grands pas dans l'appartement, avec une sorte d'agitation nerveuse; miss Howard, la tête baissée et appuyée sur sa main, que couvraient ses tresses de beaux cheveux noirs, semblait vouloir se livrer à ses réflexions avec plus de tranquillité.

— Barnstable ne peut être loin d'ici, dit Catherine après quelques instants de silence. Il est impossible qu'il ait envoyé ici cet enfant sans être à portée pour exécuter quelque projet.

— Quel projet? dit Cécile en levant sur sa cousine ses yeux bleus pleins de douceur; il ne peut plus être question d'échange, et peut-être rendra-t-on les prisonniers responsables de la mort de Dillon.

— Croyez-vous que ce misérable soit véritablement mort? demanda miss Plowden. Ce n'est peut-être qu'une menace, qu'un subterfuge imaginé par Merry, je ne sais dans quelles intentions. C'est un jeune étourdi; il ne manque pas de hardiesse, et au besoin il agirait comme il parle.

— Il est mort, dit Cécile en tressaillant d'horreur et en s'appuyant de nouveau le visage sur ses mains; les yeux de Merry, ses traits, son air, toute sa contenance m'ont confirmé ce qu'il disait. Je crains, Catherine, que M. Barnstable n'ait écouté le ressentiment plus que la prudence quand il a appris la trahison de Dillon; et sûrement, quoique les cruels usages de la guerre puissent justifier une vengeance si terrible contre un ennemi, il n'aurait pas dû oublier la situation dans laquelle se trouvent ses propres amis.

— M. Barnstable n'a rien fait de tout cela, miss Howard, dit Catherine avec vivacité en s'arrêtant brusquement ; M. Barnstable est aussi incapable d'assassiner de sang-froid un ennemi que d'abandonner un ami.

— Mais en temps de guerre, des représailles ne s'appellent pas un assassinat.

— Appelez-les comme vous voudrez, pensez-en ce qu'il vous plaira, Cécile, je garantirais sur ma vie que Richard Barnstable n'a jamais versé ni fait verser que le sang des ennemis de son pays.

— Le malheureux a donc été sacrifié à la colère de ce marin qui l'a emmené prisonnier ?

— Ce marin, miss Howard, a un cœur aussi bon que le vôtre. C'est...

— De grâce, Catherine, ne me parlez pas avec ce ton d'humeur. Nos maux ne sont-ils pas assez grands? Faut-il que nous les aggravions encore par des querelles?

— Je ne vous querelle pas. Je ne fais que défendre un absent, un innocent, contre vos injustes soupçons, ma chère cousine.

— Dites plutôt votre sœur, Catherine, reprit miss Howard tandis que leurs mains se cherchaient comme par un instinct d'amitié ; ne sommes-nous pas de véritables sœurs ? Mais tâchons de penser à quelque chose de moins horrible. Pauvre Dillon! A présent qu'il a subi un si terrible destin, je crois que je lui trouve moins d'astuce et plus de droiture que nous ne lui en avions jamais supposé. Vous êtes d'accord avec moi sur ce point, Catherine, je le vois à votre physionomie. Eh bien! Catherine, ma cousine, que regardez-vous donc?

Miss Plowden, en laissant aller la main de Cécile, avait recommencé sa promenade dans la chambre, mais d'un pas moins précipité. A peine était-elle arrivée près de la fenêtre qu'elle s'arrêta tout à coup, et ses yeux parurent se fixer sur quelque objet éloigné avec la plus vive attention. Les derniers rayons du soleil couchant tombaient sur son visage, et donnaient un nouvel éclat aux couleurs de ses joues ; son attitude, ses regards fixes, tout annonçait qu'un nouvel intérêt venait de s'éveiller en elle. Un changement si soudain n'avait pas manqué d'être remarqué par Cécile, et elle s'interrompit pour lui faire la question que nous venons de rapporter.

Catherine se retourna, fit signe à sa compagne de venir la joindre, et lui dit en étendant le bras vers le bois qui était en face :

— Regardez au haut de cette vieille tour au milieu des ruines ; ne voyez-vous pas voltiger en l'air, au-dessus des murs, quelque chose de rouge et de jaune ?

— Oui, quelques feuilles tardives restées sur les arbres ; mais elles n'ont pas ces vives nuances qui font l'ornement de l'automne dans notre chère Amérique.

— C'est que les ouvrages des hommes ne peuvent briller comme les œuvres de Dieu. Ce ne sont pas des feuilles, Cécile, ce sont les signaux que mon enfantillage a inventés. Je ne doute pas que Barnstable ne soit sur le haut de cette tour. Merry le sait sans doute, mais il ne le trahira pas ; non, il ne pourrait ni ne voudrait le trahir.

— Je répondrais sur ma vie de l'honneur de notre jeune cousin ; mais vous avez pris le télescope de mon oncle pour vous en servir en pareille occasion. Où est-il ? Un seul instant peut vous tirer d'incertitude.

Catherine courut ouvrir un tiroir dans lequel était cet instrument, et se prépara à la hâte à s'en servir.

— C'est lui ! s'écria-t-elle dès qu'elle eut approché son œil du verre. Je vois même sa tête s'élever au-dessus des murailles. Comment peut-il être assez imprudent pour s'exposer ainsi sans nécessité ?

— Mais que vous dit-il, Catherine ? Vous êtes la seule qui puissiez interpréter ses signaux.

Miss Plowden courut chercher le double du petit registre qu'elle avait remis à Barnstable, et qui contenait la clef des signaux qu'elle avait inventés. Elle l'ouvrit et le feuilleta avec empressement pour chercher l'explication dont elle avait besoin.

— Ce signal, dit-elle, n'est que pour m'informer qu'il est à son poste ; il faut que je l'avertisse que je suis au mien.

Lorsque Catherine, autant pour satisfaire une fantaisie que dans l'espoir véritable de jamais se servir de ces signaux, avait imaginé ce mode de communication avec Barnstable, elle avait heureusement songé à disposer tout ce qui était nécessaire pour répondre à ses questions. Nous avons déjà vu qu'elle avait préparé de petits pavillons ; ses doigts déliés suspendirent ceux dont elle avait besoin en ce moment à des rubans qu'elle attacha aux cordons des rideaux, et les abandonnant au gré des vents, on les vit bientôt flotter en l'air à un pied ou deux de la croisée.

— Il les a vus! s'écria Cécile : il a retiré ses pavillons, sans doute pour en préparer d'autres.

— Ayez toujours l'œil au télescope, ma cousine, et indiquez-moi les couleurs que vous verrez et l'ordre dans lequel elles seront rangées. Pendant ce temps, j'en chercherai l'explication.

— Il est aussi habile que vous. Voici deux autres pavillons qui voltigent au-dessus de la tour : celui de dessus est blanc, et l'autre noir.

— Blanc sur noir, répéta Catherine en feuilletant rapidement son registre ; m'y voici : *Mon messager a-t-il été vu ?* Il faut qu'il apprenne la triste vérité. Tenez, jaune, blanc et rouge. Cela veut dire : *Il est prisonnier*. Quel bonheur que j'aie préparé une telle question et une telle réponse ! Eh bien ! Cécile, que dit-il à cela ?

— Il prépare de nouveaux pavillons. Ne me touchez donc pas, Catherine ; car vous tremblez si fort que vous faites changer la position du télescope. Tenez, l'y voici. Cette fois-ci c'est jaune sur noir.

— Cela signifie *Griffith, ou qui?* Il ne nous comprend pas ; mais je ne pensais qu'à ce pauvre enfant en assemblant mes couleurs. Ah ! jaune, vert et rouge : *Mon cousin Merry*. Il ne peut manquer de nous comprendre à présent.

— Il a déjà retiré ses signaux ; mais il paraît que cette nouvelle l'alarme, car il est moins prompt à en préparer d'autres. En voici qui paraissent. Bleu, rouge et jaune.

— Cette question est : *Suis-je en sûreté ?* Voilà ce qui a occasionné sa lenteur, miss Howard ; Barnstable est toujours lent à songer à sa sûreté. Mais que lui répondre ? Si nous allions l'engager à avoir trop de confiance, et qu'il risquât quelque fausse démarche, comment pourrions-nous jamais nous le pardonner?

— Il n'y a nulle crainte à avoir relativement à André Merry ; il ne parlera pas ; et quant à Borroughcliffe, je crois que s'il pouvait s'imaginer que ses ennemis sont si près de lui, il ne resterait pas à table.

— Il y restera tant qu'il aura du vin et qu'il sera en état d'en boire. Nous savons pourtant par une triste expérience qu'il est bon soldat quand l'occasion l'exige ; mais pour cette fois je me flatte qu'il ignore tout. Ainsi je vais lui répondre : *Vous êtes encore en sûreté, mais soyez prudent.*

— Il a promptement déchiffré vos signaux, Catherine, et sa réponse ne se fait pas attendre. C'est vert sur blanc qu'il montre maintenant ! Eh bien ! ne m'entendez-vous pas, Catherine ? c'est vert sur blanc. Vous êtes muette ! Que vous dit-il donc ?

Catherine ne répondit rien. Sa cousine quitta le télescope pour la regarder, et elle la vit les yeux fixés sur une page de son registre, tandis que ses joues brillaient du rouge le plus vif.

— J'espère que votre rougeur et ses signaux ne sont pas de mauvais augure, Catherine, dit miss Howard. Le vert indique-t-il sa jalousie comme le blanc est l'emblème de votre innocence ! Que veut-il dire, cousine ?

— Il fait comme nous, Cécile, il dit des fadaises, répondit Catherine en arrangeant avec un air de dépit mêlé de satisfaction un grand nombre de petits pavillons de diverses couleurs ; mais l'état des choses exige que je parle à Barnstable plus librement.

— Je vais me retirer, dit Cécile en se levant d'un air grave.

— Ne prenez pas un air si sérieux, Cécile, ou je dirai que c'est vous qui avez maintenant envie de me quereller. Ne voyez-vous pas que le jour baisse, et qu'il faut trouver quelque moyen de converser autrement que par les yeux ? Voici le signal à lui montrer. Il signifie : *Quand l'horloge de l'abbaye sonnera neuf heures, rendez-vous avec précaution à la porte du jardin qui donne sur la route, du côté de l'orient ; et jusques alors tenez-vous bien caché.* J'avais préparé ce signal pour le cas où une entrevue deviendrait nécessaire.

— Eh bien ! il paraît qu'il l'a compris, dit Cécile qui avait repris sa place au télescope ; et il semble disposé à vous obéir, car je ne le vois plus, ni lui ni ses pavillons.

Miss Howard n'ayant plus rien à observer, quitta de nouveau son poste ; mais Catherine s'en empara, et ne remit l'instrument en sa place qu'après y avoir appliqué l'œil et fixé longtemps ses regards sur la tour, qui lui parut en effet déserte. L'intérêt et l'inquiétude que fit naître la conversation imparfaite qui venait d'avoir lieu entre miss Plowden et son amant ne manquèrent pas de donner lieu à bien des réflexions de la part des deux cousines ; et elles eurent un entretien assez animé, interrompu par l'arrivée de miss Dunscombe, qui venait les avertir qu'elles étaient attendues pour le thé. Leur amie elle-même, quoique peu portée à concevoir des soupçons, ne put s'empêcher de remarquer au premier coup d'œil qu'elle jeta sur elles, un changement dans leur air et dans leurs manières, qui semblait annoncer qu'elles n'avaient pas toujours été du même avis dans leur entretien secret. Cécile avait l'air d'être troublée, inquiète, et ses traits offraient une expression de mélancolie, tandis que les yeux brillants et les joues animées de Catherine indiquaient une émotion au moins aussi vive, mais d'une nature différente. Cependant comme ni l'une ni l'autre des deux cousines ne parla à miss Dunscombe du sujet de leur conversation, elle les suivit en silence dans le salon.

Le colonel Howard et le capitaine Borroughcliffe reçurent les trois amies avec une politesse et des égards marqués. Il y avait des moments où un air morne rendait plus sombre la physionomie naturellement franche et ouverte du premier, en dépit des efforts évidents qu'il faisait pour cacher son agitation; mais l'officier recruteur conservait un calme et un sang-froid imperturbables. Il remarqua vingt fois les yeux de Catherine fixés sur lui avec un air d'attention qu'un autre que lui aurait peut-être eu la vanité d'interpréter favorablement; mais ce témoignage flatteur du pouvoir qu'il avait d'attirer souvent les regards d'une jeune et jolie personne ne troubla pas un moment sa tranquillité. Ce fut en vain que Catherine chercha à lire dans ses traits; ils étaient inflexibles comme s'ils eussent été couverts d'un masque d'airain, quoiqu'il eût des manières aussi aisées et aussi naturelles que de coutume.

Fatiguée enfin de cet examen inutile, elle regarda la pendule, et vit avec surprise que neuf heures allaient sonner. N'ayant aucun égard à un coup d'œil suppliant que lui adressa sa cousine, elle quitta sa place pour se retirer. Le capitaine Borroughcliffe se leva galamment pour lui ouvrir la porte, et tandis qu'elle le saluait pour le remercier de sa politesse, leurs yeux se rencontrèrent encore une fois. Elle se hâta de le quitter, et se trouva seule dans la galerie; elle hésita quelques instants avant d'avancer, car elle croyait avoir remarqué dans le regard du capitaine une expression indéfinissable, qui annonçait un projet secret mêlé d'une pleine confiance; mais il n'était pas dans son caractère d'être lente à se déterminer quand les circonstances exigeaient de la promptitude et de la résolution, et jetant sur ses épaules une mante qu'elle avait préparée, elle sortit avec précaution.

Agitée de la crainte que Borroughcliffe n'eût appris quelque chose qui pût compromettre la sûreté de son amant, dès qu'elle arriva en plein air, elle eut soin de regarder de tous côtés pour voir si l'on avait fait aux arrangements ordinaires de défense de l'abbaye quelque changement qui pût confirmer ses soupçons, et la mettre en état de donner à Barnstable les instructions nécessaires à son plan. Ses recherches ne lui firent rien découvrir ; rien n'avait été changé aux dispositions prises depuis que Griffith et ses compagnons avaient été faits prisonniers. Elle entendit la marche mesurée de la sentinelle placée sous les fenêtres des captifs, et qui cherchait à se réchauffer en parcourant à grands pas le court espace dont elle ne devait pas s'écarter. Un autre bruit frappa son oreille ; mais ce n'était que celui des armes du soldat en faction, suivant la coutume, devant le bâtiment qui servait de caserne à ses camarades.

La nuit était obscure et le ciel chargé de nuages ; l'ouragan avait considérablement diminué de violence vers la fin du jour, mais le vent avait encore assez de force pour se faire entendre de temps en temps quand il frappait les murs irrégulièrement construits de cet édifice, et il fallait une oreille aussi fine qu'attentive pour distinguer au milieu de ce bruit celui des armes d'un soldat ou de la marche d'un autre. Quand miss Plowden fut bien assurée que ses organes ne l'avaient pas trompée, elle jeta un regard d'inquiétude du côté du bâtiment que Borroughcliffe appelait ses casernes ; il était plongé dans le silence et dans l'obscurité, et cette tranquillité profonde de soldats ordinairement joyeux et bruyants lui inspira de nouvelles craintes. Etaient-ils déjà endormis ? avaient-ils reçu ordre de garder le silence et de se tenir prêts à paraître au premier signal ? C'était ce qu'elle ne pouvait deviner.

Les circonstances ne lui permettant pas d'hésiter plus longtemps, Catherine serra la mante qui l'enveloppait, et se mit en marche d'un pas léger et sans bruit pour se rendre à l'endroit où elle avait donné rendez-vous à Barnstable. Comme elle y arrivait, la cloche de l'abbaye sonna neuf heures, et elle s'arrêta tandis que le vent en apportait le son à ses oreilles comme si elle avait cru que chaque coup qu'elle entendait était un signal qui allait démasquer quelque secret dessein du capitaine Borroughcliffe. Lorsque la dernière vibration de l'airain eut cessé de se faire entendre, elle ouvrit la petite porte et se trouva sur le grand chemin. Un homme caché derrière un angle du mur s'élança aussitôt vers elle, et son cœur battait encore d'alarme à cette apparition si subite, quand elle se trouva près de Barnstable. Après quelques moments donnés au plaisir qu'il goûtait en la revoyant, le jeune marin apprit à sa maîtresse le naufrage de son schooner, et la situation dans laquelle se trouvaient alors ceux qui avaient survécu à ce malheureux événement.

— Et maintenant, Catherine, finit-il par lui dire, j'espère que vous êtes venue ici dans le dessein de ne plus me quitter, ou du moins que si vous retournez dans cette vieille abbaye, ce ne sera que pour m'aider à délivrer Griffith, et en sortir ensuite avec moi pour ne jamais nous séparer.

— En vérité, Barnstable, la description que vous venez de me faire de votre naufrage et de tout ce qui l'a suivi est une tentation bien puissante. Rien ne peut présenter plus d'attraits à une jeune fille pour l'engager à renoncer à sa maison et à ses amis, et je ne sais s'il me sera possible de résister à une offre si séduisante. Vous vous êtes procuré une charmante habitation dans les ruines, et je suppose que vous mettrez à contribution les environs pour vous fournir ce qui peut vous y manquer. Certainement vous trouverez à l'abbaye de Sainte-Ruth beaucoup d'objets qui pourraient vous être utiles. Il n'y a qu'une chose qui m'embarrasse, c'est de savoir si l'on ne nous donnerait pas bientôt pour logement le château d'York ou la prison de Newcastle. Qu'en pensez-vous?

— Est-il possible que vous vous amusiez ainsi à un vain badinage, Catherine, quand les moments sont si précieux, quand les circonstances sont si pressantes!

— N'appartient-il pas à une femme de songer à tout ce qui concerne l'intérieur d'une maison, de veiller à ce qu'il n'y manque rien? Je voulais remplir mes fonctions de manière à me faire honneur; mais votre ton me fait comprendre que vous vous impatientez; car la nuit est trop obscure pour que je puisse bien distinguer vos traits rembrunis. Eh bien! parlez vous-même. Quand et comment commencerons-nous à tenir maison, si je consens à ce que vous me proposez?

— Vous ne m'écoutez pas jusqu'au bout, et je suis piqué de vous entendre faire de l'esprit si mal à propos. Le cutter que j'ai pris se rapprochera indubitablement des côtes dès que le vent sera tombé, et après avoir battu ce capitaine anglais et vous avoir mise en liberté ainsi que miss Howard, nous nous en servirons pour rejoindre la frégate. Elle n'est pas bien loin; car je l'ai vue en mer avant de descendre des rochers.

— Certainement le projet commence à prendre meilleure tournure, dit Catherine ayant l'air de réfléchir sur cette proposition; mais il peut s'y trouver quelques difficultés auxquelles vous ne pensez pas.

— Quelles difficultés? il n'y en a aucune, il ne peut y en avoir.

— Ne parlez pas avec tant d'irrévérence des labyrinthes de l'amour, monsieur Barnstable. L'a-t-on jamais vu marcher sans embarras, sans obstacle? D'ailleurs j'ai à vous demander une explication dont je voudrais pouvoir me dispenser.

— Une explication! à moi! demandez-moi tout ce qu'il vous plaira, miss Plowden: je suis étourdi, inconsidéré, mais il n'y a rien sur quoi je ne sois prêt à vous répondre, à moins que vous ne regardiez comme une offense la folie de mon amour.

Tandis qu'il prononçait ces mots, Barnstable sentit son bras pressé par la petite main qui s'y appuyait, et Catherine en lui parlant prit un ton si différent de la légèreté qu'elle avait affectée, qu'il ne put s'empêcher de tressaillir en l'entendant.

— Merry nous a appris une nouvelle horrible, dit-elle: je voudrais pouvoir n'y pas ajouter foi; mais l'air de mon cousin et l'absence de Dillon ne la confirment que trop.

— Pauvre Merry! le voilà donc aussi tombé dans le piége! mais il reste quelqu'un qui sera plus fin qu'eux. Est-ce du destin de ce misérable Dillon que vous voulez parler?

— Oui, c'était un misérable, et il méritait tous les châtiments; mais la vie est un don de Dieu, et la vengeance des hommes doit la respecter, même quand il lui semble qu'il lui faut une victime.

— Sa vie a été reprise par celui qui la lui avait donnée. Est-il possible que ce soit Catherine Plowden qui me soupçonne d'un pareil acte de lâcheté?

— Je ne vous soupçonne pas, Barnstable, je ne vous ai pas soupçonné, je ne vous soupçonnerai jamais d'une pareille horreur. Ne soyez pas fâché contre moi, Barnstable, vous ne devez pas l'être. Si vous aviez entendu les cruels soupçons de ma cousine Cécile ; si votre imagination avait pu vous retracer les idées qui se présentaient à la mienne, les tentations dont j'étais assaillie, à l'instant où ma langue soutenait que vous n'aviez pris aucune part au crime dont on vous soupçonnait, vous auriez appris qu'il est bien plus facile de défendre ceux que nous aimons contre les attaques ouvertes que de fermer l'entrée de son cœur à la crainte qu'ils ne soient véritablement coupables.

— Ces mots, *ceux que nous aimons* et *la crainte qu'ils ne soient coupables*, vous déchargent de toute accusation, dit Barnstable avec gaieté ; et après avoir prodigué les plus tendres consolations à Catherine, qui était émue jusqu'aux larmes, il lui raconta brièvement de quelle manière Dillon était mort. Je me flattais, ajouta-t-il après avoir terminé ce récit, que miss Howard m'estimait assez pour ne pas concevoir contre moi d'aussi injustes soupçons. Griffith est un mauvais représentant de notre profession s'il a souffert qu'on prît une pareille idée de nos principes.

— Si vous eussiez été prisonnier au lieu de M. Griffith, et qu'il eût commandé votre schooner, je ne sais s'il aurait échappé à mes soupçons. Vous ne vous figurez pas combien nous nous sommes rempli l'esprit d'affreuses images d'otages, de représailles, et d'exécutions militaires. Mais vous m'avez soulagé le cœur du poids d'une montagne, et maintenant je pourrais presque dire poétiquement que je suis prête à *descendre la vallée de la vie* en votre compagnie.

— C'est une sage détermination, Catherine, et que Dieu vous bénisse pour l'avoir prise ! La compagnie ne sera peut-être pas aussi bonne que vous le mériteriez, mais du moins vous me trouverez ambitieux de recevoir vos éloges. Maintenant songeons aux moyens de mettre nos desseins à exécution.

— Et maintenant il faut que je vous fasse part d'une des difficultés que je prévois. Je crains fort que M. Griffith ne détermine pas Cécile à le suivre contre sa...., dirai-je sa raison, sa volonté, son caprice, Barnstable ? Jamais Cécile ne consentira à abandonner son oncle, et jamais je n'aurais le courage d'abandonner ma cousine, même pour suivre M. Richard Barnstable.

— Parlez-vous du fond du cœur, Catherine ?

— A peu près, sinon tout à fait.

— J'ai donc été cruellement trompé ! Il est plus facile de trouver sa route sur l'immensité de l'océan, sans carte et sans boussole, que dans le labyrinthe obscur du cœur d'une femme.

— Allons, allons, étourdi! vous oubliez que je suis petite, et que par conséquent mon cœur est voisin de ma tête; trop voisin peut-être pour que je sois en état d'agir avec discrétion; mais n'y a-t-il pas moyen de forcer Griffith et Cécile à faire ce qu'ils désirent tous deux, sans user de violence toutefois?

— Impossible! il est mon officier supérieur; et dès que je l'aurai remis en liberté il réclamera le commandement. Dans un moment de loisir on pourrait discuter le mérite d'une telle prétention; mais mes propres marins sont soumis à l'autorité du capitaine de la frégate, et ils n'hésiteraient pas à obéir aux ordres du premier lieutenant, qui n'est pas homme à plaisanter quand il s'agit du devoir.

— Il est vraiment contrariant de voir tous mes projets si bien combinés, et ayant pour but le bonheur de ce couple fantasque, dérangés par son obstination! Mais avez-vous bien calculé vos forces, Barnstable? êtes-vous sûr de réussir dans votre entreprise, de réussir sans vous exposer à quelques dangers?

— J'en suis moralement et, ce qui vaut encore mieux, physiquement certain. Mes marins sont cachés ici près dans un endroit où personne ne peut soupçonner qu'il se trouve des ennemis. Ils sont pleins d'ardeur, et attendent avec impatience le moment d'agir. La promptitude de l'attaque rendra la victoire sûre et empêchera qu'elle ne coûte du sang. Vous nous faciliterez l'entrée, Catherine; je commencerai par m'assurer de la personne de ce capitaine de recrues, et alors sa troupe se rendra sans coup férir. Après tout, Griffith entendra peut-être raison; mais s'il refuse de l'écouter, je ne remettrai pas mon autorité à un captif délivré, sans chercher à la conserver.

— Dieu veuille qu'il n'y ait pas de combat à livrer! murmura Catherine à demi-voix, un peu effrayée par les images que ce que disait Barnstable présentait à son imagination; mais je vous enjoins solennellement, ajouta-t-elle plus haut, par votre affection pour moi, par tout ce que vous avez de plus sacré, de protéger la personne du colonel Howard de tout danger. Il ne peut y avoir ni raison, ni prétexte, ni excuse pour que mon vieux tuteur, opiniâtre et emporté, mais bon et indulgent, reçoive la plus légère insulte. Je crois que je lui ai déjà causé plus d'embarras que je n'ai le droit d'en donner à personne, et à Dieu ne plaise que je devienne pour lui la source de quelque infortune sérieuse !

— Il n'a rien à craindre ; non, ni lui ni aucun de ceux qui sont avec lui. Vous en serez convaincue, Catherine, quand vous connaîtrez mon plan. Dans trois heures, je veux être maître de cette vieille abbaye ; Griffith lui-même, oui, Griffith devra se contenter d'être sous mes ordres, jusqu'à ce que nous nous retrouvions en mer.

— Réfléchissez-y bien, Barnstable ; ne faites aucune tentative sans être bien certain de pouvoir conserver votre avantage, non seulement contre vos ennemis, mais même contre vos amis. Soyez bien sûr que Cécile et Griffith portent à un tel excès la délicatesse de leurs sentiments, que vous ne pouvez les compter parmi vos alliés.

— Voilà ce que c'est que d'avoir passé les quatre plus belles années de sa vie entre des murs de briques, suant sang et eau sur des grammaires latines, des syntaxes grecques et d'autres fadaises semblables, quand il aurait dû s'enfermer dans une bonne caisse de bois et de fer, faire chaque soir le relevé des calculs de la navigation, et apprendre à dire où est son navire après un coup de vent. Toute cette science de collège peut être bonne pour un homme qui veut vivre de son esprit ; mais elle ne peut servir à grand'chose à celui qui ne craint pas d'étudier la nature humaine en regardant ses semblables en face, et dont la main est aussi prête à agir que sa langue peut l'être à parler. J'ai remarqué en général que l'œil le plus habile à lire du latin n'était pas le plus propre à consulter la boussole, ou à examiner les manœuvres pendant un coup de vent nocturne ; et cependant Griffith est un bon marin, quoique je l'aie vu lire l'Évangile en grec. Grâce à Dieu, j'ai été assez sage pour m'enfuir de l'école le second jour où l'on a voulu m'apprendre une autre langue que la mienne, et je crois que je n'en suis que plus honnête homme et meilleur marin, grâce à mon ignorance.

— On ne saurait dire ce que vous auriez pu devenir en d'autres circonstances, Barnstable, dit Catherine avec un ton d'enjouement malin dont elle ne pouvait toujours se défendre, même lorsqu'elle s'y livrait aux dépens de celui qu'elle aimait le mieux au monde ; je ne doute pas qu'avec une éducation convenable vous n'eussiez fait un assez bon prêtre.

— Si vous me parlez de prêtre, Catherine, je vous rappellerai que nous en avons un à bord de la frégate. Mais écoutez mon plan, et nous parlerons du reste quand nous en aurons l'occasion.

Barnstable lui fit alors le détail de la manière dont il comptait surprendre l'abbaye, et son plan était si simple et si bien conçu que Catherine, malgré les soupçons et les inquiétudes que lui donnait Borroughcliffe, en vint à peu près à se persuader qu'il réussirait. Elle y fit pourtant quelques objections; mais le jeune marin y répondit avec la vivacité d'une âme ardente déterminée à exécuter ses projets, et il déploya une fertilité de ressources qui prouvait qu'il n'était pas un ennemi à mépriser dans les affaires qui exigeaient de la vigueur et de la résolution. Il n'avait pas le moindre doute sur la fermeté et la fidélité de Merry, et quant au jeune colporteur qui s'était évadé, il prétendit qu'il n'avait vu aucun de ses marins, et qu'il n'avait pu le prendre lui-même que pour un brigand qui avait voulu le dévaliser.

Le développement des plans de Barnstable étant souvent interrompu par de petites digressions, principalement occasionnées par les sentiments mutuels des deux amants, leur entrevue dura plus d'une heure avant qu'ils songeassent à se séparer. Enfin Catherine lui rappela avec quelle rapidité le temps fuyait, et combien de choses il lui restait encore à faire; et Barnstable, bien à contre-cœur, l'ayant reconduite jusqu'à la petite porte du jardin, l'y vit entrer et s'éloigna.

Miss Plowden, en retournant à la maison, eut recours aux mêmes précautions qu'elle avait prises en sortant. Elle s'applaudissait déjà d'avoir si bien réussi, quand elle entrevit dans l'obscurité un homme qui la suivait à quelque distance et qui semblait épier tous ses pas. Elle s'arrêta un instant pour jeter sur lui un coup d'œil d'alarme et d'inquiétude; mais comme cette espèce d'ombre s'arrêta en même temps, et fit même un mouvement rétrograde pour regagner le fond du jardin, elle supposa que c'était Barnstable qui avait voulu veiller de loin à sa sûreté, et bannissant toute crainte, elle rentra dans l'abbaye, occupée de réflexions agréables sur la tendre sollicitude de son amant.

CHAPITRE XXVIII.

> Il regarde, et voit bientôt paraître sur Horncliff-Hill une troupe armée de lances s'avançant sous un panonceau.
>
> Sir Walter Scott. *Marmion.*

Le son aigu de la cloche du souper, qui retentissait déjà dans la sombre galerie, annonçait ce repas quand miss Plowden y entra. Elle doubla le pas pour aller joindre ses compagnons, afin que son absence ne pût éveiller aucun soupçon. Miss Dunscombe était déjà en chemin pour se rendre dans la salle à manger ; mais Cécile était encore dans son salon, et Catherine l'y trouva seule.

— Vous avez donc osé vous hasarder ainsi, Catherine! s'écria miss Howard.

— Oui, je l'ai osé, répondit miss Plowden en se jetant sur une chaise pour se remettre de son agitation ; oui, Cécile, je l'ai osé : j'ai vu Barnstable, et avant peu il sera maître de l'abbaye.

Cécile en apercevant sa cousine avait rougi ; mais bientôt elle devint pâle comme l'albâtre, comme si tout son sang était refoulé vers son cœur.

— Et nous aurons donc une nuit de sang! s'écria Cécile en frémissant.

— Nous aurons une nuit de liberté, miss Howard... de liberté pour vous, pour moi, pour Merry, pour Griffith et pour leurs compagnons.

— Quel besoin peuvent avoir deux jeunes personnes comme nous, Catherine, de plus de liberté que nous n'en avons ici? Croyez-vous que je puisse garder le silence en voyant mon oncle trahi sous mes yeux, peut-être même sa vie mise en danger?

— Sa vie sera aussi respectée, aussi sacrée que la vôtre même, Cécile Howard. Si vous voulez condamner Griffith à la prison et peut-être au gibet, perdre Merry, trahir Barnstable, comme vous me menacez de le faire, rien n'est plus facile, vous en trouverez l'occasion pendant le souper ; et, comme la maîtresse de la maison paraît oublier que son devoir est de présider à la table, je vais me rendre dans la salle à manger.

Catherine se leva avec un air de fierté, traversa la galerie d'un pas ferme, et arriva dans la salle où le colonel et le capitaine se trouvaient déjà avec miss Dunscombe. Cécile avait suivi sa cousine en silence; on se mit à table sur-le-champ, et chacun prit sa place accoutumée.

Les premières minutes se passèrent dans le silence, et il ne fut question que de ces petits actes de politesse qu'exige l'usage. Catherine, qui avait réussi à recouvrer son sang-froid, profita de cet intervalle pour examiner avec attention l'air et les manières de son tuteur et de Borroughcliffe, et elle résolut de continuer cet examen jusqu'à l'heure où elle savait que Barnstable devait arriver.

Le colonel Howard était redevenu assez maître de lui-même pour ne plus laisser percer sa préoccupation; mais Catherine crut remarquer en lui en certains moments un air de confiance et de sécurité, avec quelque mélange de sévérité et de détermination, ce qu'elle avait appris dans sa première jeunesse à regarder comme un indice de l'indignation qu'il éprouvait lorsqu'il était justement courroucé.

Borroughcliffe était calme, poli, et faisait honneur au souper comme à son ordinaire; mais, par une exception alarmante, il faisait une cour moins assidue à son flacon favori.

Le repas fut peu bruyant, peu gai; on enleva la nappe, et les dames parurent disposées à rester plus longtemps que de coutume. Le colonel Howard ayant rempli le verre de miss Dunscombe et le sien, passa la bouteille au capitaine, et s'écria avec une sorte d'effort sur lui-même qui semblait avoir pour but de réveiller l'enjouement de ses convives :

— Allons, Borroughcliffe, les lèvres de rose de vos deux voisines seraient encore plus belles si elles étaient humectées de ce riche nectar, et si elles voulaient exprimer quelque sentiment loyal. Je sais que miss Dunscombe est toujours disposée à donner des preuves de sa fidélité à son souverain; c'est donc en son nom que je propose la santé de Sa très-sacrée Majesté, et défaite et mort à tous les traîtres !

— Si les prières d'une humble sujette, d'une femme à qui son sexe ne permet pas de se mêler dans le tourbillon du monde, et qui a encore moins de droits à prétendre à la science des hommes d'état, peuvent être de quelque utilité à un haut et puissant prince tel que celui qui est sur le trône, il ne connaîtra jamais ni malheurs ni dangers, dit miss Dunscombe avec douceur ; mais je ne puis souhaiter la mort à personne ; je ne la souhaiterais pas même à mes ennemis, si j'en avais, et encore moins à une nation composée d'enfants de la même famille que moi.

— Enfants de la même famille ! répéta le colonel, lentement, avec un ton d'amertume qui ne manqua pas d'affecter Catherine péniblement ; enfants de la même famille ! Oui, comme Absalon était de la famille de David ; comme Judas était de celle des saints apôtres ! Mais soit ! Qu'on ne réponde point à *ma santé*, soit ! L'esprit maudit de la rébellion a envahi ma demeure, et je ne sais plus où trouver dans ma maison quelqu'un qui n'ait pas été assailli par sa maligne influence.

— Je puis avoir été assaillie comme les autres, répondit miss Dunscombe ; mais je n'ai pas été corrompue, si la pureté en ce cas consiste dans la loyauté.

— Que viens-je d'entendre ? s'écria le colonel en tressaillant tout à coup. Borroughcliffe, ce bruit n'annonce-t-il pas quelque effraction ?

— C'est peut-être un de mes drôles qui s'est laissé tomber en quittant la table pour aller se jeter sur sa paillasse ; car vous savez que je les régale ce soir en l'honneur de notre victoire, répondit le capitaine avec un air d'insouciance ; ou peut-être c'est l'esprit dont vous venez de parler avec tant de liberté qui a pris ombrage de vos remarques, et qui quitte le toit hospitalier de Sainte-Ruth pour aller respirer le grand air, sans s'assujettir au petit embarras de chercher la porte. En ce cas, vous pourrez trouver demain matin quelques douzaines de toises de murs qui auront besoin de réparation.

Le colonel, qui s'était levé, portait les yeux tour à tour avec un air d'inquiétude sur la porte et sur le capitaine ; et il était facile de voir qu'il n'était pas d'humeur à goûter les plaisanteries de son hôte.

— Je vous dis, Borroughcliffe, que j'ai entendu un bruit extraordinaire dans l'enclos de l'abbaye, si ce n'est même dans les bâtiments, répéta le colonel en s'avançant avec une démarche martiale vers le centre de l'appartement ; et comme maître de la maison; je vais voir qui sont ceux qui y arrivent ainsi à une heure indue. Si ce sont des amis, ils seront les bienvenus, quoique leur visite ne nous ait pas été annoncée ; si ce sont des ennemis, ils recevront l'accueil que doit leur faire un vieux soldat.

— Non ! non ! s'écria Cécile, mise tout à fait hors de garde par l'air et les discours de son oncle, en se jetant dans ses bras ; non, mon oncle, ne vous exposez pas à de si terribles dangers ! mon bon et cher oncle, vous n'êtes plus jeune ; vous avez déjà fait plus que votre devoir n'exigeait de vous ; pourquoi voudriez-vous courir au devant des périls?

— La terreur fait délirer cette pauvre fille, Borroughcliffe, s'écria le colonel en jetant sur sa nièce un regard attendri ; il faudra que vous me donniez quatre hommes et un caporal pour garder le bonnet de nuit d'un vieux goutteux, sans quoi Cécile ne dormira guère jusqu'au lever du soleil. Eh bien ! capitaine; pourquoi ne vous levez-vous pas?

— Pourquoi me lèverais-je, colonel? s'écria le capitaine. Miss Plowden a encore la bonté de me tenir compagnie à table, et il n'est pas dans la nature qu'un militaire déserte en même temps sa bouteille et son drapeau. Les sourires d'une belle dame enchaînent un soldat à son poste dans un salon, comme son drapeau sur le champ de bataille.

— Je n'éprouve aucune crainte, capitaine Borroughcliffe, dit Catherine, parce que je n'ai pas habité si longtemps Sainte-Ruth sans avoir appris à connaître tous les airs que le vent peut jouer en sifflant contre les cheminées et les grands murs de l'abbaye. Le bruit qui a engagé le colonel Howard à se lever, et qui a alarmé ma cousine avec si peu de raison, n'est autre chose que le son de la harpe éolienne de cette vieille maison.

Elle parlait ainsi avec calme et tranquillité, et le capitaine la regardait avec un air d'admiration qui appela de nouvelles roses sur ses joues. Quand il lui répondit, elle put remarquer quelque chose d'équivoque dans son ton et ses manières.

— J'ai fait ma déclaration d'allégeance, dit-il, et j'y serai fidèle. Tant que miss Plowden daignera nous accorder sa compagnie, elle me trouvera au nombre de ses plus constants adhérents; quoi qu'il puisse arriver.

— Vous me forcez à me retirer, quelles qu'aient pu être mes bonnes intentions à cet égard, répondit Catherine ; car la vanité même d'une femme doit rougir en voyant une adoration aussi profonde que celle qui peut enchaîner le capitaine Borroughcliffe à une table après souper. Eh bien! ma cousine, votre alarme paraît dissipée; voulez-vous nous montrer le chemin? Miss Dunscombe et moi nous vous suivrons.

— Vous n'avez sans doute pas envie d'aller faire un tour de jardin, miss Plowden? s'écria Borroughcliffe. La porte que vous allez ouvrir conduit au vestibule : c'est la porte en face qui donne dans la galerie.

Catherine sourit légèrement, comme si elle eût reconnu sa distraction, salua le capitaine, et dit en s'avançant vers la porte par où elle devait passer :

— Je crois que la folie de la crainte s'est emparée de quelques personnes qui ont su la déguiser mieux que miss Howard.

— Est-ce la crainte du danger actuel ou de celui qui est en réserve? demanda le capitaine. Mais comme vous avez si généreusement stipulé en faveur de mon digne hôte, et même d'un autre individu que je ne nommerai point parce qu'il ne devait pas s'attendre à une telle attention de votre part, je me ferai un devoir spécial de veiller à votre sûreté dans ces moments de danger.

— Il y a donc du danger? s'écria Cécile. Vos regards l'annoncent, capitaine Borroughcliffe! Ma cousine pâlit, et je vois que mes craintes ne sont que trop fondées!

Le capitaine se leva enfin de table, et quittant le ton de badinage qu'il aimait à prendre, il s'avança vers le centre de l'appartement avec l'air d'un homme qui sentait qu'il était temps d'être sérieux.

— Un soldat est toujours en danger, miss Howard, répondit-il, quand les ennemis de son roi sont près de lui, et miss Plowden peut vous certifier, si elle le veut, qu'ils ne sont pas loin. Mais vous êtes alliées des deux partis, mesdames; retirez-vous dans votre appartement, et attendez-y le résultat des événements qui se préparent.

— Vous parlez de dangers et d'ennemis, dit miss Dunscombe; savez-vous quelque chose qui justifie vos craintes?

— Je sais tout, répondit Borroughcliffe sans la moindre émotion.

— Tout! s'écria Catherine.

— Tout! répéta miss Dunscombe avec un accent d'horreur.

Si vous savez tout, vous devez savoir qu'il a un courage inébranlable, un bras terrible. Cédez-lui tranquillement, et il ne vous fera pas le moindre mal. Croyez-moi, croyez une femme qui le connaît parfaitement; c'est un agneau plein de douceur quand on ne lui résiste pas, mais il devient un lion terrible au milieu de ses ennemis.

— Comme nous ne sommes pas du genre féminin, répondit Borroughcliffe en fronçant légèrement les sourcils, nous braverons la fureur du roi des animaux. Il doit avoir en ce moment la griffe sur la porte extérieure, et si mes ordres ont été bien exécutés, il entrera ici encore plus facilement que le loup n'est entré chez la respectable grand'mère du petit Chaperon-Rouge.

— Arrêtez un instant! s'écria Catherine respirant à peine. Vous êtes instruit de mon secret, capitaine Borroughcliffe, et il peut en résulter une affreuse effusion de sang. Mais je puis encore aller lui parler et sauver la vie de bien des victimes. Donnez-moi votre parole d'honneur que tous ceux qui sont venus ici cette nuit comme ennemis seront libres de se retirer en paix, et je vous réponds sur ma vie de la sûreté de l'abbaye.

— Ecoutez-la! s'écria Cécile; ne répandez pas le sang humain!

Un grand bruit qui se fit entendre dans la chambre voisine interrompit la conversation. Il ressemblait à celui d'une fenêtre qui se brise, et au même instant on entendit plusieurs hommes sauter rapidement les uns après les autres sur le plancher. Borroughcliffe se retira avec beaucoup de sang-froid à l'autre bout de l'appartement, et prit son épée appuyée contre la chaise qu'il venait de quitter. Mais déjà Barnstable entrait dans la chambre, seul, mais bien armé.

— Vous êtes mes prisonniers, Messieurs, dit-il en s'avançant; rendez-vous sans résistance, et vous serez bien traités. Ah! miss Plowden! je vous avais dit de ne pas vous trouver à cette scène!

— Nous sommes trahis, Barnstable, s'écria Catherine avec une vive agitation; mais il n'est pas encore trop tard; il n'y a pas eu de sang répandu, et vous pouvez vous retirer avec honneur sans en venir à cette cruelle alternative. Retirez-vous; ne perdez pas un instant; car si les soldats du capitaine Borroughcliffe venaient à son secours, l'abbaye serait une scène d'horreur.

—Retirez-vous, Catherine, retirez-vous, dit le jeune lieutenant avec impatience; ce n'est point ici votre place. Et vous, capitaine

Borroughcliffe (si tel est votre nom), vous devez voir que toute résistance serait inutile. J'ai dans cette chambre dix bonnes piques et vingt bras exercés à les manier; ce serait une folie que de vouloir résister à un nombre si supérieur.

— Déployez vos forces, dit Borroughcliffe, afin que je puisse consulter mon honneur.

— Votre honneur sera satisfait, mon brave capitaine, répondit Barnstable; car je dois rendre justice à votre bravoure, quoique votre uniforme soit mon aversion, et que vous soyez armé pour une cause impie. En avant, camarades! mais n'allez pas à l'abordage sans ordre.

Cet ordre était à peine donné que dix marins vigoureux se précipitèrent dans l'appartement; malgré leurs regards menaçants, leurs vêtements en désordre et leur air presque sauvage, ils ne frappèrent pas un seul coup, et ne commirent aucun acte d'hostilité. Pendant que cette troupe effrayante, quoique peu nombreuse, prenait ainsi possession de la chambre, les trois dames épouvantées se retirèrent dans un coin, et Borroughcliffe lui-même recula derrière la table à peu de distance d'une porte qui jusqu'à un certain point pouvait couvrir sa retraite.

La confusion occasionnée par ce mouvement subit durait encore quand un nouveau bruit se fit entendre d'un autre côté. Plusieurs hommes semblaient approcher d'un pas rapide, et presque au même instant la porte donnant sur la galerie s'ouvrit avec violence, et l'on vit entrer deux soldats de la garnison de l'abbaye serrés de près par quatre marins ayant à leur tête Griffith, Manuel et Merry, qui venaient d'être délivrés à l'instant où ils s'y attendaient le moins, et armés de tout ce qui leur était tombé sous la main au moment de leur délivrance.

Un mouvement de la part des marins qui étaient déjà maîtres de l'appartement, menaça de mort les deux fugitifs; mais Barnstable rabattit leurs piques avec son épée, et leur défendit d'en venir à aucune voie de fait. La surprise produisit le même résultat parmi ceux qui venaient d'arriver. Les deux soldats se réfugièrent derrière leur capitaine; les captifs délivrés se joignirent à Barnstable et à ses compagnons, et la tranquillité, qui avait été si soudainement interrompue, ne tarda pas à se rétablir.

— Vous le voyez, Monsieur, dit Barnstable après avoir serré la main cordialement à Griffith, à Manuel et à Merry, tous mes plans ont réussi. Vos soldats endormis sont enfermés et surveillés dans le bâtiment qui leur sert de caserne; voici vos deux sentinelles, j'occupe le centre de l'abbaye, et je suis incontestablement maître de votre personne. En considération de ce qui est dû à l'humanité et à la présence de ces dames, je vous invite à ne pas faire une résistance inutile. Je ne vous imposerai pas des conditions difficiles, et votre emprisonnement ne sera pas de longue durée.

Le capitaine anglais avait montré pendant toute cette scène un sang-froid qui aurait pu donner à réfléchir à ses ennemis, si l'agitation du moment leur eût permis de l'envisager avec attention; mais quelques symptômes d'inquiétude parurent alors se répandre peu à peu sur sa physionomie; il tournait souvent la tête en arrière, et semblait écouter comme s'il se fût attendu à entendre quelque nouveau bruit au dehors. Il répondit pourtant à Barnstable avec le ton calme qui lui était ordinaire.

— Vous parlez en vainqueur, Monsieur, lui dit-il, vous ne l'êtes pourtant pas encore. Le vénérable colonel et moi nous ne sommes pas aussi dépourvus de tous moyens de défense que vous vous l'imaginez.

En parlant ainsi, il leva le tapis qui couvrait une petite table près de laquelle il se trouvait, et sous lequel étaient cachées deux paires de pistolets dont le colonel et lui se saisirent.

— Voici la sentence de mort de quatre de vous, ajouta-t-il, et les deux braves qui sont derrière moi en expédieront deux autres. Je crois, mon guerrier transatlantique, que nous sommes à peu près dans la situation de Cortès et des Mexicains, quand le premier envahit une partie de votre continent. Je suis Cortès, armé du tonnerre et des éclairs, et vous n'avez avec vous que de pauvres Indiens, portant des piques, des frondes, et autres inventions antédiluviennes. Un naufrage et l'eau de la mer privent la poudre à fusil de sa qualité inflammable.

— Je conviendrai que nous n'avons pas d'armes à feu, répondit Barnstable; mais nous sommes des gens habitués dès l'enfance à compter sur leurs bras pour être assurés de leur vie. Quant aux bagatelles que vous tenez en main, Messieurs, vous ne devez pas croire qu'elles puissent intimider des hommes qui ont fait face à une pièce de trente-deux chargée à mitraille pendant qu'on approche la mèche de l'amorce. Vous en tireriez une cinquantaine que pas un de nous ne clignerait l'œil. Qu'en dites-vous, enfants? le pistolet est-il une arme qui vous empêcherait de monter à l'abordage?

Des éclats de rire méprisants témoignèrent assez combien peu de crainte leur inspiraient de semblables armes. Borroughcliffe remarqua leur air d'intrépidité audacieuse, et saisissant le cordon d'une sonnette qui était à côté de lui, il le tira plusieurs fois avec violence. Presque au même instant on entendit un bruit annonçant la marche régulière d'un détachement de troupes; deux portes de l'appartement s'ouvrirent, vingt soldats armés de mousquets et portant l'uniforme anglais entrèrent dans la chambre, et ils s'emparèrent de toutes les issues.

— Si vous avez tant de mépris pour nos petites armes, dit alors Borroughcliffe, vous voyez qu'il ne tient qu'à moi d'en employer de plus formidables. Après avoir ainsi déployé mes forces devant vous, je présume, Messieurs, que vous ne pouvez hésiter à vous rendre comme prisonniers de guerre.

Pendant ce temps, Manuel avait fait prendre aux marins une position presque militaire, les formant en bataillon carré au centre de l'appartement, et présentant de toutes parts à l'ennemi un front hérissé de redoutables piques d'abordage.

— Il y a eu ici quelque méprise, dit Griffith en jetant les yeux sur les soldats qui venaient d'arriver. Je reprends la préséance sur M. Barnstable, capitaine Borroughcliffe, et je vais vous faire des propositions tendant à écarter de la demeure du colonel Howard une scène qui pourrait devenir sanglante avant peu.

— La demeure du colonel Howard, s'écria le vieux colonel, est la demeure de son roi, ou du dernier des serviteurs de sa couronne. N'épargnez pas les traîtres à cause de moi, Borroughcliffe! Ne leur accordez aucune capitulation! Des sujets révoltés contre l'oint du Seigneur doivent se rendre sans conditions.

Tandis que Griffith parlait, Barnstable se tint les bras croisés avec un calme forcé, lançant un regard expressif sur Catherine, qui continuait ainsi que ses compagnes à regarder cette scène en tremblant, toutes trois restant immobiles comme enchaînées par la terreur; mais en entendant la menace formidable du maître de l'abbaye, il lui fut impossible de ne pas y répliquer.

— De par toutes les espérances que je conserve de dormir encore sur l'eau salée, colonel Howard, s'écria-t-il, si je n'étais retenu par la présence de trois femmes effrayées, je serais tenté de discuter sur-le-champ, à la pointe de nos piques, le titre de Sa Majesté. Vous pouvez faire telle convention qu'il vous plaira avec M. Griffith; mais si elle contient une syllabe de soumission à votre roi, un seul mot qui déroge à la fidélité que je dois au congrès des États-Unis et à l'État de Massachusetts, vous pouvez la considérer d'avance comme violée, car je ne la regarderai comme obligatoire ni pour moi, ni pour aucun de ceux qui voudront me reconnaître comme chef.

— Il n'y a ici que deux chefs, monsieur Barnstable, dit Griffith avec hauteur; un pour l'Amérique, un autre pour l'Angleterre. Je suis un de ces chefs, et je m'adresse à vous, capitaine Borroughcliffe, comme étant l'autre. Les grands objets de la querelle qui divise malheureusement l'Angleterre et ses anciennes colonies ne peuvent être nullement affectés par les événements de cette nuit; et si nous tenions trop strictement aux idées militaires, la lutte qui aurait lieu dans un pareil local pourrait être suivie de grands malheurs particuliers, de cruelles calamités domestiques. Vous et moi, Monsieur, nous n'avons qu'un mot à dire, et ces hommes qui tiennent en main avec impatience ces instruments de mort, vont s'attaquer les uns les autres avec acharnement; et qui peut dire qu'il sera en état de retenir leurs mains, quand le premier coup aura été porté? Vous êtes militaire, et je n'ai pas besoin de vous apprendre qu'il est plus facile d'exciter le courage que d'arrêter la vengeance.

Borroughcliffe, peu habitué à se laisser subjuguer par des émotions profondes, et certain d'ailleurs de la supériorité de son détachement, tant par le nombre que par la nature des armes, l'écouta avec calme sans l'interrompre, et lui répondit ensuite avec son sang-froid ordinaire :

— Je rends justice à votre logique, Monsieur. Vos prémisses sont incontestables, et votre conclusion infiniment juste. Confiez donc vos dignes marins aux soins de l'honnête Drill, qui satisfera à toutes les demandes de leurs estomacs affamés en leur procurant des vivres, sans oublier quelque liquide convenable, et nous discuterons ensuite de quelle manière vous retournerez dans vos colonies, autour de quelques flacons d'une excellente liqueur que mon ami Manuel, que voilà, dit être venue du côté du midi de l'île de Madère pour se faire boire dans un coin du nord de l'île de la Grande-Bretagne. De par mon palais! cette idée fait rayonner de joie les yeux de vos drôles! ils savent par instinct qu'une tranche de roast-beef et un pot de porter sont une meilleure compagnie pour des marins qui ont fait naufrage que des baïonnettes et des piques d'abordage.

—Ne plaisantez pas hors de saison, s'écria Griffith avec impatience; vous avez la supériorité du nombre, j'en conviens; mais vous assurerait-elle la victoire dans une lutte mortelle d'homme à homme? c'est une question que je laisse à votre prudence le soin de décider. Nous ne sommes pas ici pour accepter des conditions, mais pour en accorder. Que proposez-vous donc, Monsieur? Soyez bref, car les circonstances n'admettent point de délai.

— Je vous ai offert la jouissance des trois choses les plus nécessaires de la vie : manger, boire, dormir. Que demandez-vous de plus?

— Que vous ordonniez à ces soldats qui occupent la porte de la galerie de se retirer, et de nous laisser passer en paix, ce que je désire principalement pour éviter la vue du sang à des yeux qui n'y sont pas accoutumés; avant de refuser cette demande, songez que vos forces sont divisées, et qu'il serait bien facile à ces braves gens de s'ouvrir un passage la pique en avant.

— Votre compagnon le capitaine Manuel a assez d'expérience pour vous dire qu'une pareille manœuvre serait contre toutes les règles de l'art militaire, ayant sur vos derrières une force supérieure.

— Je n'ai pas le loisir d'écouter de pareilles folies, s'écria Griffith avec indignation; m'accordez-vous la sortie libre de l'abbaye, oui ou non?

— Non.

Griffith se tourna vers les trois dames avec l'air de la plus vive agitation, et leur fit signe de se retirer, car il se sentait incapable de leur adresser la parole. Cependant, après un instant de silence, il fit encore une tentative de conciliation.

— Si Manuel et moi nous consentons à retourner en prison, dit-il, et que nous nous soumettions à tout ce qu'il plaira au gouvernement anglais d'ordonner de notre sort, nos autres compagnons pourront-ils se rendre librement et paisiblement à notre frégate?

— Impossible, répondit Borroughcliffe, qui, voyant que l'instant de la crise approchait, sentait qu'il devait prendre un ton plus sérieux qu'il ne l'avait fait jusqu'alors. Vous et tous ceux qui ont volontairement troublé la paix publique dans le royaume, vous devez attendre que le gouvernement fasse connaître ses volontés à votre égard.

— En ce cas, que Dieu protége l'innocence et qu'il défende la justice !

— *Amen.*

— Place ! misérables ! cria Griffith aux soldats qui gardaient la porte donnant sur la galerie, place ! ou gare nos piques.

— En joue ! s'écria Borroughcliffe, mais qu'on ne lâche pas un chien à moins qu'ils n'avancent.

Il y eut un instant de confusion occasionnée par les préparatifs qu'on faisait de chaque côté pour combattre. Le bruit causé par le choc des armes se mêlait à celui des menaces et des imprécations prononcées à démi-voix. Cécile et Catherine s'étaient couvert le visage de leurs mains pour ne pas voir l'horrible spectacle auquel elles s'attendaient à chaque instant. Mais miss Dunscombe avança hardiment entre les baïonnettes et les piques qui se menaçaient, et sa voix suspendit le combat.

— Ecoutez-moi, s'écria-t-elle, écoutez-moi, si vous êtes des hommes et non des démons altérés du sang les uns des autres, quoique vous soyez faits à l'image de celui qui est mort pour vous élever au rang des anges. Donnez-vous le nom de guerre à ce qui va se passer ? Est-ce là cette gloire qui doit enflammer jusqu'au cœur d'une femme frivole et inconsidérée ? La paix des familles doit-elle être détruite pour assouvir votre soif désordonnée de la victoire ? Oterez-vous la vie à vos semblables pour en faire un abominable trophée ? Ecartez-vous, soldats anglais, si vous êtes dignes de ce nom, et livrez passage à une femme. Souvenez-vous que le premier coup qui partira sera dirigé contre son sein !

Son air, son ton, ses paroles, tout se réunit pour imposer aux soldats, et ils s'écartèrent pour lui ouvrir ce passage que Griffith avait en vain demandé pour lui et pour les siens. Mais au lieu de profiter de l'avantage qu'elle venait d'obtenir, elle sembla avoir perdu tout à coup l'usage de ses sens. Elle resta immobile à l'endroit où elle se trouvait, ses yeux égarés fixés vers la porte ouverte, comme si elle eût aperçu quelque objet qui la glaçait de consternation et d'effroi.

Tandis qu'elle était dans cette attitude, qui annonçait qu'elle n'était plus maîtresse d'elle-même, on vit paraître à la porte un homme portant un simple costume de marin, mais ayant un poignard à sa ceinture, un sabre à son côté et un pistolet à chaque main : c'était le pilote. Il s'arrêta un instant, spectateur silencieux de cette scène, et s'avança ensuite d'un air aussi calme qu'intrépide au milieu de l'appartement.

CHAPITRE XXIX.

> Soyez le bienvenu, Signor ; vous semblez arriver tout exprès pour séparer des gens qui sont sur le point de se battre.
> SHAKSPEARE. *Beaucoup de bruit pour rien.*

— Bas les armes, Anglais ! s'écria l'audacieux pilote. Et vous qui combattez pour la cause sacrée de la liberté, retenez vos bras afin que le sang ne coule pas sans nécessité. Orgueilleux Bretons ! rendez-vous au pouvoir des treize républiques.

— Ah ! dit Borroughcliffe en prenant un pistolet avec un air de beaucoup de résolution, la chose se complique. Je n'avais pas fait entrer cet homme dans mon calcul de leur nombre. Est-ce un Samson, pour que son bras change si soudainement la face des choses ? Bas les armes vous-même, mon ancien ami en mascarade, ou, au premier signal de ce pistolet, votre corps deviendra un point de mire pour vingt mousquets !

— Et le vôtre le deviendra pour cent ! répliqua le pilote. Se tournant alors vers la porte de la galerie : Entrez, s'écria-t-il ; faites entrer vos gens, et que ce soldat reconnaisse sa faiblesse !

Il n'avait pas encore fini de parler quand le son de plus en plus aigu d'un sifflet de contre-maître pénétra jusque dans les parties les plus reculées de l'abbaye. Une troupe nombreuse obéissant à cet appel se précipita dans l'appartement, culbutant la faible garde de soldats anglais stationnés à la porte, et la chambre se trouva remplie d'une foule pressée, sans compter les hommes qui restaient encore dans la galerie.

— Qu'il entende vos voix, enfants, s'il ne peut vous voir tous, cria le pilote; l'abbaye est à nous.

Le bruit d'une tempête aurait à peine égalé celui que produisirent les cris des hommes qui marchaient à sa suite. Leurs acclamations continuèrent sans interruption pendant quelques minutes, et devinrent si bruyantes que le toit de l'édifice semblait en trembler. A travers la porte entr'ouverte on voyait une masse de têtes qui ne pouvaient pénétrer dans l'appartement, les unes couvertes du bonnet de marin, les autres portant le chapeau de soldat de marine. Le capitaine Manuel eut bientôt reconnu ces derniers, et se faisant jour à travers la foule, il les rassembla, les forma régulièrement, et en plaça un détachement à chacun des postes que les soldats anglais gardaient quelques instants auparavant.

Pendant qu'il s'occupait de ces soins, la conversation continuait entre les chefs des deux partis. Jusqu'à ce moment le colonel Howard, par respect pour les principes de subordination militaire, avait laissé à Borroughcliffe toutes les fonctions du commandement; mais voyant alors que les affaires changeaient entièrement de face, il crut pouvoir prendre le droit de questionner les gens qui se présentaient chez lui à main armée.

— Monsieur, dit-il en s'adressant au pilote qui était évidemment le chef des nouveaux venus, de quel droit osez-vous envahir ainsi le château d'un sujet de ce royaume? En êtes-vous chargé par le lord lieutenant du comté? Votre commission porte-t-elle la signature du secrétaire d'état de Sa Majesté ayant le département de l'intérieur?

— Je n'ai de commission de personne, répondit le pilote; je ne suis qu'un simple citoyen combattant pour la liberté de l'Amérique. J'avais conduit ces messieurs dans le danger, et j'ai cru de mon devoir de les en tirer. A présent ils sont en sûreté, et tous ceux qui m'entendent n'ont d'ordres à recevoir que de M. Griffith, porteur d'une commission du congrès des Etats-Unis.

Après avoir parlé ainsi, il quitta la place qu'il avait occupée jusqu'alors au milieu de la salle, se retira dans un coin, et appuyé sur la boiserie qui garnissait la muraille, il resta spectateur silencieux de tout ce qui se passait.

— Il paraît donc que c'est à vous que je dois réitérer ma demande, fils dégénéré d'un noble père? reprit le colonel en se tournant vers Griffith. De quel droit ma demeure est-elle ainsi attaquée? Pourquoi viole-t-on la paix et la tranquillité de mon habitation et de ceux qu'elle doit protéger?

— Je pourrais vous répondre, colonel Howard, dit Griffith, que c'est en vertu des lois de la guerre, ou, pour mieux dire, en représailles des mille maux que vos troupes anglaises ont fait souffrir à l'Amérique entre le Maine et la Géorgie; mais je ne veux pas aigrir les choses ni ajouter au trouble de cette scène, et je me bornerai à vous dire que nous userons avec modération de l'avantage que nous avons obtenu. Du moment que nous aurons pu réunir nos forces, et que nous nous serons convenablement assurés de nos prisonniers, votre demeure sera remise sous votre autorité. Nous ne sommes pas flibustiers, Monsieur, et vous le reconnaîtrez quand nous serons partis. Capitaine Manuel, emmenez les prisonniers, et faites toutes les dispositions nécessaires pour que nous puissions regagner nos barques sans délai; et vous, piques d'abordage, sortez, partez!

Cet ordre du jeune marin fut donné avec la vivacité sévère qui appartient à sa profession, et il opéra comme un talisman sur tous ceux qui l'entendirent. Ils sortirent de l'appartement avec le même empressement qu'ils y étaient entrés; ceux qui y étaient venus avec Barnstable suivirent leurs camarades, et il ne resta dans la chambre que les officiers des deux partis et la famille du colonel.

Barnstable avait gardé le silence depuis que son officier supérieur avait repris le commandement, écoutant avec grande attention le moindre mot prononcé de part et d'autre; mais se trouvant alors en moins nombreuse compagnie, et les moments lui paraissant précieux, il reprit la parole.

— Si nous allons nous remettre en mer si promptement, monsieur Griffith, dit-il, il conviendrait de faire les préparatifs convenables pour recevoir les dames qui doivent honorer nos barques de leur présence. Me chargerai-je de ce soin?

Cette proposition soudaine causa un mouvement général de surprise. Cependant, si l'on eût bien examiné l'expression que prirent alors les traits malins de Catherine Plowden, on aurait pu voir, malgré son air de confusion, qu'au moins pour elle cette question n'avait rien d'imprévu. Un assez long silence y succéda, et ce fut le colonel Howard qui le rompit.

— Vous êtes les maîtres, Messieurs, dit-il, ne vous gênez pas; prenez tout ce qui vous convient; ma demeure, mes biens, mes pupilles, tout est à votre disposition. Peut-être miss Dunscombe, la bonne et douce miss Dunscombe, aura-t-elle aussi le bonheur de plaire à quelqu'un de vous. Ah! Griffith! Edouard Griffith! je ne me serais guère attendu que le fils....

— Monsieur, ne prononcez pas une seconde fois ce nom avec ironie, ou vos années ne seraient plus pour vous qu'une bien faible protection! s'écria une voix forte et sévère se faisant entendre derrière le colonel. Tous les yeux se tournèrent involontairement de ce côté; et l'on vit le pilote qui reprenait son attitude de repos en s'appuyant contre la boiserie, quoique tout son corps fût agité par un mouvement de colère qu'on voyait qu'il cherchait à réprimer.

Quand les yeux de Griffith cessèrent de se fixer avec étonnement sur cet homme qui semblait prendre à lui un intérêt si extraordinaire, il les tourna d'un air suppliant vers les belles cousines, qui étaient encore dans le coin de l'appartement où la frayeur les avait en quelque sorte forcées de se réfugier.

— Je vous ai dit que nous ne sommes pas des maraudeurs nocturnes, colonel Howard, dit-il ensuite; mais s'il se trouve ici quelques dames qui veuillent se confier à nos soins, je me flatte qu'il est hors de propos de dire en ce moment avec quel plaisir elles seront reçues.

— Nous n'avons pas le temps de faire des compliments inutiles, s'écria l'impatient Barnstable. Voilà Merry, à qui son âge et sa parenté donnent le droit de les aider à préparer promptement leur petit bagage. Qu'en dites-vous, jeune homme? croyez-vous pouvoir au besoin jouer le rôle de femme de chambre?

— Oui, Monsieur, et beaucoup mieux que je n'ai joué celui de marchand colporteur, répondit le midshipman avec gaieté. Pour le plaisir d'avoir pour compagnes de voyage ma joyeuse cousine Kate et ma bonne cousine Cicély, je jouerai le rôle de notre grand'mère commune. Allons, cousines, venez, venez; mais vous m'excuserez si vous me trouvez un peu gauche.

— Retirez-vous, jeune homme, répondit miss Howard en le repoussant tandis qu'il cherchait à lui prendre familièrement le bras. Et s'avançant vers son oncle avec toute la dignité d'une femme : Je ne puis savoir, dit-elle, quelles sont les stipulations secrètes du traité que miss Plowden a fait ce soir avec M. Barnstable; mais quant à moi, colonel Howard, j'espère que vous en croirez la fille de votre frère quand je vous assure que tous les événements qui viennent de se passer ont été aussi imprévus pour moi que pour vous-même.

Le colonel fixa sur elle un instant des yeux dont l'expression annonçait un retour de tendresse; mais les doutes dont son imagination était remplie finirent par l'emporter, et secouant la tête, il se détourna d'elle avec un air de fierté.

Cécile baissa les yeux; mais elle osa dire :

— Eh bien ! il est possible que mon oncle refuse de me croire, mais je ne puis être déshonorée sans un acte de ma volonté.

Relevant alors la tête, et montrant ses traits pleins de douceur, elle se retourna vers son amant, et lui dit, le visage couvert du plus vif incarnat :

— Edouard Griffith, je ne puis ni ne veux vous dire combien il serait humiliant de penser que vous ayez pu croire un seul instant que je m'oublierais encore au point de vouloir abandonner le protecteur que Dieu m'a donné pour suivre un guide choisi par une passion inconsidérée. Et vous, André Merry, apprenez à respecter la fille de la sœur de votre mère, sinon pour elle-même, du moins par égard pour celle qui a donné les premiers soins à votre enfance.

— Il paraît qu'il y a ici quelque malentendu; dit Barnstable qui partageait jusqu'à un certain point l'embarras qu'éprouvait le jeune midshipman : mais, de même que dans tous les malentendus de la même espèce, je suppose qu'une courte explication peut remettre tout dans l'ordre. Monsieur Griffith, c'est à vous de parler. Que diable ! ajouta-t-il plus bas, vous êtes muet comme un poisson; une jolie femme vaut bien quelques belles paroles. Parlez donc !

— Il faut hâter notre départ, monsieur Barnstable, répondit Griffith en poussant un profond soupir, et semblant sortir d'un rêve. Ayez la bonté d'ordonner qu'on se dispose à se mettre en marche pour gagner la côte. Le capitaine Manuel est chargé des prisonniers; nous les garderons comme otages de la sûreté d'un pareil nombre de nos concitoyens.

— Et nos concitoyennes, Monsieur ! faut-il que nous les oubliions pour ne songer en égoïstes qu'à notre propre sûreté?

— Nous n'avons le droit de nous mêler de ce qui les concerne qu'autant qu'elles le désireraient elles-mêmes.

— De par le ciel! monsieur Griffith, cela sent le grec et le latin! Vous pouvez y trouver dans vos bouquins de quoi justifier cette conduite ; mais permettez-moi de vous dire, Monsieur, que ce n'est pas celle qu'on pourrait attendre d'un marin amoureux !

— Est-il indigne d'un marin, d'un homme bien né, de permettre à la femme qu'il appelle *sa maîtresse* de l'être autrement que de nom ?

— Eh bien! Griffith, je vous plains de toute mon âme. J'aurais consenti volontiers à rencontrer un peu de difficulté à obtenir le bonheur dont je vais jouir si facilement, plutôt que de vous voir éprouver un désappointement si cruel ; mais vous ne pouvez me blâmer de profiter des faveurs de la fortune. Donnez-moi votre belle main, miss Plowden. Colonel Howard, je vous rends mille actions de grâces des soins que vous avez pris jusqu'ici d'un dépôt si précieux, et croyez que je vous parle sincèrement, Monsieur, quand je vous dis qu'après moi vous êtes dans le monde entier l'homme à qui je le confierais le plus volontiers.

Le colonel se tourna vers lui, le salua profondément, et lui répondit d'un ton grave :

— Vous payez mes légers services de trop de reconnaissance, Monsieur. Si miss Catherine Plowden n'est pas devenue sous ma tutelle tout ce que son digne père John Plowden, capitaine de la marine royale, aurait désiré que fût sa fille, c'est à moi, à ce qu'il me manquait à moi-même pour l'instruire, qu'il faut l'attribuer, et non à la elle-même. Je ne vous dirai pas : — Recevez-la de ma main, Monsieur, — puisque vous en êtes déjà en possession, et qu'il serait hors de mon pouvoir de rien changer à cet arrangement; il ne me reste donc qu'à souhaiter que vous trouviez en elle autant de soumission comme épouse qu'elle en a montré comme pupille et comme sujette.

Catherine avait souffert que son amant lui prît la main, et la conduisît un peu en avant de ses deux compagnes; mais en ce moment, arrachant son bras de celui de Barnstable, et séparant les cheveux noirs qu'elle avait laissés tomber en désordre sur son front, elle leva la tête avec fierté; pâle encore, toute sa vivacité semblait avoir passé dans ses regards tandis qu'elle prononçait ce peu de mots :

— Messieurs, l'un de vous peut être aussi disposé à me recevoir que l'autre le paraît à me rejeter; mais la fille de John Plowden n'a-t-elle pas une voix dans cette affaire? Avez-vous le droit de disposer aussi froidement de sa personne? Si son tuteur est las de sa présence, elle peut trouver une autre habitation, sans avoir besoin de se retirer sur un vaisseau où il n'y a probablement pas beaucoup d'appartements vacants.

A ces mots, quittant Barnstable, elle alla rejoindre sa cousine avec un air de courroux tel que celui que peut concevoir une jeune personne qui s'aperçoit qu'on forme pour elle des projets de mariage sans lui demander si elle les approuve.

Barnstable, qui ne connaissait guère tous les détours du cœur d'une femme, et qui ne savait pas que, malgré tout ce que lui avait dit Catherine, la détermination de miss Howard était nécessaire pour assurer la sienne et la décider à se déclarer ouvertement en sa faveur, resta comme frappé de stupeur en entendant cette déclaration. Il ne pouvait concevoir qu'une femme qui avait tant hasardé pour lui en secret, qui lui avait si souvent avoué son attachement, pût hésiter à en renouveler l'aveu en un pareil moment, même en face de tout l'univers. Il portait ses regards tour à tour sur toutes les personnes de la compagnie, et trouvait dans tous les yeux une expression de réserve délicate, excepté dans ceux du tuteur de sa maîtresse et de Borroughcliffe.

Le colonel crut sa pupille livrée au repentir, et fixa sur elle un regard qui annonçait le retour de ses bonnes grâces, et le capitaine la contemplait avec un air de surprise plaisante mêlée d'une expression de fierté blessée et de ressentiment amer qui ne l'avait pas quitté depuis l'instant qu'il avait vu son projet anéanti.

— Il paraît, Monsieur, lui dit Barnstable en fronçant les sourcils, que vous trouvez en cette jeune dame quelque chose de divertissant qui vous amuse fort mal à propos. Nous ne souffrons pas en Amérique que nos femmes soient ainsi traitées.

— Et nous ne nous querellons jamais devant les nôtres en Angleterre, répondit Borroughcliffe en lui rendant son regard de fierté; mais je pensais aux révolutions qu'un instant peut produire, pas à autre chose, je vous l'assure. Il n'y a pas une demi-heure que je me croyais le plus heureux homme du monde, que je m'imaginais être sûr du plan que j'avais conçu afin de contreminer celui que vous aviez formé pour me surprendre, et en ce moment me voilà le plus heureux de tous les militaires qui portent une épaulette sans espoir d'en recevoir une seconde.

— Et de quelle manière ce changement peut-il m'être attribué, Monsieur ? demanda Catherine avec toute sa vivacité.

— Miss Plowden, répondit le capitaine avec un air d'humilité affectée, je n'en accuserai ni votre persévérance dans votre projet de seconder mes ennemis, ni votre zèle pour leur succès, ni votre sang-froid imperturbable pendant le souper; mais je crois qu'il est temps que j'obtienne mon congé de retraite, je ne puis plus servir mon roi avec honneur, et je devrais me mettre à servir mon Dieu, comme le font tant d'autres quand le monde les met à la réforme. Je n'ai plus l'ouïe aussi fine qu'autrefois, on le mur d'un jardin produit un effet magique pour tromper l'oreille.

Catherine n'attendit pas la fin de cette phrase pour se détourner afin de cacher la rougeur brûlante dont son visage était couvert. La manière dont Borroughcliffe avait découvert les projets de Barnstable n'était plus un mystère, et sa conscience lui reprochait aussi un peu de coquetterie inutile; car elle se souvenait parfaitement qu'une bonne moitié de la conversation qu'elle avait eue avec son amant, derrière ce mur dont le capitaine venait de parler, avait roulé sur un sujet tout à fait étranger au plan de surprise de l'abbaye. Barnstable n'ayant pas à cet égard la même délicatesse de sentiments que sa maîtresse, et d'ailleurs entièrement occupé des moyens d'arriver à son but, ne comprit pas aussi facilement l'allusion de l'officier anglais; se tournant tout à coup du côté de Griffith, il lui dit d'un ton fort sérieux :

— Je crois devoir vous faire observer, monsieur Griffith, que nos instructions nous prescrivent de nous emparer de tous les ennemis de l'Amérique partout où nous pourrons en trouver, et que les Etats n'ont pas hésité en plusieurs occasions à faire des femmes prisonnières.

— Bravo ! s'écria Borroughcliffe ; si elles refusent de vous suivre comme maîtresses, emmenez-les comme captives.

— Remerciez le ciel d'être vous-même captif, Monsieur, sans quoi vous me rendriez raison d'un pareil propos ! s'écria Barnstable courroucé. Monsieur Griffith, songez que vous êtes responsable de l'exécution de cet ordre, et que vous ne devez pas le négliger.

— Allez à votre devoir, monsieur Barnstable, dit Griffith sans s'émouvoir, et paraissant sortir d'une rêverie ; je vous ai donné mes ordres, qu'ils soient exécutés sur-le-champ.

— J'ai aussi à exécuter les ordres du capitaine Munson, monsieur Griffith, de notre officier supérieur à tous deux ; et je vous assure qu'en me donnant mes instructions pour *l'Ariel*... Pauvre *Ariel !* il n'en reste pas deux planches qui tiennent ensemble ! Je vous dis, Monsieur, que mes instructions sont très-précises sur ce point.

— Eh bien ! Monsieur, mes ordres les révoquent.

— Mais comment pourrai-je me justifier d'obéir à l'ordre verbal d'un officier inférieur, quand il est en opposition formelle avec les instructions écrites de mon commandant ?

Griffith n'avait pris jusqu'alors que le ton froid et ferme d'un officier qui veut être obéi ; mais en ce moment le sang lui monta au visage, et il s'écria d'un ton d'autorité et les yeux étincelants :

— Comment ! Monsieur, hésitez-vous à m'obéir ?

— De par le ciel ! Monsieur, je résisterais aux ordres du congrès même, s'il m'ordonnait d'oublier mon devoir envers..... envers.....

— Dites envers vous-même, monsieur Barnstable ; mais que ce mot soit le dernier. Allez à votre devoir, Monsieur.

— Mon devoir est d'être ici, monsieur Griffith.

— Il faut donc que j'agisse, ou que je me laisse braver par mes propres officiers ! Monsieur Merry, allez dire au capitaine Manuel d'envoyer ici un sergent et quatre fusiliers.

— Dites-lui de venir lui-même ! s'écria Barnstable poussé au désespoir par la contrariété qu'il éprouvait ; son corps tout entier ne viendrait pas à bout de me désarmer. — A moi, les Ariels ! à moi, mes braves ! Rangez-vous autour de votre capitaine !

— Le premier d'entre eux qui passera cette porte sans mon ordre périra de ma main ! s'écria Griffith en se précipitant l'épée nue au-devant des marins qui accouraient à la voix de leur commandant, mais qui s'arrêtèrent en reconnaissant celle de leur officier supérieur. Rendez-moi votre épée, monsieur Barnstable, et épargnez-vous le désagrément de vous la voir enlever par un simple soldat.

— Je voudrais voir l'insolent qui oserait l'essayer ! s'écria Barnstable en tirant son épée et en la brandissant en l'air. Griffith, dans l'ardeur qui le transportait lui-même, avait sans y penser étendu son bras armé en lui parlant; les deux lames se touchèrent, et le bruit de l'acier opéra sur les deux jeunes gens le même effet que produit le son du clairon sur le cheval de bataille. Ils s'attaquèrent sur-le-champ, et se portèrent avec rapidité plusieurs coups qui furent réciproquement parés avec adresse.

— Barnstable! Barnstable! s'écria Catherine en se précipitant dans ses bras; je vous suivrai au bout de la terre.

Cécile ne parla point; mais lorsque Griffith recouvra un peu de sang-froid, il la vit à ses genoux, le visage couvert d'une pâleur mortelle, et les yeux fixés sur les siens comme pour implorer sa compassion.

Le cri de miss Plowden avait séparé les combattants avant que le sang d'aucun d'eux eût coulé; mais malgré l'intervention de leurs maîtresses, les deux jeunes officiers se lançaient des regards pleins de menace et de ressentiment.

En ce moment le colonel Howard s'avança, et s'approchant de sa nièce, il la releva de son humble posture en lui disant :

— Cette situation ne convient pas à la fille d'Harry Howard. Ce n'est que devant son souverain et au pied de son trône qu'elle doit s'agenouiller ainsi. Voyez, ma chère Cécile, les conséquences naturelles de la rébellion! Elle répand la discorde dans leurs propres rangs; par ses maudits principes d'égalité, elle détruit toute distinction de rang parmi eux; ces jeunes insensés ne savent pas même à qui ils doivent l'obéissance.

— C'est à moi qu'elle est due, dit le pilote en s'avançant de nouveau au centre de l'appartement: et il est temps que je fasse valoir mon autorité. Monsieur Griffith, remettez votre épée dans le fourreau; et vous, Monsieur, vous qui avez bravé votre officier supérieur, qui avez oublié les obligations que vous imposait votre serment, soumettez-vous et rentrez dans le devoir.

Le son calme de la voix du pilote fit tressaillir Griffith, et sembla réveiller en lui quelque souvenir. Il le salua profondément et remit son arme dans le fourreau. Mais Barnstable, qui avait encore un bras autour de la taille de sa maîtresse tandis que l'autre faisait brandir son épée, répondit avec un air de dérision à ce ton extraordinaire d'autorité:

— Et quel est celui qui ose me donner un pareil ordre?

Les yeux du pilote brillèrent d'un feu terrible; son visage devint pourpre, et tout son corps trembla de colère. Un effort soudain et puissant qu'il fit sur lui-même supprima pourtant tous ces signes extérieurs d'émotion, et il répondit avec autant de calme que de fermeté :

— Un homme qui a le droit de commander, et qui veut être obéi.

Cette assertion singulière, le ton dont elle était faite, l'air imposant du pilote sous son humble costume, frappèrent tellement Barnstable que son bras armé s'abaissa avec un geste qui pouvait s'interpréter comme un signe de soumission. Le pilote le regarda un instant d'un œil sévère, et se tournant ensuite vers Griffith, il dit d'une voix plus douce, quoique toujours ferme :

— Il est vrai que nous ne sommes pas venus ici comme des maraudeurs ; que nous ne désirons commettre aucun acte de sévérité inutile envers des gens sans défense : mais cet officier anglais et cet Américain émigré sont nos prisonniers de bonne guerre, et il faut qu'ils soient conduits à bord de notre vaisseau.

— Et le principal objet de notre expédition ? demanda Griffith.

— Il est manqué, Monsieur, répondit le pilote avec vivacité. Il a été sacrifié à des sentiments privés, comme cela est arrivé cent fois ; il n'en est résulté que désappointement, et il faut l'oublier pour toujours. Mais ne négligeons pas l'intérêt des républiques américaines, monsieur Griffith. Quoique nous ne devions pas mettre en danger la vie de ces braves gens pour obtenir un sourire d'amour d'une jeune beauté, nous ne devons pas, pour nous procurer l'approbation d'une autre, oublier les avantages qu'ils nous ont assurés. Ce colonel Howard n'est pas un prisonnier à dédaigner, et dans un marché avec les mignons de la couronne, il pourra racheter la liberté de quelque digne patriote qui languit dans les fers. Supprimez ce regard hautain, Monsieur, et adressez ce coup d'œil de fierté à tout autre qu'à moi. Il faut qu'il se rende sur la frégate, Monsieur, et cela sur-le-champ.

— En ce cas, dit Cécile en s'approchant du colonel qui regardait avec un froid dédain les dissensions survenues entre les Américains, j'accompagnerai mon oncle, je ne souffrirai pas qu'il reste seul au milieu de ses ennemis.

— Il serait plus ingénu, dit le colonel, plus digne de la fille de mon frère Harry, d'attribuer franchement sa résolution au motif véritable qui la lui a inspirée. Et sans avoir égard à l'air d'abattement que prit Cécile en voyant accueillir si froidement une offre que lui avait dictée la plus vive tendresse, le vieillard s'avança vers Borroughcliffe, qui rongeait le pommeau de son épée dans son dépit d'avoir vu s'évanouir en un instant les hautes espérances qu'il avait conçues. Se plaçant à côté du capitaine, et prenant un air de soumission mêlée de dignité : Messieurs, continua-t-il, agissez selon votre bon plaisir ; vous êtes les vainqueurs, et il faut bien que nous nous soumettions. Un brave doit savoir céder avec dignité comme se défendre avec courage quand il n'est pas surpris, comme nous l'avons été ; mais si quelque occasion s'offrait jamais !.... Donnez vos ordres, Messieurs ; deux agneaux n'ont jamais eu la moitié de la douceur que vous trouverez dans le capitaine Borroughcliffe comme dans moi-même.

En finissant de parler, le colonel Howard regarda son compagnon d'infortune en souriant avec un air de résignation affectée, mais remplie d'amertume. Le capitaine voulut lui répondre de la même manière, mais la grimace qu'il fit en cherchant à sourire peignait plutôt le trouble et le désordre de ses idées. Tous deux cependant réussirent à sauver assez bien les apparences pour avoir l'air de regarder avec sang-froid les préparatifs de départ que faisaient les vainqueurs.

Le colonel continua à rejeter avec froideur les avances de sa nièce ; et Cécile, cédant timidement à la volonté de son oncle, abandonna pour le moment tout espoir de le ramener à des sentiments plus équitables. Cependant elle s'occupa sérieusement à donner les ordres nécessaires pour exécuter la résolution qu'elle avait prise, et sa cousine n'eut pas besoin d'être pressée pour lui servir d'aide dans cette occupation inattendue. Quant à celle-ci, sans en rien dire à miss Howard, il y avait déjà quelque temps qu'elle avait fait en secret toutes les dispositions nécessaires pour pouvoir quitter l'abbaye en un clin d'œil, s'il arrivait quelque événement semblable à celui qui venait d'avoir lieu.

De concert avec son amant, qui, voyant que le plan du pilote était d'accord avec ses propres vues, avait jugé à propos d'oublier sa querelle avec cet homme mystérieux, miss Plowden courut chercher les paquets qu'elle avait déjà préparés, pour les remettre à ceux qui devaient s'en charger. Barnstable et Merry accompagnaient sa marche légère le long des corridors sombres et étroits de l'abbaye, tous deux ne se possédant pas de joie ; le premier ne faisant qu'entretenir sa maîtresse de sa beauté, de son esprit, de toutes ses perfections; le second, riant, chantant et se livrant à tout l'enthousiasme que pouvait éprouver un jeune homme de son âge et de son caractère au milieu d'une telle scène et dans de semblables circonstances.

Il fut heureux pour Cécile que sa cousine eût eu tant de prévoyance, car miss Howard songeait plutôt à tout ce dont son oncle pouvait avoir besoin qu'à ce qui lui était nécessaire à elle-même. Suivie de miss Dunscombe, Cécile parcourait les appartements solitaires de l'abbaye en écoutant en silence les consolations douces et religieuses que lui prodiguait sa compagne, cédant quelquefois à la violence du chagrin que lui causait la conduite de son oncle à son égard, et donnant ensuite ses ordres aux domestiques avec le même calme que s'il n'eût été question que de faire un voyage de plaisir.

Pendant ce temps le reste de la compagnie était demeuré dans la salle à manger. Le pilote, comme s'il eût pensé que ce qu'il avait déjà fait était suffisant, avait repris sa première attitude, se tenant debout, le dos appuyé contre la boiserie, mais surveillant avec attention tous les préparatifs du départ, avec un coup d'œil qui annonçait que son esprit supérieur dirigeait tout. Griffith avait pourtant repris le commandement en apparence, et c'était à lui que les marins s'adressaient pour recevoir des ordres.

Une heure ou environ se passa de cette manière, et alors Cécile et Catherine arrivèrent en habits de voyage, les bagages de tous les prisonniers ayant déjà été remis à un sous-officier qui les fit emporter par un détachement de marins. Griffith donna l'ordre du départ, et le son aigu d'un sifflet de contre-maître, retentissant de nouveau dans l'abbaye, fut suivi du cri poussé par une voix forte et enrouée:

— En avant les chiens de mer! allons, en avant toutes les piques!

A cet appel extraordinaire succédèrent le roulement d'un tambour et le son d'un fifre, et toute la troupe sortit de l'abbaye dans l'ordre déterminé par le capitaine Manuel, qui remplissait en cette occasion les fonctions de maréchal-général de l'armée.

Le pilote avait combiné avec tant de prudence et d'habileté ses dispositions pour surprendre l'abbaye, que pas un seul individu, soldat ou domestique, n'avait pu s'en échapper; et comme il aurait été dangereux de laisser après eux quelqu'un qui pût jeter l'alarme dans le pays, Griffith avait ordonné que tout ce qui s'était trouvé à Sainte-Ruth fût conduit sur les rochers pour y être détenu jusqu'au départ de la dernière des barques destinée à conduire les Américains et leurs prisonniers sur le cutter qui les attendait en courant des bordées à peu de distance du rivage.

On avait allumé des bougies dans presque tous les appartements de l'abbaye pour faire les préparatifs du départ, et dans la précipitation qu'on y avait mise, personne n'avait songé à les éteindre. L'édifice paraissait donc comme illuminé, et cet éclat rendait encore plus sensible, surtout aux yeux des femmes, l'obscurité qui régnait au dehors. Un de ces mouvements subits qu'on ne saurait ni expliquer ni définir porta Cécile à s'arrêter quand elle fut sur le seuil de la porte extérieure ; elle se retourna pour jeter un regard sur l'abbaye avec un pressentiment secret qu'elle la voyait pour la dernière fois. Les murs sombres de cet édifice se dessinaient sur l'horizon du nord, tandis que les portes et les fenêtres ouvertes permettaient d'en contempler la solitude intérieure. Vingt lumières répandaient leur éclat inutile dans des appartements inhabités, comme en dérision de leur état d'abandon. Cette vue fit tressaillir Cécile, et elle se détourna pour se rapprocher de son oncle toujours indigné, avec l'idée secrète que la présence de sa nièce serait bientôt plus nécessaire que jamais à son bonheur.

Le murmure sourd des voix de ceux qui marchaient en tête, le son du fifre qui se faisait entendre de temps en temps, les ordres que donnaient à voix basse les officiers de marine, lui firent oublier ces pensées en la rappelant à la réalité, et elle suivit la troupe qui se dirigeait à grands pas vers le rivage.

CHAPITRE XXX.

> Un chef se rendant aux Highlands s'écrie : Batelier, dépêche-toi, et je te donnerai une livre d'argent pour nous passer de l'autre côté du rivage.
> CAMPBELL. *La fille de lord Ullin.*

Le firmament avait été sans nuages pendant toute la journée, et des milliers d'étoiles brillaient alors à travers une atmosphère glacée. A mesure que les yeux s'accoutumaient à la différence de lumière, ils distinguaient mieux les objets environnants. En tête de la ligne qui s'étendait le long d'un sentier étroit marchait un peloton de soldats de marine, de ce pas ferme et régulier auquel on reconnaît une troupe disciplinée. Ils étaient suivis par un corps nombreux de marins armés de piques, de mousquets et de coutelas, marchant confusément, et dont la disposition à se livrer au désordre et à une agitation grossière, maintenant qu'ils se trouvaient sur la terre ferme, pouvait à peine être contenue par la présence et les réprimandes sévères de leurs officiers. Au centre de cette masse étaient les soldats du capitaine Borroughcliffe et les domestiques du colonel Howard, auxquels leurs gardes ne semblaient faire attention que pour chercher l'occasion de quelques plaisanteries.

Le colonel Howard, appuyé sur le bras de Borroughcliffe, marchait à quelque distance ; tous deux gardaient un profond silence et se livraient à l'amertume de leurs réflexions. Miss Howard les suivait pas à pas avec miss Dunscombe qui lui donnait le bras, et elles étaient entourées de quelques femmes faisant partie des domestiques de Sainte-Ruth. Catherine Plowden était aussi dans ce groupe ; elle marchait seule, toujours d'un pied agile, mais avec cette retenue ordinaire à son âge et à son sexe, elle cherchait à cacher sa satisfaction intérieure sous un air de mécontentement de sa captivité. Barnstable, à quelques pieds d'elle, suivait des yeux tous ses mouvements avec délices ; mais il se soumettait à ce qu'il appelait le caprice de sa maîtresse, dont les regards semblaient lui défendre de s'approcher davantage. Griffith marchait sur les flancs de la troupe, de manière à embrasser des yeux toute la ligne, et à pouvoir au besoin en diriger les mouvements par ses ordres. Un autre corps de marins venait ensuite, et Manuel fermait la marche à la tête d'un second détachement de ses soldats. Le fifre avait reçu ordre de se taire, et l'on n'entendait plus que le bruit des pas mesurés des soldats, les derniers soupirs de l'ouragan, la voix d'un officier qui avait de temps en temps quelque ordre à donner, et un murmure confus causé par les conversations à demi-voix des marins.

— C'est une prise écossaise que nous venons de faire, disait un vieux matelot; ni cargaison, ni argent! Ce n'est pas qu'il n'y eût dans cette vieille carcasse de navire de quoi procurer à chacun de nous une paire de belles boucles d'argent; mais non! l'eau a beau venir à la bouche d'un brave homme, du diable si les officiers voudraient lui permettre de prendre seulement une Bible!

— Vous pouvez bien le dire, et vous ne direz que la vérité, répondit un de ses camarades qui marchait à son côté, et s'il s'était trouvé un livre de prières, ils n'auraient pas voulu qu'un pauvre diable pût s'en servir. Et cependant je vous dirai ce que j'en pense, Ben; il me semble que quand on fait d'un marin un soldat, et qu'on lui fait porter le mousquet, on doit lui laisser la même liberté qu'au soldat, et lui permettre un doigt de pillage. Quant à moi, du diable si j'ai mis la main cette nuit sur autre chose que sur mon fusil et mon coutelas, à moins que vous n'appeliez ce haillon de nappe un revenant-bon!

— Ah! ah! tu es tombé sur un bon coupon de toile à voile, à ce que je vois, reprit le premier, admirant la finesse du tissu que son compagnon lui montrait à la dérobée; ma foi! tu en as emporté large comme notre voile du perroquet d'artimon. Eh bien! tout le monde n'a pas eu autant de bonheur que toi. Pour ma part, je crois que ce maudit chapeau a été fait pour le gros doigt du pied de je ne sais qui. J'ai voulu l'enfoncer sur ma tête en poupe et en proue, mais du diable s'il y entre d'un pouce. Ah çà! Nick, tu me donneras un morceau de cette toile pour me faire une chemise?

— Oui, oui, répondit Nick, on vous en donnera un coin; vous en aurez même la moitié, si vous le voulez. Mais au bout du compte, à moins que nous ne trouvions nos parts de prise dans ce bétail femelle, je ne vois pas que nous retournions au vaisseau plus riches que nous n'en sommes partis.

—Pas plus riches! dit un jeune et joyeux marin qui avait écouté en silence la conversation de ses deux camarades plus intéressés; je crois que nous sommes frétés pour une croisière dans les mers où le quart du jour dure six mois. Ne voyez-vous pas que nous avons déjà double ration de nuit?

Et en parlant ainsi il passa la main sur la tête laineuse des deux nègres du colonel Howard qui marchaient près de lui, occupés de fâcheux pressentiments sur les suites que pourrait avoir pour eux la perte inattendue de leur liberté.

—Virez la tête à tribord! Eh bien! qu'en pensez-vous. N'avez-vous pas les *ténèbres visibles?*

—Laissez là ces noirauds! dit le plus âgé des interlocuteurs; qu'est-ce que vous voulez faire de pareils oiseaux? Avez-vous envie de les faire chanter pour attirer quelqu'un des officiers dans vos eaux? Quant à moi, Sam, je ne vois pas pourquoi nous restons depuis si longtemps à courir des bordées le long des côtes, n'ayant souvent que dix brasses d'eau tout au plus, quand en avançant dans l'océan Atlantique nous pourrions rencontrer presque tous les jours quelque bâtiment venant de la Jamaïque, et nous procurer du rum et du sucre en aussi grande abondance que nous avons maintenant de l'eau et du biscuit.

—C'est ce pilote qui en est la cause, s'écria Ben; car voyez-vous, si la mer n'avait pas de fond, il n'y aurait pas de pilote. C'est une mauvaise croisière quand on trouve le fond à cinq brasses, et que le plomb tombe sur du sable ou sur un rocher. Et puis faire une pareille manœuvre de nuit! Si nous avions des jours de quatorze heures au lieu de sept, on pourrait se préparer pendant les dix autres.

—Vous êtes deux vieux chevaux marins, dit le joyeux Sam. Ne voyez-vous pas que le congrès veut que nous coulions à fond tous les bâtiments côtiers de John Bull, et que le vieux Souffle-Raide a trouvé les jours trop courts pour cette besogne? Voilà pourquoi il nous a fait faire une descente pour nous emparer de la nuit. La voilà, nous en sommes maîtres; quand nous serons sur la frégate, nous l'enfermerons à fond de cale, et nous reverrons la face du soleil. Allons, mes lis, relevez la tête pour que ces vieux enfants de Neptune puissent voir les fenêtres de votre cabane. Vous ne le voulez pas! il faut donc la hisser par vos câbles de laine.

Les nègres, qui avaient souffert ses plaisanteries avec l'humilité abjecte de l'esclavage, n'eurent pas la même patience quand ils se sentirent tirer rudement les cheveux, et leurs plaintes parvinrent à l'oreille d'un officier.

— Que veut dire cela? s'écria une voix ferme dont le son enfantin faisait un plaisant contraste avec son ton d'autorité; pourquoi crie-t-on ainsi?

Le jeune marin laissa retomber lentement ses deux mains dont chacune tenait une poignée de la laine qui couvrait la tête des deux nègres; mais l'une d'elles en descendant rencontra une oreille, et la tira si violemment que *César* poussa un grand cri, qu'il chercha d'autant moins à retenir qu'il voyait qu'il lui arrivait un auxiliaire.

— Encore! s'écria Merry. Qui donc fait chanter ainsi ces nègres?

— Personne, Monsieur, répondit Sam avec une gravité affectée; une de ces figures noires s'est frotté l'os de la jambe contre une toile d'araignée, et cela lui a fait mal à l'oreille.

— Et comment se fait-il, mauvais plaisant, que vous vous trouviez au milieu des prisonniers quand je vous avais ordonné de mettre la pique sur l'épaule et de vous placer sur le flanc du détachement?

— Oui, Monsieur, vous m'en avez donné l'ordre, et j'y ai obéi aussi longtemps que je l'ai pu; mais ces visages de nègres ont rendu la nuit si sombre que j'ai perdu mon chemin.

Un éclat de rire à demi retenu se fit entendre parmi les marins qui étaient près de lui, et si le midshipman n'avait eu sa dignité à maintenir, il aurait volontiers ri comme les autres de l'humeur plaisante de Sam, qui était un de ces êtres privilégiés, comme il s'en trouve toujours quelqu'un à bord de chaque vaisseau.

— Eh bien! drôle, dit Merry, à présent que vous avez reconnu votre erreur de calcul, virez de bord et retournez à la place que je vous ai assignée.

— J'y vais, monsieur Merry, j'y vais; mais de par toutes les erreurs qui se trouvent sur les registres du munitionnaire, cette toile d'araignée a fait pleurer un de ces noirauds. Permettez-moi de ramasser quelques gouttes d'encre pour écrire une lettre à ma pauvre vieille mère. Du diable si elle a reçu une ligne de moi depuis que nous sommes sortis de la baie de Chesapeake.

— Si vous ne m'obéissez à l'instant, s'écria Merry d'une voix qui annonçait plus de compassion qu'on n'en accordait généralement alors aux souffrances d'une race encore méprisée aujourd'hui par les gens irréfléchis et inconsidérés, mais qui autrefois l'était bien plus encore, je vous ferai sentir le fil de mon coutelas, et alors vous pourrez écrire à votre mère avec de l'encre rouge si bon vous semble.

— Je m'en garderai bien, répondit Sam en se replaçant au poste qui lui avait été assigné; la pauvre femme ne reconnaîtrait pas mon écriture, et dirait que c'est un faux. Je voudrais pourtant bien savoir s'il est vrai que tous les brisants soient noirs sur la côte de Guinée, comme je l'ai entendu dire à de vieux marins qui ont croisé dans ces parages.

Le cours de ses plaisanteries fut interrompu par une voix sévère dont le ton d'autorité n'avait qu'un mot à prononcer pour calmer les plus bruyants transports de gaieté de l'équipage.

— C'est M. Griffith! se dirent les marins à voix basse; Sam a éveillé le premier lieutenant; il fera bien de dormir à son tour! Ils cessèrent même leur chuchotement en voyant approcher leur commandant, et Sam marcha sans se déranger de la file, dans un aussi profond silence que s'il eût été muet.

Le lecteur nous a trop souvent accompagné sur le terrain situé entre l'abbaye de Sainte-Ruth et l'Océan pour que nous ayons besoin de lui faire la description de la route que suivait le détachement pendant le dialogue précédent, et nous passerons sur-le-champ aux incidents qui eurent lieu lorsqu'on fut arrivé sur les rochers.

L'homme qui d'une manière si inattendue s'était arrogé un instant l'autorité sur les autres ayant disparu sans que personne sût ce qu'il était devenu, Griffith continua à exercer les fonctions de commandant sans consulter personne. Il n'adressa pas la parole une seule fois à Barnstable, et il était évident que ces deux jeunes gens, également fiers, regardaient comme rompus, du moins pour le moment, les liens de l'étroite amitié qui les avait unis jusqu'alors. Il est certain que Griffith, s'il n'eût été retenu par la présence de Cécile et de Catherine, aurait fait arrêter sur-le-champ un officier inférieur qui avait manqué de subordination ; Barnstable de son côté sentait parfaitement la faute qu'il avait commise, mais sans en être contrit ; et ce n'était qu'avec peine que par égard pour sa maîtresse il s'abstenait de montrer le ressentiment de sa vanité blessée. Cependant tous deux d'accord par un même intérêt agissaient parfaitement de concert pour assurer l'embarquement des deux cousines.

Barnstable devança la marche de ses compagnes, et courut aux barques, afin que les deux captives y fussent placées le plus commodément possible. Le pilote ayant fait sa descente avec une suite nombreuse, et espérant en ramener une encore plus considérable, il avait fallu mettre à la mer toutes les barques des deux bâtiments, et elles étaient à peu de distance du rivage, attendant le retour de l'expédition. Un grand cri poussé par Barnstable donna avis de son arrivée à l'officier qui avait le commandement de la petite flottille, composée de cutters, de chaloupes, de pinasses, de barges, en un mot de toutes les barques, quel que soit leur nom, qu'on trouve à bord des vaisseaux de guerre. Un cri joyeux des équipages lui répondit, et au bout de quelques minutes la flotte en miniature aborda le rivage.

Si l'on eût consulté les craintes des deux cousines, on les aurait placées de préférence sur le cutter de la frégate qu'on nommait *le Tigre*, attendu que c'était la plus grande barque de toute l'escadre ; mais Barnstable aurait cru un pareil choix humiliant pour les épouses futures de deux officiers de marine ; il leur avait destiné une longue barque du capitaine Munson, qu'on regardait comme la barge d'honneur ; cinquante bras furent employés par son ordre à la tirer sur le sable, et l'on ne tarda pas à leur annoncer que tout était prêt pour les y recevoir.

Manuel avait fait halte avec son corps sur le haut des rochers, et il était fort affairé à placer des piquets et des postes d'observation, en style militaire, comme il le disait, pour couvrir et protéger l'embarquement des marins. On avait aussi laissé sous sa garde les domestiques de l'abbaye et les soldats de Borroughcliffe ; mais le colonel Howard, le capitaine anglais, les trois dames et trois femmes de chambre étaient descendus par le ravin dont nous avons déjà parlé, et ils étaient inactifs et debout sur le rivage quand on vint les avertir qu'on les attendait pour partir.

— Où est-il donc? demanda miss Dunscombe en jetant les yeux

autour d'elle, comme si elle eût cherché avec inquiétude un autre individu que ceux qui l'environnaient.

— De qui parlez-vous? lui demanda Barnstable; nous sommes tous ici, et la barque est prête.

— Et m'emmènera-t-il donc! s'écria-t-elle; m'emmènera-t-il moi-même? m'arrachera-t-il à la terre qui m'a vue naître, au pays qui a vu mon enfance, aux lieux qui possèdent toute mon affection.

— Je ne sais de qui vous parlez, madame, dit Barnstable; si c'est de M. Griffith, le voilà à deux pas derrière ce groupe de marins.

Griffith ayant entendu prononcer son nom, s'approcha des trois dames et leur adressa la parole pour la première fois depuis le départ de l'abbaye.

— Je me flatte qu'on m'a bien compris, dit-il, et que je n'ai pas besoin de répéter qu'aucune femme ne doit se regarder ici comme prisonnière. Si quelqu'une consent volontairement à se rendre à bord de notre vaisseau, je lui donne la parole d'honneur d'un marin qu'elle y trouvera protection et sûreté; mais vous êtes toutes parfaitement libres.

— En ce cas, je ne partirai pas, dit miss Dunscombe.

— Et pourquoi partiriez-vous? dit Cécile; vous n'avez aucun lien qui vous retienne ici.

Miss Dunscombe jeta un coup d'œil autour d'elle.

— Retournez à Sainte-Ruth, continua Cécile, et soyez-y la maîtresse jusqu'à notre retour, ou jusqu'à ce que le colonel Howard vous fasse connaître son bon plaisir, ajouta-t-elle en jetant un regard timide sur son oncle.

— Je vous obéirai volontiers, ma chère enfant; mais l'agent du colonel Howard à B. sera sans doute autorisé à se mettre en possession de tout ce qui lui appartient.

Le colonel, tant que sa nièce avait été la seule à parler de consulter son bon plaisir, avait trouvé dans son ressentiment un motif suffisant pour garder le silence; mais il avait trop de savoir-vivre pour ne pas répondre à une sujette aussi loyale que miss Dunscombe.

— Je m'expliquerai à ce sujet par égard pour vous, miss Dunscombe, lui dit-il, et non pour aucune autre raison; car autrement je voudrais que les portes et les fenêtres de Sainte-Ruth restassent ouvertes comme un triste monument des malheurs d'une rébellion, et j'attendrais pour réclamer une juste indemnité de la couronne l'instant où l'on mettra en vente les biens confisqués des chefs de cette détestable révolte contre le prince légitime. Mais vous méritez de moi, miss Dunscombe, toute la considération qu'un homme bien né doit à une dame. Ayez donc la bonté d'écrire à mon agent : priez-le de mettre le scellé sur tous mes papiers, et de les transmettre au secrétaire d'état de Sa Majesté ayant le département de l'intérieur. On n'y trouvera rien qui respire la trahison, et ils me donnent droit à la protection du gouvernement. Quant au mobilier, la plus grande partie en appartient au propriétaire de la maison, comme vous ne l'ignorez pas, et je présume qu'il veillera à ses intérêts. Permettez que je vous baise la main, miss Dunscombe ; j'espère que nous nous reverrons un jour au palais de Saint-James. Comptez-y, la reine Charlotte connaîtra votre loyauté et rendra justice à votre mérite.

— C'est ici que je suis née dans une humble obscurité, colonel Howard ; c'est ici que j'ai vécu ; c'est ici que je veux mourir. Si depuis un certain temps j'ai goûté quelque plaisir autre que celui qui est le partage de tout chrétien fidèle à ses devoirs, c'est à la société que j'ai trouvée chez vous que j'en suis redevable. Une telle société, dans ce coin retiré de ce royaume, était un bien trop précieux pour qu'il ne s'y mêlât pas quelque alliage ; et aux plaisirs passés va succéder un triste souvenir. Adieu, mes jeunes amies ; mettez votre confiance en celui dont les yeux ne font aucune différence entre l'Américain et l'Européen, entre le monarque et le sujet. Adieu, nous nous reverrons un jour ; mais ce ne sera probablement ni dans mon île, ni sur votre continent.

— Voilà, dit le colonel Howard en lui prenant la main avec un air d'affection, voilà le seul sentiment déloyal que j'aie jamais entendu sortir de la bouche de miss Dunscombe. Doit-on supposer que Dieu, ayant établi des classes différentes parmi les hommes, n'ait pas égard aux rangs établis par lui-même ? Mais adieu ; si nous avions le temps d'avoir à ce sujet une explication convenable, je suis convaincu que nous ne différerions guère sur ce point.

Miss Dunscombe ne parut pas regarder cette discussion comme méritant d'être prolongée dans un pareil moment, et serrant la main du colonel, elle lui fit ses adieux et donna toute son attention à ses jeunes amies. Cécile, embrassant sa compagne chérie, s'abandonna à tous ses regrets et versa des larmes amères ; Catherine lui fit ses adieux avec le même attendrissement, quoique son départ d'Angleterre n'entrât pour rien dans le regret du moment. Enfin les deux cousines, s'arrachant des bras de leur amie, se mirent en chemin pour leur destination. Le colonel Howard ne voulut ni précéder ses pupilles dans la barge, ni même les aider à y monter. Ce fut Barnstable qui se chargea de ce soin, et après les avoir fait asseoir ainsi que leurs femmes de chambre, il se tourna vers les deux prisonniers.

— Messieurs, leur dit-il, la barque vous attend.

— Miss Dunscombe, dit Borroughcliffe avec un sourire amer, notre excellent hôte vient de vous donner un message pour son agent. Voudriez-vous me rendre un service du même genre? ce serait de rédiger un rapport pour le commandant en chef du district pour l'informer de quelle manière un certain capitaine Borroughcliffe s'est conduit dans cette affaire comme un sot ; non, employez les termes les plus simples, et dites comme un âne. Vous pouvez y insérer, par forme d'épisode, qu'il a joué à cache-cache avec une jeune fille rebelle des colonies, et qu'il s'est cassé le nez pour ses peines. Allons, mon digne hôte ou plutôt mon compagnon de captivité, je vous suis, comme c'est mon devoir.

— Arrêtez! s'écria Griffith ; le capitaine Borroughcliffe ne doit pas monter dans cette barque.

— Comment, monsieur! s'écria le capitaine, comptez-vous donc me caserner avec mes soldats? Oubliez-vous que j'ai l'honneur d'être un officier de Sa Majesté britannique, et que...

— Je n'oublie rien de ce qu'un homme d'honneur doit se rappeler, capitaine Borroughcliffe, répondit Griffith. Je me souviens, entre autres choses, de la manière libérale avec laquelle vous m'avez traité quand j'étais prisonnier. Dès l'instant que notre sûreté le permettra, non seulement vos soldats, mais vous même, vous serez mis en liberté.

Borroughcliffe tressaillit de surprise; mais il était trop aigri par le regret que lui avaient laissé les songes délicieux dont il s'était bercé depuis deux jours pour pouvoir répondre à ce procédé généreux comme il l'aurait fait dans tout autre moment. Il tâcha de maîtriser son émotion, et se mit à se promener le long du rivage en sifflant à demi-voix un air vif.

— Eh bien! s'écria Barnstable, la barque est prête ; elle n'attend plus que ses officiers.

Griffith se détourna sans lui répondre, et s'éloigna d'un air hautain, comme s'il eût dédaigné d'avoir aucune communication avec son ancien ami.

Barnstable attendit quelques instants, par suite de la déférence qu'une longue habitude lui donnait pour un officier supérieur, et qu'un mouvement de colère impétueuse ne pouvait déraciner. Mais s'apercevant que Griffith n'avait pas intention de revenir, il sauta dans la barque et ordonna aux marins de la mettre à flot.

— Tirez! poussez! s'écria-t-il, ne vous inquiétez pas d'une jaquette mouillée! J'ai vu plus d'un brave homme aborder sur ce rivage par un temps bien pire que celui-ci. Tournez la proue à la mer! C'est bien! Allons, prenez les rames maintenant.

On obéissait avec empressement aux ordres du jeune lieutenant. La barque flottait déjà sur les vagues toujours agitées près des brisants, mais qui n'étaient plus ni menaçantes ni dangereuses. Les marins réunirent tous leurs efforts, et leurs bras vigoureux agitant les rames avec célérité, la barque sillonna la pleine mer en se dirigeant vers l'endroit où l'on supposait que *l'Alerte* attendait.

CHAPITRE XXXI.

> Quel était son but? un seul. Cruellement offensé, il armait son bras pour se venger de son pays.
> THOMSON.

Miss Dunscombe restait sur les sables, suivant des yeux le point noir que les vagues et l'obscurité de la nuit dérobèrent bientôt à sa vue, et écoutant ensuite avec un intérêt mélancolique le bruit mesuré des rames, qui se fit entendre longtemps encore après que la barque eut cessé d'être visible. Quand son imagination lui rappela seule les amies qui venaient de la quitter, elle s'éloigna du bord de la mer, où elle laissa les marins s'occupant à leur tour des préparatifs de leur embarquement. Elle gravit lentement le ravin, et parvint bientôt au sommet des rochers sur lesquels elle s'était si souvent promenée, jetant encore un regard sur l'Océan avec les sentiments naturels à sa situation.

Les soldats de Borroughcliffe, stationnés près du débouché du ravin, lui firent place avec respect, et aucune des sentinelles qu'avait placées Manuel ne songea à l'arrêter. Elle avança donc sans obstacle jusqu'à l'arrière-garde, que le capitaine commandait en personne.

— Qui va là? s'écria Manuel en voyant quelqu'un s'approcher et en s'avançant lui-même pour le reconnaître.

— Une femme qui n'a ni le pouvoir ni la volonté de vous nuire, Alix Dunscombe, retournant avec la permission de votre chef dans le lieu qui l'a vue naître.

— Oui, murmura le capitaine, c'est encore un trait de la politesse de Griffith et de son ignorance de l'art militaire. Croit-il qu'il existe une femme qui n'ait pas de langue? Avez-vous le mot d'ordre, Madame, afin que je voie si vous avez véritablement le droit de passer?

— M. Griffith m'a permis de me retirer, et je n'ai d'autre droit à alléguer que mon sexe et ma faiblesse.

— Et ils sont suffisants, dit la voix d'un homme qui s'avançait, mais que cachait encore un gros chêne dont les branches dépouillées de feuilles s'étendaient presque jusque sur l'endroit où se trouvaient les soldats.

— Qui va là? s'écria encore Manuel; avancez; rendez-vous, ou je vais faire feu.

— Quoi! dit le pilote en s'avançant avec son air impassible, le capitaine ferait feu sur celui qui vient de le délivrer! Il fera mieux de conserver ses balles pour s'en servir contre ses ennemis.

— Vous avez commis une imprudence très-dangereuse, Monsieur, en vous approchant ainsi clandestinement d'un poste de soldats de marine. Je suis surpris qu'un homme qui a prouvé cette nuit qu'il a des connaissances en tactique, en conduisant une surprise avec tant d'habileté, ne soit pas mieux instruit des formes qu'il faut employer pour approcher d'un piquet.

— Peu importe maintenant! mes connaissances ou mon ignorance ne sont pas ce qui doit nous occuper, puisque j'ai remis le commandement en d'autres mains, peut-être en de meilleures. Mais je désire parler en particulier à cette dame, Monsieur: c'est une connaissance de ma jeunesse, et je la reconduirai jusqu'à l'abbaye.

— Cela serait contraire à tous les principes de l'art militaire, monsieur le pilote, et vous m'excuserez si je ne puis consentir à ce que vous étendiez vos excursions au-delà de l'espace gardé par mes sentinelles. Si vous désirez converser ici avec miss Dunscombe, je ferai retirer mon piquet à une distance suffisante pour qu'on ne puisse vous entendre. J'avoue pourtant que je n'aperçois aucun terrain aussi favorable que celui-ci. Vous devez voir que j'ai un ravin pour assurer ma retraite en cas de surprise, que cette pointe de rocher couvre mon flanc droit, et que je suis appuyé sur ce gros arbre par mon flanc gauche. On pourrait ici, en cas de besoin, opposer à l'ennemi une résistance très-sérieuse, et les plus mauvaises troupes se battent bien quand leurs flancs sont couverts et qu'elles ont en arrière les moyens de faire une retraite régulière.

— N'en dites pas davantage, Monsieur; je ne voudrais pas vous faire perdre une pareille position. Miss Dunscombe aura peut-être la bonté de consentir à faire quelques pas en arrière.

Ce fut en le suivant que miss Dunscombe lui annonça son consentement, et il la conduisit à quelque distance du piquet de Manuel, vers un endroit où le dernier ouragan avait abattu un vieux chêne. Elle s'assit sur le tronc renversé de cet arbre, paraissant attendre avec patience qu'il voulût bien expliquer le motif qui lui avait fait désirer cette entrevue. Le pilote se promena quelques instants en face de l'endroit où elle était assise, gardant le silence, et plongé dans de profondes reflexions; enfin il s'approcha d'elle et s'assit à son côté.

— Le moment où nous allons nous séparer est enfin arrivé, Alix, lui dit-il : c'est à vous de décider si ce sera pour toujours.

— Que ce soit donc pour toujours, John, répondit-elle; et il y avait dans sa voix un accent d'émotion.

— Ce mot eût été moins cruel pour moi, si nous ne nous étions pas rencontrés si inopinément, et cependant votre résolution est peut-être fondée sur la prudence. Qu'y a-t-il dans mon destin qui puisse faire désirer à une femme de le partager?

— Si vous voulez dire que votre destin est celui d'un homme qui ne peut trouver que bien peu de gens, personne même pour partager son bonheur ou compatir à ses infortunes; d'un homme dont la vie est une suite continuelle de dangers, de calamités, de désappointements et de revers, vous connaissez bien peu le cœur d'une femme si vous pensez qu'elle ne puisse avoir ni la volonté ni la force de les supporter avec l'objet de son choix.

— Est-ce bien vous qui me parlez ainsi, Alix ? J'ai donc mal entendu vos discours, mal interprété vos actions ! Mon sort n'est donc pas tout à fait celui d'un homme abandonné, quoiqu'il ait obtenu la faveur des rois et les sourires des reines ! Oui, ma vie est exposée à des dangers nombreux et terribles ; mais elle n'est pas exclusivement remplie de calamités et de revers, n'est-il pas vrai, Alix ?

Il s'arrêta comme pour attendre une réponse ; mais miss Dunscombe garda le silence, et le pilote reprit la parole.

— Je me suis trompé dans le degré d'importance que j'ai cru que le monde attacherait à mes combats et à mes entreprises. Je ne suis pas ce que je voulais être, Alix, je ne suis pas même ce que je m'étais cru.

— Vous vous êtes fait un nom parmi les guerriers du siècle, John, un nom qu'on peut dire écrit avec le sang.

— Avec le sang de mes ennemis, Alix.

— Avec le sang des sujets de votre prince légitime, avec le sang de ceux qui respirent le même air que vous avez respiré à votre entrée dans le monde, de ceux qui vous ont donné les premières leçons de religion, que je crains que vous n'ayez que trop oubliées.

— Dites avec le sang des ennemis de la liberté. Vous avez vécu si longtemps dans cette profonde retraite, vous avez si aveuglément nourri les préjugés de votre jeunesse, que les nobles sentiments que j'espérais jadis voir éclore en vous n'ont jamais pu se développer.

— J'ai vécu et j'ai pensé comme une femme, comme l'exigeaient mon sexe et ma condition. Quand il faudra que je vive et que je pense différemment, je désire que la mort vienne à mon secours.

— Et voilà les premiers germes de l'esclavage ! Une femme qui vit dans la dépendance ne peut devenir mère que de misérables, que de lâches qui déshonorent le nom d'homme !

— John ! je ne serai jamais mère, répondit Alix avec ce ton de résignation qui indiquait qu'elle avait renoncé aux espérances si naturelles à son sexe ; j'ai vécu seule et sans appui, et je mourrai dans l'isolement, sans laisser après moi personne pour me regretter.

La douceur du son de sa voix et la chaste dignité de sa fierté touchèrent le cœur du pilote, et il garda quelques instants une sorte de silence respectueux, comme si les sentiments honorables qu'elle avait réprimés réveillaient en lui cette générosité et ce désintéressement presque étouffés par une ambition infatigable et par l'orgueil des succès. Enfin il reprit la parole; mais il parla avec une sensibilité plus douce et un enthousiasme moins ardent qu'il ne l'avait fait jusqu'alors.

— Je ne sais, Alix, si dans la situation où je me trouve, et vous voyant sinon heureuse, du moins contente de votre sort, je dois chercher à ranimer dans votre cœur des sentiments que je m'étais flatté d'y reconnaître autrefois. Ce ne peut être un destin désirable que de partager la vie errante d'un homme qu'on pourrait appeler le Don Quichotte de la liberté; d'un homme qui à chaque instant peut être appelé à sceller de son sang la vérité de ses principes.

—Jamais mon cœur n'a éprouvé pour vous un sentiment qu'il n'ait conservé encore tout entier, répondit Alix avec la franchise la plus ingénue.

— Achevez, dit le pilote. Ai-je eu tort de croire que vous êtes résolue à rester en Angleterre, ou me suis-je trompé en croyant connaître vos premiers sentiments?

— Vous ne vous êtes trompé ni aujourd'hui ni alors, John. La faiblesse est toujours la même; mais Dieu a daigné m'accorder avec les années plus de force pour la combattre; mais ce n'est pas de moi, c'est de vous, John, que je désire vous parler. J'ai vécu comme une de nos simples marguerites que l'œil remarque à peine quand elles fleurissent sur la prairie pendant le printemps, et je me fanerai de même quand l'hiver de ma vie sera arrivé, sans que le champ qui m'aura vue pendant une saison s'aperçoive qu'il lui manque une de ses fleurs; mais votre chute, John, sera comme celle du chêne sur lequel nous sommes assis en ce moment. On parle de sa grandeur et de sa noblesse tant qu'il est debout; on ne prononcera sur son utilité que quand il sera renversé.

— Qu'on prononce comme on le voudra, répondit le pilote avec orgueil. Il faut que la vérité soit reconnue tôt ou tard, et quand le moment en sera arrivé, on dira de moi: C'était un homme fidèle et vaillant; — et tous ceux qui, nés dans l'esclavage, voudront vivre sous l'égide de la liberté, puiseront une leçon dans mon exemple.

— Tel peut être le langage de ce peuple éloigné pour lequel vous avez renoncé à votre patrie et à vos concitoyens, dit miss Duns-combe en jetant sur lui un regard timide comme pour voir jusqu'où elle pouvait aller sans éveiller son ressentiment; mais que diront à leurs enfants vos compatriotes dont le sang se mêle à celui de vos ancêtres?

— Ils diront tout ce que pourra leur suggérer leur politique tortueuse, tout ce que leur vanité trompée pourra leur inspirer; mais le portrait du héros doit être tracé par ses amis comme par ses ennemis. S'il y a des glaives en Amérique, croyez-vous qu'il ne s'y trouve pas aussi des plumes?

— J'ai entendu parler de cette Amérique, John, comme d'un pays auquel Dieu a prodigué ses faveurs d'une main libérale, où il a réuni différents climats et toutes leurs productions, où il donne des preuves de son pouvoir comme de sa magnificence. On le dit arrosé par des fleuves dont la source est inconnue; on dit qu'on y admire des lacs dont l'étendue ferait honte à notre Océan Germanique; des plaines immenses couvertes de la plus belle verdure, même de ces agréables vallées qui font le charme d'un cœur simple. En un mot, John, on dit que c'est un grand pays qui peut favoriser les terribles passions, et charmer aussi les affections plus douces du cœur.

— Vous avez donc trouvé dans votre solitude des gens qui lui ont rendu justice! Oui, c'est un pays qui peut seul former un monde. Et pourquoi ceux qui l'occupent recevraient-ils des lois des autres nations?

— Je ne prétends pas discuter le droit que peuvent avoir les enfants de cette contrée de faire tout ce qu'ils croient pouvoir assurer leur bonheur. Mais est-il possible que des gens nés dans un tel pays ne connaissent pas le sentiment qui attache tout homme au lieu où il a reçu le jour!

— Pouvez-vous douter qu'ils le connaissent? s'écria le pilote avec surprise. Leurs efforts dans cette cause sacrée, leurs souffrances, leur patience, les longues privations qu'ils se sont imposées, ne le proclament-ils pas assez hautement?

— Et croyez-vous que ceux qui savent si bien aimer leur patrie seront disposés à chanter les louanges de celui qui a levé une main sacrilége contre la sienne?

— Toujours le même reproche! s'écria le pilote qui reconnut

alors le but où Alix voulait arriver. L'homme est-il un arbuste ou une pierre pour qu'il faille qu'il soit jeté au feu ou enterré dans une muraille sur le sol où le hasard l'a fait naître? Le son de ce mot PATRIE nourrit la vanité d'un Anglais en quelque lieu qu'il se trouve, mais il paraît qu'il a des charmes plus puissants encore sur le cœur des Anglaises.

— C'est celui qui doit être le plus cher au cœur d'une femme, John; car il renferme tous les nœuds les plus doux. Si vos dames d'Amérique n'en connaissent pas les charmes, toutes les faveurs que Dieu a accordées à leur pays ne contribueront que bien peu à leur bonheur.

— Alix, dit le pilote en se levant avec agitation, je ne vois que trop le but de vos allusions, mais nous ne serons jamais d'accord sur ce point. Tout le pouvoir que vous avez sur moi serait insuffisant pour me détourner du glorieux sentier que je suis en ce moment. Le temps nous presse; parlons d'autre chose. C'est peut-être la dernière fois que je mettrai le pied sur le sol de la Grande-Bretagne.

Alix ne répondit pas sur-le-champ. Elle avait à combattre l'impression nible que faisait sur elle cette dernière remarque; mais bientôt maîtresse de ce mouvement de faiblesse, elle reprit le ton qu'elle croyait que son devoir exigeait d'elle.

— Et quels exploits ont marqué le court séjour que vous venez d'y faire, John? Vous avez détruit le repos d'une famille paisible; vous avez commis un acte de violence contre un vieillard; sont-ce là les hauts faits qui doivent illustrer votre sentier de gloire?

— Croyez-vous que j'aie débarqué dans ce pays, que j'aie placé ma vie entre les mains de mes ennemis, pour un objet si indigne de moi? Non, Alix; j'ai échoué dans mon entreprise, et par conséquent on ne saura jamais quel en était le but. C'est le zèle pour la cause que j'ai embrassée qui m'a inspiré la démarche que vous condamnez si inconsidérément. Quant à ce colonel Howard, ceux qui gouvernent l'Angleterre ne sont pas sans égard pour lui, et le prix de sa liberté sera celle de quelque patriote valant mieux que lui. Pour ses pupilles, vous oubliez votre mot magique: leur patrie est en Amérique, à moins qu'elles n'en trouvent plus promptement une autre sous le pavillon libre d'une frégate qui les attend à peu de distance des côtes.

— Vous parlez d'une frégate? dit miss Dunscombe avec une

vivacité qui annonçait qu'elle prenait à cette conversation un intérêt plus puissant que jamais ; est-elle le seul moyen que vous ayez pour échapper à vos ennemis?

— Alix Dunscombe n'a pas bien étudié les événements passés, puisqu'elle me fait une telle question, dit le pilote avec fierté ; vous auriez parlé plus convenablement en me demandant si cette frégate était le seul bâtiment devant lequel mes ennemis dussent fuir pour m'échapper.

— Je ne puis mesurer mes termes dans un pareil moment, dit Alix, l'inquiétude peinte sur ses traits. Le hasard m'a fait entendre une partie d'un plan formé pour détruire par des moyens soudains tous les bâtiments américains qui se trouvent dans nos mers.

— Ce plan peut être formé plus soudainement qu'il n'est possible de l'exécuter, ma bonne Alix. Et quel est donc ce plan si redoutable?

— Je ne sais trop si la fidélité que je dois à mon souverain me permet de vous en instruire, répondit Alix en hésitant.

— Soit! dit le pilote avec indifférence ; c'est peut-être le moyen de soustraire à la mort ou à la captivité quelques officiers de la marine royale. Je vous ai déjà dit, Alix, que c'est probablement pour la dernière fois que je suis en cette île, et par conséquent cette entrevue...

— Et cependant, dit miss Dunscombe suivant le cours de ses idées, il ne peut y avoir grand mal à empêcher l'effusion du sang humain, encore moins à servir ceux que nous avons connus et aimés longtemps.

— Oui, c'est une doctrine fort simple et facile à soutenir, et cependant le roi George pourrait fort bien se passer de quelques uns de ses serviteurs ; la liste de ses vils esclaves est si longue!

— Il existait à l'abbaye de Sainte-Ruth un jeune homme nommé Dillon, qui en a disparu mystérieusement, ou plutôt qui a été emmené prisonnier par vos compagnons... En avez-vous entendu parler, John?

— J'ai entendu parler d'un mécréant qui portait ce nom, mais je ne l'ai jamais vu. Alix, si le ciel veut que cette entrevue soit la dernière!...

— Il était prisonnier sur un schooner nommé *l'Ariel*, continua miss Dunscombe sans faire attention à l'air d'indifférence avec lequel le pilote écoutait ces détails; et quand on lui permit de retourner à Sainte-Ruth, il oublia la promesse qu'il avait faite, et manqua à sa parole d'honneur pour se livrer à sa méchanceté. Au lieu d'effectuer l'échange qui était la condition de sa liberté, il trama une trahison contre ceux qui l'avaient pris; oui, c'était une indigne trahison, car il avait été traité de la manière la plus généreuse, et sa délivrance était certaine.

— C'était un infâme coquin. Mais, Alix...

— Ecoutez-moi, John, continua-t-elle, prenant un intérêt d'autant plus vif à sa situation, qu'il paraissait plus distrait. Je devrais peut-être parler de ses fautes avec ménagement, car il est maintenant au nombre des morts; mais une partie de son plan a échoué; car il tendait à couler à fond le schooner que vous appelez *l'Ariel*, et à s'emparer de la personne du jeune Barnstable.

— Comme vous le dites, il a échoué. J'ai délivré Barnstable, et *l'Ariel* a été frappé par un bras plus puissant que tous ceux de ce monde. Il a fait naufrage.

— Ainsi donc la frégate est votre seule ressource! Ne perdez pas de temps, John, et ne prenez pas un tel air de hauteur et d'insouciance. Le moment peut arriver où votre esprit audacieux et entreprenant ne pourra résister à vos ennemis. Une autre partie du plan de Dillon consistait à envoyer un exprès dans le port de mer le plus voisin du côté du nord pour y donner avis de votre apparition sur nos côtes, afin qu'on en fit partir des vaisseaux de la marine royale pour vous couper la retraite.

Le pilote perdit son air d'indifférence pendant qu'elle parlait ainsi; et ses yeux étincelants semblaient vouloir, à la faible clarté des étoiles, deviner dans sa physionomie ce qu'elle allait dire.

— Comment êtes-vous si bien instruite, Alix? lui demanda-t-il avec vivacité; quels sont les vaisseaux qu'il a nommés?

— Le hasard m'a fait entendre ce plan sans être vue. Peut-être j'oublie ce que je dois à mon souverain; mais, John, c'est trop exiger de la faiblesse d'une femme que de vouloir qu'elle voie sacrifier l'homme qu'elle a regardé autrefois d'un œil favorable, quand un mot d'avis donné à temps peut le mettre en état d'éviter le danger.

— Qu'elle a regardé autrefois d'un œil favorable! En sommes-nous donc là? s'écria le pilote avec un air de distraction. Mais, Alix, savez-vous quelle est la force de ces vaisseaux, quel en est le nom? Je n'ai besoin que de connaître leur nom, car avec cela je puis rendre compte de leur force aussi exactement que le ferait le premier lord de l'amirauté d'Angleterre.

— Leurs noms ont été prononcés, répondit Alix avec un air de tendre mélancolie; mais le nom d'un homme qui était bien plus près de mes pensées retentissait à mes oreilles, et m'a empêchée de les retenir.

— Vous êtes toujours la bonne Alix que j'ai connue autrefois! Ainsi, mon nom a été prononcé! Et que disaient-ils du pirate? Son bras a-t-il frappé un coup qui les faisait trembler dans leur abbaye? Osaient-ils me donner le nom de lâche?

— On parlait de vous dans des termes qui me glaçaient le cœur, car c'est toujours une tâche facile que d'oublier le laps des années, et il est presque impossible de déraciner les premières impressions de la jeunesse.

— Il y a quelque plaisir à savoir que, malgré leurs indignes calomnies, les esclaves me redoutent dans leurs conciliabules secrets! s'écria le pilote en marchant à grands pas devant Alix. C'est une circonstance remarquable, surtout pour ceux qui partagent votre opinion. J'espère encore voir le jour où ce nom fera trembler George III, même entre les murs de son palais.

Miss Dunscombe l'écouta en silence et d'un air mortifié. Il n'était que trop évident qu'un anneau venait de se rompre dans la chaîne de leurs sentiments réciproques, et que sa présence ne faisait pas éprouver à son ancien amant l'émotion qu'elle sentait elle-même en le revoyant; elle baissa un instant la tête, et, la relevant avec son air de douceur ordinaire, elle lui dit d'un ton encore plus calme :

— Je vous ai communiqué tout ce qu'il est utile que vous sachiez; maintenant il est temps que nous nous séparions.

— Quoi! si promptement! s'écria-t-il en tressaillant et en lui prenant la main. Cette entrevue a été bien courte, Alix, pour précéder une si longue séparation!

— Que notre entrevue ait été courte ou longue, il est temps qu'elle finisse. Vos compagnons sont au moment de partir, et je suppose que vous êtes un des derniers qui voudraient être laissés sur les côtes d'Angleterre. Si vous y revenez jamais, je souhaite que ce soit avec d'autres sentiments à l'égard de votre patrie. Adieu, John; puissiez-vous être heureux et obtenir la bénédiction du ciel autant que vous vous en montrerez digne!

— Je n'en demande pas davantage, à moins que ce ne soit le secours de vos prières. Mais la nuit est bien obscure, Alix; je veux vous reconduire à l'abbaye.

— Cela est inutile, John; l'innocence, en certaines occasions, ne connaît pas plus la crainte que le courage le plus intrépide; mais je n'ai aucun motif de crainte. Je vais prendre un chemin qui me conduira à Sainte-Ruth sans m'obliger à repasser près de vos soldats, et où je ne rencontrerai que celui qui est présent partout pour protéger les délaissés. Adieu encore une fois, John. La voix lui manqua presque pour ajouter : Vous partagerez le sort commun de l'humanité; vous aurez vos moments de soucis et de faiblesse; vous pourrez alors vous rappeler ceux que vous laissez sur cette île que vous méprisez, et vous penserez peut-être à quelqu'un dont les vœux pour votre bonheur furent toujours purs et désintéressés.

— Que Dieu vous accompagne, Alix! s'écria le pilote touché de son émotion et oubliant un moment le rêve de son ambition pour s'abandonner aux mouvements de son cœur; mais je ne puis souffrir que vous vous en alliez seule.

— C'est ici que nous nous séparons, John, dit-elle avec fermeté, et que nous nous séparons pour toujours.

Elle retira doucement sa main qu'il retenait encore, en lui disant un dernier adieu d'une voix presque éteinte; elle se détourna, et prit un chemin qui conduisait à l'abbaye.

Le premier mouvement du pilote était de la suivre et de veiller à ce qu'il ne pût lui arriver aucun accident en chemin; mais au même instant le tambour des soldats de marine battit un appel sur le rocher, et le sifflet de contre-maître fit entendre sur le rivage des sons aigus, signal que la dernière barque allait partir.

Obéissant à cet appel, cet homme singulier, dont les sentiments aigris, qui étaient alors sur le point de se manifester par une soudaine et violente explosion, avaient été longtemps étouffés par les espérances d'une ambition démesurée, et peut-être par un ressentiment profond, se mit en route vers le rivage, entièrement absorbé dans ses réflexions.

A peine avait-il fait quelques pas, qu'il rencontra les soldats de Borroughcliffe, désarmés à la vérité, mais libres et rentrant dans l'intérieur du pays. Il était trop occupé des idées qui l'agitaient pour faire attention à cet acte de générosité de Griffith, et il passa au milieu d'eux presque sans les voir. Il ne sortit de sa distraction que lorsqu'il fut arrêté dans sa marche par un homme qui lui barrait le chemin, et qui lui frappa légèrement sur l'épaule. Il leva les yeux, et reconnut Borroughcliffe.

— D'après ce qui s'est passé cette nuit, Monsieur, lui dit le capitaine, il est évident que vous n'êtes pas ce que vous paraissez. Vous êtes peut-être un amiral, un général des rebelles, que sais-je? car le droit de commander a été étrangement contesté entre vous à l'abbaye; mais n'importe à qui appartient le commandement en chef, je prendrai la liberté de vous dire à l'oreille que j'ai été indignement traité, et peu généreusement. Oui, Monsieur, je le répète, indignement traité, par vous tous en général, et par vous en particulier!

Le pilote fit un mouvement de surprise en entendant ce discours étrange, qui fut prononcé avec cet accent d'amertune que pouvait y donner un homme déchu des hautes espérances auxquelles il s'était livré. Il se borna pourtant à faire un geste de la main pour dire au capitaine de passer son chemin, et fit un détour pour continuer le sien.

— Il me paraît que vous ne me comprenez pas, continua l'obstiné Borroughcliffe. Monsieur, je ne voudrais pas qu'on crût que j'en dis autant à un homme d'honneur sans avoir le dessein de lui fournir l'occasion de se mettre en colère.

Le pilote jeta sur lui un regard de mépris, et vit en même temps que Borroughcliffe avait en main deux pistolets qu'il tenait, l'un par la poignée, l'autre par le canon; il n'en continua pas moins sa marche, et disparut bientôt dans l'obscurité.

— Ce n'est donc pas autre chose qu'un pilote! murmura Borroughcliffe en lui-même. Mon intention était évidente, et un homme comme il faut aurait sur-le-champ répondu à l'appel. Ah! voici la troupe de mon digne ami dont le palais sait distinguer le vin qu'on fait dans le sud de l'île de Madère, et celui qui n'est que le produit de la partie septentrionale. Le camarade a un gosier de gentilhomme, nous verrons comme il avalera une allusion délicate à tout ce qui s'est passé.

Borroughcliffe s'écarta pour laisser passer les soldats de marine qui se rendaient à leur tour au lieu désigné pour l'embarquement, et il attendit avec impatience l'arrivée de leur chef. Manuel, qui avait été informé de l'intention qu'avait Griffith de rendre la liberté à ces soldats et à leur capitaine, s'était arrêté pour les voir passer, afin de s'assurer que parmi cette troupe, qui allait rentrer dans l'intérieur du pays, il ne se trouvait personne qui n'eût été relâché légalement. Cette circonstance l'ayant retardé de quelques instants, fit que Borroughcliffe et lui se rencontrèrent à une courte distance de leurs soldats.

— Je vous salue avec toute affection, Monsieur, dit Borroughcliffe. Vous avez fait aujourd'hui un bon fourrage, capitaine Manuel.

Manuel n'était pas disposé en ce moment à se quereller, mais il trouva dans la voix du capitaine anglais un accent qui lui déplut.

— Il aurait été meilleur, Monsieur, répondit-il, si j'avais trouvé l'occasion de rendre au capitaine Borroughcliffe quelques unes des politesses que j'en ai reçues.

— Epargnez ma modestie, mon cher Monsieur, s'écria Borroughcliffe. Vous oubliez sans doute comment j'ai été payé de mon hospitalité. Le pommeau de mon épée qu'on m'a donné à mordre pendant environ quatre heures; une culbute qu'on m'a fait faire sans cérémonie dans un coin; une tape d'amitié donnée sur l'épaule d'un de mes soldats avec la crosse d'un mousquet! Diable! diable, Monsieur, je serais un ingrat si j'oubliais tout cela, et un ingrat ne peut figurer qu'au premier rang des lâches.

— Si la tape d'amitié eût été donnée à l'officier et non au soldat, répondit Manuel avec sang-froid, c'eût été meilleure justice; et au lieu de la crosse d'un fusil, la baguette aurait suffi pour renverser un homme qui portait sous son gilet ce qui aurait pu assouvir la soif de quatre joueurs de violon.

— C'est pure ingratitude de votre part envers le cordial du sud dont vous avez reconnu vous-même l'excellence, et c'est en outre une insulte que je ne dois pas digérer; je ne vois réellement qu'une seule manière de terminer cette querelle de mots, et si elle ne finit à l'instant, elle peut nous conduire assez loin dans la matinée.

— Voyez vous-même, Monsieur, comment vous voulez la terminer. J'espère cependant que ce ne sera point par votre connaissance profonde du genre humain, qui vous a fait prendre un capitaine au service du congrès pour un amoureux fugitif frété pour je ne sais quel port dont le nom se termine en *green*, à ce que je crois.

— Autant valait me tirer par le nez que de me tenir un tel propos, Monsieur! je crois même que j'aurais supporté l'un plus facilement que l'autre. Vous plairait-il de choisir un de ces deux oujoux, Monsieur? ils avaient été chargés pour un service différent, mais je crois qu'ils pourront s'acquitter de celui-ci.

— J'en ai une paire qui est chargée n'importe pour quel service, répondit Manuel en prenant un pistolet à sa ceinture et en reculant de quelques pas.

— Je sais que vous partez pour l'Amérique, ajouta Borroughcliffe qui était resté en place avec un sang-froid imperturbable; mais il me serait fort agréable que vous puissiez retarder votre marche d'un seul instant.

— Défendez-vous, et faites feu! s'écria Manuel d'un ton courroucé en étendant le bras vers son ennemi en se rapprochant de lui.

Les deux coups partirent en même temps, et l'on n'entendit qu'une seule explosion. Ce fut un signal d'alarme qui fit accourir des deux côtés opposés les soldats des deux capitaines, et si ceux de Borroughcliffe eussent été armés, il y aurait eu certainement du sang répandu, quand les deux partis, arrivant sur le champ de bataille, virent le spectacle qui s'offrait à leurs yeux. Manuel étendu sur le dos ne donnait aucun signe de vie; Borroughcliffe aussi renversé était appuyé sur le coude, moitié couché, moitié assis.

— Le pauvre diable est-il véritablement passé dans l'autre monde? demanda le capitaine anglais d'un ton qui indiquait une sorte de regret. Eh bien! il était fait du métal d'un soldat, et c'était presque un aussi grand fou que moi-même.

Pendant ce temps les soldats américains, heureusement sans doute pour ceux de Borroughcliffe et pour leur chef, avaient reconnu que leur capitaine n'était pas mort. La balle en lui sillonnant les os du crâne l'avait étourdi, et quand on l'eut remis sur ses pieds, il resta une minute ou deux à se frotter la tête comme s'il sortait d'un rêve. Ayant repris ses sens peu à peu, il se souvint de ce qui venait de se passer, et demanda à son tour des nouvelles de son antagoniste.

— Me voici, mon digne capitaine *incognitonum*, s'écria Borroughcliffe avec un ton de cordialité parfaite; me voici, reposant sur le sein de notre mère commune, et ne m'en trouvant que mieux pour la saignée que vous venez de me faire à la jambe droite, quoique je pense que vous auriez pu produire le même effet sans traiter l'os si rudement. Mais ne vous ai-je pas vu aussi donner un embrassement filial à cette bonne mère?

— J'ai été renversé quelques minutes, à ce que je crois, répondit Manuel : la balle a marqué son chemin sur ma tête.

— Sur votre tête! hum! je vois qu'il est probable que la blessure ne sera pas mortelle. Eh bien! je proposerai au premier pauvre diable que je rencontrerai qui n'aura qu'une bonne jambe, de la jouer contre la mienne en un coup de dés ; cela fera un mendiant et un gentilhomme. Donnez-moi votre main, Manuel ; nous avons bu ensemble, nous nous sommes battus, il n'y a plus rien qui nous empêche d'être amis jurés.

— Ma foi, répondit Manuel en continuant à se frotter la tête, je n'y vois pas d'objection insurmontable. Mais vous avez besoin d'un chirurgien. Puis-je faire quelque chose pour vous? Encore un signal d'embarquement! Sergent, faites partir la compagnie au pas redoublé ; laissez-moi seulement Dick ; je n'ai même besoin de personne.

— Ah! mon cher ami! s'écria Borroughcliffe, vous êtes ce que j'appelle un homme bien conditionné de pied en cap. Il n'y a pas un point faible dans toute votre forteresse ; un homme comme vous devrait être à la tête d'un corps tout entier au lieu d'une simple compagnie. Doucement, Drill, doucement ; maniez-moi avec la même délicatesse que si mon corps était de faïence. Je ne vous retiendrai pas plus longtemps, mon ami Manuel, car j'entends signal sur signal. Ils ont sans doute besoin d'une tête aussi solide que la vôtre pour présider à l'embarquement.

Manuel se serait peut-être offensé des allusions que faisait son nouvel ami à la solidité de son crâne, si ses facultés intellectuelles n'eussent été troublées par une sorte de bourdonnement partant de la région qui est le siège de la pensée. Il serra cordialement la main de Borroughcliffe, lui souhaita toute sorte de bonheur, et lui fit de nouvelles offres de service de la manière la plus amicale.

— Je vous en remercie de bon cœur, dit le capitaine anglais, et comme si je ne vous avais pas déjà l'obligation d'une saignée qui m'épargnera peut-être une attaque d'apoplexie. Mais Drill a fait partir un messager pour aller chercher un chirurgien à B..., et le drôle va peut-être mettre tout le dépôt à vos trousses. Partez donc sans délai ; et si jamais vous revenez en Angleterre comme ami, songez qu'il faut que je vous voie.

— Je n'y manquerai pas, et je vous demande la même promesse, si jamais vous remettez le pied en Amérique.

— Comptez-y bien ! j'aurai besoin de votre excellente tête pour me guider parmi vos habitants des bois. Adieu ; conservez-moi toujours une place dans votre souvenir.

— Je ne vous oublierai jamais, mon digne ami, répondit Manuel en portant encore la main sur sa tête où il sentait des battements si violents qu'il lui semblait les entendre. Enfin, après s'être de nouveau serré la main et s'être fait de nouvelles promesses de se revoir, les deux braves se séparèrent comme deux amants qu'on force à se quitter, et avec une cordialité qui laissait bien loin l'amitié si vantée d'Oreste et de Pylade.

CHAPITRE XXXII.

> Allons, répondez-moi. Arrêtez-vous et découvrez-vous.
> SHAKSPEARE. *Hamlet.*

PENDANT le temps qui s'était écoulé depuis la descente du pilote et de ses compagnons, *l'Alerte*, alors sous les ordres de M. Boltrope, quartier-maître de la frégate, courait des bordées à peu de distance des côtes en attendant des nouvelles du succès de l'entreprise. Vers la fin du jour le vent avait passé peu à peu du nord-est au sud, et vers le milieu de la nuit, le vieux et prudent marin qui, comme le lecteur peut se le rappeler, avait montré dans le conseil de guerre une répugnance si prononcée à mettre le pied sur le sol britannique, ordonna à celui qui tenait le gouvernail du cutter de se diriger hardiment vers la terre. Quand la sonde l'avertit qu'il ne serait pas sage d'en approcher davantage, il ordonna une manœuvre contraire, et l'on continua à employer ainsi plusieurs heures, en attendant nos aventuriers.

Boltrope avait passé une grande partie de sa vie à commander divers bâtiments de commerce, et comme la plupart des marins de sa classe, il pensait qu'une sorte de franchise grossière était la meilleure preuve de talent qu'on pût donner dans sa profession. En conséquence, il voyait avec le plus grand dédain la politesse pointilleuse qu'on observait à bord d'un vaisseau de guerre. Chargé sur la frégate de tenir le livre de loch, de veiller sur tous les approvisionnements et de faire l'examen journalier de l'état des voiles, des cordages, et de tous les agrès, le genre de ses devoirs lui donnait si peu de rapports avec les jeunes officiers qui commandaient la manœuvre, que, quoiqu'il fût bien certainement de la même classe d'êtres que ses compagnons plus policés, on aurait pourtant pu dire qu'il en formait une espèce distincte et séparée. Aussi quand les circonstances exigeaient qu'il sortît momentanément de la routine de sa vie ordinaire, il se faisait une règle de s'associer autant qu'il le pouvait avec ceux dont les habitudes et les opinions s'accordaient le mieux avec les siennes.

Par une fatalité particulière, le chapelain de la frégate, eu égard aux individus avec lesquels il aurait pu se lier, était à peu près dans la même situation que ce marin vétéran.

Un vif désir d'être utile à ceux que la Providence pouvait avoir destinés à rencontrer la mort sur le vaste Océan, avait déterminé ce ministre, dont l'inexpérience était égale à la simplicité de son cœur, à accepter cette place, dans l'espoir que le ciel le rendrait un instrument de salut pour bien des gens qui vivaient dans un oubli complet du grand but de leur pèlerinage en ce monde. Les limites que nous nous sommes imposées, et l'objet de cet ouvrage, ne nous permettent pas de nous étendre sur les diverses causes qui firent qu'il se trouva trompé dans cette attente, et qu'il eut même à lutter contre ses propres penchants, pour conserver la considération à laquelle lui donnait droit son saint ministère. Le sentiment intérieur qui l'avertissait qu'il avait rétrogradé, avait assez diminué sa fierté mondaine, sinon son orgueil spirituel, pour le porter à goûter la société du quartier-maître, que son âge faisait quelquefois songer à l'avenir, quoique ce fût toujours d'une manière subordonnée à ses idées et à son caractère. Peut-être se trouvaient-ils tous deux hors de leur place; mais il est certain qu'une sympathie secrète, quelle qu'en fût la cause, faisait qu'ils se plaisaient réciproquement en la compagnie l'un de l'autre.

Dans la nuit en question, M. Boltrope avait invité le chapelain à l'accompagner à bord de *l'Alerte*, en lui disant dans son langage grossier que, comme on allait se chamailler à terre, il se trouverait peut-être quelque pauvre diable qui aurait besoin de son aide pour lever l'ancre en sortant du port de cette vie. Le chapelain avait accepté cette singulière invitation, autant peut-être pour faire diversion à la monotonie de son genre de vie que par un secret amour pour la terre ferme, qui lui faisait désirer de s'en approcher le plus possible.

En conséquence, lorsque le pilote fut parti avec sa suite nombreuse, le quartier-maître resta en pleine et paisible possession du cutter, n'ayant avec lui que le chapelain, un aide contre-maître et une douzaine de matelots. Les deux principaux membres de cet équipage passèrent les premières heures de leur solitude relative dans la petite cabane du navire, séparés par une table sur laquelle était un pot de grog destiné à les rafraîchir pendant une dissertation sur divers sujets polémiques, à laquelle ils se livraient chacun à sa manière, et que le lecteur regrettera peut-être de ne pas trouver ici. Cependant quand le vent devint plus favorable pour s'approcher des côtes ennemies, le prudent quartier-maître ajourna la discussion à un moment plus convenable, et par un seul et même mouvement il se transporta, lui et son pot de grog, sur le gaillard d'arrière.

— Là! dit le vieux marin après avoir déposé son fardeau sur le tillac, à côté de lui, d'un air satisfait de lui-même, voilà comme il faut vivre sur un vaisseau. Savez-vous, ministre, qu'il y a beaucoup de ce que j'appelle du bavardage de marins d'eau douce à bord de certaine frégate que je ne nommerai pas, mais qui est en ce moment quelque part à environ trois lieues de nous en mer, en panne sous ses voiles de grand et de petit hunier? Buvez, ministre; il n'y a pas une main comme la mienne pour préparer un pot de grog. — Eh! vous autres, tirez donc encore les drisses des huniers! — Je vous réponds que par cette nuit sombre ce grog vous fera briller l'œil comme un phare. Buvez, vous dis-je, songez que ce rum vient du magasin des Anglais; il faut y faire honneur.

Boltrope ne manqua pas de prêcher d'exemple, et après avoir bu un grand coup à même le pot, il ajouta :

— Savez-vous bien que vous ressemblez un peu à notre premier lieutenant, qui ne boit que ce que j'appelle des éléments, c'est-à-dire de l'eau et de l'air?

— Il est vrai que M. Griffith donne à tout l'équipage un exemple très-salutaire, répondit le chapelain, à qui sa conscience reprochait peut-être un peu de ne pas le suivre très-scrupuleusement.

— Salutaire! s'écria Boltrope; permettez-moi de vous dire, mon digne Tourne-Pages, que si vous appelez cette diète salutaire, vous ne savez ce que c'est que l'eau salée et les brouillards de la mer. Quoi qu'il en soit, M. Griffith est bon marin; et s'il avait eu dans la tête moins de minuties et de babioles, il serait, quand il arrivera à notre âge, une espèce de compagnon très-raisonnable. Mais voyez-vous, ministre, il est trop occupé de ce que j'appelle des fadaises de discipline. Sans doute il faut donner de nouvelles garcettes aux câbles, balayer le pont... Lofez! lofez donc; est-ce que vous avez envie de nous conduire en Allemagne?
— Tout cela est bel et bon, voyez-vous, ministre; mais du diable si je vois à quoi sert de faire tant d'étalage pour savoir quand un homme change de chemise. Qu'importe qu'il en change cette semaine ou la semaine prochaine, ou celle d'ensuite? En vérité, j'ai quelquefois de l'humeur quand il s'agit de passer l'inspection; et ce n'est pas que je craigne les observations de personne quant à la conduite, mais c'est que je m'attends qu'un beau jour on me dira que je mâche mon tabac du côté droit quand je devrais le mâcher du côté gauche.

— J'avoue que j'ai moi-même trouvé quelquefois cette discipline portée à l'excès, et elle est surtout vexatoire pour l'esprit quand le corps souffre du mal de mer.

— Oui, oui, je me souviens de vous avoir vu faire assez de grimaces pendant le premier mois de notre navigation, à telles enseignes qu'une fois le capitaine des soldats de marine fit voltiger sa rapière sur votre poupe, parce que vous vous pressiez trop en ensevelissant un mort. Dans ce temps-là, et, ma foi, tant que vos culottes noires à boucles ont duré, vous n'aviez pas l'air de faire partie de l'équipage. Quant à moi, je ne vous voyais jamais monter à l'échelle du gaillard d'arrière sans craindre pour vos jambes. Qui ne vous aurait pas connu vous eût pris pour le diable. Mais, Dieu merci, ces maudites culottes sont devenues hors d'état de tenir la mer, et le munitionnaire a couvert les épontilles de votre cale d'une si bonne paire de pantalons, que c'est tout au plus si je suis en état de distinguer vos talons de ceux d'un de nos matelots.

— Je dois remercier le ciel de ce changement, monsieur Boltrope, s'il est vrai que la ressemblance dont vous parlez existait quand je portais les vêtements ordinaires de ma profession.

— Qu'importe la profession? répondit Boltrope après avoir fait une nouvelle attaque contre le pot de grog; les jambes sont toujours les jambes, quelque service que doivent faire les extrémités supérieures. J'ai toujours eu une sorte d'aversion contre les culottes courtes, peut-être parce que je me suis toujours figuré le diable comme en portant. Vous savez, ministre, que nous entendons rarement parler d'un homme sans nous faire une sorte d'idée de son équipement et de ses agrès; de sorte que, n'ayant aucune raison pour m'imaginer que Satan aille tout nu, je me le suis toujours représenté comme portant des culottes et un chapeau à cornes; et cependant il y a quelques uns de nos jeunes lieutenants qui viennent passer la revue le dimanche en chapeau à cornes, comme des officiers de terre; mais quant à moi, voyez-vous, j'aimerais mieux mon nez sous un bonnet de nuit.

— J'entends un bruit de rames! dit le chapelain, qui voyant que le quartier-maître avait conçu une idée du père du mal plus claire et plus précise que celle qu'il s'en était formée lui-même, ne fut pas fâché de saisir cette occasion pour cacher son infériorié en changeant de sujet de conversation: n'est-ce pas une de nos barques qui arrive?

— Oui, oui; c'est assez probable. Si j'avais été de l'expédition, il y a longtemps que j'aurais le mal de terre. — Holà! vous autres, changez de bordée!

Le cutter, obéissant au gouvernail, tourna sur lui-même, tomba entre deux vagues, se releva en prenant une position oblique, tourna sa proue vers la terre, et les voiles ayant été disposées de manière à faire neutraliser les unes par les autres, il devint stationnaire. Pendant cette manœuvre on entendait dans l'obscurité s'approcher une barque qui venait du côté des côtes, et elle fut bientôt assez près de *l'Alerte* pour qu'on pût la héler.

— Hohé! la barque! s'écria Boltrope en se servant d'un porte-voix qui, aidé de toute la force de ses vigoureux poumons, produisit un son à peu près semblable au mugissement d'un taureau.

— Hohé! hohé! répondit une voix claire et distincte qui fut portée sur la surface de la mer sans avoir besoin de secours étrangers.

— Oui, oui, dit Boltrope, c'est un des lieutenants. Je le reconnais à son hohé! hohé! Allons, sifflez donc, l'aide du contremaître! Mais j'en entends une autre à bâbord. Hohé! la barque!

— *L'Alerte!* répondit une autre voix dans une direction différente de la première.

— *L'Alerte!* répéta Boltrope. Voilà ma commission de capitaine qui s'en va comme une bouffée de vent; car voilà quelqu'un qui va prendre le commandement en arrivant à bord. C'est M. Griffith. Eh bien! eh bien! je dois dire que, quoiqu'il aime les boucles de jarretières et les vétilles, je suis bien aise qu'il se soit tiré des griffes des Anglais. Allons! toutes les barques vont nous aborder en même temps; en voilà encore une qui arrive à tribord. Hohé! la barque!

— Pavillon! répondit une voix forte partant d'une barque légère qui venait en ligne directe de la terre, et qui avançait si rapidement qu'on commençait déjà à la distinguer.

— Pavillon! répéta Boltrope en laissant tomber son porte-voix de surprise; c'est un bien gros mot pour sortir d'une petite barque. Jack Manly[1] lui-même n'aurait pas eu la bouche plus pleine en le prononçant; mais je vais voir qui a le ton si haut en parlant à la prise d'un bâtiment de guerre yankie. — Hohé la barque, vous dis-je!

Ces derniers mots furent prononcés de ce ton bref et menaçant qui indique que le navire qui hèle ne plaisante pas. Ils firent cesser tout à coup le mouvement des rames, l'équipage de la barque qui n'était plus qu'à quelques toises de *l'Alerte* paraissant craindre qu'ils ne fussent suivis de quelques moyens plus sûrs de reconnaissance. Un homme qui était assis sur la poupe de cette barque tressaillit à ce second appel, se leva avec vivacité, et dit ensuite, comme par réflexion, d'une voix fort tranquille :

— Non, non!

— *Non, non*, et *pavillon*, sont des réponses fort différentes, murmura Boltrope. Quel est donc l'ignorant qui monte cette barque?

---

[1]. *Jean Manly* : c'était le nom d'un armateur fameux dans les guerres de la révolution américaine.

Il prononçait encore quelques expressions de mécontentement sur l'ignorance de celui qui avait le commandement de cette barque, quand elle arriva contre *l'Alerte*, et le pilote fut le premier qui monta à bord de la prise.

— Est-ce vous, monsieur le pilote? s'écria le quartier-maître en levant une lanterne à un pied du visage du nouvel arrivé pour le reconnaître, et regardant avec une sorte d'étonnement stupide ses yeux brillants de courroux et de fierté. Est-ce vraiment vous? Je vous aurais cru trop d'expérience pour vous approcher dans l'obscurité d'un bâtiment de guerre avec un gros mot comme pavillon dans la bouche, quand il n'y a pas sur les deux navires un mousse qui ne sache que nous ne portons pas un seul chiffon à queue d'aronde? Pavillon! Si nous avions eu des soldats à bord, vous risquiez d'attraper quelques coups de mousquet.

Le pilote jeta sur lui un regard de dédain, et sans daigner lui répondre alla se placer sur le gaillard d'arrière. Boltrope le suivit des yeux un instant; mais l'arrivée de la barque hélée la première, et qui était la barge, détourna son attention.

Barnstable avait erré quelque temps sur l'Océan sans rencontrer le cutter; et comme il avait été obligé de se conformer aux dispositions de ceux avec lesquels il se trouvait, il était d'assez mauvaise humeur quand il monta sur *l'Alerte*. Le colonel Howard et sa nièce avaient gardé pendant tout ce temps le silence le plus rigoureux, le premier par orgueil, la seconde par suite du chagrin que lui faisait éprouver le déplaisir évident de son oncle. Catherine Plowden, quoique charmée en secret du succès de tous ses projets, s'était déterminée à imiter leur conduite, au moins pendant un certain temps, pour sauver les apparences. Barnstable lui avait adressé plusieurs fois la parole sans en recevoir d'autres réponses que celles dont elle n'avait pu se dispenser sans vouloir l'offenser, et en lui montrant par son ton et ses manières qu'elle désirait garder le silence. En conséquence le lieutenant, après avoir aidé les dames à monter sur le cutter et avoir voulu rendre le même service au colonel Howard qui le refusa froidement, se détourna avec cette mauvaise humeur qu'on trouve sur mer comme sur terre chez les amants contrariés.

— Que veut dire ceci, monsieur Boltrope? s'écria-t-il; voilà des dames qui vous arrivent, et vous tenez votre vergue hissée de manière que les bords de la voile soient tendus comme une corde de violon ! Mollissez votre martinet du pic, Monsieur ; mollissez-le, vous dis-je.

— Oui, Monsieur, oui ; tout comme il vous plaira, dit le quartier-maître en s'éloignant d'un air boudeur, suivi du chapelain ; et quand il eut fait faire la manœuvre ordonnée, il ajouta : Je me serais attendu à voir M. Barnstable ramener dans sa barque un bœuf vivant plutôt qu'un cotillon. Dieu seul peut savoir à quoi est destinée la frégate, ministre, après une pareille chose. On ne savait déjà ce que c'était avec ces chapeaux à cornes, ces épaulettes, et tous ces brimborions en guise de boucles de jarretières ; mais avec cette cargaison de femmes et de cartons, on va en faire une seconde arche de Noé. Je suis surpris qu'elles ne soient pas venues en voiture à six chevaux ou en chaise de poste.

Barnstable éprouva un soulagement véritable en se livrant à son humeur quelques instants. Il fit faire des changements dans presque toutes les manœuvres, et il en donnait l'ordre avec ce ton sec qui annonçait non seulement l'importance qu'il y attachait, mais sa propre aigreur. Il ne tarda pourtant pas à se trouver réduit au silence à son tour par la présence de Griffith, qui arriva sur *le Tigre*, la plus pesante et la plus chargée de toutes les barques. Les autres arrivèrent successivement, et tout ce qui avait fait partie de l'expédition se vit en sûreté sous le pavillon national.

La petite cabane de *l'Alerte* fut abandonnée au colonel Howard, à ses pupilles et à leurs domestiques. Les barques restèrent en poupe du navire, chacune étant montée du nombre d'hommes nécessaire à sa sûreté, et Griffith donna ordre de tourner les voiles au vent et d'avancer dans l'Océan. Pendant plus d'une demi-heure le cutter fendit les ondes dans cette direction, suivant avec grâce le mouvement des vagues doucement agitées, comme s'il eût compris qu'il était chargé d'un fardeau tout nouveau pour lui ; mais bientôt Griffith résolut de rester en panne jusqu'à la naissance du jour, afin de tâcher de découvrir la frégate avec laquelle le cutter voguait de conserve. Plus de cent cinquante hommes se trouvaient alors sur ce petit bâtiment, et son tillac présentait dans l'obscurité le tableau d'une masse de têtes humaines.

Après une expédition qui avait complètement réussi, une certaine liberté était permise à l'équipage ; on fit une distribution extraordinaire de grog, et tandis que le pot passait de main en main, les uns se divertissaient par de bruyantes plaisanteries, tandis que les autres, excités par le succès, juraient et faisaient des menaces contre l'ennemi. Enfin le tumulte qui avait suivi le retour des barques se calma peu à peu. La plupart des marins descendirent à fond de cale dans l'espoir d'y trouver assez de place pour y étendre leurs membres, tandis que d'autres, restant sur le pont, chantaient ces airs que les marins entendent toujours avec tant de plaisir. Cependant ce concert nautique céda à la fatigue; ceux qui chantaient comme ceux qui écoutaient s'étendirent sur le tillac pour chercher le repos dont ils avaient besoin; et tandis que leur corps s'abandonnait au roulis du navire, leurs rêves transportaient peut-être leur esprit en Amérique au milieu des scènes de leur jeunesse. Les yeux noirs de Catherine étaient cachés sous ses paupières, et Cécile même, la tête appuyée sur l'épaule de sa cousine, dormait tranquillement du sommeil de la paix et de l'innocence. Boltrope descendit à fond de cale, y chercha à tâtons la place qui lui parut la plus commode, chassa d'un coup de pied le matelot qui l'occupait, et s'y établit sans s'inquiéter de ce que deviendrait celui qu'il expulsait, parce qu'il se souvenait encore du temps où il avait été lui-même traité sans plus de cérémonie. Ce fut ainsi que toutes les têtes de l'équipage se baissèrent tour à tour sur les planches du navire; deux hommes seuls continuaient à veiller, Griffith et Barnstable, qui se promenaient en silence et d'un air hautain, chacun d'un côté du gaillard d'arrière.

Jamais ce qu'on appelle le quart du matin n'avait paru si long aux deux jeunes marins, que l'orgueil et le ressentiment privaient ainsi de cette intimité cordiale qui avait adouci si longtemps les fatigues et l'ennui de leur service. Pour ajouter encore à l'embarras de leur situation, Cécile et Catherine quittèrent leur petite cabane pour venir respirer un air plus pur sur le tillac, précisément à l'instant où le plus profond sommeil engourdissait les sens des marins fatigués. Elles y restaient appuyées sur le tableau du couronnement de la poupe, gardant le silence, ou s'adressant quelques mots à voix basse. Mais ayant été témoins de la querelle qui avait eu lieu entre leurs amants, et voyant la mésintelligence qui en était la suite, elles ne se permettaient ni un geste ni un coup d'œil que l'un des deux jeunes gens pût regarder comme une invitation à s'approcher de l'une d'elles de préférence à l'autre.

Vingt fois pourtant l'impatient Barnstable fut tenté de bannir toute contrainte et d'avancer vers sa maîtresse; mais il était toujours arrêté par la conscience de la faute qu'il avait commise, et par ce respect habituel pour le rang supérieur, qui fait partie des devoirs d'un officier de marine. De son côté, Griffith ne montrait aucune intention de profiter de cette sorte de déférence que lui témoignait Barnstable; il continuait à se promener à grands pas sur le gaillard d'arrière, et on le voyait fréquemment jeter un regard d'impatience vers la partie du firmament où devaient se montrer les premiers rayons de l'aurore. Enfin Catherine, poussée peut-être par un mouvement secret de coquetterie, résolut de mettre fin à cet embarras commun en parlant la première ; mais elle eut soin d'adresser la parole à l'amant de sa cousine.

— Combien de temps sommes-nous condamnées à habiter une chambre si étroite, monsieur Griffith? lui demanda-t-elle. En vérité, il règne dans vos coutumes navales une liberté qui, pour ne rien dire de plus, est tout à fait nouvelle pour des femmes accoutumées à trouver plus de divisions dans l'espace.

— Dès que la clarté du jour nous aura permis d'apercevoir la frégate, miss Plowden, vous passerez d'un bâtiment de cent tonneaux à bord d'un navire de douze cents. Vous serez alors plus commodément logées, et si vous l'êtes moins bien qu'à Sainte-Ruth, vous n'oublierez pas que ceux qui vivent sur l'Océan se font un mérite de mépriser toutes ces recherches que le luxe fait paraître indispensables à ceux qui habitent constamment sur terre.

— Du moins, Monsieur, répondit Catherine avec une grâce pleine de douceur dont elle savait fort bien se parer quand l'occasion l'exigeait, ce que nous y trouverons sera adouci par la liberté et embelli par l'hospitalité d'un marin. Quant à moi, Cécile, je trouve l'air de la pleine mer aussi frais, aussi salutaire que s'il nous arrivait des rivages éloignés de notre chère Amérique.

— Si vous n'avez pas le courage d'un patriote, miss Plowden, dit Griffith en riant, vous en avez du moins l'imagination. Cette brise nous vient des marais de la Hollande, et non des belles plaines d'Amérique. Mais Dieu soit loué! l'aurore commence enfin à paraître, et à moins que les courants n'aient entraîné la frégate bien loin vers le nord, nous la verrons certainement au point du jour.

Cette nouvelle agréable fit que les deux cousines portèrent leurs yeux du côté de l'orient, et elles admirèrent le spectacle magnifique du soleil se levant du sein des flots. Aux approches du matin, une obscurité plus sombre semblait s'être étendue sur l'Océan, et les étoiles brillaient dans le firmament comme des globes de feu étincelant. Bientôt une raie de lumière se montra à l'horizon ; la largeur et l'éclat en augmentèrent de moment en moment, et de longs nuages de vapeurs devinrent visibles là où l'on ne voyait auparavant qu'une voûte ténébreuse. La lumière qui commençait à paraître semblait une issue argentée qu'un astre s'ouvrait dans les cieux ; elle brilla peu à peu d'une teinte de rose de plus en plus foncée ; enfin une ceinture de flamme parut entourer l'Océan du côté de l'est ; son éclat se perdait en une nuance de perle qui se fondait avec l'azur du firmament ou qui se mariait avec des nuages de forme fantastique.

Tandis que les deux cousines admiraient ces effets variés de la lumière renaissante, une voix qui semblait descendre du ciel se fit entendre au-dessus de leurs têtes.

—Une voile, hohé ! nous avons la frégate en poupe sous le vent, Monsieur.

—Oui, répondit Griffith ; vous n'avez donc veillé que d'un œil ; sans quoi nous vous aurions entendu plus tôt. Regardez un peu au nord de l'endroit où le disque du soleil est sur le point de paraître, miss Plowden, et vous verrez notre frégate.

Les lèvres de Catherine laissèrent échapper involontairement un cri de plaisir lorsque, ses yeux suivant la direction du bras du lieutenant, elle aperçut le vaisseau au milieu des couleurs changeantes dont se parait le matin. Les ondulations de l'Océan qui s'élevait et s'abaissait par un mouvement successif et régulier sous le ciel qui semblait lui servir de barrière, n'offraient rien qui pût les distraire et les empêcher de se fixer uniquement sur la beauté solitaire du navire qui les attirait. Il voguait lentement sur de longues vagues, n'ayant que deux de ses voiles étendues ; mais ses grands mâts, ses lourdes vergues et jusqu'au moindre de ses cordages se dessinaient en noir sur le firmament d'une manière aussi exacte que si c'eussent été les traits distincts d'un tableau. Dans certains moments, quand il s'élevait sur le dos d'une vague n'ayant que le ciel pour arrière-plan, on en distinguait parfaitement la forme et les dimensions ; mais ce n'était qu'un effet passager : le navire descendait avec la vague, et ne laissait plus apercevoir que ses vergues s'inclinant avec grâce vers la mer comme si elles eussent voulu y suivre le corps du bâtiment. La clarté du jour, augmentant à chaque instant, ravit bientôt aux sens l'illusion créée par les couleurs et la distance; et quand le disque du soleil commença à paraître sur l'horizon, on put distinguer la frégate, ses mâts, ses sabords, ses voiles, ses cordages, et chaque objet sous la couleur qui lui appartenait véritablement, à environ un mille du cutter.

Dès que le cri, *une voile!* s'était fait entendre, tout l'équipage avait été éveillé par le son aigu du sifflet du contre-maître; et longtemps avant que les deux cousines se fussent lassées de contempler ce spectacle, le cutter était sous toutes ses voiles pour rejoindre la frégate. L'intervalle qui les séparait fut promptement franchi, et les bâtiments furent bientôt si près l'un de l'autre que nos deux dames ne purent s'empêcher d'en concevoir quelques craintes, car ils étaient à assez peu de distance pour qu'on pût s'entretenir de l'un à l'autre bord sans porte-voix.

— Je suis charmé de vous voir, monsieur Griffith, s'écria le capitaine Munson appuyé sur le couronnement de la poupe, en agitant son chapeau en signe d'allégresse; et vous aussi, capitaine Manuel, soyez tous les bienvenus, mes enfants, comme une brise dans un calme.

Ses yeux, en faisant une revue rapide de tout ce qui se trouvait sur le pont, aperçurent Cécile et Catherine, et un nuage de mécontentement obscurcit son front.

— Que veut dire ceci, Messieurs? ajouta-t-il; la frégate du congrès est-elle une salle de bal ou une église pour que vous y ameniez des femmes?

— Oui, oui, murmura Boltrope à l'oreille de son ami le chapelain; je me doutais de ce qui arriverait. Il se réveille aussi souvent que les vents alisés changent de quartier, c'est-à-dire une fois tous les six mois. Mais quand il y a marée morte dans son humeur, on peut être sûr que celle d'après sera orageuse. Mais voyons ce que le premier lieutenant aura à dire pour ses cotillons.

Le firmament n'avait pas montré quelques minutes auparavant des couleurs plus vives que celles qui montèrent au visage de Griffith quand il entendit l'observation de son commandant, et il fut quelques instants avant de recouvrer assez de sang-froid pour lui répondre.

—Monsieur, lui dit-il enfin, c'est par ordre de M. Gray que j'ai amené ces prisonniers.

— De M. Gray! répéta le capitaine; et ses traits perdirent à l'instant leur expression de déplaisir. Eh bien! Monsieur, courez la même bordée que la frégate, et je vais donner ordre qu'on prépare l'échelle de commandement.

Ce fut avec une surprise manifeste que Boltrope remarqua le changement survenu tout à coup dans le ton du capitaine, et il secoua deux ou trois fois la tête avec l'air d'un homme qui croit pénétrer mieux qu'un autre dans le fond d'un mystère.

—Ministre, dit-il alors, je suppose que, si vous aviez un almanach à la main, vous vous imagineriez pouvoir dire de quel côté le vent soufflera demain; mais du diable si de meilleurs calculateurs que vous ne s'y sont pas trompés. Quoi! parce qu'il plaît à un marin d'eau douce... non, c'est un vrai marin, je dois en convenir; mais parce qu'il plaît à un pilote de dire: Emmenez-moi ces femmes, il faut qu'un vaisseau soit encombré de femelles au point qu'il faudra qu'on perde la moitié de son temps pour apprendre à avoir de belles manières! Mais faites bien attention à ce que je vais vous dire, ministre, cette escapade coûtera au congrès une année d'appointements du meilleur matelot qui soit à son service, tant il faudra user de toile pour leur faire des abris contre le vent et le soleil, et de cordages pour carguer les voiles, de peur qu'ells n'aient des vapeurs pendant les ouragans.

M. Boltrope ayant été appelé en ce moment pour surveiller la manœuvre du cutter, le chapelain se trouva dispensé d'entrer en discussion avec lui, et de lui déclarer qu'il ne partageait pas son opinion; car l'amabilité des deux cousines avait déjà prévenu en leur faveur tous les hommes de l'équipage à qui la force de l'habitude n'avait pas donné une espèce de prévention contre tout le sexe.

Quand on eut tourné la proue de *l'Alerte* vers la frégate, les barques qu'il avait traînées à la remorque pendant une partie de la nuit s'avancèrent entre les deux vaisseaux, et se chargèrent successivement de ceux qui devaient passer de l'un sur l'autre. Une scène de la plus joyeuse gaieté y succéda quand les marins eurent quitté le pont étroit du cutter, et qu'ils se trouvèrent sur le tillac du grand vaisseau. La discipline fut relâchée un moment; les éclats de rire, les jurements et les plaisanteries grossières partirent de toutes parts et passaient de bouche en bouche. Ce tumulte ne fut pourtant pas de longue durée, et le colonel Howard passa de *l'Alerte* sur la frégate, ainsi que ses deux pupilles, avec moins de précipitation et plus de décorum.

Le capitaine Munson, qui avait eu un entretien secret avec Griffith et le pilote, reçut ses nouveaux hôtes avec l'hospitalité un peu rude d'un marin, mais avec un désir évident d'être civil à leur égard. Il leur céda ses deux petites cabanes, et les invita à partager la grande avec lui pendant la journée, toutes les fois que cela pourrait leur être agréable.

CHAPITRE XXXIII.

> L'escadre ennemie engage le combat avec fureur; c'est avec une fureur égale qu'il la reçoit. Enfin, il y eut tant de sang versé que ses forces s'épuisèrent. Qui peut résister longtemps à des milliers d'ennemis ?
>
> *Chant de guerre espagnol.*

Nous ne pouvons retarder notre récit pour décrire en détail les scènes que la surprise, excitée par la relation de tout ce qui s'était passé à l'abbaye de Sainte-Ruth et dans les environs, produisit parmi les marins restés sur la frégate, et qui se groupaient autour de leurs compagnons revenus avec gloire d'une expédition sur la terre. Pendant près d'une heure, on n'entendit que le tumulte d'un mouvement général qui avait lieu dans toutes les parties du vaisseau, et les officiers écoutaient avec un silence indulgent cette gaieté bruyante. Mais tout rentra dans l'ordre accoutumé après le déjeuner. On fit, suivant l'usage, l'appel de ceux qui devaient être de quart, et la plupart de ceux que leur devoir n'obligeait pas à rester sur le pont profitèrent de ce moment de repos pour réparer le manque de sommeil de la nuit précédente.

On ne faisait pourtant encore aucun préparatif pour mettre la frégate sous voiles, quoique les officiers inférieurs eussent remarqué que le capitaine, le premier lieutenant et le mystérieux pilote avaient eu une longue conférence pour déterminer, comme ils le pensaient, ce qu'on avait à faire. Le dernier jeta plusieurs fois un regard inquiet vers l'horizon du côté de l'est, l'examinant attentivement avec son télescope, et tournant ensuite les yeux avec un mouvement d'impatience vers le brouillard épais qui, couvrant l'Océan du côté du sud, opposait à la vue une barrière impénétrable.

Vers le nord et du côté de la terre l'air était pur, et sur toute l'étendue de mer qu'on pouvait apercevoir il n'existait pas un seul point qui se distinguât de sa surface. Mais du côté de l'est on avait découvert à une très-grande distance une petite voile blanche qui s'élevait graduellement sur l'Océan, et qui prenait peu à peu l'apparence d'un bâtiment d'un certain port. Tous les officiers qui se trouvaient sur le gaillard d'arrière avaient examiné tour à tour cette voile éloignée, et avaient hasardé leur opinion sur la nature et la destination de ce bâtiment. Catherine Plowden elle-même, qui était sur le tillac avec sa cousine, jouissant des beautés nouvelles de la mer, avait été tentée de se servir du télescope pour examiner ce navire.

— C'est sans doute, dit Griffith, quelque bâtiment charbonnier qui a été jeté en pleine mer par le dernier ouragan, et qui cherche à se rapprocher des côtes. Si le vent reste au sud et qu'il n'entre pas dans ce banc de brouillard, nous pouvons lui donner la chasse et avoir une provision de charbon avant deux heures d'ici.

— Je crois qu'il a la proue tournée vers le nord et qu'il suit le vent, dit le pilote d'un air pensif. Si ce Dillon a réussi à faire arriver son exprès assez loin sur la côte, l'alarme a été donnée, et il faut nous tenir sur nos gardes. Le convoi de la Baltique est maintenant dans la mer du Nord, et quelqu'un des cutters de la côte peut aisément lui avoir porté avis de notre présence dans ces parages. Je voudrais pouvoir redescendre au sud jusqu'à la hauteur du Helder.

— En ce cas nous perdons cette marée qui porte au vent! s'écria Griffith avec un mouvement d'impatience. N'avons-nous pas le cutter qui peut marcher en vigie? D'ailleurs si nous nous enfonçons dans ce brouillard, nous perdrons l'ennemi de vue, si c'est un ennemi; et convient-il à une frégate américaine de fuir devant ses ennemis?

Une expression de hauteur anima le regard du pilote; mais il reprit presque aussitôt son air calme, et il hésita avant de répondre, comme un homme luttant contre ses passions.

— Si la prudence et le service des États-Unis l'exigent, dit-il, cette fière frégate elle-même doit se retirer devant le plus humble de ses ennemis. Mon avis, capitaine Munson, est que vous forciez de voiles et que vous montiez au vent, et comme M. Griffith vient de le suggérer, que vous donniez ordre au cutter de nous précéder en s'avançant davantage du côté de la terre.

Le vieux capitaine, qui attendait évidemment le conseil du pilote pour prendre un parti, chargea sur-le-champ son premier lieutenant de donner les ordres nécessaires pour exécuter ces différentes mesures. En conséquence, l'*Alerte*, qui avait été mis sous le commandement du plus jeune lieutenant de la frégate, nommé Somers, fut bientôt sous voiles, et, fendant les ondes avec légèreté, il ne tarda pas à entrer dans le banc de brouillard où on le perdit de vue. Cependant on déploya lentement les voiles de la frégate, car on ne jugea pas nécessaire d'éveiller pour cette manœuvre les hommes de l'équipage qui dormaient encore ; et, suivant son petit bâtiment de conserve, le navire s'avança contre le vent, qui à la vérité était presque sans force.

Le calme du service régulier avait succédé au tumulte qui avait régné pendant le déploiement des voiles ; et comme les rayons du soleil tombaient obliquement sur les côtes qu'on apercevait à quelque distance, Griffith s'amusait à écouter Cécile et Catherine qui cherchaient à reconnaître quelques éminences qu'elles prétendaient être dans le voisinage de l'abbaye de Sainte-Ruth. Barnstable, qui avait repris son ancien poste de second lieutenant de la frégate, se promenait de l'autre côté du gaillard d'arrière, tenant sous son bras le porte-voix qui annonçait qu'il était chargé en ce moment de diriger la course du vaisseau, et maudissant au fond du cœur le devoir qui l'empêchait d'être à côté de sa maîtresse.

Dans ce moment de tranquillité générale, quand le bruit des vagues qui frappaient la proue de la frégate n'était interrompu que par celui de quelques conversations tenues à demi-voix, l'explosion d'un coup de canon de petit calibre rompit la barrière de brouillards et se fit entendre à bord du vaisseau.

— C'est le cutter ! s'écria Griffith à l'instant même.

— Bien sûrement, dit le capitaine, Somers ne peut être assez indiscret pour souffler ses canons après l'ordre qu'il a reçu d'être prudent.

— Il n'est pas question ici de souffler des canons, dit le pilote en faisant un effort presque surnaturel, mais inutile, pour percer l'obscurité du brouillard. Ce canon était chargé à boulet, et le coup a été tiré pour nous donner un signal. Ne voit-on rien dans vos hunes, monsieur Barnstable?

Le lieutenant de quart héla le matelot qui était dans la hune du grand mât, et lui demanda s'il ne voyait rien dans la direction du vent. La réponse qu'il reçut fut que le brouillard empêchait qu'on pût rien découvrir de ce côté, mais que la voile qu'on voyait à l'est était un vaisseau ayant le vent largue.

Le pilote secoua la tête en apprenant cette nouvelle, et cependant il persista encore à voguer plus avant vers le sud. Il se retira à l'écart pour conférer seul avec le capitaine, et ils étaient encore à délibérer quand on entendit un second coup de canon, qui ne laissa plus aucun doute que ce ne fût un signal de *l'Alerte*, pour attirer l'attention de la frégate.

— Peut-être, dit Griffith, il veut nous faire connaître sa position ou s'assurer de la nôtre, nous croyant aussi perdus dans le brouillard.

— Voyez! s'écria Catherine avec la vivacité de la jeunesse, voyez, Merry! voyez, Barnstable! quel bel effet produit cette vapeur qui semble vouloir former des guirlandes au-dessus de la ligne de brouillard, et s'élever jusqu'au ciel en pyramide majestueuse.

— Former des guirlandes! s'élever en pyramide! répéta Barnstable. De par le ciel! c'est un bâtiment de haut-bord ayant toutes ses voiles déployées. Il n'est guère qu'à un mille de nous, et ayant le vent favorable, il s'avance comme un cheval de course. Maintenant nous savons pourquoi Somers nous a parlé.

— Oui, oui, dit Griffith, et voici *l'Alerte* qui sort du brouillard en se dirigeant vers la terre.

Le pilote examinait aussi ce vaisseau très-attentivement, et il dit avec son calme ordinaire : — Ce n'est pas un bâtiment de peu d'importance que couvrent toutes ces voiles, capitaine Munson. Messieurs, il est temps de changer de marche et de prendre le vent.

— Quoi! avant que nous sachions devant qui nous fuyons! s'écria Griffith. Je réponds sur ma vie que le roi George n'a pas un seul vaisseau qui, seul contre nous, ne soit fatigué du jeu avant d'avoir fini la partie de boules.

La fierté du jeune homme plia sous le regard sévère que lui lança le pilote, et quoiqu'il souffrît intérieurement, il se tut tout à coup.

— Le même œil qui a découvert les voiles au-dessus du brouillard, dit le pilote, aurait pu distinguer aussi le pavillon de vice-amiral qui s'approche encore davantage du firmament; et l'Angleterre, malgré toutes ses fautes, est trop judicieuse pour donner à un officier de ce rang le commandement d'une seule frégate, ou pour confier à un simple capitaine celui d'une escadre. Elle sait apprécier ceux qui versent leur sang pour elle, et c'est ainsi qu'elle est bien servie. Croyez-moi, capitaine Munson, ce symbole d'un haut grade et ces voiles nombreuses ne couvrent rien moins qu'un vaisseau de ligne.

— C'est ce que nous verrons, Monsieur, c'est ce que nous verrons, dit le vétéran, qui à l'approche du danger parut prendre un caractère plus décidé. Faites battre l'appel, monsieur Griffith; car nous n'avons que des ennemis à attendre dans ces parages.

L'ordre fut donné sur-le-champ, et Griffith dit ensuite avec un zèle plus modéré :

— Si M. Gray ne se trompe pas, nous aurons à remercier le ciel d'être si légers de quille.

Le bruit qu'un vaisseau ennemi était à peu de distance de la frégate était déjà descendu par les écoutilles, et au premier coup de tambour tout fut en activité à bord du navire. Les marins se précipitèrent à bas de leurs hamacs, les plièrent rapidement et montèrent sur le pont, où ils s'arrangèrent dans les filets de bastingage, pour coopérer à la défense de la partie supérieure du vaisseau.

Pendant que cette scène tumultueuse se passait, Griffith donna un ordre secret à Merry, qui disparut aussitôt et alla conduire ses deux cousines en lieu de sûreté, c'est-à-dire à fond de cale.

Les canons furent mis en état de service immédiat; les cloisons furent abattues; on retira de la grande cabane tout le mobilier qui s'y trouvait, et l'on rangea sur le pont une ligne non interrompue de pièces de canon formant une batterie navale formidable, prête à tonner au premier signal; on ouvrit les caisses qui contenaient les armes, et l'on fit en divers endroits sur le tillac des dépôts de piques, de coutelas, de pistolets, et de toutes les armes usitées pour l'abordage ; on prépara les drisses et les élingues, en un mot on fit tous les apprêts nécessaires pour le combat avec une promptitude et une dextérité merveilleuses, quoique tout se passât avec une apparence de désordre et de confusion qui semblait changer la frégate en une seconde tour de Babel. Quelques minutes suffirent pour tous les préparatifs, après quoi on entendit la voix des marins qui répondaient à l'appel qu'en faisaient les officiers pour placer chacun à son poste. Peu à peu le navire devint silencieux comme le tombeau, et quand Griffith ou le capitaine trouvait nécessaire de donner quelque ordre, c'était d'une voix plus basse et plus calme que de coutume.

Pendant ce temps la marche du vaisseau avait changé, et il traçait une ligne oblique divergente qui l'écartait de celle que suivait l'ennemi, quoiqu'on évitât avec grand soin jusqu'au dernier moment d'avoir l'air de le fuir. Lorsqu'on n'eut plus rien à faire, tous les yeux se fixèrent sur ces grandes voiles qu'on voyait de temps en temps s'élever au-dessus de la masse du brouillard, et dirigées évidemment vers le nord. Enfin le nuage épais qui couvrait la surface de l'Océan du côté du midi s'entr'ouvrit, et l'on en vit sortir les longues vergues du mât de beaupré du vaisseau ennemi, qui ne tarda pas à se montrer lui-même tout entier. Une masse de vapeurs humides parut s'attacher un moment à ses agrès ; mais la marche rapide du navire les laissa bientôt en arrière, et rien n'empêcha plus d'en distinguer parfaitement toutes les parties.

— Une, deux, trois rangées de dents, dit Boltrope à demi-voix en considérant les trois rangs de canons pour lesquels ce vaisseau était percé ; c'est un vaisseau à trois ponts ! Jack Manly montrerait sa poupe à un pareil drôle, et le pirate écossais lui-même allongerait ses enjambées pour l'éviter !

— La barre tout au vent, quartier-maître, s'écria le capitaine Munson ; il n'y a pas à hésiter avec un tel ennemi à un quart de mille ! Faites donner le coup de sifflet pour faire monter tout le monde, monsieur Griffith, et mettez le vaisseau sous toutes voiles, depuis les pommes de girouettes jusqu'aux bonnettes basses. Dépêchez-vous, Monsieur. La barre tout au vent, vous dis-je, diable ! ferme au gouvernail !

La vivacité extraordinaire du vieux commandant produisit sur l'équipage le même effet qu'une voix qui serait sortie du sein des mers. On n'attendit pas les signaux ordinaires du contre-maître et du tambour, et les canonniers eux-mêmes quittèrent leur poste pour aider à la manœuvre. Il y eut une minute ou deux de confusion qu'un œil inexpérimenté aurait regardée comme du plus mauvais présage pour la frégate ; et pendant ce court intervalle on vit se déployer sur la hauteur des mâts ces voiles légères qui s'élevaient bien au-dessus des voiles ordinaires, et dont l'ombre se projetait sur la mer des deux côtés du bâtiment.

Pendant le moment d'inaction qui suivit cette manœuvre soudaine, la brise qui avait amené le vaisseau à trois ponts se fit sentir avec plus de force aux voiles de la frégate ; elle marcha avec plus de rapidité, et parut évidemment gagner du terrain sur son dangereux ennemi.

— Le brouillard se lève, s'écria Griffith ; que le vent nous favorise seulement pendant une heure, et nous serons hors de portée.

— Ces vaisseaux de quatre-vingt-dix pièces de canon ont la portée longue, dit le capitaine Munson assez bas pour n'être entendu que du pilote et du premier lieutenant, et nous aurons quelques amorces à brûler.

Le pilote surveillait tous les mouvements de l'ennemi, et il s'écria :

— Il voit déjà que nous lui montrons les talons, et il fait ses préparatifs. Nous serons bien heureux si nous échappons à une bordée. Embardez un peu la frégate, monsieur Griffith ; touchez légèrement le gouvernail ; si nous sommes enfilés de long, nous sommes perdus.

Le capitaine sauta sur le couronnement de la poupe avec l'activité d'un jeune homme, et vit en un instant que les conjectures du pilote étaient fondées.

Pendant quelques minutes, les deux vaisseaux ne parurent occupés qu'à surveiller respectivement les mouvements l'un de l'autre, le navire anglais faisant de temps en temps de légères déviations de la ligne qu'il suivait ; et quand il voyait que l'ennemi devinait ses intentions, il prenait une direction opposée. Enfin une manœuvre soudaine et décisive annonça clairement aux Américains par quelle bordée ils devaient s'attendre à être attaqués.

Comme si ce moment de crise eût été trop pressant pour permettre l'usage de la parole, le capitaine fit avec le bras un signe expressif à son premier lieutenant pour lui indiquer la manœuvre qu'il devait faire pour éviter le danger, et Griffith le comprit parfaitement. Les deux navires virèrent au vent en même temps, la proue tournée vers la terre, et les larges flancs du vaisseau à trois ponts percé de sa triple batterie, tournés vers son ennemi, vomirent un déluge de feu et de fumée qui fut suivi d'une explosion près de laquelle le sourd mugissement de l'Océan endormi n'était rien. Les plus braves marins qui se trouvaient à bord de la frégate frémirent en entendant siffler l'ouragan chargé de fer qui passait sur leurs têtes et au milieu d'eux, et tous les yeux semblaient frappés d'un étonnement stupide, et vouloir suivre dans leur vol ces instruments rapides de destruction. La voix du capitaine Munson se faisait entendre à l'instant où l'éclair partit, et son bras agitait son chapeau dans la direction qu'il voulait qu'on suivît dès que la bordée aurait produit son effet.

— Au gouvernail! monsieur Griffith! au gouvernail! et reprenez...

Griffith avait prévu cet ordre, et il avait déjà fait le mouvement nécessaire pour tourner la proue de la frégate dans sa première direction; mais surpris que son commandant ne finît pas sa phrase il leva les yeux sur lui, et vit son vieux capitaine qui tombait dans la mer, emporté par un boulet, son bras étendu agitant encore son chapeau, ses cheveux gris flottant au gré du vent et ses yeux exprimant déjà la dernière angoisse de la mort.

—Juste ciel! s'écria le jeune lieutenant en courant vers le bord du vaisseau, où il arriva à temps pour voir disparaître le corps du vétéran sous les eaux teintes de son sang, un boulet l'a frappé! mettez une barque en mer, vite! la barge, le *Tigre*, le...

— Cela est inutile, dit le pilote d'une voix calme et ferme; il a reçu la mort d'un guerrier et il repose dans le tombeau d'un marin. La frégate a repris le vent, et l'ennemi reste en arrière.

Ces mots rappelèrent Griffith à ses devoirs. Il détourna ses yeux du point de l'Océan que le sang du capitaine marquait encore et dont la frégate s'éloignait déjà, et il reprit le commandement du vaisseau avec un calme forcé.

— Ces boulets d'enfer nous ont coupé quelques cordages, dit le quartier-maître dont les yeux avaient toujours été fixés sur les vergues et sur les agrès; ils ont fait tomber du grand mât une esquille qui serait assez grosse pour en faire un épissoir, et ils ont fait passer le jour à travers quelques-unes de nos voiles ; mais au total, ils ne nous ont pas fait grand mal. Et le capitaine Munson ! n'ai-je pas entendu dire qu'il a attrapé une égratignure ?

— Il est mort, Monsieur, répondit Griffith d'une voix encore pleine d'horreur ; il a été emporté par-dessus le bord. C'est une raison de plus pour nous occuper de nos devoirs dans ce moment de crise.

— Mort ! répéta Boltrope surpris, et enterré dans une jaquette mouillée ! Eh bien ! il est encore heureux qu'il ne nous soit rien arrivé de pire. Du diable si je ne craignais pas qu'il ne restât pas un seul bâton debout sur tout le vaisseau !

Il faisait à peine cette réflexion consolante qu'il se mit à donner les ordres nécessaires pour réparer les légères avaries que la frégate avait souffertes, et il y apporta ce sang-froid et cette tranquillité qui faisaient de lui, sinon un ami bien tendre, du moins un homme inappréciable dans sa situation.

Griffith n'avait pas encore réussi à recouvrer tout le calme qui lui était nécessaire pour s'acquitter des nouveaux devoirs dont il se trouvait chargé si soudainement et par suite d'un événement si malheureux, quand il se sentit légèrement toucher le coude par quelqu'un qui était à côté de lui.

— Le capitaine anglais paraît se contenter de cette première bordée, dit le pilote ; et comme nous sommes meilleurs voiliers, il perd trop de terrain pour la redoubler, s'il est bon marin.

— Et cependant, répondit Griffith, comme il voit que nous nous éloignons si rapidement, il doit sentir que toutes ses espérances consistent à nous désagréer. Je crains qu'il ne se remette en chasse, et qu'il ne nous lâche encore quelques bordées. Il nous faudrait un quart d'heure pour nous mettre hors de portée, quand il resterait sur ses ancres.

— Il joue un jeu plus sûr. Ne voyez-vous pas que le navire que nous avons aperçu le premier du côté de l'est a le port d'une frégate ? Il n'y a pas de doute qu'ils fassent tous deux partie de la même escadre, et que l'exprès qui leur a été envoyé ne leur ait appris que nous étions dans ces parages. L'amiral anglais avait d'abord étendu sa ligne, monsieur Griffith, et maintenant qu'il voit qu'il a réussi il la resserre.

Griffith avait été trop occupé jusqu'alors du bâtiment à trois ponts pour songer à autre chose ; mais en entendant les observations du pilote, qui parlait avec sang-froid quoiqu'en homme qui sentait parfaitement le danger qu'on avait à craindre, il eut recours au télescope et examina avec soin la position et les manœuvres des divers navires qu'on avait en vue. Il lui parut certain que l'officier dont le pavillon flottait sur le haut du grand mât du vaisseau à trois ponts voyait la situation critique de la frégate à laquelle il donnait la chasse, sans quoi il n'aurait pas hésité à s'en rapprocher et à lui lâcher de nouvelles bordées. Mais la prudence lui inspirait le dessein d'ôter à son ennemi tout moyen de lui échapper, en le pressant de si près en arrière qu'il lui fût impossible de gagner la pleine mer en filant entre son propre vaisseau et la frégate de son escadre qui en serait la plus voisine.

Le lecteur le moins expérimenté en marine comprendra aisément cette manœuvre en suivant l'œil intelligent de Griffith qui parcourait successivement toutes les parties de l'horizon. A l'ouest étaient les côtes d'Angleterre, le long desquelles *l'Alerte* marchait autant qu'il était possible, tant pour se tenir droit par le travers de sa conserve que pour éviter la proximité dangereuse d'un ennemi trop redoutable. Du côté de l'est et à tribord de la frégate américaine était le navire qu'on avait vu le premier, qui montrait alors toutes les apparences hostiles d'un bâtiment de guerre, et qui, se dirigeant vers elle par une ligne convergente, s'en approchait rapidement. Enfin bien loin vers le nord-ouest, était un vaisseau qu'on distinguait à peine, mais sur les manœuvres duquel on ne pouvait se méprendre, pour peu que l'on connût la tactique navale.

— Je vois que nous sommes enfermés, dit Griffith en quittant le télescope, et je crois que le parti le plus prudent que nous puissions prendre est de nous rapprocher de terre, et de passer entre les côtes et le vaisseau amiral, au risque de quelques bordées.

— Pourvu qu'il vous laisse un haillon de voile, répliqua le pilote. Non, Monsieur, non, c'est une vaine espérance ; en dix minutes, il ne vous resterait que les planches de votre frégate ; son pont serait rasé ; Dieu sait même ce qui nous serait resté après la première bordée, si la plupart des boulets ne se fussent relevés en frappant une grosse vague ! Il faut mettre la plus grande distance que nous pourrons et le plus promptement possible entre le vaisseau à trois ponts et nous.

— Mais les frégates? que ferons-nous des frégates?

— Nous les combattrons! répondit le pilote d'une voix ferme et déterminée, nous les combattrons! Jeune homme, j'ai soutenu les étoiles de l'Amérique dans des circonstances plus difficiles que celle-ci, et je les ai soutenues avec honneur. Ne croyez pas que ma fortune m'abandonne.

— Nous aurons une heure de combat opiniâtre.

— C'est sur quoi nous pouvons compter; mais j'ai vu des journées entières de combat sanglant, et je ne vous crois pas homme à trembler à la vue de l'ennemi.

— Permettez que je proclame votre nom en présence de tout l'équipage : il y répandra l'enthousiasme; il paraîtra le gage de la victoire.

— Cela est inutile, répondit le pilote en réprimant par un geste le zèle ardent de Griffith. Je désire n'être connu qu'autant que je pourrai l'être d'une manière digne de moi. Je veux partager vos dangers, mais je ne veux pas vous dérober la moindre partie de votre gloire. Si nous en venons à un abordage, ajouta-t-il avec un sourire qui n'était pas sans orgueil, je me nommerai moi-même; mon nom sera le cri de guerre, et vous verrez qu'il fera trembler les Anglais!

Griffith se soumit aux désirs du pilote; et, après avoir délibéré avec lui pendant quelques instants sur les manœuvres qu'on exécuterait, il donna tous ses soins à la conduite du vaisseau. Le premier objet qui frappa ses yeux en quittant le pilote fut le colonel Howard, qui se promenait sur le tillac l'air radieux, le front élevé, semblant jouir d'avance d'un triomphe qui lui paraissait certain.

— Je crains, Monsieur, lui dit-il en s'avançant vers lui avec un air de respect, que vous ne trouviez bientôt la promenade sur le pont désagréable et dangereuse. Vos pupilles sont...

— Ne me parlez pas ainsi, Monsieur, dit le colonel en l'interrompant; quel plaisir peut être plus agréable que celui de respirer le parfum de loyauté qui sort de ce beau vaisseau de Sa Majesté, que le vent nous apporte? Vous parlez de danger? Connaissez-vous assez peu le vieux George Howard pour croire qu'il n'en braverait pas mille pour voir ce symbole de rébellion se baisser devant le pavillon de notre roi légitime?

— Si tel est votre désir, colonel Howard, répondit Griffith en se mordant les lèvres, tandis que quelques marins qui étaient à peu de distance l'écoutaient d'un air de surprise, je crois que vos vœux ne seront pas exaucés ; mais je vous donne ma parole que si ce fatal moment arrive vous en serez averti, et que nous forcerons vos mains à nous éviter cette tâche déshonorante.

— Et pourquoi pas dès à présent, Edouard Griffith? demanda le colonel. Voici votre moment d'épreuve ; soumettez-vous à la clémence de la couronne, et abandonnez votre équipage à la merci du roi. En pareil cas, je n'oublierais pas que vous êtes le fils de l'ami intime de mon ami Harry ; croyez-moi, mon nom n'est pas sans crédit auprès des ministres. Et vous, fauteurs égarés et ignorants de la rébellion, mettez bas ces armes inutiles, ou préparez-vous à éprouver la vengeance de ces serviteurs puissants et victorieux de notre prince légitime!

— Retirez-vous, drôles! retirez-vous! cria Griffith aux marins qui, les yeux menaçants, s'attroupaient autour du colonel; si l'un de vous ose s'en approcher, je le fais jeter à la mer.

Les marins se retirèrent à l'ordre de leur commandant, et le colonel, livré à son enthousiasme de loyalisme, n'en continua pas moins à se promener sur le tillac, sans s'inquiéter des regards courroucés qu'on dirigeait contre lui. Mais les marins eurent bientôt à s'occuper de soins plus importants.

Quoique le vaisseau de ligne fût alors à une grande distance, à demi caché par les vagues, et qu'en moins d'une heure, à compter de l'instant où il avait lâché sa bordée, on n'aperçût plus qu'un rang de ses canons, il n'en offrait pas moins un obstacle irrésistible à tout projet de retraite vers le sud. D'une autre part, le navire aperçu le premier s'était tellement approché que l'œil suffisait pour en suivre tous les mouvements. On voyait que c'était une frégate, mais moins forte que celle des Américains, qui s'en seraient aisément emparés s'ils n'avaient eu en vue deux autres vaisseaux ennemis qui, chacun de leur côté, s'avançaient assez rapidement vers le lieu de la scène.

Au commencement de la chasse, la frégate du congrès se trouvait à la hauteur d'une pointe située en face de l'abbaye de Sainte-Ruth ; mais en ce moment elle était arrivée à peu de distance des brisants entre lesquels notre histoire a commencé. La petite frégate anglaise était alors si près que le combat parut inévitable. Griffith n'avait pas perdu le temps, et il avait déjà fait toutes les dispositions nécessaires pour s'y préparer. Le tambour appela de nouveau chacun à son poste, et l'on cargua toutes les voiles qu'il n'était pas indispensable de conserver, comme un boxeur prêt à entrer dans la lice se dépouille d'une partie de ses vêtements. Dès que les Américains eurent fait ainsi connaître leur intention de ne pas chercher à fuir davantage, la frégate anglaise cargua à son tour quelques unes de ses voiles, comme pour annoncer qu'elle acceptait le cartel.

— C'est une frégate en miniature, dit Griffith au pilote qui restait à côté de lui, prenant une sorte d'intérêt paternel à la manière dont le jeune lieutenant allait engager le combat.

— Il faut l'écraser d'un seul coup! répondit le pilote, ne pas brûler une amorce avant que nos vergues touchent les siennes.

— Je vois qu'on prépare ses pièces de douze. Nous pouvons nous attendre à une bordée.

— Après avoir essuyé le feu d'un vaisseau de quatre-vingt-dix, nous ne devons pas craindre celui d'une frégate de trente-deux.

— A vos pièces, canonniers! cria Griffith avec son porte-voix; mais qu'on ne tire pas un coup sans ordre!

Cette précaution était nécessaire pour calmer l'ardeur de ses marins; à peine Griffith cessait de parler que la frégate ennemie fut entourée d'un nuage de feu et de fumée, et tous ses canons firent tomber successivement une grêle de boulets sur les Américains. Dix minutes se passèrent ainsi, les deux frégates continuant à s'approcher sans que Griffith permit à son équipage de répondre à l'ennemi par un seul coup de feu. Ce court espace de temps parut un siècle à ses marins, et cependant le plus profond silence régnait sur leur bord : les blessés et les mourants retenaient même leurs plaintes, tant était forte l'influence de la discipline à laquelle était habitué tout l'équipage. Les officiers donnaient leurs ordres d'un ton ferme et déterminé, mais le plus bas possible. Enfin la frégate américaine entra dans le brouillard de fumée répandu tout autour du vaisseau ennemi, et Griffith entendit que le pilote lui disait à l'oreille : — Maintenant!

— Feu! s'écria Griffith d'une voix qui retentit dans tout son vaisseau.

Le cri que poussèrent alors les marins sembla soulever le pont de la frégate, et elle trembla, comme une feuille agitée par le vent, sous le recul de ses grosses pièces d'artillerie, qui ne produisirent qu'une seule détonation, les canonniers, dans leur impatience, ayant négligé de tirer suivant l'ordre régulier. Cette bordée produisit un effet terrible à bord de la frégate anglaise. Un silence semblable à celui de la mort succéda au bruit de l'explosion, et il ne fut interrompu que par des plaintes et des exécrations semblables aux cris effrayants des damnés. Pendant que les Américains rechargeaient leurs pièces et que les Anglais cherchaient à se remettre de leur confusion, la frégate du congrès avançait lentement, et elle passait devant la proue du navire ennemi, quand le capitaine anglais, recourant à une manœuvre, qui, vu l'inégalité des forces, pouvait paraître inspirée par le désespoir, ordonna tout à coup l'abordage. Le grappin fut jeté sur la frégate américaine; les marins anglais se précipitèrent avec intrépidité sur son gaillard d'avant, et Griffith fut sur le point d'être pris par surprise; mais Manuel, qui avait fait son premier feu en même temps qu'on lâchait la bordée, et qui avait eu le temps de faire recharger, se rendit alors très-utile en faisant faire par ses soldats un feu de file continu. Les Anglais commencèrent à s'arrêter; le pilote lui-même, en dépit de toute sa prudence, oublia, dans l'intérêt du moment, les autres vaisseaux ennemis, et il échangea avec Griffith un sourire de plaisir et de fierté, tous deux sentant au même instant l'avantage qu'ils avaient obtenu.

— Liez leur mât de beaupré à notre mât d'artimon, s'écria Griffith, et nous aurons beau jeu pour balayer leur pont.

Vingt hommes s'élancèrent à la fois pour exécuter cet ordre; et l'on vit au premier rang parmi eux le pilote et Boltrope.

— A présent, le navire est à nous! s'écria le quartier-maître, et nous prendrons avec lui la même liberté que si nous en étions les armateurs; nous le dépècerons; car, de par Dieu....

— Silence! lui dit le pilote d'un ton grave; ne prenez pas le nom de Dieu en vain! Songez que dans une minute vous pouvez paraître devant lui.

Le contre-maître, avant de sauter de la vergue sur le pont de la frégate, trouva le temps de jeter un regard d'étonnement sur son compagnon, qui, le visage tranquille, mais l'œil brillant d'une ardeur guerrière, regardait le combat autour de lui en homme qui en suivait les progrès pour en prévoir les résultats.

La vue des Anglais poussant de grands cris et vomissant des

menaces, échauffa le sang du colonel Howard, qui, s'approchant du bord de la frégate, les appelait à haute voix et les exhortait à redoubler de courage.

— Taisez-vous, vieux corbeau! s'écria Boltrope en le saisissant au collet; descendez à fond de cale, ou je vous fais attacher à la bouche d'un canon.

— Bas les armes, rebelle! répondit le colonel se laissant emporter au-delà des bornes de la prudence par l'ardeur qu'avait fait naître en lui la vue du combat. A genoux, implorez la merci de votre souverain légitime!

Trouvant des forces dans l'enthousiasme de son *loyalisme*, le colonel lutta quelques instants contre son antagoniste qui ne lâchait pas prise, et il était encore incertain à qui l'avantage resterait, quand les Anglais, repoussés par le feu des soldats de marine et par le front menaçant que leur imposait Griffith à la tête de ses matelots armés de piques, se retirèrent sur le gaillard d'avant de leur navire, et essayèrent de rendre aux Américains le mal que leur faisait une pièce de canon dirigée par Barnstable. Ils ne purent cependant pointer contre leurs ennemis qu'une pièce chargée à mitraille; mais elle fut tirée de si près que le premier rang des soldats de Manuel sentit la chaleur de la flamme. Le colonel commençait à succomber sous les attaques du quartier-maître; mais en cet instant il sentit se relâcher les doigts de la main qui lui serrait la gorge; et les deux combattants tombèrent en même temps sur leurs genoux en face l'un de l'autre.

— Ah! ah! frère, s'écria Boltrope avec un sourire presque féroce, un sac de cette farine est-il entré dans votre moulin?

Il ne put en dire davantage, et le colonel ne put lui répondre, car ils tombèrent tous deux au même instant sur le tillac, où ils restèrent oubliés au milieu du tumulte et de la confusion.

Pendant le combat furieux dont ils étaient les témoins, les éléments ne restaient pas dans l'inaction, et tout à coup la frégate américaine, enlevée par une forte vague, et poussée en même temps par la brise, fut entraînée à quelque distance. Les faibles liens de chanvre et de fer qui attachaient le mât de beaupré des Anglais au mât d'artimon des Américains se brisèrent comme un fil; mais la secousse fut si violente qu'elle détermina la chute du mât de beaupré dans la mer, suivi de toutes les vergues, ne laissant à la frégate anglaise, de tous ses agrès, que quelques cordages tenant encore aux tronçons de ses mâts à pible, et flottant au gré du vent.

Tandis que la frégate victorieuse s'éloignait de la scène de confusion qu'elle avait occasionnée, et quand elle fut sortie de l'atmosphère de fumée épaisse dans laquelle elle laissait le navire désemparé, Griffith se souvint que ce n'était pas le seul ennemi qu'il eût à rencontrer; et ce ne fut pas sans inquiétude qu'il jeta un regard vers l'horizon.

— Nous nous sommes assez heureusement débarrassés du vaisseau de trente-deux, dit-il au pilote qui suivait tous ses mouvements avec un intérêt singulier; mais en voici un autre qui porte le même numéro que nous, et qui paraît avoir dessein de nous voir de plus près; d'un autre côté, voilà le quatre-vingt-dix qui se rapproche, et je crains qu'il n'arrive trop tôt.

— Il faut nous servir de nos vergues et de nos voiles, répondit le pilote, et ne pas songer à aborder cette nouvelle frégate. Il faut faire d'une pierre deux coups, Monsieur, et combattre cet autre ennemi par nos ailes et par nos canons.

— Il est donc temps de s'y préparer; car le voilà qui cargue ses voiles, et il s'approche si rapidement que nous devons nous attendre à avoir de ses nouvelles dans quelques minutes. Quel est votre avis, Monsieur?

— Laissons-le carguer ses voiles, et quand il croira nous tenir, nous déploierons toutes les nôtres en un instant en jetant à la fois deux cents bras sur nos vergues. Nous pourrons alors gagner sur lui par surprise. Mais il faut attendre qu'il soit dans nos eaux pour faire tomber nos voiles.

— Ce projet peut réussir! s'écria Griffith. Allons, camarades, nettoyez le pont, descendez les blessés à fond de cale; et quant aux pauvres diables qui sont morts, comme nous avons déjà les mains assez pleines, il faut les jeter à la mer.

On s'acquitta de ces tristes soins, et le nouveau commandant de la frégate s'occupa de ses autres devoirs avec une attention qui prouvait qu'il sentait toute sa nouvelle responsabilité. Ses occupations multipliées ne l'empêchèrent pourtant pas d'entendre la voix de Barnstable qui appelait Merry avec une sorte d'impatience. Il tourna la tête vers le côté d'où partait le son, et vit son ancien ami, le corps à demi sorti de la grande écoutille, le visage noirci par la fumée, sans habit, et sa chemise couverte de sang.

— Merry, disait Barnstable, M. Griffith n'est-il pas blessé? On dit qu'un maudit coup de canon a renversé une demi-douzaine de nos gens sur le gaillard d'arrière.

Avant que le jeune midshipman eût le temps de lui répondre, les yeux de Barnstable, qui pendant qu'il parlait ainsi parcouraient tout le tillac, rencontrèrent ceux de Griffith, et dès ce moment une parfaite harmonie se rétablit entre les deux amis.

— Ah! vous voilà, Griffith, s'écria Barnstable, je suis ravi de vous voir sans boutonnière à la peau. On vient de descendre le pauvre Boltrope dans une de ses soutes. Ah! Griffith, si ce mât de beaupré eût tenu dix minutes, l'Anglais aurait porté quelques unes de mes marques de plus!

— Tout est peut-être pour le mieux, répondit Griffith. Mais qu'avez-vous fait des dames que nous sommes tenus de protéger?

Barnstable répondit d'abord par un geste expressif, indiquant le fond de cale, et il ajouta ensuite:

— Dans la soute des câbles, aussi en sûreté qu'on peut l'être entre le bois, le fer et l'eau. Et cependant Catherine a trois fois levé la tête jusque....

Un signe du pilote fit partir Griffith, et les jeunes officiers furent obligés d'oublier leurs sentiments privés pour s'occuper d'un devoir plus pressant pour le moment.

Le vaisseau qui offrait alors le combat était une frégate à peu près du même port que celle des Américains, ayant le même nombre de bouches à feu, et paraissant avoir un équipage aussi nombreux. Griffith, en l'examinant, reconnut qu'on avait fait sur son bord tous les préparatifs convenables pour maintenir au moins l'égalité.

On avait graduellement réuni les voiles au nombre ordinaire; et d'après certains mouvements qu'ils remarquèrent sur le pont, Griffith et son inséparable compagnon, le pilote, comprirent parfaitement que l'ennemi n'avait plus besoin de se rapprocher que de quelques centaines de toises pour commencer le combat.

— Maintenant déployez toutes les voiles, dit le pilote.

Griffith prit son porte-voix, et fit entendre ces mots qui parvinrent jusqu'aux ennemis:

— Laissez tomber les voiles! Tous les bras à l'œuvre! Toutes les voiles au vent!

Un mouvement général répondit à ce cri. Cinquante marins

s'élancèrent sur les vergues, et en un instant les voiles se déployèrent aussi rapidement que si un oiseau eût étendu ses ailes. Le capitaine anglais vit sur-le-champ qu'il avait été trompé, et il donna ordre de lâcher une bordée. Griffith entendit les boulets siffler sur sa tête, et il en suivit l'effet avec inquiétude ; mais quand il vit qu'ils n'avaient fait que couper quelques cordages peu importants, sans toucher à un seul de ses mâts, il poussa un grand cri de joie, répété soudain par tout l'équipage. Pourtant quelques marins grièvement blessés tombèrent de cordage en cordage, cherchant en vain à s'y accrocher, et furent précipités dans l'Océan, tandis que le navire les abandonnait à leur sort, et s'éloignait d'eux avec une fière indifférence. Le moment d'ensuite, les mâts et les vergues du navire ennemi furent couverts à leur tour de marins déployant les voiles, et Griffith, embouchant son porte-voix, cria de toutes ses forces : — Feu, maintenant ! feu de mitraille ! faites-les tomber à bas de leurs vergues ! nettoyez leurs agrès.

L'équipage américain n'avait pas besoin d'être excité pour se mettre à l'œuvre avec courage et activité, et Griffith avait à peine cessé de parler qu'on entendit gronder le tonnerre de la frégate. Mais le pilote n'avait pas suffisamment apprécié le courage et l'habileté de ses ennemis. Malgré la situation désavantageuse où ils se trouvaient en déployant leurs voiles, ils n'en continuèrent pas moins leur manœuvre avec autant d'adresse que de fermeté, et quelques instants leur suffirent pour la terminer.

Les deux vaisseaux marchaient alors rapidement sur deux lignes parallèles, se lançant des bordées avec acharnement, essuyant des pertes réciproques, mais sans avantage marqué ni d'une part ni de l'autre. Griffith et le pilote voyaient avec grande inquiétude leur plan déconcerté, car ils ne pouvaient se dissimuler que chaque moment diminuait la rapidité de leur marche, le feu de l'ennemi ayant brisé une partie de leurs vergues, et rendu inutiles quelques unes de leurs voiles.

— Nous trouvons ici à qui parler, dit Griffith ; voici le quatre-vingt-dix qui reparaît, s'élevant sur les vagues comme une montagne ; et si nous continuons à marcher si lentement, il ne tardera pas à nous atteindre.

— C'est la vérité, répondit le pilote d'un air pensif ; l'amiral prouve qu'il ne manque ni de jugement ni de courage, mais....

Il fut interrompu par Merry, qui accourait du gaillard d'avant en annonçant d'avance par le feu de ses regards l'importance qu'il attachait à la nouvelle qu'il apportait.

— Des brisants! s'écria-t-il dès qu'il fut assez près pour se faire entendre au milieu du tumulte, nous sommes entraînés par un courant, et toute la mer est couverte d'écume à moins de deux cents toises de notre proue.

Le pilote s'avança sur un canon, et se pencha de divers côtés pour chercher une percée à travers la fumée. Y ayant réussi, il s'écria d'une voix si forte et si perçante qu'elle se faisait entendre au milieu du bruit du canon :

— Bâbord! la barre! Nous sommes sur le Devil's-Grip. Passez-moi le porte-voix, monsieur Griffith! Bâbord la barre, vous dis-je; et vous feu, feu sur ces orgueilleux Anglais!

Griffith lui remit sans hésiter ce symbole de son rang, et fixant ses regards sur l'œil animé du pilote, il reprit confiance par l'air d'assurance qu'il y remarqua. Les marins étaient trop occcupés de leurs canons et de leurs agrès, et la frégate entra dans un des canaux étroits et dangereux qui séparaient les écueils, au milieu de la chaleur d'un combat dont le succès était encore douteux. Quelques vieux matelots regardaient avec étonnement l'écume dont la mer était couverte autour d'eux, paraissant douter que cet effet pût être produit par les boulets de l'ennemi rasant la surface des ondes. Tout à coup le bruit des vagues, furieuses des obstacles que leur opposaient les rochers cachés sous les eaux, succéda à celui du canon, et la frégate, sortant de l'atmosphère de fumée dont elle était enveloppée, se montra hardiment, voguant au milieu d'un labyrinthe d'écueils. Pendant environ dix minutes, le pilote commanda les manœuvres, prenant à peine le temps de respirer, et dirigeant la course rapide du vaisseau par des passages étroits et tortueux, bordés et coupés par des brisants dont un seul aurait suffi pour rendre certaine la perte du navire qui l'aurait touché.

— Ce qui menaçait d'être notre destruction sera notre salut, s'écria-t-il enfin en remettant à Griffith le porte-voix. Tenez cette montagne couverte de bois ouverte d'un quart avec la tour de l'église qui en est la base; gouvernez est-quart-nord-est; nous avons à naviguer ainsi pendant une heure entre ces écueils où les Anglais n'oseront nous suivre, et par ce moyen nous gagnerons cinq lieues sur l'ennemi, qui sera obligé de doubler ce promontoire de brisants.

Il sauta en bas du canon, et perdit en même temps, non seulement l'air d'autorité qu'il avait pris dans ce moment critique, mais même l'apparence du vif intérêt qu'il avait manifesté pendant tous les incidents de cette journée. En un mot, il redevint l'homme froid, calme et réservé, que ses compagnons avaient toujours trouvé en lui depuis qu'il était avec eux.

Lorsque les premiers moments d'inquiétude furent passés, les officiers se réunirent sur les différentes parties de la frégate d'où l'on pouvait le mieux apercevoir les ennemis. Le vaisseau amiral avait continué à avancer, et s'était arrêté près de la frégate de trente-deux, qui, totalement désemparée, était le jouet des vagues. Celle qu'on venait de combattre côtoyait lentement le bord des brisants, ses voiles déchirées flottant au gré des vents, plusieurs de ses vergues n'offrant que des fragments brisés, et toutes ses manœuvres annonçant la confusion qui régnait sur son bord, due en grande partie à la manière dont elle s'était vue arrêter dans ses progrès. Tous les matelots eux-mêmes contemplèrent quelques instants ce spectacle en poussant des cris de joie et de triomphe; mais ils oublièrent bientôt les trois vaisseaux anglais, au milieu des soins que le leur exigeait. Les tambours battirent la retraite; les canons furent amarrés; les nouveaux blessés furent descendus à fond de cale, et tout ce qui était en état de travailler s'occupa à réparer les avaries que la frégate avait essuyées pendant le combat.

Comme le pilote l'avait annoncé, le navire américain, au bout d'une heure, sortit triomphant de l'archipel d'écueils dans lequel il était engagé, mais que la clarté du jour rendait moins dangereux. Lorsque le soleil commençait à descendre vers l'horizon, Griffith, qui n'avait pas quitté le pont de toute la journée, eut la satisfaction de voir tout remis en ordre sur son vaisseau, et de se trouver prêt à combattre un autre ennemi. En ce moment le chapelain le fit prier de descendre sans délai dans la cabane. Chargeant donc du soin de la frégate Barnstable, qui l'avait secondé avec autant de zèle que d'intelligence pendant le combat comme dans tous les soins qui en avaient été la suite, il changea de surtout pour écarter de lui toutes les traces sanglantes du double engagement qui avait eu lieu, et se rendit promptement à l'invitation qui venait de lui être réitérée de la manière la plus pressante.

CHAPITRE XXXIV.

> Au milieu des gouttes de la rosée du soir, quand les dernières traces du soleil illuminent le firmament, où diriges-tu ta route solitaire ?
> BRUYANT.

Lorsque le jeune marin devenu le commandant de la frégate descendit du gaillard d'arrière pour se rendre à l'invitation pressante qu'il venait de recevoir, il eut la satisfaction de voir régner sur son vaisseau le même ordre et la même propreté que si rien n'en eût troublé la tranquillité. Le pont avait été lavé avec soin ; on n'y reconnaissait aucune des horribles taches que le sang y avait imprimées, et il y avait longtemps que la fumée produite par les canons avait cessé de monter par les écoutilles pour se mêler avec les nuages. En passant le long des batteries, l'empressement qu'il avait de savoir pour quel objet on le faisait demander dans la cabane ne put l'empêcher de jeter les yeux sur les flancs de son navire et d'y voir les traces terribles qu'y avait laissées le passage des boulets lancés par les ennemis ; et lorsqu'il frappa légèrement à la porte de la cabane, son œil rapide avait déjà reconnu les principales avaries qu'avait essuyées le corps du navire.

La porte lui fut ouverte par le chirurgien en chef de la frégate. En se retirant de côté pour permettre à Griffith d'entrer, le docteur secoua la tête avec cet air qui dans un homme de sa profession annonce le terme de toute espérance, et il se retira ensuite pour aller donner des soins à ceux à qui ses secours pouvaient être plus utiles.

Le lecteur ne doit pas s'imaginer que Griffith eût perdu de vue Cécile et sa cousine pendant les événements multipliés de cette journée. Au contraire, son imagination active s'était représenté leur terreur et leur détresse, même dans la plus grande

LE PILOTE.

chaleur du combat, et dès l'instant qu'il avait cessé, il avait ordonné qu'on replaçât les cloisons de la cabane, et qu'on y remit le mobilier qu'on en avait retiré. Quoique des devoirs plus impérieux l'eussent empêché d'y veiller en personne, il ne doutait pas qu'on ne lui eût ponctuellement obéi ; et il ne fut donc pas étonné d'y trouver l'ordre rétabli, mais il n'était nullement préparé à y voir la scène qui s'offrit à ses yeux.

Entre deux gros canons qu'on n'avait pas encore eu le temps d'en retirer et qui donnaient un air fort étrange à un appartement meublé d'ailleurs de la manière la plus commode, le colonel Howard, évidemment près de sa fin, était étendu sur un grand sofa. Cécile pleurait à genoux à son côté, et ses beaux cheveux noirs tombaient en désordre jusqu'à ses pieds. Catherine était à demi penchée sur le corps du vieillard mourant, versant des larmes avec une expression de pitié mêlée de celle des reproches qu'elle s'adressait à elle-même. Quelques domestiques des deux sexes entouraient ce groupe, et leur physionomie annonçait qu'ils ne conservaient pas plus d'espérance que le chirurgien.

Tout le mobilier ayant été replacé avec un soin qui aurait pu faire douter que le combat avait eu lieu, le sofa en face de celui sur lequel reposait le colonel était occupé par Boltrope, sa tête appuyée sur les genoux de l'intendant du vaisseau, et une main placée dans celle de son ami le chapelain.

Griffith avait appris la blessure du quartier-maître ; mais ce fut à ses yeux qu'il dut la première nouvelle de la situation du colonel. Après quelques instants dont il eut besoin pour se remettre du choc que lui fit éprouver cette découverte, il s'approcha du sofa, et il exprima ses regrets et son chagrin avec un accent de sincérité.

— Ne m'en dites pas davantage, Edouard Griffith, dit le colonel en faisant un signe de la main pour lui imposer silence ; il semble, d'après ce qui vient de se passer, que la volonté de Dieu est que cette rébellion triomphe ; et ce n'est pas à un faible mortel qu'il appartient d'accuser les actes de sa toute-puissance. C'est un mystère profond pour mes facultés confondues ; mais ce que Dieu permet a toujours quelque cause renfermée dans le secret de sa providence impénétrable. J'ai désiré vous voir, Edouard, pour une affaire que je voudrais terminer avant de mourir, afin qu'on ne puisse pas accuser le vieux George Howard d'avoir négligé ses devoirs, même dans ses derniers instants. Vous voyez cette jeune fille pleurant à mes côtés; dites-moi, jeune homme, l'aimez-vous?

— Ai-je besoin de répondre à une telle question? dit Griffith.

— Mais l'aimerez-vous toujours? lui tiendrez-vous lieu de père, de mère, d'oncle et de tuteur? serez-vous l'appui constant de son innocence et de sa faiblesse?

Griffith ne put répondre qu'en serrant la main du colonel dont il s'était emparé.

— Je vous crois, Edouard, car quoique le digne Hugues Griffith ait oublié d'inculquer à son fils ses principes de royalisme, il n'a pu négliger d'en faire un homme d'honneur; j'avais eu la faiblesse, peut-être le tort, de concevoir des projets en faveur de mon infortuné parent M. Christophe Dillon; mais j'ai appris qu'il s'était rendu coupable d'une lâche trahison, d'un manque de foi; et après cela, quand même il vivrait encore, je lui refuserais la main de ma nièce, possédât-il toute la *loyauté* des Iles Britanniques. Mais il m'a précédé dans un monde où je vais le suivre, et où nous ne trouverons qu'un seul maître à servir, un maître auquel il aurait mieux valu que nous eussions pensé plus souvent l'un et l'autre, tout en servant les princes de la terre. Un mot de plus; connaissez-vous bien ce jeune officier du congrès, ce M. Barnstable?

— Nous avons fait voile ensemble des années entières, et je puis répondre de lui comme de moi-même.

Le colonel fit un effort pour se soulever, et y réussit en partie. S'appuyant sur le coude, il jeta sur le jeune lieutenant un regard pénétrant qui donna un air imposant et solennel à ses traits.

— Ne m'en parlez pas comme du compagnon de vos vains plaisirs, continua le colonel; ne m'en rendez point témoignage en ami inconsidéré. Souvenez-vous que c'est un mourant qui vous interroge et qui vous demande votre opinion avec confiance. La fille de John Plowden est un dépôt qui m'a été confié, et que je ne dois pas négliger. Ma mort serait pénible si je doutais en mourant que celui à qui je donnerai Catherine en soit digne.

— Barnstable est un homme d'honneur, un homme dont le cœur renferme autant de bonté que de bravoure. Il aime votre pupille, et quelque grand que puisse être le mérite de miss Plowden, j'ose assurer qu'il est digne d'elle. De même que moi, il a préféré le pays qui l'a vu naître à celui de ses ancêtres ; mais.....

— C'est à quoi je ne pense plus, dit le colonel en l'interrompant. Après ce que j'ai vu aujourd'hui, je ne puis m'empêcher de croire que la volonté du ciel est que vous l'emportiez dans cette lutte. Mais, Monsieur, un officier inférieur qui manque à la subordination devient souvent un commandant déraisonnable, et la scène dont mes yeux ont été témoins à l'abbaye de Saint-Ruth, il y a si peu de temps...

— Oubliez-la, Monsieur, s'écria Griffith avec la chaleur d'une amitié généreuse, ou plutôt souvenez-vous que j'avais moi-même provoqué Barnstable par un ton de dureté qui n'était pas nécessaire. D'ailleurs il a noblement réparé cette faute par la manière dont il m'a secondé pendant toute cette journée. Je garantirais sur ma vie, Monsieur, qu'une femme ne pourra manquer d'être heureuse avec lui.

— En ce cas, je suis satisfait, dit le colonel en se laissant retomber sur le sofa ; faites-le venir ici.

L'ordre que Griffith fit donner à Barnstable de venir le trouver dans la cabane, fut si promptement exécuté, que le jeune lieutenant y arriva avant que son ami eût jugé à propos de troubler le cours des réflexions auxquelles le colonel paraissait se livrer. Lorsque Barnstable entra, le vieillard mourant fit encore un effort pour se soulever, et lui adressa la parole à la grande surprise du jeune marin, mais d'un ton qui annonçait moins de confiance et de familiarité que celui qu'il avait pris avec Griffith.

— Les déclarations que vous avez faites la nuit dernière relativement à ma pupille, à la fille de feu le capitaine John Plowden, Monsieur, ne m'ont rien laissé à apprendre au sujet de ce que vous pouvez désirer. Messieurs, vous allez atteindre tous deux le but de vos espérances. Que ce digne ministre vous entende prononcer les vœux solennels du mariage, tandis qu'il me reste encore assez de forces pour les écouter, afin que je puisse rendre témoignage contre vous dans le ciel, si jamais vous y manquez.

— Pas à présent, mon oncle ! s'écria Cécile en sanglotant, pas à présent ! ne l'exigez pas !

Catherine ne dit rien ; mais, vivement touchée de l'intérêt que son tuteur prenait à elle à ses derniers moments, elle baissa la tête sur sa poitrine, et l'on voyait les larmes s'échapper abondamment de ses yeux.

— A l'instant même, ma chère enfant, répondit le colonel, ou je manquerais à mes devoirs. Je vais me trouver dans quelques minutes face à face avec vos parents, mes chères filles ; car l'homme mourant qui n'espère pas rejoindre le digne Hugues Griffith et l'honnête John Plowden, ne peut avoir une idée bien claire des récompenses que mérite celui qui a vécu fidèle à sa patrie et loyal envers son roi. Je me flatte que personne ne peut m'accuser d'avoir jamais oublié ce qui est dû à votre sexe ; mais ce n'est pas le moment d'écouter les vains scrupules d'une délicatesse pointilleuse, quand mes jours sont des minutes, et que j'ai à m'acquitter d'un devoir dont je me regarde comme responsable envers le ciel. Je ne mourrais pas en paix, mes enfants, si je vous laissais à l'abandon sur le vaste Océan, je pourrais dire dans ce vaste univers, sans assurer des protecteurs à votre jeunesse et à votre innocence. Puisqu'il a plu à Dieu de vous retirer votre tuteur, que sa place soit remplie par ceux dont il paraît avoir fait choix lui-même.

Cécile n'hésita plus. Elle se leva lentement et offrit sa main à Griffith avec un air de résignation. Catherine se laissa conduire par Barnstable à côté de sa cousine, et le chapelain, qui avait tout écouté avec attendrissement, obéissant à un coup d'œil de Griffith, ouvrit le livre dans lequel il avait cherché des consolations pour le quartier-maître expirant, et commença à lire d'une voix tremblante les prières du mariage. Les deux cousines, baignées de larmes, prononcèrent leurs vœux solennels d'une voix plus distincte et plus intelligible qu'elles ne l'auraient probablement fait au milieu de la pompe et de la gaieté qui environnent une pareille cérémonie dans le monde ; car bien qu'elles prononçassent un serment irrévocable en proclamant ainsi la préférence qu'elles accordaient aux hommes auxquels elles enchaînaient leur destinée, tout sentiment de timidité était absorbé par l'émotion et la douleur.

Quand la bénédiction nuptiale eut été prononcée, Cécile appuya sa tête sur l'épaule de son époux, auquel elle venait d'être unie, y resta un moment versant un torrent de larmes, et allant reprendre sa place près du sofa, s'agenouilla de nouveau devant son oncle. Catherine reçut d'un air froid le baiser que Barnstable lui donna avec distraction, et retourna aussi près du colonel.

Le colonel Howard avait réussi à se soulever sur un coude pour voir la cérémonie ; il avait répondu avec ferveur *amen* à chaque prière, et quand les derniers mots eurent été prononcés, il se laissa retomber sur le sofa avec un air de satisfaction qui annonçait l'intérêt qu'il avait pris à cette scène.

— Je vous remercie, mes enfants, dit-il à ses pupilles ; je vous remercie, car je sais quel sacrifice j'ai demandé à votre délicatesse. Messieurs, vous trouverez toutes les pièces relatives à la fortune de mes pupilles entre les mains de mon banquier à Londres. Vous trouverez aussi mon testament, Edouard, et vous y verrez que Cécile ne tombe pas dans les bras d'un homme tout à fait dépourvu des biens de ce monde. Vous avez été satisfaits de ce que sont devenues mes deux pupilles sous ma tutelle ; mais vous reconnaitrez aussi que je n'ai pas été un administrateur infidèle de leur fortune.

— N'en parlez pas ! Ne dites pas un mot de plus, ou vous me briseriez le cœur, s'écria Catherine en sanglotant, et avec l'amer regret d'avoir jamais contrarié un tuteur si plein de bonté. Parlez de vous ! Pensez à vous ! Ne vous occupez plus de nous, nous en sommes indignes ; je le suis du moins.

Le vieillard mourant lui tendit la main d'un air cordial, et reprit la parole, quoique sa voix s'affaiblît de plus en plus.

— Eh bien ! pour en revenir à moi, je désire être enseveli comme mes pères dans le sein de la terre, et d'une terre consacrée.

— Vos volontés seront exécutés, dit Griffith ; je veillerai moi-même à leur exécution.

— Je vous remercie, mon fils, car vous êtes devenu mon fils, en devenant l'époux de Cécile. Vous verrez dans mon testament que j'ai donné la liberté à tous mes esclaves, et que je leur ai assuré des moyens d'existence, à l'exception de ces ingrats coquins qui ont abandonné leur maître et qui se sont donné la liberté eux-mêmes : il est inutile qu'ils m'en soient redevables. Vous y trouverez aussi, Edouard, un legs indigne d'être présenté à un roi ; mais si Sa Majesté daigne le recevoir d'un vieux et fidèle serviteur, vous ne regretterez pas cette bagatelle.

A ces mots succéda une assez longue pause, pendant laquelle le colonel semblait réfléchir s'il s'était acquitté de tous les devoirs qu'il avait à remplir en ce monde. Enfin il reprit la parole, mais d'une voix entrecoupée et plus faible que jamais.

— Embrassez-moi, Cécile, et vous aussi, Catherine. Je vois que vous avez le caractère de l'honnête John, votre père. Mes yeux s'obscurcissent. Où est votre main, Edouard? Jeune homme, vous venez de recevoir de moi tout ce que ma vieillesse avait de plus précieux à donner. Aimez toujours cette chère enfant. Nous nous sommes mal entendus l'un et l'autre. Je me suis trompé sur vous comme sur M. Christophe Dillon. Peut-être me suis-je aussi trompé sur ce que je devais à l'Amérique; mais... j'étais trop vieux... pour changer de croyance politique ou de religion. J'aimais le roi; que... que Dieu le protége!

Il rendit le dernier soupir en prononçant cette prière qui, partant d'un cœur si sincère et si fidèle, aurait pu être écoutée avec reconnaissance par le plus fier de tous les potentats de la terre.

On emporta son corps dans ce qu'on appelait la grande chambre, et Griffith et Barnstable conduisirent leurs nouvelles épouses dans l'arrière-cabane, où ils les laissèrent sur le sofa qui bordait la poupe de la frégate, serrées dans les bras l'une de l'autre, et versant des larmes amères.

Boltrope avait vu toute la scène que nous venons de décrire; et quand les deux jeunes officiers rentrèrent dans la cabane, ils remarquèrent que ses yeux brillaient d'une manière extraordinaire, et qu'il les tenait fixés sur eux. Ils s'approchèrent de lui pour se justifier d'avoir paru négliger si longtemps leur vieux compagnon blessé.

— Je savais que vous étiez blessé, Boltrope, lui dit Griffith en lui serrant cordialement la main; mais ce n'est pas la première fois que la mitraille vous a touché, et j'espère que nous vous reverrons bientôt sur le pont.

— Oui, oui, répondit le contre-maître, vous n'aurez pas besoin de télescope pour voir la vieille carcasse quand vous la lancerez à la mer. Comme vous le dites, il est arrivé plus d'une fois qu'une balle m'a coupé quelque cordage et a même fait sauter une esquille de mes mâts; mais celle-ci a trouvé le moyen de pénétrer dans la soute au pain, et je sens que ma croisière en ce monde est finie.

— Non, David, non, dit Barnstable; votre cas ne peut être si désespéré! vous avez survécu à de plus larges blessures.

— Vous avez raison, monsieur Barnstable; mais jusqu'ici tous les coups avaient donné dans mes œuvres mortes ; aujourd'hui le coup a porté dans les œuvres vives, et adieu la cargaison! N'est-il pas clair que Tourniquet[1] me regarde déjà comme un homme mort, puisque, après avoir examiné la boutonnière, il a pensé que la main du ministre me serait plus utile que la sienne, me regardant comme un vieux bout de câble qui n'est plus bon qu'à faire du bitord. Le capitaine Munson a été plus heureux. Je crois que vous m'avez dit, monsieur Griffith, qu'un boulet l'a emporté par-dessus le bord, et que la mort n'a eu qu'un seul coup à frapper à sa porte ?

— Sa mort a été bien subite, à la vérité : mais c'est à quoi nous devons nous attendre, nous autres marins.

— Et c'est pourquoi il faut toujours y être préparé, dit le chapelain avec une sorte de timidité.

Le contre-maître fixait alternativement ses regards sur les deux interlocuteurs à mesure qu'ils parlaient, et après une courte pause il reprit la parole avec un air résigné.

— Ce fut son bonheur ; et je suppose que ce serait un péché que d'envier à un homme le bonheur que lui réservait le ciel. Quant à la préparation, monsieur le chapelain, c'est votre affaire et non la mienne ; ainsi donc, comme il n'y a pas de temps à perdre, le plus tôt sera le meilleur ; mais pour éviter une peine inutile, je puis vous dire qu'il ne faut pas faire avec moi tant de façons ; car je vous avoue que je n'ai jamais pris la science en bonne part. Si vous pouvez seulement me procurer dans l'autre monde quelque hamac ni trop grand ni trop petit, comme celui que j'occupe dans ce navire, cela m'ira tout de même, et peut-être cela vous sera plus facile à obtenir.

Un léger nuage obscurcit un moment les traits du chapelain, quand il entendit cette étrange définition de ses devoirs ; mais il réfléchit au caractère de franchise et de simplicité du quartier-maître, et après une pause que ni Griffith ni Barnstable n'eurent envie d'interrompre, il répondit :

— Il n'appartient pas à l'homme, monsieur Boltrope, d'influer sur les décrets de la miséricorde divine ; et rien de ce que je puis dire n'aura le moindre poids pour faire pencher la balance lors du jugement terrible et irrévocable qui sera rendu. Ce que je vous

---

1. Le chirurgien.

disais hier soir à ce sujet doit encore être dans votre mémoire, et il n'y a pas de raison pour que je vous tienne maintenant un autre langage.

— Je ne puis dire que j'inscrive sur mon livre de loch tout ce que j'entends, ministre; et ce dont je me souviens le mieux c'est ce que je remarque moi-même, par la raison toute simple qu'on se rappelle ses idées plus aisément que celles des autres. Et cela me fait penser à vous dire, monsieur Griffith, qu'un des quarante-deux du vaisseau à trois ponts, en traversant le gaillard d'avant, a coupé le câble de l'avant à une toise de l'étalingure, aussi proprement qu'une vieille femme couperait son fil avec une paire de ciseaux. Voudriez-vous bien donner ordre à un de mes aides de changer le câble bout pour bout, et d'y faire un nouveau nœud? Je vous rendrai quelque service semblable une autre fois.

— N'y pensez pas, Boltrope, et soyez sûr que rien de ce qui concerne votre département ne sera oublié pour la sûreté de la frégate. J'y veillerai moi-même; n'ayez donc aucune inquiétude à ce sujet, et pensez uniquement aux intérêts plus importants de l'autre vie.

— Ma foi, monsieur Griffith, je ne sais trop qu'en dire. J'ai dans l'idée que si on arrive dans l'autre monde les mains nettes de tout ce qui concerne ses devoirs dans celui-ci, mieux on doit y être reçu. Or, voici le ministre qui m'expliquait sa doctrine hier soir, comme quoi il n'importe guère qu'un homme se comporte bien ou mal, pourvu que la foi vogue à toutes voiles dans sa conscience. Cette doctrine ne serait pas bonne à prêcher à bord d'un vaisseau, car il ne faudrait pas longtemps pour que le meilleur équipage ne valût pas le diable.

— Eh! non, non, mon cher monsieur Boltrope, s'écria le chapelain, vous m'avez mal compris, permettez-moi de vous expliquer...

— Je crains, Monsieur, dit Griffith avec douceur, que notre brave ami ne vous comprenne pas mieux en ce moment. Dites-moi, Boltrope, n'existe-t-il rien en ce monde qui vous inquiète, qui vous agite l'esprit? Désirez-vous être rappelé au souvenir de quelqu'un? Avez-vous quelque propriété dont vous vouliez disposer?

— Il a encore sa mère, dit Barnstable à voix basse; il m'en a parlé plusieurs fois quand nous étions de quart ensemble.

Le quartier-maître entendit ces paroles, et pendant environ une minute il continua à mâcher son tabac avec un mouvement qui indiquait l'agitation de son esprit. Puis levant une de ses larges mains, il leur dit :

— Oui, oui, la vieille femme tient encore sur ses ancres, et c'est plus qu'on n'en pourrait dire de son fils David. Mon père a péri lors du naufrage de *la Suzanne* et *la Dorothée*, derrière le cap Cod. Vous devez vous en souvenir, monsieur Barnstable, vous étiez bien jeune alors ; mais vous aviez déjà fait plus d'un voyage pour la pêche de la baleine. Eh bien ! ce fut un terrible coup de vent pour la pauvre femme, et depuis ce temps elle n'a eu que moi pour la soutenir sur l'eau, ce que j'ai fait comme je l'ai pu, et ce qui n'a pas empêché qu'elle ne se soit trouvée plus d'une fois réduite à demi-ration.

— Et vous voudriez nous charger de quelque message pour elle ? dit Griffith.

— Quant à un message, répondit le quartier-maître dont la voix commençait à s'éteindre, nous ne nous sommes jamais fait beaucoup de compliments l'un à l'autre ; par la raison qu'elle n'est pas plus accoutumée à en recevoir que je ne le suis à en faire. Mais si l'un de vous veut se donner la peine d'examiner les livres du munitionnaire, de voir ce qu'il y a d'écrit au bas des deux pages en ma faveur, et de le faire passer à la vieille femme, je lui en serai obligé. Vous la trouverez en panne sous le vent dans une maison..... attendez ! n° 10, Cornhill, Boston. Elle a quatre-vingts ans ! et j'ai eu soin de lui trouver un bon ancrage, sous une latitude tempérée, comme cela convient à son âge.

— Je m'en charge, David, s'écria Barnstable cherchant à cacher son émotion ; j'irai la voir dès que nous aurons jeté l'ancre dans le port de Boston ; et comme le reliquat de votre compte ne peut être bien considérable, je partagerai ma bourse avec elle.

Boltrope sembla vivement ému par cette offre généreuse ; et il se passa une minute avant qu'il fût en état de répondre.

— Je sais que vous le feriez, Dick[1], s'écria-t-il en lui serrant la main avec un reste de son ancienne vigueur ; je sais que vous le feriez, et que vous donneriez un de vos membres à la vieille femme, s'il pouvait être utile à la mère d'un ancien camarade ;

---

[1] Abréviation familière de Richard.

mais elle n'en pourrait rien faire, vu que je ne suis pas le fils d'une cannibale ; je sais aussi que votre père vous tenant la dragée haute, il y a souvent marée basse dans vos poches, ce qui aura lieu d'autant plus souvent à présent, que vous venez de fréter un petit bâtiment de conserve que vous serez obligé d'équiper.

— Mais moi, Boltrope, dit Griffith, je suis riche et maître de ma fortune,

— Oui, oui, j'ai entendu dire que vous pourriez construire une frégate, la lancer et l'équiper, sans mettre la main dans la poche de personne.

— Et je vous promets sur l'honneur d'un officier de marine, continua Griffith, que votre mère ne manquera jamais de rien, pas même des soins et de la tendresse d'un fils.

Boltrope parut un moment suffoqué, il fit un effort pour se relever, y réussit, et retomba à l'instant épuisé par l'émotion violente à laquelle il était en proie. On voyait qu'il luttait contre la mort pour pouvoir encore prononcer quelques mots, et enfin il parvint à dire d'une voix rauque et faible :

— Dieu me pardonne mes offenses, monsieur Griffith, et surtout d'avoir jamais dit un mot contre votre discipline. Souvenez-vous de la seconde ancre, et ayez soin de regarder aux surpentes des basses vergues, et... et... il le fera, Dick, il le fera ! mais je sens que je mets à la voile pour un grand voyage. Dieu vous bénisse tous, et qu'il vous donne un beau temps, soit que vous ayez le vent largue, soit que vous bouliniez !

La langue lui refusa son service ; pourtant un air de satisfaction se répandit sur tous ses traits; mais ils ne tardèrent pas à être contractés par la mort.

Griffith fit emporter le corps du quartier-maître dans une de ses soutes, et remonta sur le pont, profondément affecté du double événement tragique dont il venait d'être témoin.

A peine avait-on fait attention à *l'Alerte* depuis l'instant où le dernier combat avait commencé ; mais, favorisé par la lumière du jour et par le peu d'eau qu'il tirait, ce cutter avait réussi à suivre la frégate de loin dans le labyrinthe des brisants, et en était heureusement sorti. On lui fit le signal d'arriver; et l'on donna au commandant des instructions nécessaires pour se gouverner pendant la nuit qui commençait à approcher. A peine distinguait-on alors les vaisseaux anglais comme des points blancs presque imperceptibles, et les Américains sachant qu'une large barrière de bas-fonds les en séparait, ne regardaient plus leur présence comme dangereuse.

Quand les ordres nécessaires eurent été donnés et que les navires furent prêts à partir, on reprit le vent et l'on cingla vers les côtes de la Hollande. Le vent, qui avait fraîchi vers le déclin du jour, tourna avec le soleil; et quand cet astre disparut, la marche de nos marins avait été si rapide qu'il sembla se coucher dans le sein de l'Océan, les côtes de l'Angleterre ayant cessé depuis longtemps d'être visibles.

Pendant toute la nuit la frégate continua à voguer dans un sombre silence favorable à la mélancolie de Cécile et de Catherine, qui ne fermèrent l'œil ni l'une ni l'autre. Indépendamment de la triste scène dont elles venaient d'être les témoins, elles avaient un nouveau sujet de chagrin : elles savaient que, d'après les plans de Griffith, et en conséquence des nouveaux devoirs dont il était chargé, elles devaient se séparer le lendemain matin, peut-être pour longtemps, peut-être pour jamais.

Au point du jour, le sifflet du contre-maître fit l'appel de tout l'équipage, qui se rassembla dans un silence solennel, pour rendre les derniers devoirs aux morts. Le corps de Boltrope, de deux officiers subalternes, et de quelques marins morts de leurs blessures pendant la nuit, furent jetés à la mer avec tout le cérémonial d'usage, après quoi les voiles furent de nouveau étendues au vent, et le vaisseau, sillonnant les ondes, s'éloigna rapidement sans laisser aucune trace pour marquer l'endroit où quelques-uns de ceux qui l'avaient monté avaient trouvé leur dernier asile.

Quand le soleil fut sur le méridien, les deux navires furent de nouveau mis en panne, et l'on fit toutes les dispositions nécessaires pour la séparation. Le corps du colonel Howard fut transporté sur *l'Alerte*, où il fut suivi par Griffith et son épouse inconsolable, tandis que Catherine, la tête avancée à une fenêtre de la frégate, mêlait ses larmes aux ondes amères de l'Océan. Lorsque tout fut prêt pour le départ, Griffith fit ses adieux d'un signe de main à Barnstable, à qui il avait laissé le commandement de la frégate, et ce vaisseau, présentant toutes ses voiles au vent, entreprit de se frayer un passage vers l'Amérique par le détroit de Douvres et de Calais, à travers les vaisseaux anglais qui couvraient la Manche; tâche difficile et périlleuse, mais dont la frégate *l'Alliance*, qui avait porté dans les mêmes mers les étoiles de l'Amérique, avait donné l'exemple avec succès quelques mois auparavant.

Pendant ce temps, *l'Alerte*, se dirigeant vers l'ouest, s'avançait rapidement vers la Hollande, et environ une heure avant le coucher du soleil elle se trouva à peu de distance des côtes. Le cutter fut disposé de nouveau en panne, par ordre du commandant. Une petite barque fut mise à la mer; Griffith et le pilote, qui, sans qu'on songeât à lui et presque inaperçu, avait passé à bord de *l'Alerte*, sortirent de la cabane et montèrent sur le pont. Le pilote jeta les yeux le long de la côte comme s'il avait voulu reconnaître la position exacte du bâtiment, et porta ensuite ses regards sur la mer et sur le firmament pour s'assurer du temps. N'y voyant rien qui dût faire changer sa détermination, il présenta la main à Griffith, en lui disant avec un air de cordialité :

— C'est ici que nous nous séparons, Monsieur ; et comme notre connaissance n'a pas amené tous les résultats que nous en espérions, permettez-moi de vous prier d'oublier que nous nous soyons jamais vus.

Griffith le salua d'un air respectueux, et le pilote continua en étendant la main avec un air de mépris du côté de la terre :

— Si j'avais à mes ordres la moitié de la marine de cette république dégénérée, le plus orgueilleux de ces fiers insulaires tremblerait dans son château, et sentirait qu'il n'y a pas de sûreté contre celui qui est plein de confiance dans sa force et qui connaît la faiblesse de son ennemi. Mais, ajouta-t-il d'un ton plus bas et plus précipité, c'est comme Liverpool, comme Whitehaven, comme Édimbourg, comme cinquante autres ; c'est fini, Monsieur, qu'il n'en soit plus question.

Sans s'inquiéter des regards curieux de tout l'équipage qui s'était rassemblé pour le voir partir, le pilote salua Griffith, sauta dans la barque, et étendit lui-même la voile avec la promptitude et la légèreté d'un homme exercé dans les détails les plus minutieux de sa profession. Tandis que les quatre rameurs faisaient avancer rapidement la barque, il fit encore un geste de la main en signe d'adieu ; et Griffith, malgré la distance, crut distinguer sur ses traits calmes un sourire amer de résignation. Le jeune marin resta longtemps immobile sur le tillac à regarder l'esquif qui semblait glisser sur l'Océan, et sur lequel il eut les yeux fixés jusqu'à ce que le point noir qui les attirait encore eût disparu sous l'éclat que jetaient sur les vagues les rayons obliques du soleil couchant. Enfin il ordonna qu'on déployât les voiles pour entrer dans un port ami.

Pendant ce court trajet, l'équipage du cutter se livrait aux conjectures les plus bizarres et les plus extraordinaires sur l'apparition du pilote mystérieux, et sur sa disparition encore plus singulière, pour ainsi dire, au milieu des mers orageuses du nord. Griffith ne laissa pas échapper un sourire et ne parut pas même écouter leurs discours. Enfin on lui annonça le retour de la petite barque, qui entrait dans le port sous une voile de tréou, en même temps que le cutter. Alors ses yeux, reprenant leur éclat et leur vivacité, auraient annoncé à de meilleurs observateurs quel soulagement il éprouvait en apprenant par là que le pilote était arrivé en sûreté à sa destination.

CHAPITRE XXXV.

> Venez tous, ô vous, chefs de l'Océan ; inclinez-vous, phalange valeureuse, autour de votre frère ; silence à tout murmure capable de troubler son sommeil, et veillez sur les lauriers qui ombragent la tête de votre ami.
>
> *Vers sur Tripp.*

Il serait peut-être sage de faire tomber ici devant les yeux du lecteur le rideau du théâtre sur lequel nous lui avons présenté ce drame imparfait, et de laisser à son imagination le soin de distribuer lui-même les dons de santé, de richesse et de bonheur que les règles strictes de la justice poétique doivent accorder aux différents personnages de notre histoire. Mais comme nous ne sommes pas disposé à nous séparer si froidement de ceux avec qui nous avons eu si longtemps des relations amicales, et que tout ce qui peut nous rester à dire est aussi véritable que ce que nous avons déjà dit, nous ne trouvons aucune raison valable pour congédier trop brusquement nos personnages. Nous allons donc esquisser un abrégé très-succinct de ce qui leur arriva dans la suite de leur vie, regrettant que les limites que nous nous sommes imposées ne nous permettent pas de retracer plus au long des scènes joyeuses ou frappantes qui pourraient nous donner l'espoir de voir encore quelques unes de nos esquisses grossières animées par le crayon habile de Dunlap [1].

Suivant donc le cours de la frégate vers ces rivages loin desquels nous n'aurions peut-être jamais dû permettre à notre plume vagabonde d'errer comme elle vient de le faire, nous commencerons notre tâche par Barnstable et son épouse, Catherine aux yeux noirs, à l'humeur tour à tour gaie et mélancolique, toujours tendre et affectueuse. Le vaisseau se fraya bravement un chemin à travers des essaims de croiseurs ennemis, jusqu'au port de Boston, où les services de Barnstable furent récompensés par une promotion au rang de capitaine, et par le commandement de sa frégate.

Pendant tout le reste de la guerre, il continua de remplir ce poste avec autant de zèle que de talent, et il ne retourna dans la demeure de ses ancêtres, dont la mort de son père le mit bientôt en possession, que lorsque la paix eut assuré l'indépendance de son pays, et qu'il eut acquis la réputation d'être un marin aussi heureux qu'entreprenant. Quand le gouvernement fédéral jeta les fondations de sa marine actuelle, le capitaine Barnstable se laissa tenter par l'offre d'une nouvelle commission. Il abandonna de nouveau la terre ferme, et pendant plusieurs années il fut du nombre de ces braves marins qui servirent leur patrie si fidèlement dans des temps qui exigeaient des têtes expérimentées et des esprits entreprenants. Pendant la paix, Catherine, qui n'avait pas d'enfants, l'accompagna dans presque tous ses voyages, préférant partager sa vie dure, laborieuse et pleine de privations, plutôt que d'en être séparée. Ils descendirent gaiement ainsi, et, à ce que nous espérons, heureusement le fleuve de la vie, et Catherine démentit entièrement la prédiction ironique de son tuteur, en devenant une femme aussi obéissante qu'elle était tendre et fidèle.

Le jeune Merry, qui avec le temps devint un homme, ne s'éloi-

[1]. Artiste américain.

gna pas de Barnstable tant qu'il eut besoin d'être conduit à la lisière, et quand il obtint le grade de lieutenant, il fit son premier voyage en cette qualité sous les ordres de son brave cousin. Son âge mûr tint toutes les promesses de sa jeunesse; il devint un marin actif, intrépide et entreprenant, et il serait probablement parvenu aux premiers grades de sa profession, s'il n'eût été tué dans un duel par un officier étranger.

Le premier soin du capitaine Manuel, dès qu'il eut remis le pied sur le sol qui l'avait vu naître, fut de chercher à rentrer dans l'armée de terre. Il y réussit assez facilement, et il fut bientôt en possession du plaisir après lequel son âme avait soupiré si longtemps, celui de faire faire l'exercice à sa propre troupe sur un terrain ferme. Il arriva assez à temps pour partager les succès qui terminèrent la guerre, et pour prendre aussi sa part des souffrances et des privations qu'éprouva notre armée. Il ne fut pas oublié lors de la réorganisation des forces américaines, et il suivit Saint-Clair et son plus fortuné successeur Wayne dans leurs campagnes occidentales.

Vers la fin du siècle, quand les Anglais abandonnèrent enfin la ligne des postes le long de la frontière, Manuel fut placé avec sa compagnie dans une petite citadelle située sur le bord d'un de ces grands fleuves qui marquent les limites du territoire des Etats-Unis du côté du nord. L'étendard britannique flottait sur les remparts d'une citadelle plus régulière récemment construite sur l'autre rive, précisément en face, et sur la frontière du Canada. Manuel n'était pas homme à négliger les règles de l'étiquette militaire, et ayant appris que le fort anglais était commandé par un major, il ne manqua pas d'aller lui rendre visite pour cultiver cette sorte de connaissance que leur situation respective rendait convenable et semblait devoir rendre agréable. L'officier américain n'avait pas songé à demander le nom du major, mais dans l'homme à face rouge, à figure joyeuse et comique devant lequel il fut introduit, il n'eut pas la moindre difficulté à reconnaître son ancienne connaissance de l'abbaye de Sainte-Ruth, le capitaine Borroughcliffe, quoiqu'il portât alors une jambe de bois.

Ces deux dignes personnages parurent également charmés de se revoir, et ils renouèrent avec un plaisir réciproque leur ancienne liaison, qui prit enfin un caractère si régulier qu'ils firent construire une cabane en planches dans une île située vers le milieu du fleuve, et qu'on pouvait regarder comme une sorte de territoire neutre, afin de pouvoir y célébrer leurs orgies sans donner aucun scandale à leurs garnisons respectives. Là ils discutaient à loisir sur l'excellente venaison que produisaient les forêts voisines et les diverses espèces de gibier qu'on trouvait dans les plaines, sur les montagnes et sur les bords du fleuve. Chacun payait son écot à part égale, et les deux commandants se partageaient régulièrement leurs travaux pour obtenir de différentes parties du globe les munitions qu'ils n'auraient pu se procurer dans le voisinage immédiat de leur juridiction. Tous les liquides formés par la fermentation du grain et le jus coloré des vignes d'Oporto arrivaient par le golfe de Saint-Laurent, d'où Borroughcliffe avait soin de les faire convoyer jusqu'à la petite île qui était le théâtre de leurs plaisirs ; Manuel seul était chargé de l'approvisionnement de cette liqueur généreuse que produit Madère ; et le major, s'en rapportant au jugement de son ami, se bornait à lui recommander de temps en temps de ne pas oublier de choisir celle qui mûrissait dans la partie méridionale de cette île.

Il arrivait assez souvent que les jeunes officiers des deux garnisons s'entretenaient de l'affaire dans laquelle le major Borroughcliffe avait perdu une jambe. Les Anglais disaient aux Américains que cet accident lui était arrivé dans un combat opiniâtre sur les côtes de l'Angleterre, dans la partie du nord-est où Borroughcliffe commandait, et où il avait obtenu des succès signalés dont il avait été récompensé par le grade non acheté de major. Une sorte de courtoisie nationale empêchait les deux vétérans, car ils méritaient alors ce titre, de prendre aucune part à ces allusions délicates. Mais quand par hasard cette discussion avait lieu vers la fin d'un repas, il arrivait souvent que Borroughcliffe indiquait à son ami ce qu'il devait en penser par une grimace facétieuse, accompagnée d'un geste expressif destiné à lui rappeler leur rencontre sur les rochers voisins de Sainte-Ruth ; à quoi Manuel répondait en se frottant l'occiput de manière à prouver qu'il ne l'avait pas oublié.

Plusieurs années se passèrent ainsi, les deux postes continuant à vivre dans une parfaite harmonie, malgré les actes de mésintelligence et même de violence qui avaient souvent lieu entre les autres stations opposées des deux pays. Mais cette liaison se termina d'une manière subite par la mort malheureuse du capitaine Manuel. Ce rigide observateur de la tactique militaire ne hasardait jamais sa personne sur le territoire neutre de la petite île sans se faire accompagner d'un détachement qu'il plaçait en piquet, précédé d'une ligne de sentinelles d'observation. Il avait même recommandé à son ami d'adopter la même pratique, comme propre à maintenir la discipline et à éviter toute surprise de la part de l'une ou de l'autre garnison. Le major avait négligé cette précaution, mais il avait assez de bonté d'âme pour ne pas s'offenser du manque de confiance qu'elle semblait indiquer.

Il arriva malheureusement un jour que la discussion d'une nouvelle importation de liquides se prolongea fort avant dans la nuit. Manuel quitta la cabane pour rejoindre son piquet; mais il se trouvait dans un tel état d'aberration mentale que lorsque sa propre sentinelle lui cria : *Qui vive?* il oublia ce qu'il devait lui répondre; et le soldat, grâce aux soins de son capitaine, était arrivé à un tel degré de perfection dans la discipline militaire, qu'il s'inquiétait peu de tuer un ami ou un ennemi, pourvu qu'il le fît suivant les règles. Le drôle, n'obtenant pas de réponse, fit feu sans s'embarrasser sur qui, et blessa mortellement son capitaine. Manuel vécut pourtant assez pour donner des louanges à sa conduite et l'en récompenser en lui conférant le grade de caporal; il mourut entre les bras de Borroughcliffe en vantant le haut degré de perfection de la discipline qu'il avait introduite dans sa compagnie.

Environ un an avant ce fatal événement, un baril de vin avait été acheté pour les deux amis dans la partie méridionale de l'île de Madère. On l'avait fait arriver par le port de la Nouvelle-Orléans, pour le tenir le plus longtemps possible sous l'influence bienfaisante du soleil; il avait ensuite remonté le Mississipi; il remontait alors l'Ohio, et la mort prématurée de son ami mettant Borroughcliffe dans la nécessité de veiller sur ce trésor, précieux reste de leur goût mutuel, il se procura un congé d'absence pour aller lui-même à sa rencontre et veiller à ce qu'il arrivât sans accident au lieu de sa destination. Le résultat de cette expédition fut une fièvre chaude qui se déclara le lendemain de son retour dans son fort; et comme le docteur et le major avaient chacun une théorie différente sur la manière de traiter une maladie si dangereuse dans ce climat, l'un recommandant la sobriété pour la faire périr d'inanition, l'autre voulant la noyer par des libations répétées du cordial qu'il avait été chercher si loin, la fièvre resta maîtresse du champ de bataille et emporta le malade le troisième jour. Borroughcliffe fut enterré à côté de son ami, dans l'île même qui avait été si longtemps le théâtre de leurs plaisirs.

Le lecteur nous pardonnera d'avoir rapporté avec autant de détail la fin de ces deux capitaines rivaux et amis. Cette scène un peu tragique ne laissera pas une impression trop pénible sur son esprit, s'il veut faire attention que ni l'un ni l'autre ne laissa de veuve ni d'enfants pour le regretter ; qu'ils étaient mortels, et que par conséquent ils devaient s'attendre à mourir tôt ou tard ; enfin qu'ils avaient tous deux passé leur soixantième année quand cet événement arriva.

Le chapelain renonça à la mer, et reprit ses culottes noires, à la grande satisfaction de Catherine, qui demandait quelquefois à son mari s'il était bien sûr qu'un mariage célébré par un ministre en pantalon de marin fût parfaitement solide.

Griffith et son épouse inconsolable transportèrent le corps du colonel Howard dans une des principales villes de la Hollande, où il reçut les honneurs de la sépulture ; après quoi le jeune homme fit un voyage à Paris pour tâcher d'effacer de l'esprit de sa compagne les tristes images qu'y avait laissées la mort funeste de son oncle. De là elle entra en correspondance avec son amie miss Dunscombe, et les affaires du colonel Howard en Angleterre furent arrangées aussi bien que les circonstances du temps le permettaient.

Griffith, ayant obtenu ensuite le commandement qui lui avait été offert avant sa croisière dans la mer du Nord, retourna en Amérique, et continua à servir sa patrie jusqu'à la fin de la guerre ; après quoi il quitta la marine, et passa le reste de sa vie à remplir les devoirs d'époux, de père et de citoyen.

Le colonel Howard avait quitté l'Amérique par orgueil plutôt que par nécessité ; il n'avait jamais porté les armes contre elle ; ses biens confisqués pour la forme n'avaient pas été vendus, et il ne fut pas très-difficile à Griffith d'obtenir que sa femme fût remise en possession. Chacun des deux jeunes époux se trouva donc maître d'une fortune considérable, et nous saisirons cette occasion pour dire que Griffith n'oublia pas la promesse qu'il avait faite au quartier-maître mourant, et qu'il assura à la mère de Boltrope une existence douce et tranquille pour le reste de ses jours.

Environ douze ans s'étaient écoulés depuis la courte croisière dont nous venons de tracer l'histoire, quand Griffith étant à parcourir nonchalamment une liasse de journaux, sa femme remarqua qu'il les laissa tomber tout à coup sur la table, et qu'il appuya sa tête sur ses deux mains comme un homme frappé soudainement de quelque impression désagréable et cherchant à se rappeler des événements dont les traces étaient effacées dans son esprit depuis longtemps.

— Qu'avez-vous donc vu dans ces journaux qui vous agite ainsi? lui demanda Cécile, toujours aussi jolie qu'aimable. J'espère, maintenant que notre gouvernement fédéral est bien établi, que nos Etats se relèveront bientôt de leurs pertes. Je parie que vous y avez vu le projet dont on parle d'établir une nouvelle marine? Ah! Griffith! vous soupirez et vous languissez encore pour votre cher Océan!

— J'ai cessé de soupirer et de languir, Cécile, depuis que vous avez commencé à sourire, répondit-il sans changer d'attitude.

— Est-ce qu'il est à craindre que le nouvel ordre de choses ne se maintienne pas? Le congrès et le président sont-ils en altercation?

— La sagesse et le nom de Washington faciliteront l'épreuve, et le temps mûrira le système. Mais, Cécile, vous rappelez-vous l'homme qui nous accompagna, Manuel et moi, à Sainte-Ruth, où nous devînmes prisonniers chez votre oncle, l'homme par qui fut ensuite conduit le détachement qui nous délivra et qui sauva Barnstable?

— Sans doute; c'était, à ce qu'on disait, le pilote de votre vaisseau; et le capitaine anglais qui était chez mon oncle le soupçonnait même d'être quelque chose de plus que ce qu'il paraissait.

— Borroughcliffe ne se trompait pas; mais vous ne l'avez pas vu comme moi, cette nuit effrayante pendant laquelle, en dépit d'une tempête, il nous fit traverser en sûreté les écueils du Devil's-Gripp; vous n'avez pas vu ce courage calme avec lequel il nous guida de nouveau au milieu de ces mêmes brisants pendant que nous combattions une frégate et qu'un vaisseau de ligne nous poursuivait.

— J'ai entendu le bruit de ce terrible combat, et je puis aisément me figurer cette scène horrible;—et en parlant ainsi le souvenir qu'elle en conservait encore après un si long intervalle de temps effaça les couleurs de ses joues. — Mais pourquoi me parlez-vous de lui? Avez-vous vu son nom dans ces journaux? ce sont des journaux anglais, je crois. Il se nommait Gray, si je m'en souviens bien.

— Du moins tel est le nom qu'il portait parmi nous. C'était un homme qui s'était formé des idées romanesques de la gloire, qui cherchait à se cacher quand le rôle qu'il jouait ne lui paraissait pas propre à augmenter sa renommée; c'est par suite d'une promesse solennelle que je lui ai faite que je me suis toujours abstenu de le nommer. Maintenant il est mort.

— Est-il possible qu'il y ait eu quelques relations entre lui et miss Dunscombe? demanda Cécile d'un air pensif en laissant tomber son ouvrage sur ses genoux. Elle eut un entretien particulier avec lui la nuit où Catherine et moi nous allâmes vous rendre visite : elle paraissait le désirer vivement ; elle revint fort émue, et ma cousine me dit tout bas qu'ils se connaissaient. La lettre que j'ai reçue hier de miss Dunscombe était cachetée en cire noire, et j'ai éprouvé une surprise pénible en voyant de quelle manière douce et mélancolique elle m'y parlait du passage de cette vie à une autre.

Griffith jeta sur sa femme un coup d'œil qui semblait dire qu'il se sentait éclairé tout à coup.

— Je crois que votre conjecture est juste, Cécile, lui répondit-il; cinquante circonstances qui se représentent en ce moment à mon esprit, la connaissance qu'il avait de la navigation de ces dangereux parages, de l'abbaye, de ses environs, son expédition, la manière habile dont il l'a conduite, tout confirme vos soupçons. C'était un homme d'un caractère prononcé !

—Et pourquoi n'est-il pas venu en ce pays? Il paraissait dévoué à notre cause.

— Son dévouement à l'Amérique était le résultat de l'ambition, sa passion dominante. Peut-être aussi était-il dû au ressentiment que lui avaient inspiré quelques injustices qu'il paraît qu'il avait éprouvées dans son pays. Il était homme, et par conséquent il ne pouvait être exempt de faiblesses. L'orgueil que faisaient naître en lui ses exploits en était peut-être une ; mais ils avaient été brillants et dignes d'admiration, et il ne méritait pas la moitié des reproches que lui firent ses ennemis. Son amour pour la liberté est un point plus douteux, car s'il combattit d'abord pour la nôtre, il termina ses jours au service d'un despote [1]. Le voilà mort. Mais s'il avait vécu dans un autre temps et dans d'autres circonstances; s'il avait pu employer dans une marine régulière et bien organisée la connaissance parfaite qu'il avait de son état, le sang-froid qui ne l'abandonnait jamais dans les plus grands dangers, et le courage déterminé dont il donna tant de preuves; si les habitudes de sa jeunesse l'avaient mis à même de supporter avec modestie le poids de sa propre renommée, aucun nom ne serait descendu avec plus de gloire jusqu'à la postérité la plus reculée du peuple qui l'avait adopté pour citoyen.

— En vérité, Griffith, dit Cécile avec un léger mouvement de surprise, vous en parlez avec une chaleur... Et qui était-il donc?

— Un homme à qui j'ai promis le secret pendant sa vie, répondit Griffith; et sa mort ne me décharge pas de ma promesse. Il vous suffit de savoir qu'il a été le principal instrument de notre union, et que notre bonheur aurait pu faire naufrage dans le voyage de la vie si nous n'avions pas rencontré ce pilote inconnu sur l'Océan germanique.

Voyant son mari se lever et prêt à sortir de l'appartement après avoir ramassé avec soin les journaux qu'il venait de parcourir, Cécile ne lui fit aucune autre question, et jamais ils ne s'entretinrent dans la suite sur ce sujet.

1. Voyez, en contradiction avec ce passage, la note qui termine le roman.

NOTE.

Nous ne saurions respecter plus longtemps le secret dont l'auteur semble vouloir jusqu'à la fin envelopper son héros, qui n'est autre que l'Écossais Paul Jones.

Ce célèbre marin était né dans la presqu'île de Sainte-Marie, sur les côtes de Galloway, vers 1736. Son père était jardinier du comte de Selkirk. Jeune encore, Paul Jones servait comme contre-maître sur un navire marchand du petit port de Kirkudbright. Au retour d'un voyage, il fut accusé d'avoir tué son charpentier, et mis en prison, d'où il ne sortit qu'après avoir subi les traitements les plus cruels : dans sa colère il jura de se venger un jour. On n'avait plus entendu parler de lui à Sainte-Marie depuis quelques années, lorsqu'en 1778, un navire américain parut en vue de Kirkudbright, et répandit la terreur dans la contrée. Ce navire était commandé par Paul Jones qui avait passé au service des *rebelles* et y avait acquis un grade supérieur par sa bravoure et ses talents. Son but était d'enlever le comte de Selkirk et de le garder en ôtage : le comte était absent, et le détachement envoyé par Paul Jones se contenta de piller sa maison; mais Paul Jones fit restituer tout le butin.

Ce fut en 1779 qu'eut lieu la croisière sur les côtes d'Angleterre, sur laquelle M. Fenimore Cooper a fondé son roman. Les exploits de Paul Jones avaient rendu Louis XVI curieux de le voir. Il vint à Paris et y fut accueilli en héros à la cour comme dans les lieux publics. La frégate sur laquelle il retourna en Amérique s'appelait *l'Ariel*.

Paul Jones aimait la liberté américaine et abhorrait le machiavélisme des Anglais; mais il y avait aussi en lui une soif de gloire, indépendante de ses opinions politiques : c'est ce qui explique comment en 1789 il passa au service de Russie. En 1792, il était revenu à Paris pour y solliciter un grade dans notre marine : il fut un peu oublié dans la grande fermentation de l'époque. Cependant lorsqu'il mourut la même année (1793), l'assemblée législative nomma une députation pour honorer ses funérailles.

Paul Jones a laissé des mémoires de sa vie. Sa biographie a été écrite plusieurs fois : récemment le poëte Allan Cuningham, dont parle sir Walter Scott dans l'*Introduction* de *Nigel*, a recueilli toutes les traditions sur Paul Jones et en a composé un roman. — (ÉD.)

FIN DU PILOTE.

www.ingramcontent.com/pod-product-compliance
Lightning Source LLC
Chambersburg PA
CBHW052229230426
43666CB00034B/2393